抗日战争档案汇编

抗战时期国民政府军政部兵工署第五十工厂档案汇编

6

重庆市档案馆 编

中華書局

本册目录

五、生产

（二）工厂内迁

（三）出品

五、生产

（二）工厂内迁

徐鉴泉关于第九批、第十批运渝器材起卸情况致江杓的报告（一九三八年十一月十五日）

郭庶（二七）字第107號

報告 十一月十五日 于郭家沱

十一月十三日上午奉

鈞座忠字第一零九號手令關于起卸民風輪器材一案除原令在卷邀免冗叙外後開合亟令仰該主任就原指定各員中權宜抽調支配辦理具報此令等因奉此自應遵辦查第九批器材係裝民本輪於十三日早九時開始起卸員工為兩批負責監卸午後十六時即卸完計共儎大小駁船四艘即晚由民生公司派輪先拖二艘返郭第十批器材裝民風輪於十三夕廿一時即率領各員工登輪起卸但當時旅客眾多擁擠異常為慎重計即電郭警衛隊派士兵五名前來增加警戒及候至陝一廠材料卸完後夜半一時卅分方開始起卸奈是時船上小工不足工作困難是晚只卸裝二船及十四早大霧迷空不利航

205

204-1

行遲至九時卅分始由嘉陵碼頭開行赴郭十一時抵步即由葉代處長增加員工一班（連原有共三班）趕速起卸是夕並加開夜工至十五早五時卅分經已起卸完畢六時卅分民風輪即起程回重矣此次起卸時間為時過久緣因該民風輪起重機不甚適用加以倉口狹小致工作多感困難又十四晚十九時由周事務員全沛將在重之第九批器材重船二艘第十批二艘共四艘空船一艘拖運返郭奉令前因除督飭員工繼續將駁船從速卸空外理合將第九十兩批器材起卸情形備文呈報

察核備案謹呈

廠長江

存查

十二、十六

廠務室主任徐鑑泉

梁步云关于招商局江新轮载运耐火材料情况致江杓的报告（一九三八年十一月二十一日）

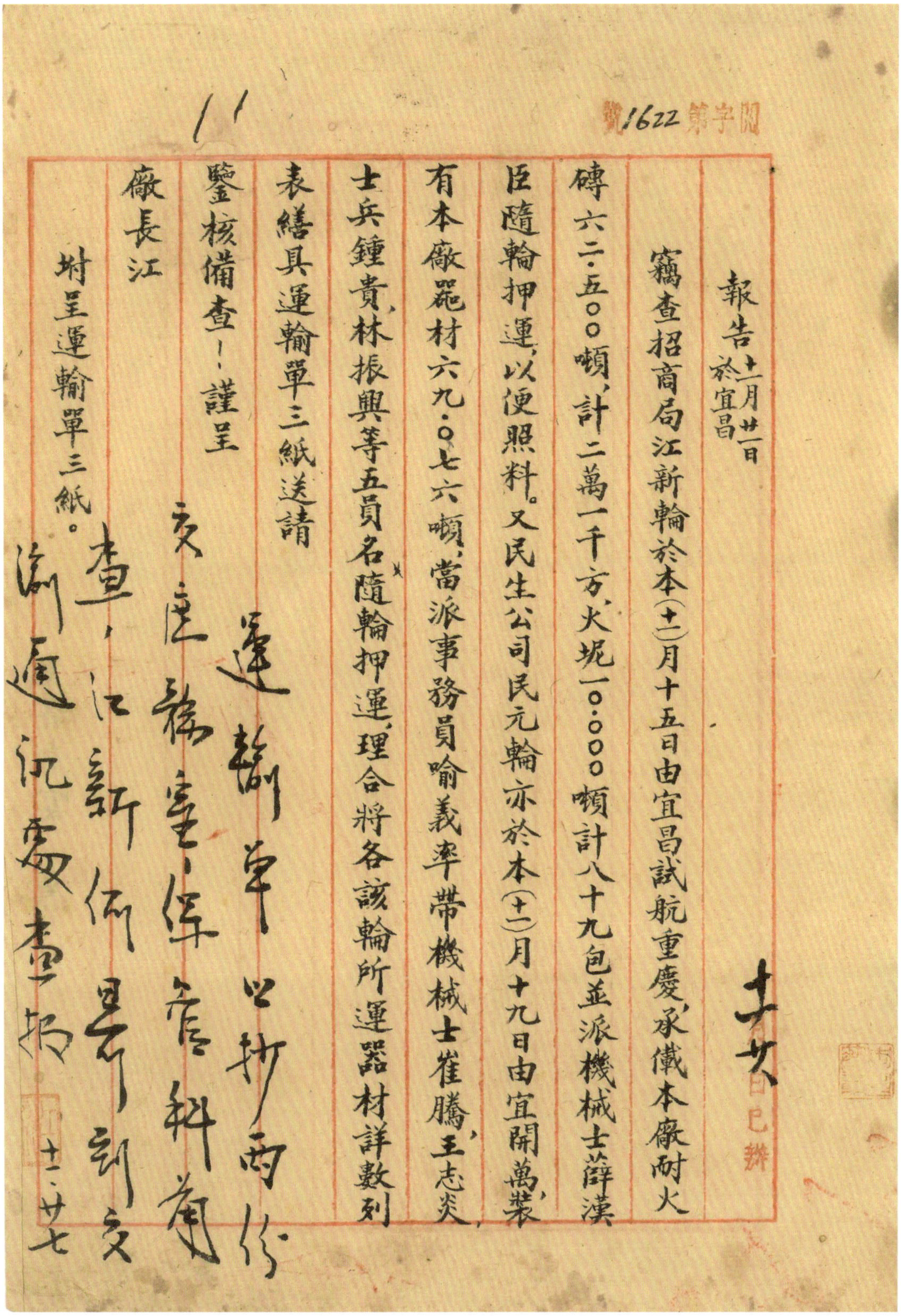

閱字第1622號

11

報告 十一月廿一日 於宜昌

竊查招商局江新輪於本(十一)月十五日由宜昌試航重慶，承儎本廠耐火磚六二·五〇〇噸，計二萬一千方，火坭一〇·〇〇〇噸計八十九包，並派機械士薛漢臣隨輪押運，以便照料。又民生公司民元輪亦於本(十一)月十九日由宜開萬，裝有本廠器材六九·〇七六噸，當派事務員喻義率帶機械士崔騰、王志炎、士兵鍾貴、林振興等五員名隨輪押運，理合將各該輪所運器材詳數列表繕具運輸單三紙送請

鑒核備查！謹呈

廠長江

附呈運輸單三紙。

十一 廿六

已辦

運輸單已抄兩份交庶務室保管科備查，江新係另函交渝通訊處查照 十一、廿七

11-1

職梁步雲呈

27年11月15日装江新輪運渝

编號	名称	噸数	件数	備攷
1	耐火砖	62.500	21000塊	
2	火坭	10.000	89包	押運員 薛漢臣

张克让关于办理万县运输情况致江杓的报告（一九三八年十一月二十三日）

報告　十一月二十三日

(1) 職於本月十四日奉梁處長命來萬辦理運輸，十五日起程，十六日抵萬，暫住萬州旅社，因旅客擁擠，不宜辦公，擬另租房居住，故通訊處暫由吉祥街十二號兵工署辦事處轉交。

(2) 本月二十日民元輪抵萬，由喻事務員義押運到本廠砲五門及器材等件共約六十噸，二十一日已由民元輪起至民生公司之本廠上，該公司以本廠無多不便作用，現正向坡上起卸，起卸地点係在萬市南岸之徐沱，徐沱山上原有之房屋，已為遷建會所佔，故本廠器材暫向徐沱之山坡中間存放，俟起卸完竣，再向遷建會借以草席遮蓋，砲五門擬拖至陳家垻遷建會所建之草棚內，另派兵看守。

(3) 現在萬渝段僅有民聯一輪可派噸位，且該輪沒有起重設備，故本廠此次所到器材，最近恐難運渝，運輸單已抄呈兵工署駐萬辦事處，傅主任以各廠待運器

26-1

材甚多，須擇其急要者設法先運。職未敢自擅，謹抄呈運輸單一份，請

裁奪示遵。

(4)董課員銳、吳書記寶森帶勤務兵二名、理髮工人一名，正予其購船票赴渝。

以上各項，統祈

鑒核示遵！謹呈

廠長江

職 張克讓 呈

附抄 (1)由宜運萬器材單一紙

(2)徐沱及陳家壩形勢圖一紙

准在僻靜區域擇善臨時廠棚，作存貨及駐衛。

巨之壽 十二、廿八

速轉草交有關各部抄存

十二、廿八

附（一）由宜运万器材单

由宜[illegible]材單

第1頁　　　　27年11月21日

编號	箱號		名稱	噸數	寬	長	高	件數	備攷
2			電氣發火机					1箱	由宜運萬第一批
3	T.G.A 2102/2	45		1,190	1,75	1,25		1〃	
4	〃	46		〃	〃	〃		1〃	
5	〃	47		〃	〃	〃		1〃	
6	〃	62		0,367	1,20	1,20	0,65	1〃	
7	TGA 2103/1	17		0,410	1,42	1,09	0,85	1〃	
8	TGA 2101/1	60		0,300	1,00	1,30	1,00	1〃	
9	BM 7500	18	引風送风机及零件	0,404	1,16	1,44	1,23	1〃	
10	〃	8	鍋炉帮浦管子	0,992	1,04	1,95	1,17	1〃	
11	〃	535	透平机凝汽箱附件	2,240	1,32	4,12	1,12	1〃	
12	〃	34	炉门及炉门各项零件	1,960	0,66	4,94	0,52	1〃	
13	F	116	鉄箱及柴油	2,000				1〃	
14	水電所		起重机主梁	3,000				2条	
15	J電	44	G所配電板及附件	0,200	1,00	1,20	0,80	1箱	
16	〃	61	鉗工所接電纜	2,060				1件	
17	〃	78	砲所　〃	3,500				1〃	
18	〃	79	〃　〃	3,000				1〃	
19	〃	80	彈夾所　〃	3,000				1〃	
20			~~木樁廠~~槽鉄					2条	

由宜運[illegible]單

第2頁

編號	箱號		名稱	噸數	寬	長	高	件數	備考
21	TGA 2101/1	59		1,010				1箱	
22	TGA 2102/2	51		0,590				1〃	
23	AI	1	砲架	1,500				1件	
24			7.5cm野砲	1,500				1门	
26	BM 7500 CC	19	引風送風机及零件					1箱	
28	BM	227	机件					1〃	
30	ST		玻璃					2〃	以上係抄自運輸命令32號
31			〃					1〃	
			10,5cm榴彈砲					2门	
			7,5cm〃					2〃	
			彈藥車					4輛	
			砲零件					1箱	以上係抄自宜昌辦事處運輸單
			帆布					2張	
15	CHIGE	529/23	起重机件	2,900				1箱	
2	B	47	刨床	4,000				1〃	
13	BYT 1183	Nr2	蒸馏水設備	2,392				1〃	以上係抄自運輸命令33號
17			彈藥車					1輛	
21	BM 7500	46	上汽鼓	3,240				1件	
	〃	47	〃	〃				1〃	

由宜運[illegible]材單

第3頁

編號	箱號	名称	噸數	寬	長	高	件數	備考
24	BM 7500 45	上汽鼓	3.240				1件	
30	207	空汽箱					1〃	
31	208	〃					1〃	
		砲架					1〃	以上係抄自運輸命令86號。
		彈藥車					1輛	
	D4A	汽鼓					1件	

抄錄

27

附（二）徐沱及陈家坝形势图

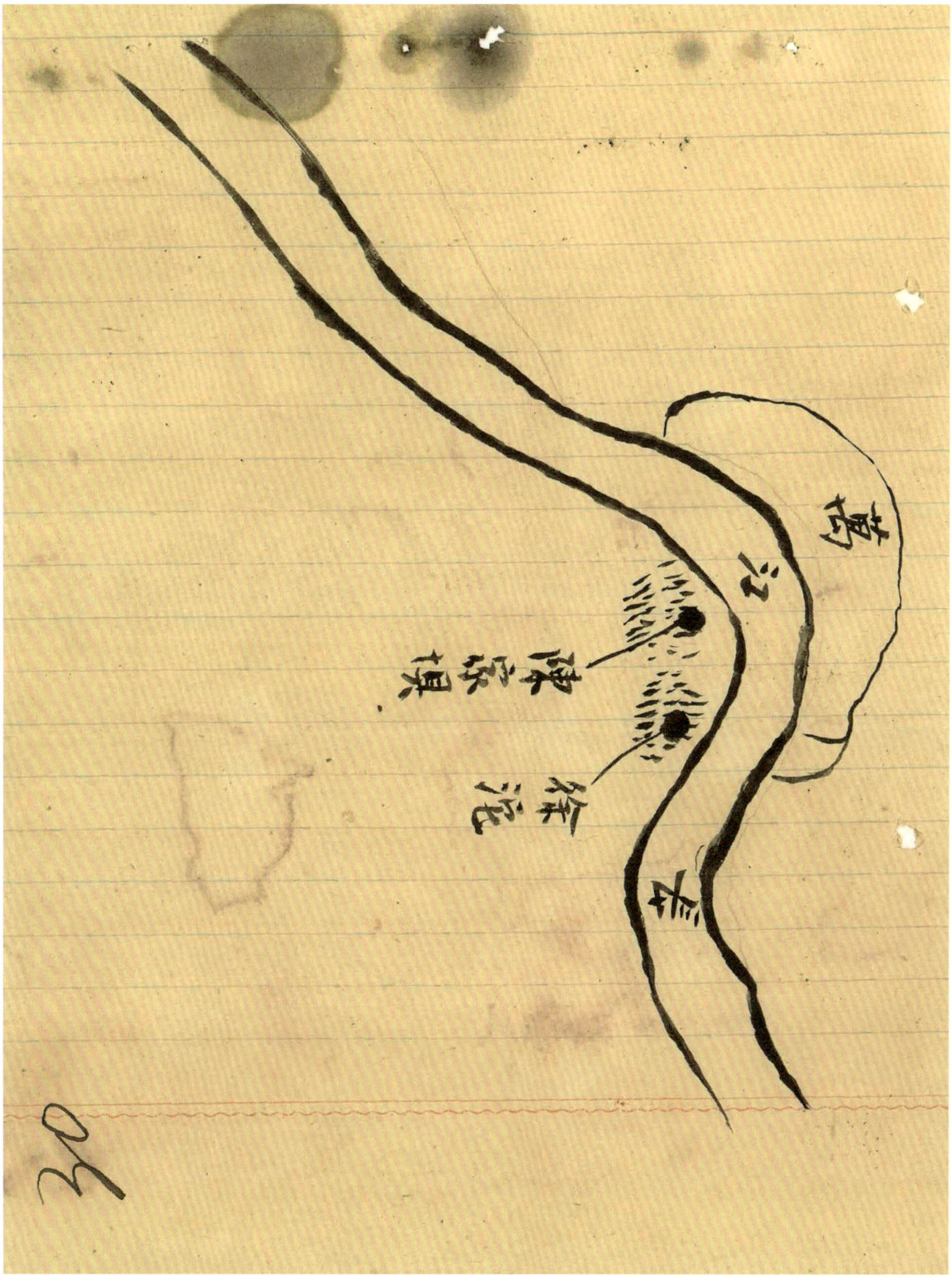

张学川关于第十一批运渝器材情况致江杓的报告（一九三八年十二月七日）

附：民生实业公司到渝轮船水尺载重报告表

225

214

1804

報告　十二月七日　於郭家沱廠務室

竊職於三日奉　命查看本廠十一批運渝器材水尺，當往遵辦，惟此次民元輪係待卸貨，裝運材貨大件，為經濟時間，經兵工署民生公司各廠方商洽同意，以貨為兵工署辦事處及民生公司電報噸位平均數計算，計該本廠第十一批器材，共壹百壹拾公噸，謹將上列報呈

鑒核！

謹呈

主任　徐　轉呈

廠長　江

張學川　十二、七

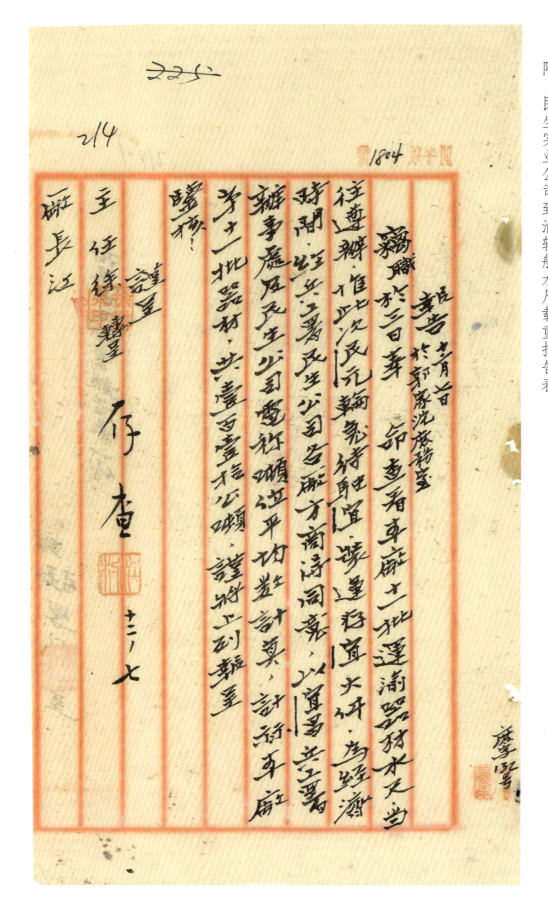

2/4.1

附呈水災重要報告表一份

職 張學良 呈

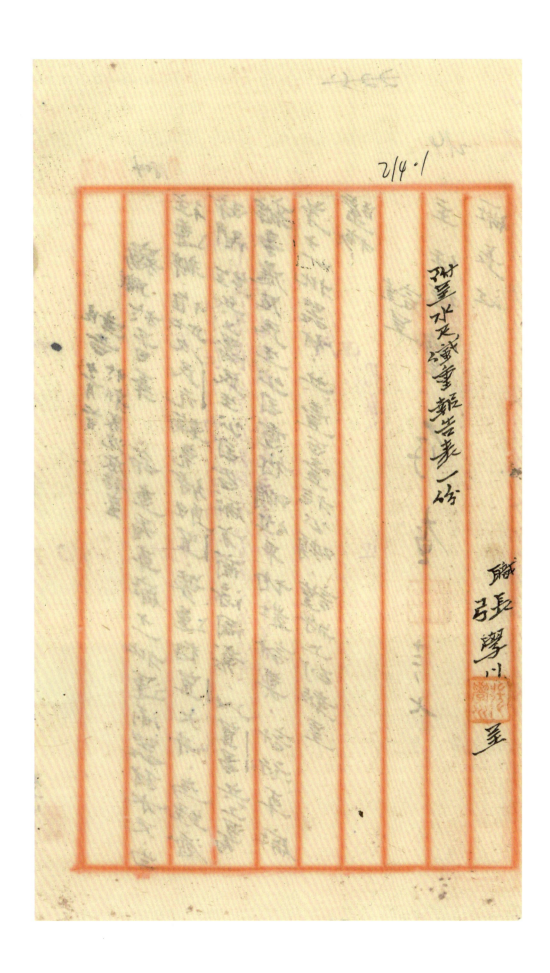

此次民元急待駛宜裝運存宜大件，因經濟时间，
請經兵署司廠方商得同意，以宜昌兵署办事
處及民生公司電稱噸位平均計算

215

字第　號

民生實業公司到渝輪船水尺儎重報告表

船名 民元 航次 43 自 宜 至 渝 27 年 12 月 11 日停泊地點 羊角灘

貨名	器材等				
貨主	粵二廠				
承轉 輪船					
承轉 次數					
船身水尺	卸貨前 前	卸貨前 後	卸貨後 前	卸貨後 後	計重
	照兵署廠方公司三方面同意作				110 噸
附註	日 午 時 分開工　日 午 時 分完工 此批貨件已由兵工署運輸員接收清楚				

兵工署運輸員　押運員　行輪理貨部　國船　水呎視察員

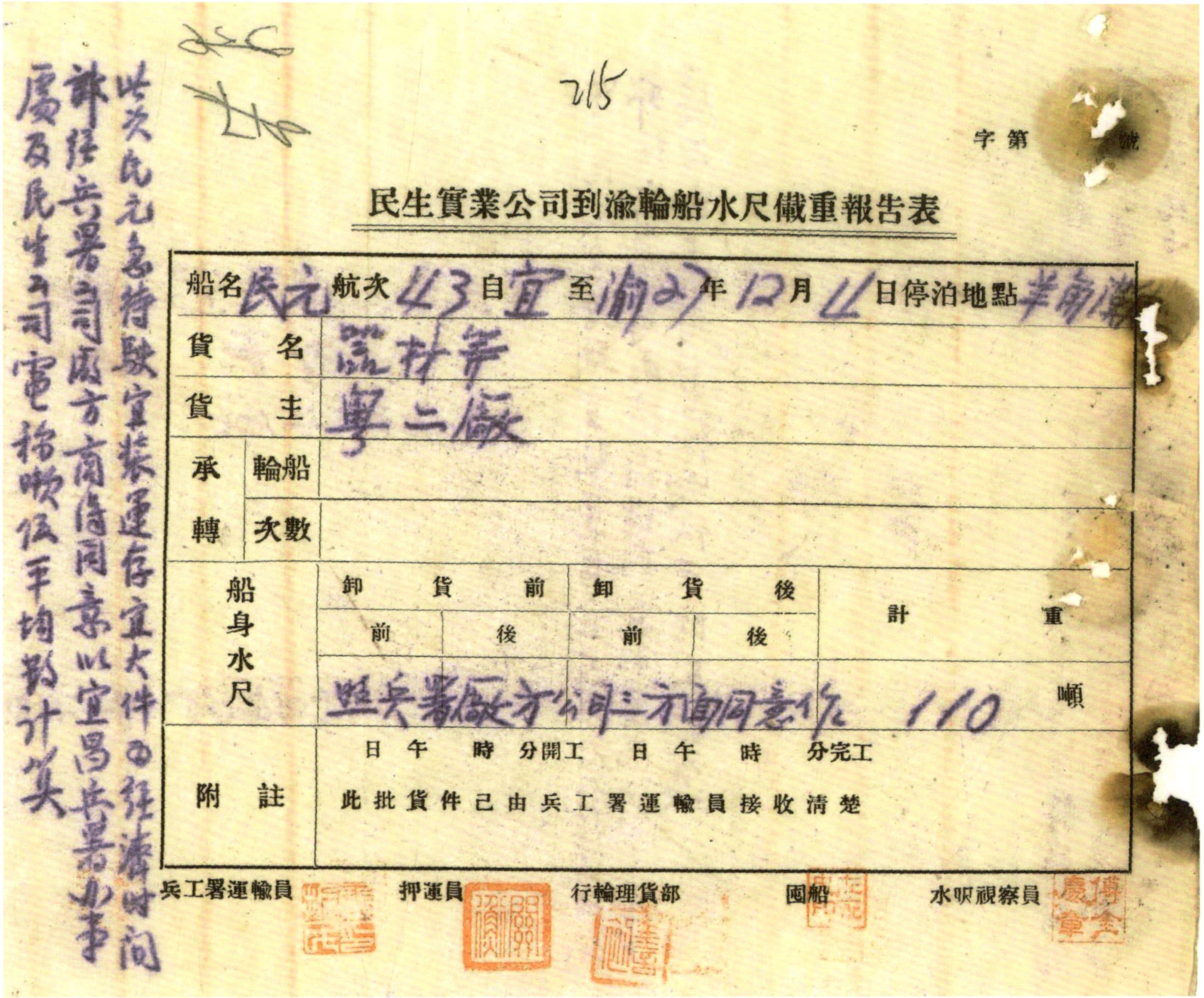

梁步云关于宜昌运输组结束后有关事宜致江杓的报告（一九三八年十二月七日）

15

關字第1802號

報告 十二月七日

1.宜組以運輸行將告竣，擬行結束，業經於十一月廿五日電呈奉核准有案。茲職於十一月廿九日率同袁課員則留、關庫員衡、劉分隊長全玖、李事務員文亮、機械士陳漢維、殷漢香及第二中隊士兵十二名等乘民元輪來渝，本（十二）月四日抵達，並遵留沈事[課]務員其栢及機械士吳才駐留宜昌照料。

2.本廠運餘器材尚約有五噸餘存宜，業經職到萬縣時電請陳處長派輪裝運。

3.本廠存宜傢俱什物業由沈事[課]務員其柏租屋存儲，茲謹列單呈請鑒賜備查。又該傢俱什物等因起卸搬運致間有破損不全，合併陳明。

十二、八 已辦

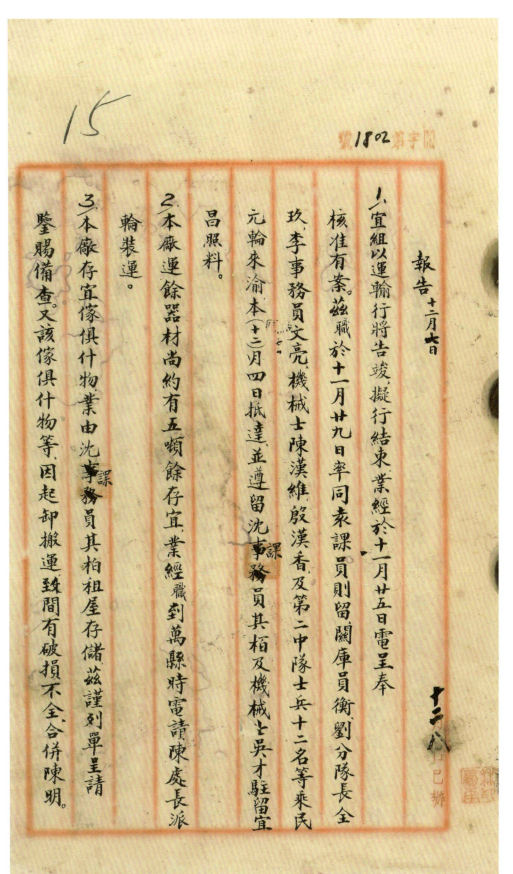

15-1

4、本廠運抵萬縣器材約百餘噸，遵派事務員張克讓、喻義，率領機械士文占武、周德金、劉萬忠、李勤、王志炎、崔騰，及士兵郭國選、鍾貴、林振興、羅振中、馬坤海等十三員名駐萬辦理運輸事宜，喻義領工兵分駐陳家壩，徐沱、張克讓駐萬負責接洽。

5、本廠前雇之吳立勝鐵駁乙艘，現由民生公司購用運輸，本組以存於該鐵駁之火磚、平車、路軌等大小共壹百拾四件，不便搬運，因附裝該駁託該公司拖運赴萬，茲謹將運輸單呈請

鑒核備查！

6、奉　令將鴻泰公司經理時遜洽釋派便人護送來渝等因，遵經往宜昌警備司令部洽提該經理出押，並派本廠警衛隊分隊長劉全

16

玖護送來廠，理合報請

察核！

右謹呈

廠長江

附呈忠字第一〇二號令乙件。

留裝鉄駁器材運單弍張。

存宜傢俱什物單六張

職梁步雲呈

閱，運輸單交有關各部

抄存備用 十二、七

已辦，通知部份

徐鉴泉关于第十三批、第十四批运渝器材起卸情况致江杓的报告（一九三八年十二月十九日）

報告　十二月十九日

郭廠（三七）字第145號

頃奉

鈞令着赴渝監督起卸第十三、四兩批器材計民元90噸民權60噸等因遵於十六日早率同范倜、王克靖、張學川及機械士四名并林隊長帶同士兵乘本廠汽車赴渝該輪等亦同日到達九時起開始起卸民元輪器材至是日夜半三時卸畢計裝本廠二號駁船壹艘宜昌駁船貳艘公會駁船三艘隨於午后九時開卸民權器材至十七日早十時已經起卸完竣計裝公會駁船五艘除本廠二號駁船及宜昌駁船共三艘由林隊長約民生公司拖運外其餘八艘駁船統由職押運返郭此次民權輪在夜半二時因起卸廿五廠機件時起重機鋼絲繩忽中斷致將倉底之本廠器

232-1

材箱数個壓壞職　當即着令該輪理貨部主任張懋松將被壓之件逐
一提出開箱檢視查有木箱一個內係約廠缸管六寸灣頭被壓壞一個
其餘各箱雖經壓破但箱內各件無甚損壞業由該輪理貨部出具証明
一紙以資存查奉令前因理合將起卸第十三四批器材情形並民生公
司理貨部証明一紙備文呈請
察核備案謹呈
廠長江

閱　十二、十九

附呈民生公司理貨部証明一紙

廠務室主任徐鑑泉

民生实业股份有限公司为请派员提卸运渝器材致兵工署第五十工厂的函（一九三八年十二月十九日）

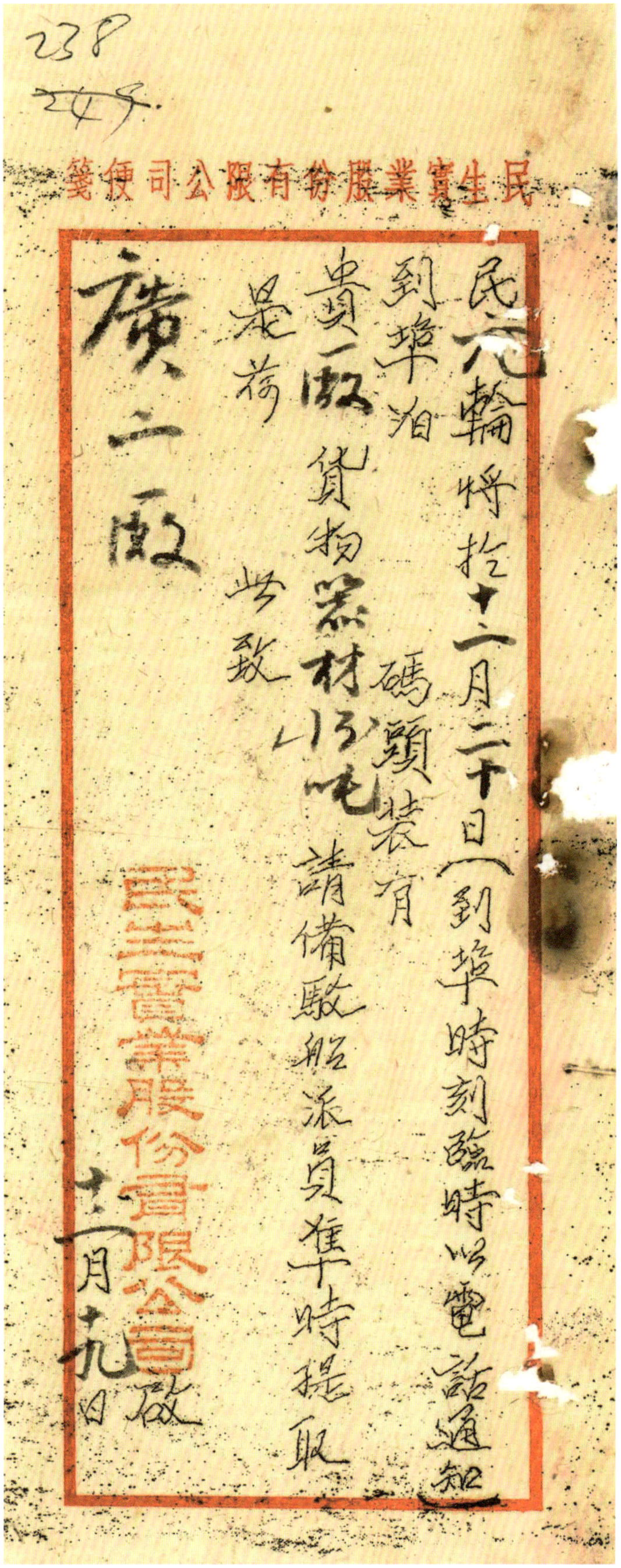
238

民生實業股份有限公司便箋

民元輪將於十二月二十日（到埠時刻臨時以電話通知）到埠泊　碼頭裝有貴廠貨物器材113噸，請備駁船派員準時提取是荷。此致

廣二廠

民生實業股份有限公司　十二月十九日啟

處二十七字第2093號

逕啓者頃准駐宜昌（萬縣分處）辦事處十二月十九日来電稱民權輪由宜（萬）裝運五十廠器材（30）噸於十九日駛渝等語相應函達查照準備提卸至關於此項裝運之件如

貴廠接得詳細報告并希函知過處以資聯絡為荷

此致

第五十工廠

軍政部兵工署駐重慶辦事處啓 十二月十九日

地址：觀音岩勤居巷二十三號

電話：第二九五二號

军政部兵工署驻重庆办事处为请准备提卸到渝器材致第五十工厂的函（一九三八年十二月十九日）

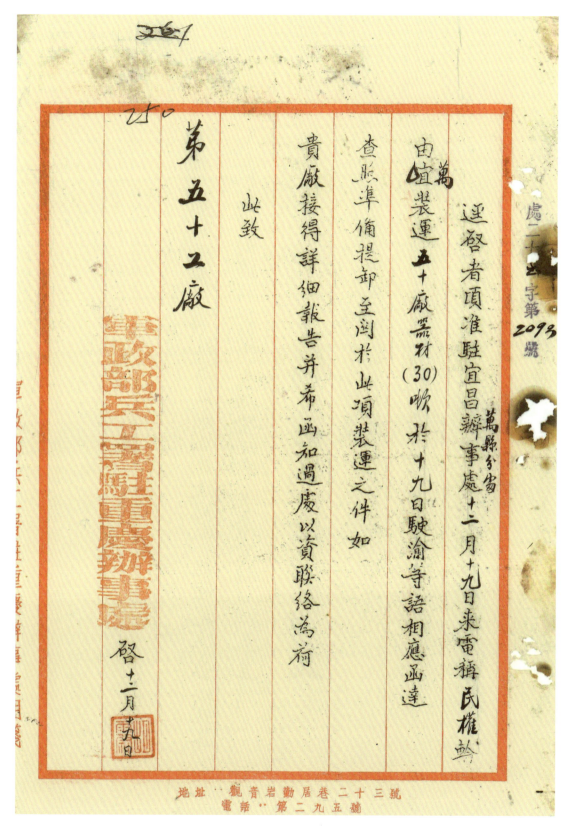

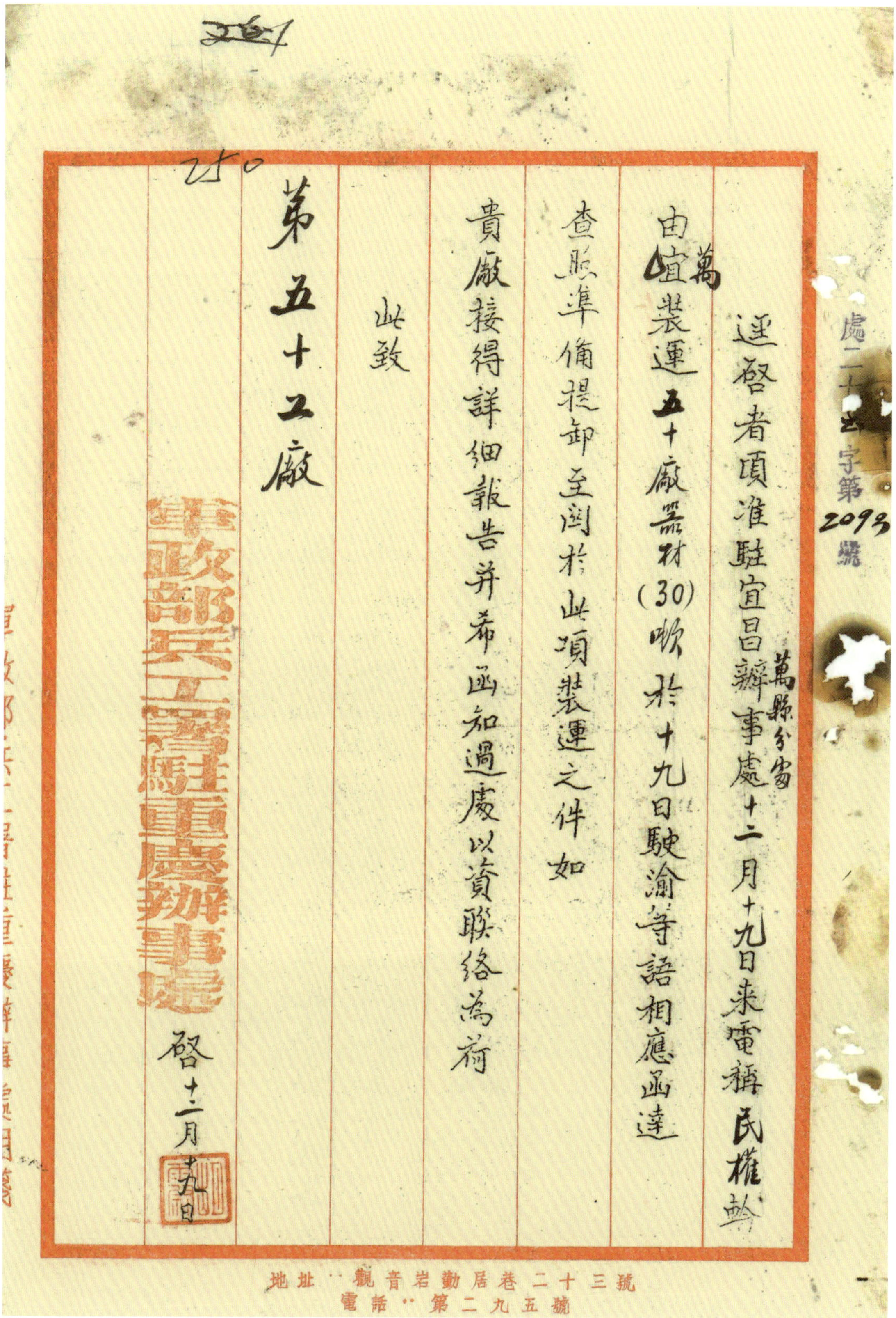

叶卓林为报送第八、九、十批运渝器材表单致江杓的签呈（一九三八年十二月二十七日）

8

2139

簽呈 二七、一二、二七、於工務處

發工813號

查本廠第八、九、十批器材，經已先後到廠，起卸完竣，茲填就各批器材到達日報單，查點登記表，來渝器材疑問表呈請

鑒核！謹呈

廠長江

存查 十二、廿七

附呈：第八批器材到達日報單一份共三十三張

第八批器材查點登記表一份共二十七張

第八批來渝器材疑問表一份共九張

第九批器材到達日報單一份共八張

第九批器材查點登記表一份共五張

9-1

第九批來渝器材疑問表一份計一張

第十批器材到達日報二一份共十三張

第十批器材查點登記表一份共十張

第十批來渝器材疑問表一份共二張

職葉卓林

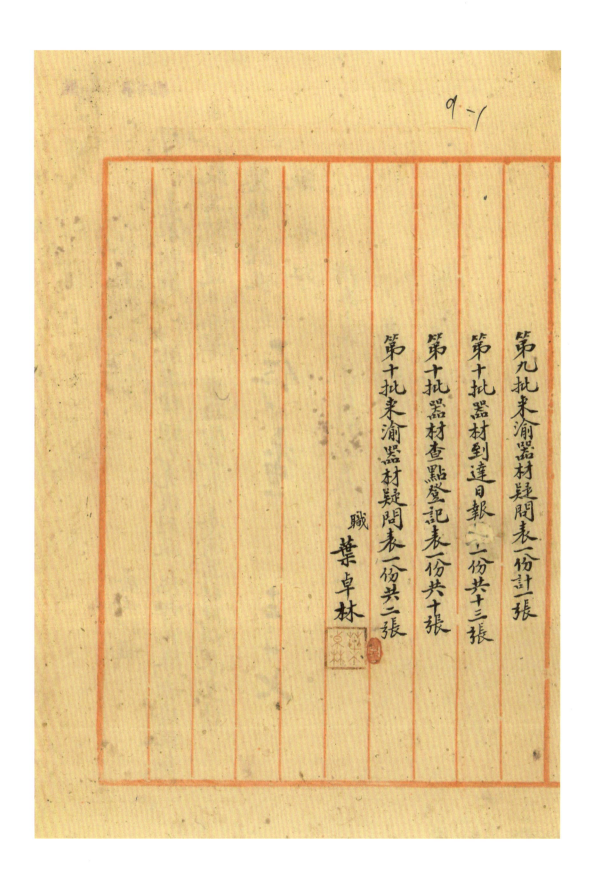

军政部兵工署驻重庆办事处为请准备提卸到渝器材致第五十工厂的函（一九三九年一月十七日）

處（二）八公字第2230號

逕啓者頃准民生公司一月十七日函稱民選輪由萬宜裝運五十廠器材約（2）噸於 日到渝等語相應函達

查照準備提卸至關於此項裝運之件如

貴廠接得詳細報告並希函知過處以資聯絡為荷

此致

第五十工廠

軍政部兵工署駐重慶辦事處啓 一月十七日

軍政部兵工署駐重慶辦事處用箋

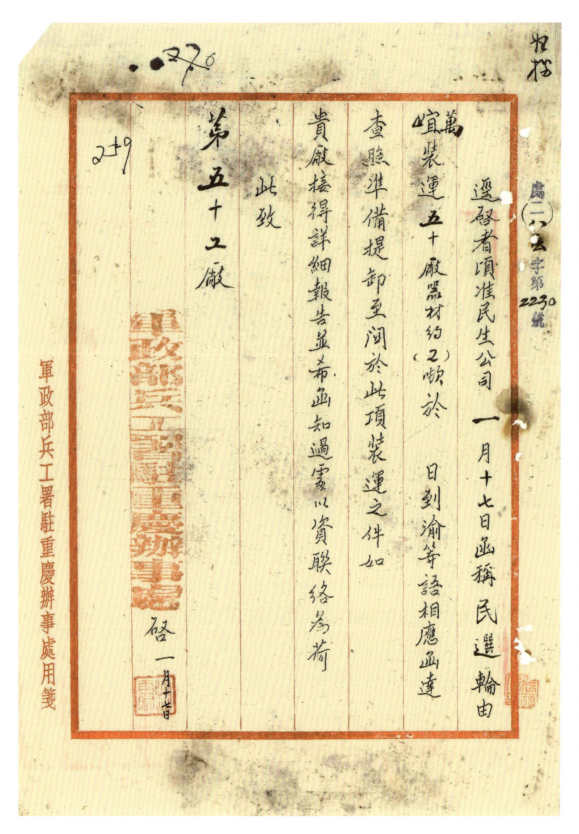

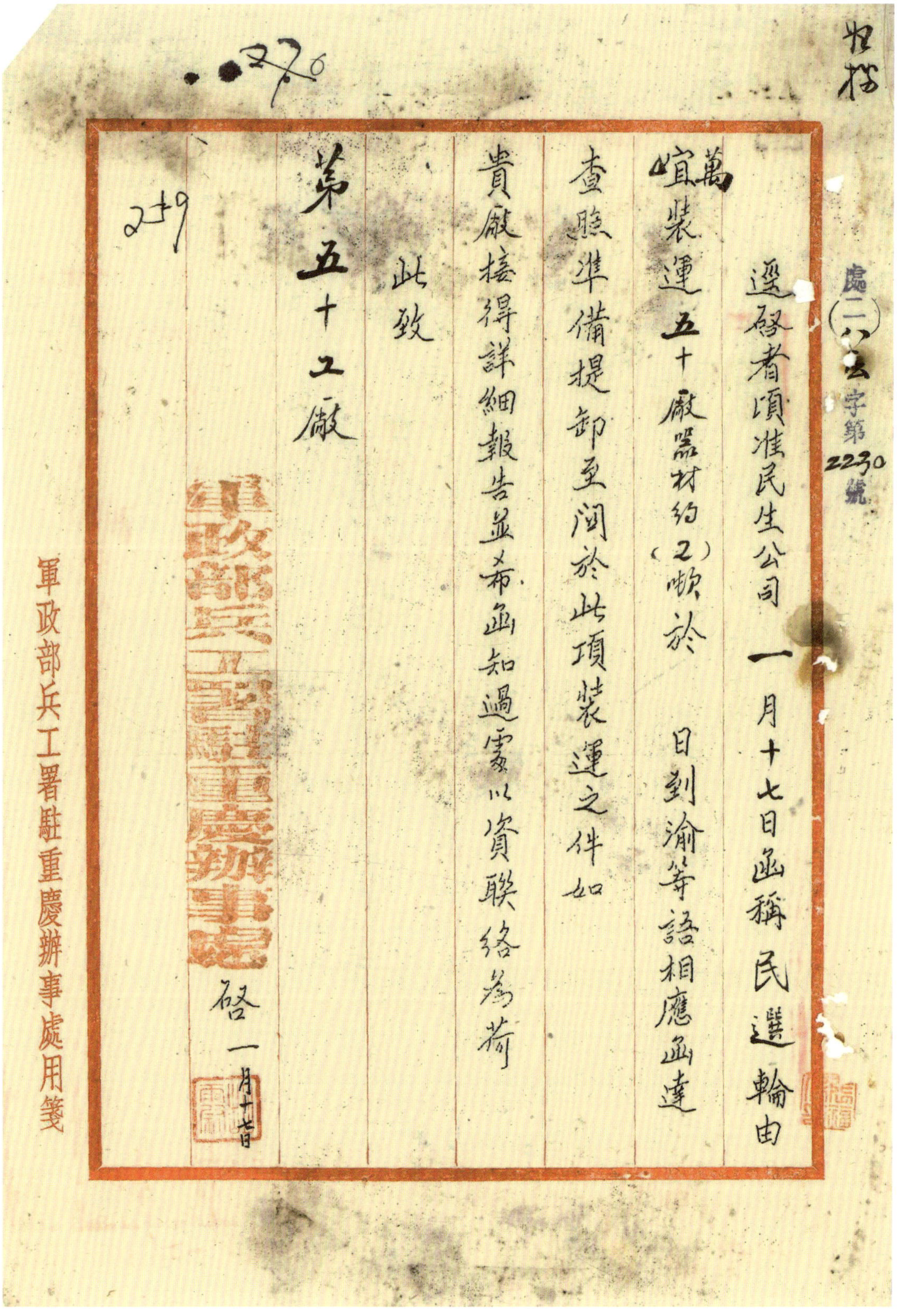

军政部兵工署第五十工厂迁移运输情形报告表（一九三九年一月）

第五十工廠遷移運輸情形報告表

起止及經過地點	運輸工具	年月日	數量	待運數量	備攷
湘江經株州宜昌至重慶本廠	火車木船輪船	廿七年六月	器材465噸		
〃	〃	廿七年七月	〃 529.75 〃		
〃	〃	廿七年八月	〃 141.73 〃		
〃	〃	廿七年九月	〃 398.45 〃		
〃	〃	廿七年十月	〃 756.57 〃		
〃	〃	廿七年十一月	〃 289.73125 〃		
湘江株州宜昌萬縣至重慶本廠	〃	廿七年十二月	〃 290 〃		
〃	〃	廿八年一月	〃 15 〃		
長沙宜昌至重慶	木船輪船			火磚 72 噸	奉江新輪在途中
株州至宜昌	木船			鋼筋 100 〃	將用木船運渝
宜昌至巴東				器材 20 〃	將隨宜[illegible]
宜昌至萬縣				炮五尊附彈藥車及零件	存萬縣

附註 1.運輸工具係指火車卡車輪船木船鐵駁而言

2.年月日以奉日為單位

108

叶卓林为报送第十一、十二批运渝器材表单致江杓的签呈（一九三九年二月五日）

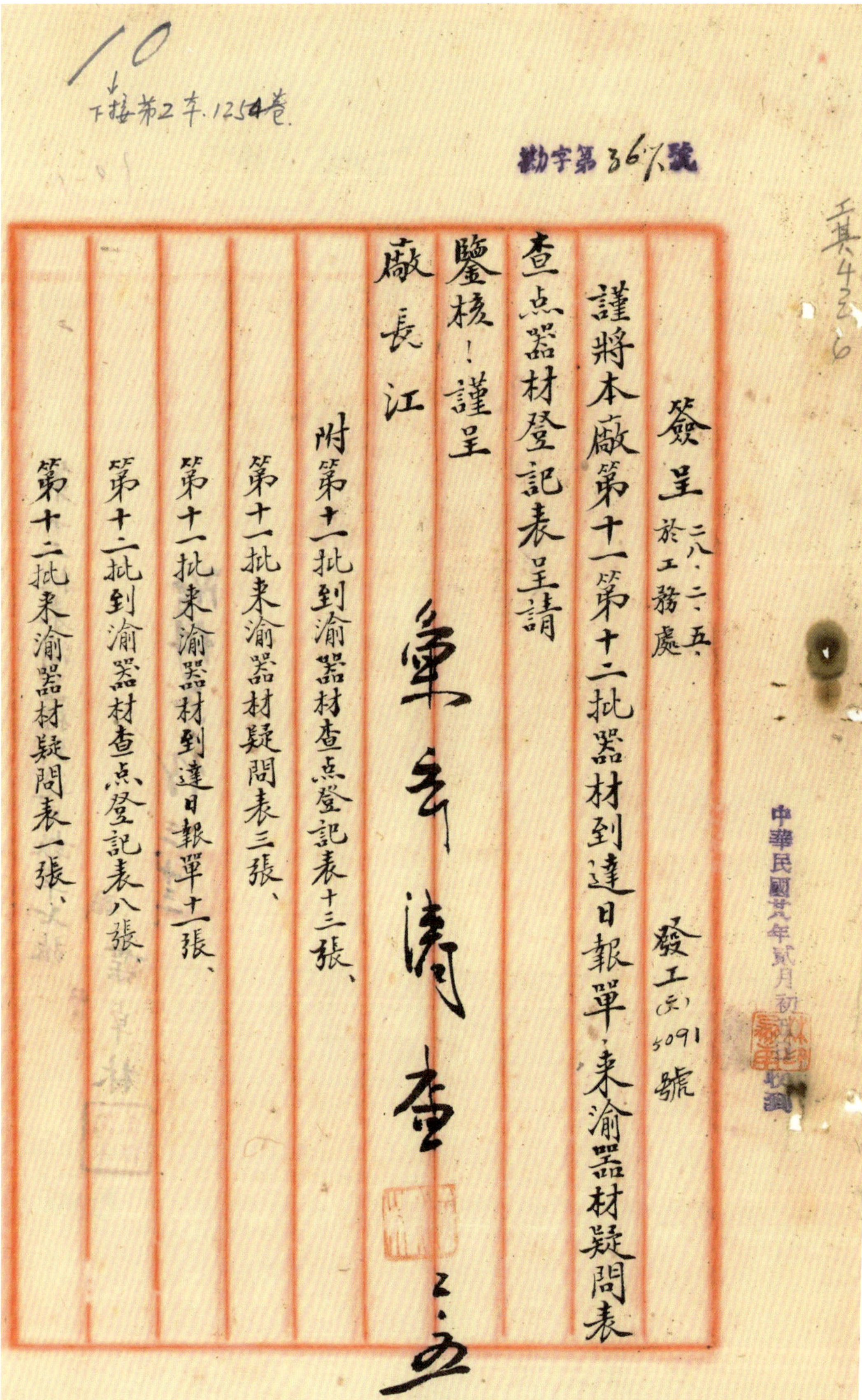

10

下接第2本.125卷.

勤字第367號

工其426

簽呈 於工務處 二八、二、五

謹將本廠第十一第十二批器材到達日報單、來渝器材疑問表

查点器材登記表呈請

鑒核！謹呈

廠長江

附第十一批到渝器材查点登記表十三張、

第十一批來渝器材疑問表三張、

第十一批來渝器材到達日報單十一張、

第十二批到渝器材查点登記表八張、

第十二批來渝器材疑問表一張、

葉卓林 二、五

發工（京）5091號

中華民國廿八年貳月初□日收到

10-1

第十二批來渝器材到達日報單七張。

職 葉卓林

附件另存

三、十三、

民生实业股份有限公司为请派员提卸运渝器材致兵工署第五十工厂的函（一九三九年三月十日）

278

民生實業股份有限公司用牋

民康輪將於三月十二日上午到埠停泊歇石碼頭裝有貴廠銅精約15噸請先向第一模範市場敝公司業務處辦妥提貨手續並備駁船派員準時提取是荷

此致

五十工廠

民生實業股份有限公司啓

三月十日

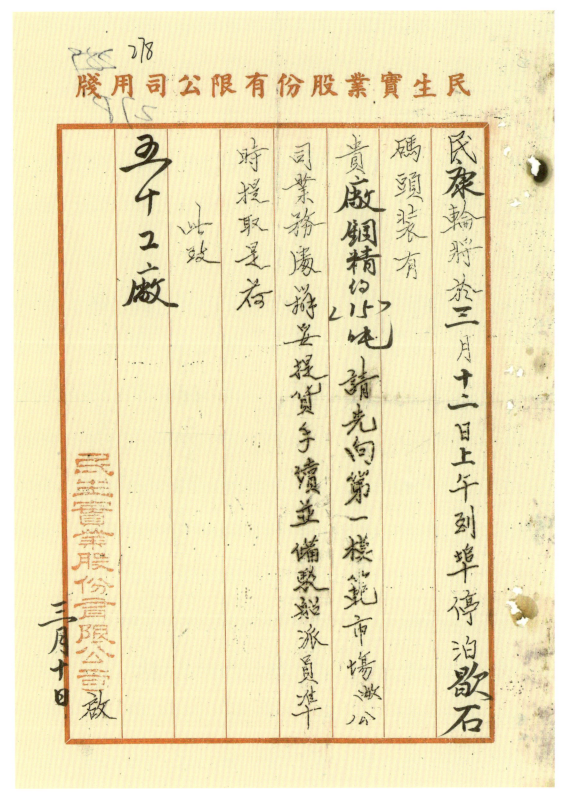

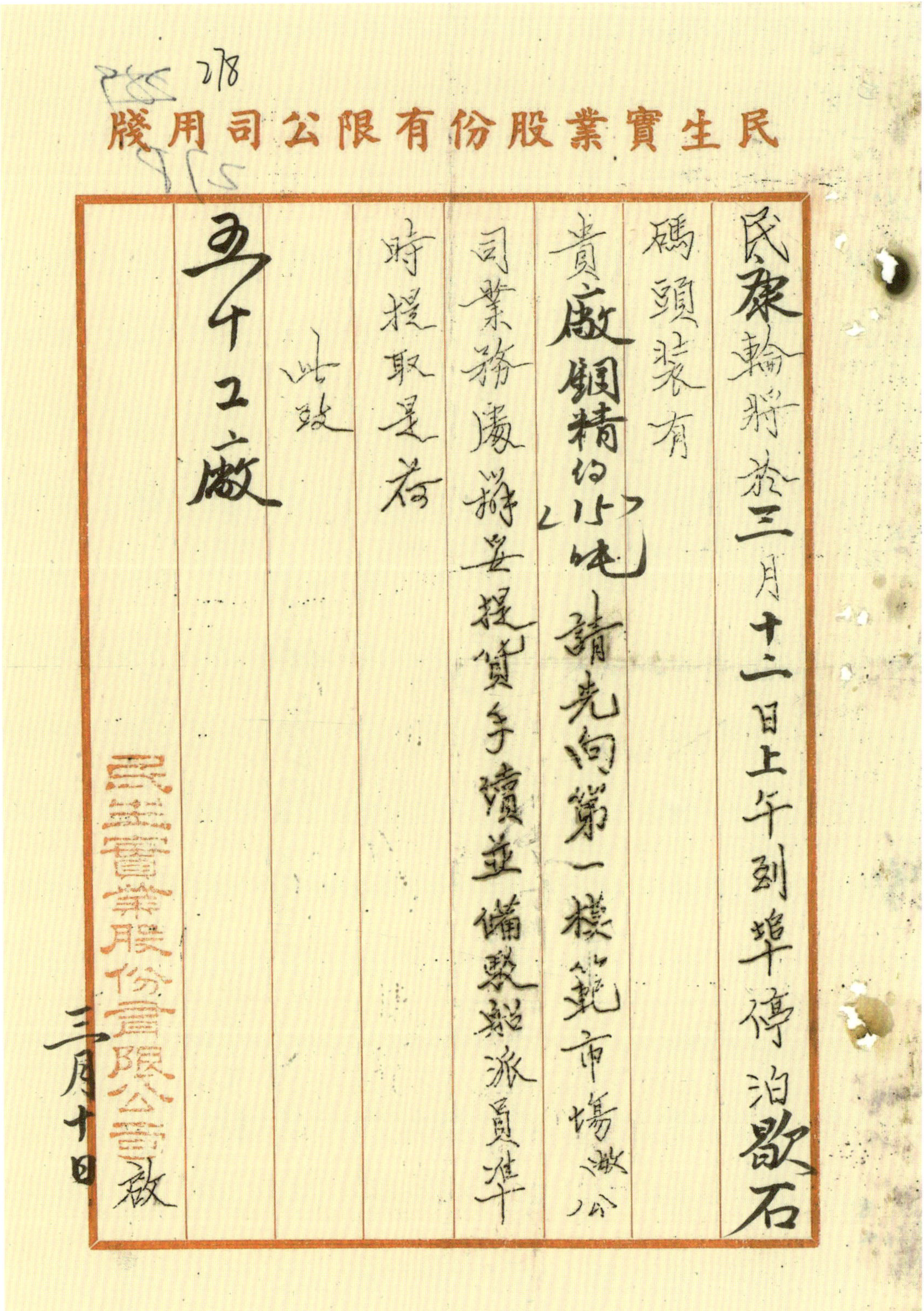

民生实业股份有限公司为请派员提卸运渝器材致兵工署第五十工厂的函（一九三九年四月二十一日）

民生實業股份有限公司用牋

民联輪將於四月廿三日上午十時到埠停泊
碼頭裝卷壹
貴廠大砲五門機件兵件計4107吨請備駁派員準時提取是荷
此致
第五十工廠

民生實業股份有限公司
廿八年四月廿一日
啟

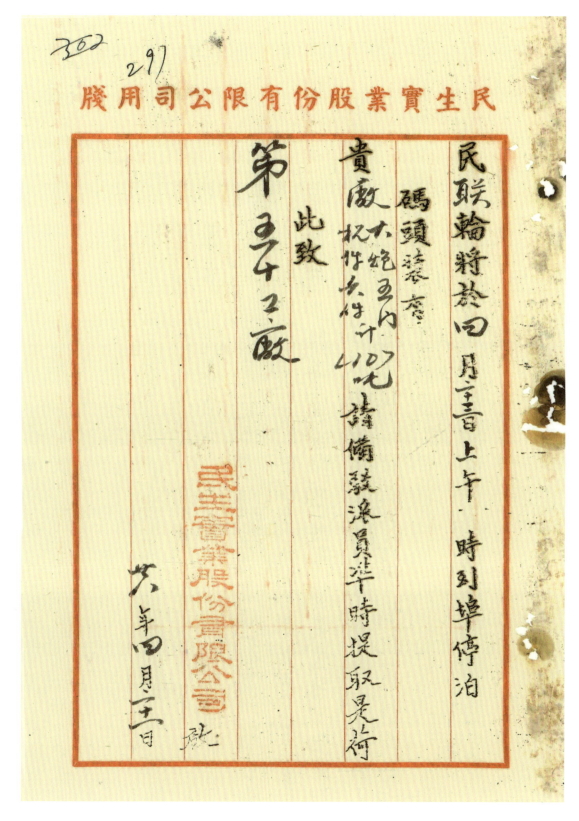

沈其柏关于清检运输存货情况致江杓电（一九三九年六月二日）

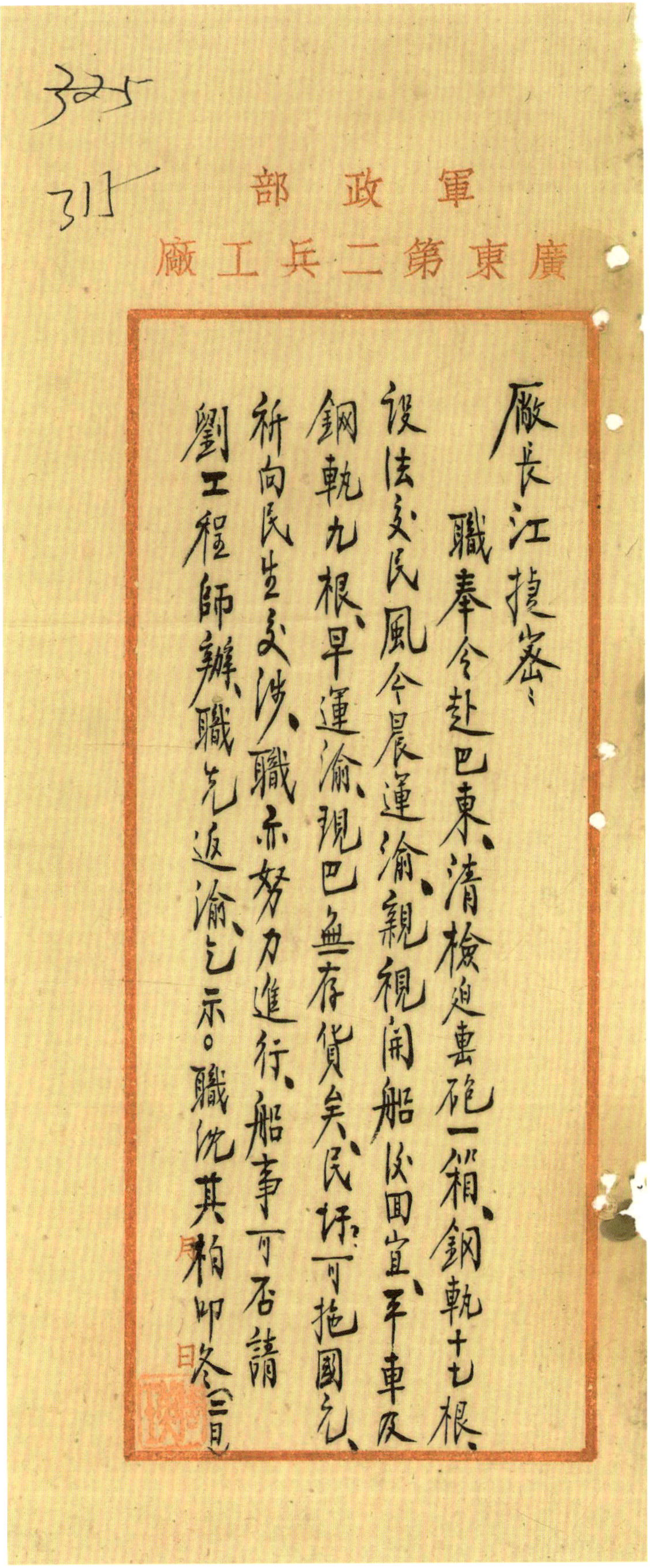
3225
311

軍政部
廣東第二兵工廠

廠長江提鑒：

職奉令赴巴東，清檢迫擊砲一箱、鋼軌十七根，設法交民風令晨運渝，親視開船後回宜。平車及鋼軌九根，早運渝，現巴無存貨矣。民懷可拖國元，祈向民生交涉，職亦努力進行，船事可否請劉工程師辦，職先返渝乞示。職沈其柏叩冬（二日）

月　日

军政部兵工署驻川南办事处为请准备提卸到渝器材致第五十工厂的函（一九三九年六月五日）

瀘處二八（？）字第2798號

敬啟者頃准民生公司六月三日函稱民風輪由

裝運五十工廠器材17件於五日到渝（泊施家河）等語相應函達

查照準備提卸至函於此項裝運之件如

貴廠接得詳細報告并希函知過處以資聯絡為荷

此致

第五十工廠

軍政部兵工署駐川南辦事處啟 六月五日

297

軍政部兵工署駐重慶辦事處用箋

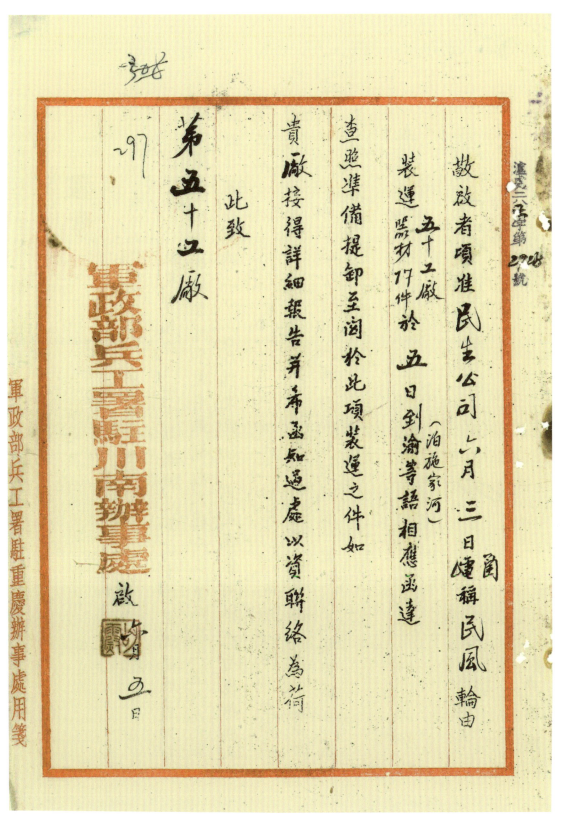

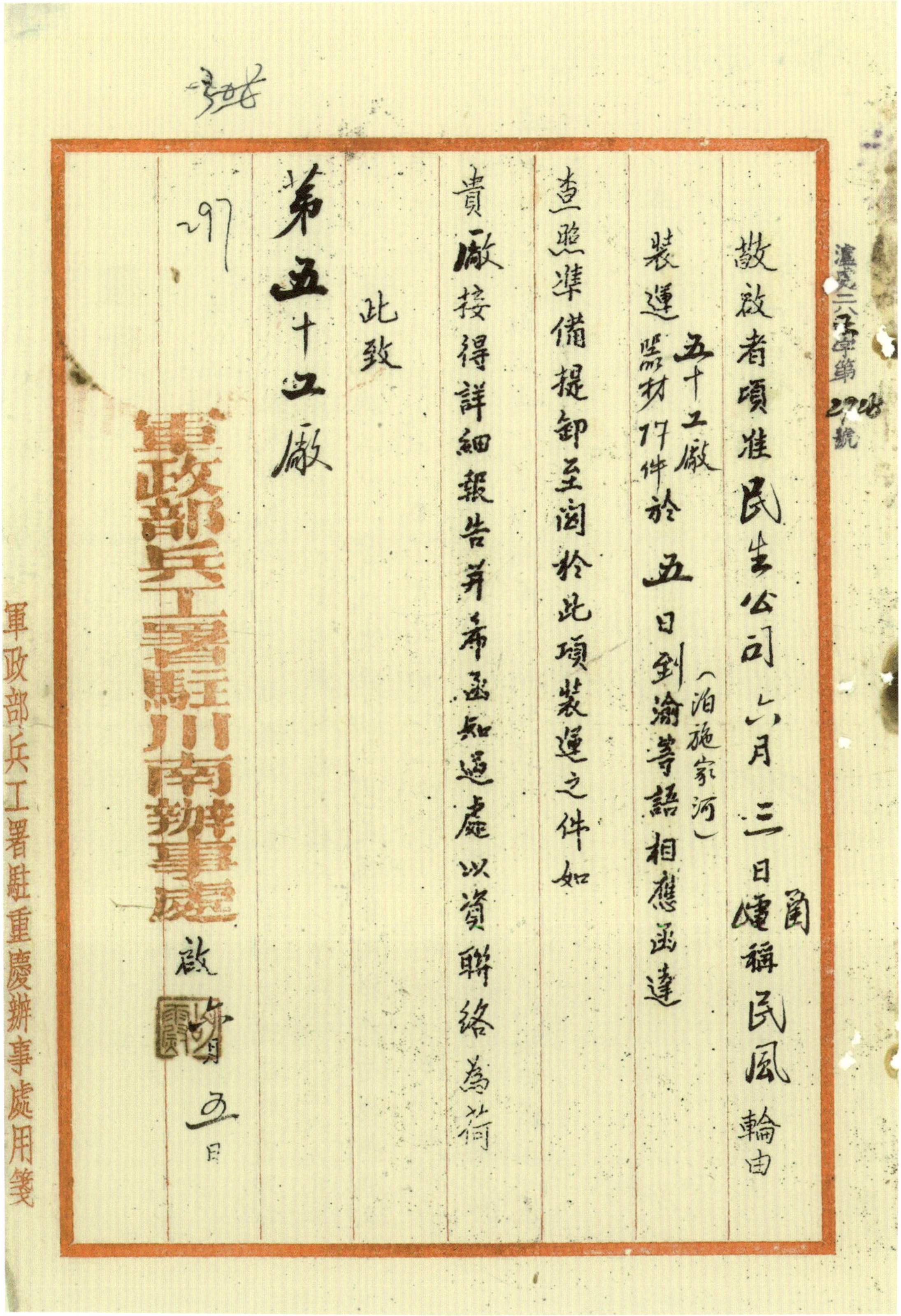

周金沛关于赴江新轮提运火砖火泥情况的报告（一九三九年七月四日）

3413
302

報告　字第　號

二十八年七月四日

事由：報告赴江新輪提運火磚火泥經過請 鑒核銷差由

說明：奉 派赴唐家沱河面江新輪提運本廠火磚火泥返廠，遵即前往洽辦，查駐宜通訊處附來運輸單開列火磚二一〇〇〇塊，火泥八九包，点卸結果實收火磚二〇五〇〇塊，火泥九〇包，並經會同招商局棧務股來員過磅，火磚每塊二·八公斤，火泥每包一一六公斤，業已分裝本廠駁船二艘，另僱民船一艘，由招商局拖輪先後拖運返廠，除通知保管科驗收外，理合檢同駐宜通訊處運輸單，江新輪磅碼單，器材到達報告單各一紙，呈請 鑒核，銷差。

謹呈
主任徐 代轉呈
廠長江

職 周金沛

附呈運輸單、磅碼單、料到報告單各一紙

批示：閱。厚 七、四

秘 勘 字第一九二五號
二十八年七月四日午收到
附註：
己簽

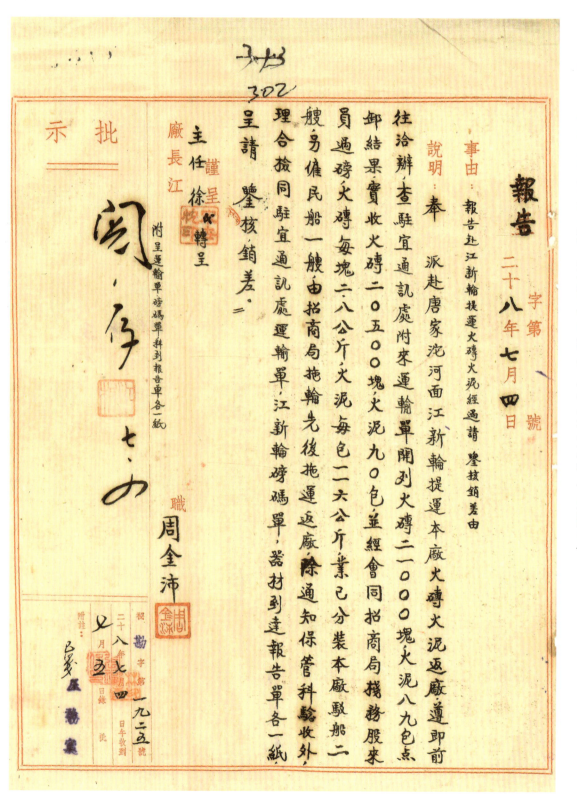

军政部兵工署第五十工厂到渝机件登记表（一九三八年八月至一九三九年七月）

兵工署第五十工廠 八月份到渝機件登記表

字第1219號

船名	航次	到渝日期	重量(噸)	存儲地點	守護情形	備考
民本	32	14	141.73	郭家沱	安全	押運員何靜熙

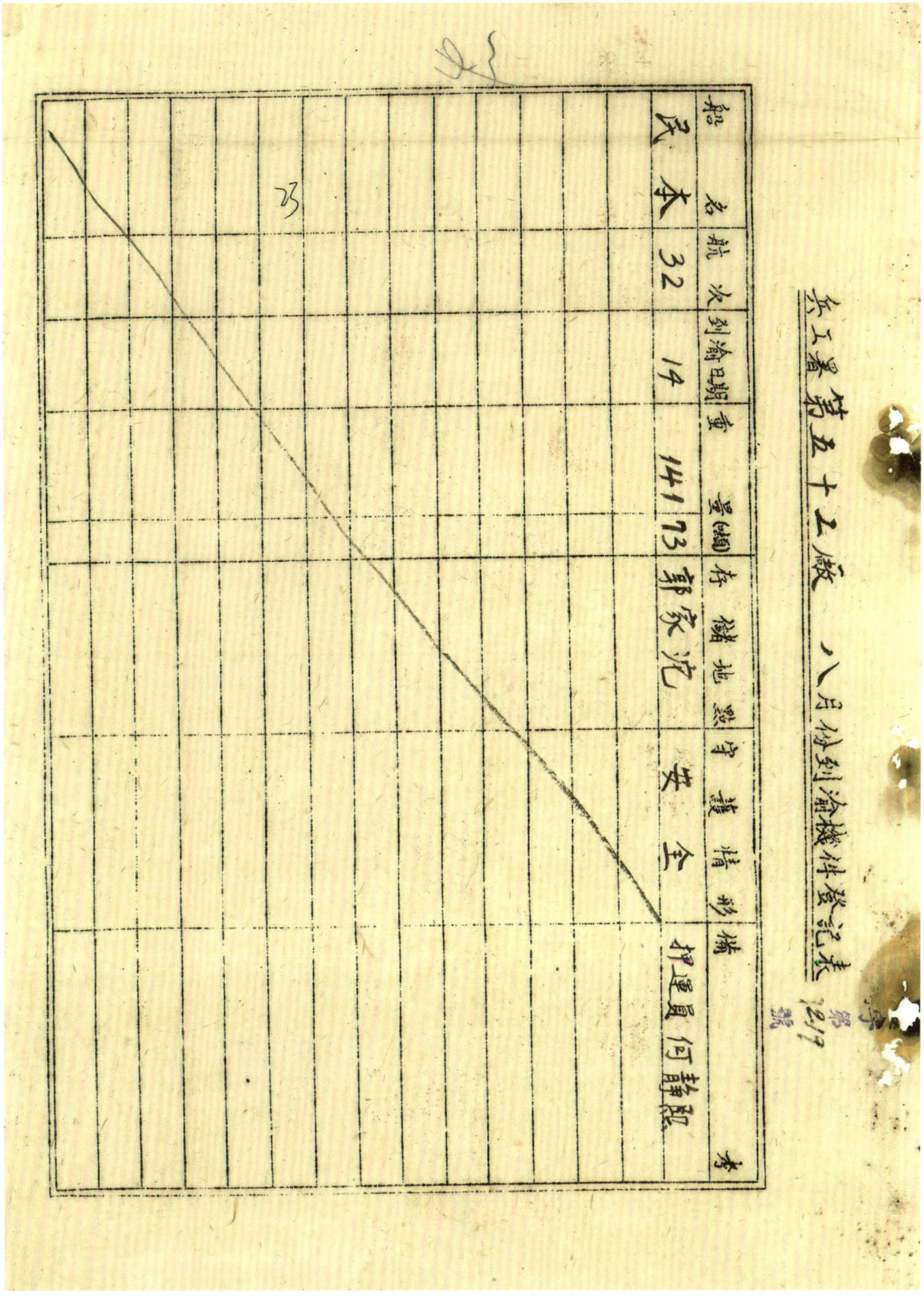

28

兵工署第五十工廠九月份到渝機件登記表

船名	航次	到渝日期	重量(噸)	存儲地點	守護情形	備考
民元	35	1	228.82	郭家沱	安全	押運員 鄧濼輝
〃	36	15	169.63	〃	〃	〃 段士珍

39

兵工署第五十二廠　　十月份到渝機件登記表

船名	航次	到渝日期	重量（噸）	存儲地點	守護情形	備考（押運員姓名）
民本	37	15	40	郭家沱	安全	劉玉田　客煥文
民元	38	16	[illegible]7	〃	〃	劉天威　郝藎臣　吳青山
民元	39	28	338	〃	〃	張珊　張恕達　周金沛
民本	38	28	16	〃	〃	熊志陞

46

兵工署第五十工廠　十一月份到渝機件登記表

船名	航次	到渝日期	重量(噸)	存儲地點	守護情形	備考（押運員姓名）
民本	39	11	75.35	郭家沱本廠	安全	機械士 王國松 趙森
民風	86	14	212.04125	〃	〃	錢闢蒙

47-4

兵工署第五十二廠十二月份到渝械件登記表

船名	航次	到渝日期	重量(噸)	存儲地點	守護情形	押運員姓名	備攷
民元	43	3	110	郭家沱本廠	安全	閔衡	
民元	45	16	90	〃	〃	崔騰(機械士)	
民權	81	16	60	〃	〃	文占武(機械士)	
民權	82	20	30	〃	〃	王志炎(機械士)	

兵工署第五十工厂 一月份到渝械件登记表

船名	航次	到渝日期	重量（吨）	存储地点	卸运情形	押运员姓名	备考
民选	368	19	2吨	郭家沱本厂材料库	安全	黄允奎	

稿

厂[illegible]发字第152号

兵工署第五十二廠 二十八年 二月份到渝機件登記表

船名	航次	到渝日期	重量(噸)	存儲地點	守護情形	押運員姓名	備 3次
民元	46	(十二月)20	13 噸	郭家沱本廠	安全	機械士蕭連元	
木船							自僱壹艘

兵工署第五十工廠三月份到渝材料登記表

船名	航次	到渝日期	重量(噸)	存儲地點	守護情形	押運員姓名	備考
民康	140	13	1515	本廠	安全	機械士李瑞	

兵工署第五十工廠　四月份到渝機件登記表

67-1

船名	航次	到渝日期	重量(噸)		存儲地點	守護情形	押運員姓名	備考
民聯	14	23	9	64	本廠材物保管科	安全	士兵黃德才	
~~本船~~								~~本廠派船一艘裝運~~

70

兵工署第五十工廠　五月份到渝械件登記表

船名	航次	到渝日期	重量	公噸	存儲地點	守護情形	押運員姓名	備考
民俗	167	22	65		本廠材料保管科	安全	周全沛	本廠自備駁船接運
木（25個）船								
蔣長青		14	18½	公噸	同上	安全	押運員劉大成	
張順清		14	26	〃	〃	〃	〃	
張正明		14	16	〃	〃	〃	〃	
魏義和		14	16	〃	〃	〃	〃	
劉康明		20	13	〃		在忠縣失吉	〃	該項器材另裝王萬貴運廠

兵工署第五十二廠 六月份到渝船隻登記表

船名	航次	到渝日期	重量(噸)	存儲地點	守護情形	押運員姓名	備考
民風	100	5	4公噸	材物保管科	安全	黄德徵	本廠聯絡處裝載
木船一艘							本廠自備

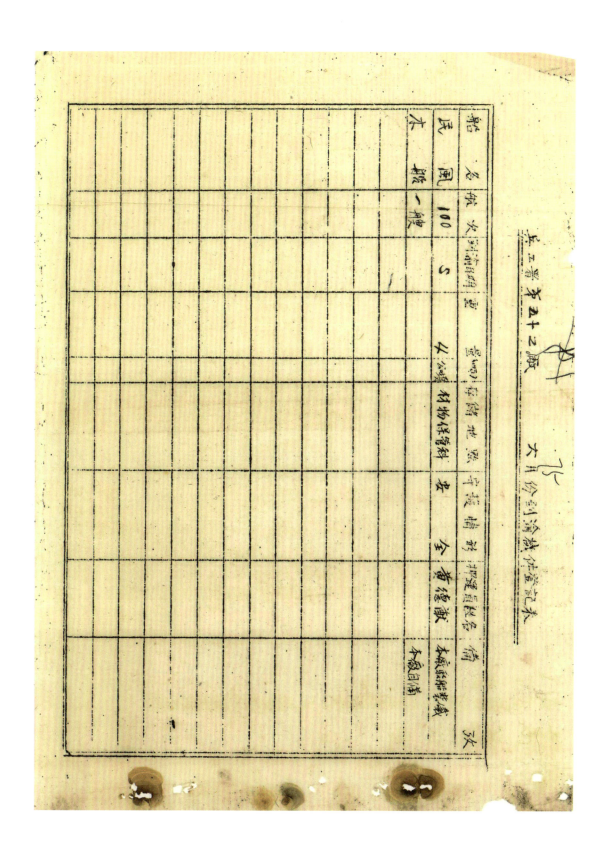

兵工署第五十二厂七月份到渝械件登记表

船名	航次	到渝日期	重量(噸)	存儲地點	守護情形	押運員姓名	備攷
江新	1	六月29	67.480	郭家沱本廠	安全	薛漢臣	

廠(元)發字第1574號

渝處二八發字第9208號

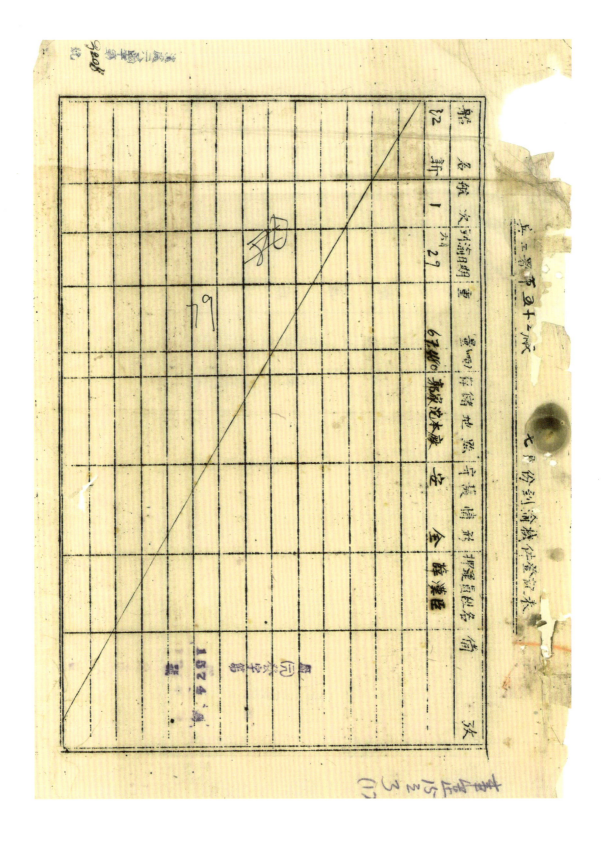

共貳頁

73.

軍政部兵工署第五十廠

四、本廠遷移經過及現在設施報告書

（甲）遷移經過

查本廠自廿六年九月起，迭遭敵機轟炸後，即奉 署令擇地遷建，當於同年十二月間，先後派員前往滇桂湘省履勘廠址，初勘得湖南辰谿地方，頗為適宜，正籌遷中，又於廿七年四月七日奉 令改遷四川，並經勘得江北縣郭家沱一帶地方，適合建廠條件，當即部署遷運事宜，於湘江株州重慶三處，分設聯運組，於株岳陽宜昌兩地，分設通訊處，將所有器材，由粵裝車運至株州，改用民船運宜，再行轉輪運渝，計自廿七年四月間開始起運，截至現在，除留置秭歸巫縣巴東一帶器材約計百餘噸，尚待運渝外，計已運到者，共計器材二千八百八十六噸，而湘江原

73-1

地之器材，已告運罄，此本廠遷移之經過也。

（乙）現在設施報告

查本廠現在建設計劃，分為二期，第一期先於疏散姿勢之下，以簡單迅速為原則，俾得早日開工，計已興辦之工程，有下列二十二種：

（一）製砲所木棚廠房十一座。（二）彈夾所木棚廠房九座。（三）引信所木棚廠房三座。（四）鍛工所木棚廠房二座。（五）木工所木棚廠房三座。（六）工具所木棚廠房三座。（七）鑄工所竹棚廠房一座。（八）柴油機動力廠通天山洞廠房一座。（九）樣板廠山洞廠房十四座。（十）防空山洞五座。（十一）臨时竹棚倉庫十五所。（十二）臨时竹棚工場三所。（十三）職員瓦屋宿舍十二座。（十四）機械士兵瓦屋宿舍六座。（十五）機械士兵草房住宅八座。（十六）臨时工人竹棚住所六座。（十七）警衛隊臨時竹棚駐所五座。（十八）天字住宅一座。（十九）臨時馬路六百公尺。（二十）廠區馬路支綫共長六千零四十公尺。（廿一）滾水堤一座。（廿二）石墩木橋一座。第二期係利用山勢，建築山洞廠房，將地面重要廠房，移設洞中，以保安全，將地面空出之廠房，改作庫房及其他用途，其餘工程，則分别緩急，以次興建，計現擬舉辦者有下列二十一種：

（一）裝硝所山洞廠房約面積三千平方公尺。（二）彈夾所山洞廠房約面積二千平方公尺。（三）遷平抗發電廠通天山洞廠房約面積一千五百平方公尺。（四）總辦公廳一座。（五）工務處辦公室一座。（六）工程室辦公室一座。（七）林場辦公室一座。（八）醫院一座（九）警衛隊營房四座。（十）稽查所三座。（十一）職員瓦房住宅二十所。（十二）職工集會禮堂一座。（十三）職工子弟學校一

74-1

座。（十四）职工合作社一座。（十五）职工饭堂一座。（十六）职工浴室一座。（十七）汽车竹棚房一座。（十八）厂房伪装。（十九）加筑马路及涵洞防水堤路。（二十）给水下水各工程。（廿一）射击场及黑石围墙公共厕所各工程。上述各种工程，系本厂现在之设施也。

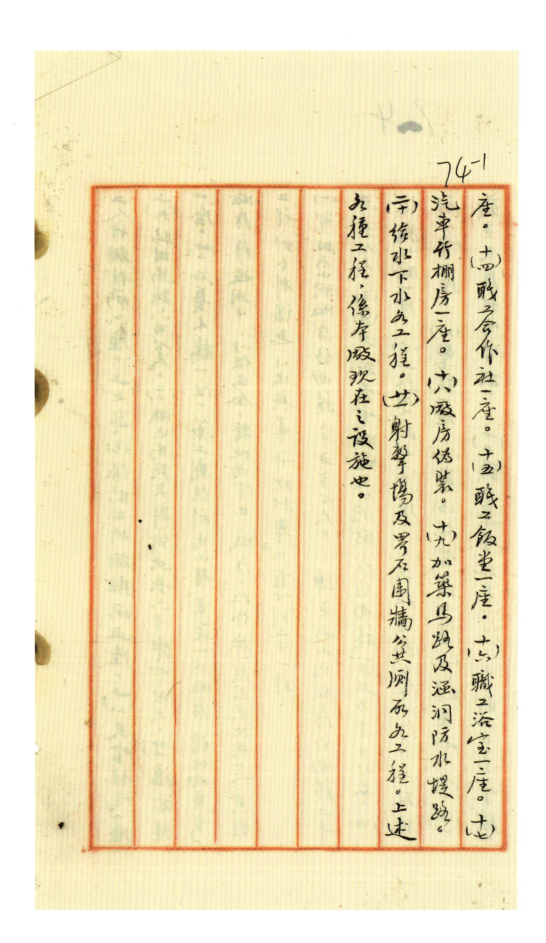

敬鹿笙为兵工署第五十工厂器材装轮运渝致江杓电（一九四〇年三月）

143

軍政部
兵工署第五十工廠

江廠長奮吾：

貴廠砲料[145]噸，裝民殷銑日（十六日）駛渝，請接收。

弟敬鹿笙感（十五日）

月　日

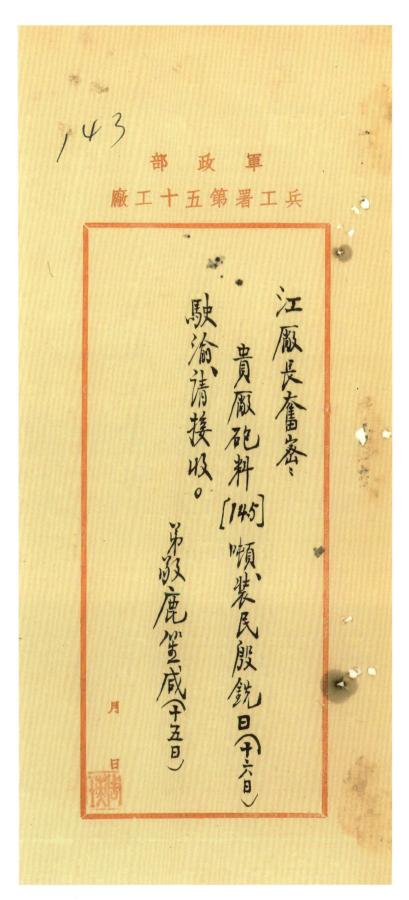

145

軍政部
兵工署第五十工廠

江廠長奮庵：

民楷裝貴廠彈殼銅餅(30)箱、約八噸，准巧日(十八日)駛渝，請接收。

弟敬鹿笙銑。

月　日

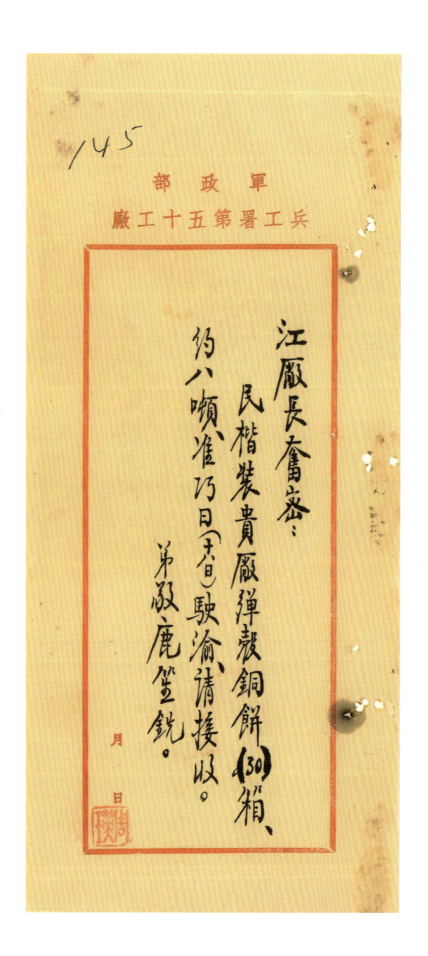

147

軍政部
兵工署第五十工廠

江廠長奮密：

鏄虹差輪裝貴廠銅餅22箱、約計(57)噸，皓日（十九日）駛渝，又民楷加裝銅餅20箱、約计五噸，请分别接收。

弟笙叩（十八日）

月　日

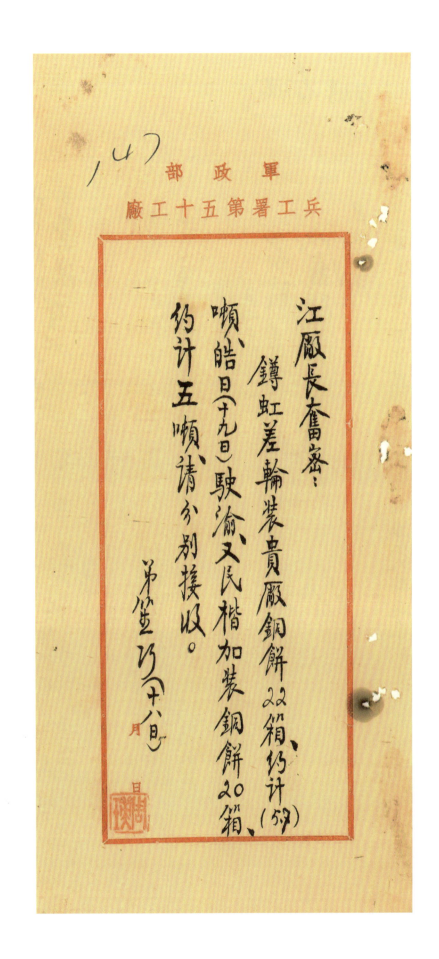

军政部兵工署第一工厂沅陵运输处为报代接收沅陵修炮厂拨调第五十工厂工人经过情况致第五十工厂的呈（一九四一年十一月七日）

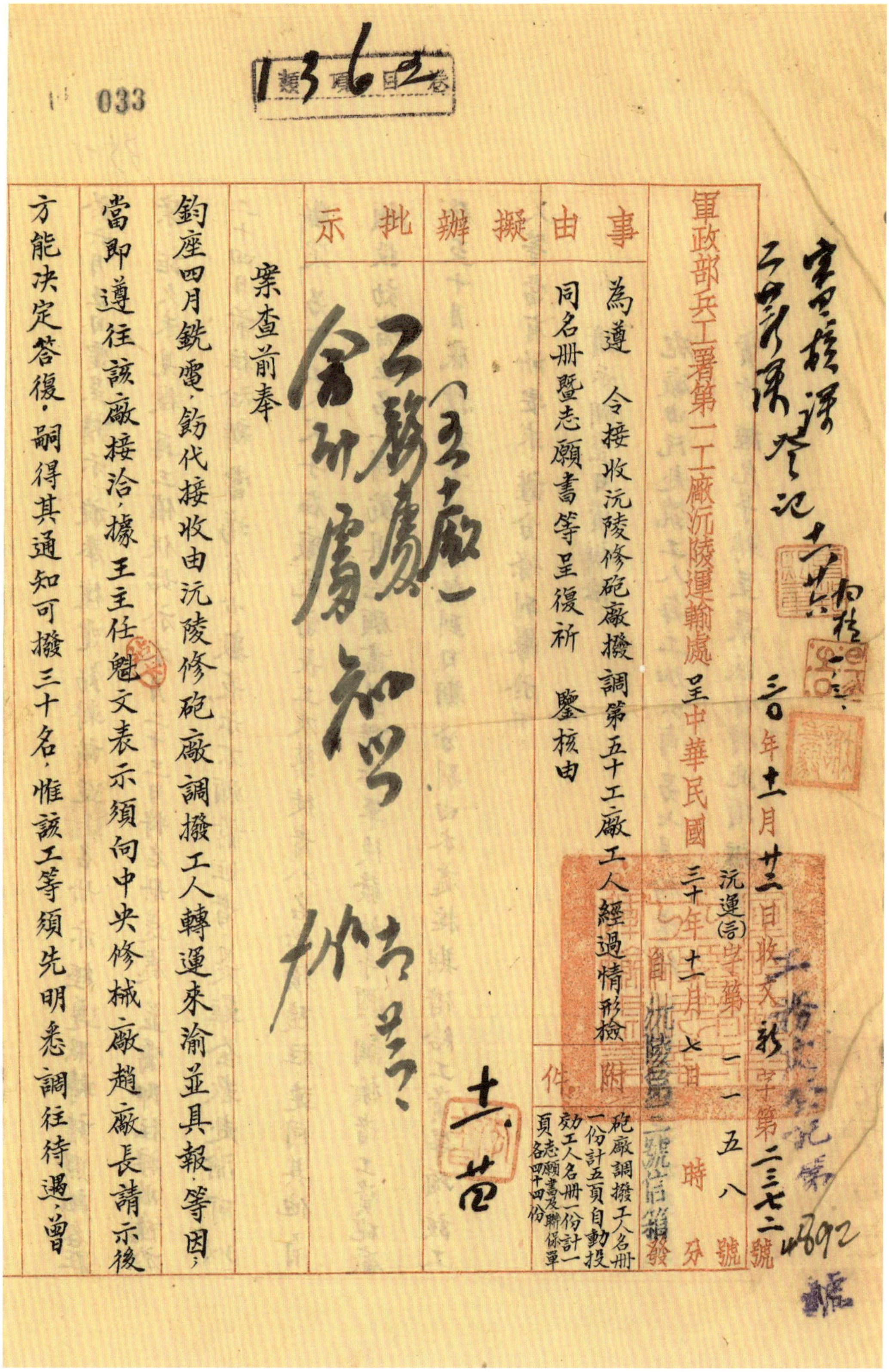

033

軍政部兵工署第一工廠沅陵運輸處 呈 中華民國三十年十一月七日 時發 沅運(言)字第一一五八號

收文 字第二三七二號

事由：為遵令接收沅陵修砲廠撥調第五十工廠工人經過情形檢同名冊暨志願書等呈復祈鑒核由

附件：砲廠調撥工人名冊一份計五頁 自動投效工人名冊一份計一頁 志願書及聯保單各四十四份

擬辦

批示

案查前奉

鈞座四月銑電，飭代接收由沅陵修砲廠調撥工人轉運來渝，並具報，等因，當即遵往該廠接洽，據王主任魁文表示須向中央修械廠趙廠長請示後方能決定答復，嗣得其通知可撥三十名，惟該工等須先明悉調往待遇，曾於六月五日電呈請示，旋奉復電飭轉請造送名冊，亦經遵照轉請照辦各在案，詎久未見復，再三催促始於本月二十三日將名冊送處，並囑即往接收隨於二十四日前往洽辦，當場有少數表示不願前往者，是難全數赴渝，可以斷定，另有工人父子在廠充當長工及藝徒者八名必須隨往，連同其他自願投効者五名，一併飭具志願書暨聯保單後發給手摺，調撥者工資砲廠發至十月底，投効者按其報到日期，分別由本處按期借給工資等項，該工人等當有所要求，謹分條列舉於下：

1、請示調整日資辦法。

砲廠由沅赴筑工人每工加六角，另七月份考績可加三級亦於到筑實行，經允予轉呈最低保持此項辦法。

034

2. 請示各工人單米及家屬食米如何辦理。

答復到廠後本人單米及家屬廉價米均可照發，惟在未到廠以前祇本人可領廉價米，而沅處人手太少，不能備米發放，祇能按市作價，暫先歸入工資内借支，俟到廠後結算。

3. 請示工人及家屬津貼辦法。

答復現所知者，僅本人可月領十五元，如另有規定俟到廠後自可一律待遇。

4. 各工人入渝途中如船隻失事遭遇損害及空襲等災害如何救濟。

答復允予轉呈，如有是項情形時，請特予救濟。

5. 差費如何規定何日起算。

34-1

答復每日一元二角，自上船日起算。

6. 工友入渝之遷移損失補助費如何辦理。

砲廠由沅赴筑本人十元，家屬六歲以上者每人六元，到達後發給鋪板等必需木器，允為轉呈核辦。

7. 工資及應得津貼等能否於每月一日先予發放。

答復十一月上半月工資等可於一日發放（因該工等十月份工資砲廠多扣借欠）下半月月底發放。（如前借支重複者按期後移）

8. 赴渝途中請發各工醫葯費用。

答復可發必需藥品。

9. 請於動身赴渝之前一星期內預備工資及津貼等三個月。

035

答復可先借一個半月，到達龍潭彭水等處得續借支。

10. 工匠阮學成董雲傑之子請補入廠充當藝徒。

允予轉請錄補自十一月一日起支工資每工四角八分。

11. 投効工人請予保全原有年資。

允予轉請照准。

接收工人連同家屬共約一百五十名，決定分兩批運送至龍潭，並指定由董可金及阮學成分别率領，抵龍後擬請派車或飭龍處續運。除俟開船時再行電呈外，所有遵照代爲洽收調撥工人情形，理合備文檢同名冊暨志願書聯保單等呈報，敬祈

鑒核！

35-1

謹呈

本署第五十工廠廠長丁

第一工廠兼沅陵運輸處主任夏祥惠

附（一）中央修械厂沅陵炮厂技术工人奉调第五十工厂名册

036

沅廠(卅)1146之附一

中央修械廠沅陵砲廠技術工人奉調第五十工廠名册

三十年十月

藝别	姓名	入廠年月	現有日資（元角分）	家屬人數	附註
鉗工	辛雨亭	二六、二	二四〇	二	有子辛文學在廠充當藝徒日資五角六分
鉗工	辛庚生	二七、九	一五〇	二	
鉚工	董可全	二三、七	二二〇	一	有子董必坤在廠充當小工日資一元
鉗工	董紹雄	二九、九	一二〇	三	
鉗工	楊得志	二二、三	二四〇	七	
鉗工	龍奕生	一三、七	一九〇	五	有子龍華海在廠充當藝徒日資五角四分
鑄工	吳芳慶	一四、五	一六〇	二	
鍛工	董壽山	一一、五	一七〇	五	

36-1

鉗工	李海卿	二七	六	一七〇	四	
鉗工	杜昇平	二七	六	一八〇	三	
鉗工	王湘江	二六	五	一三〇	二	
鉗工	王維周	二三	四	二二〇	一	
鉗工	王福根	二五	一二	一一〇		
鉗工	何振華	二六	一二	一九〇	五	
鉗工	周傑志	二九	六	一六〇	八	有父周銀和在廠充當小工日資八角
鉗工	阮學成	七	八	二二〇	六	
鉗工	董云傑	二三	四	二〇〇	六	
鉗工	張筱山	二八	八	一九〇	二	

037

藝別	姓名	入廠年月	現有日資（元角分）	家屬人數	附註
鉗工	趙光華	二五、一二	二二〇	二	
鉗工	屠茴根	二六、三	一七〇	四	
鉗工	屠苗榮	二六、五	〇八八		
鉗工	王云龍	二四、一	一九〇	三	
鉚工	朱良桂	一四、六	一六〇	三	有子朱達香、朱達祥充當藝徒，日資六角、五角六分
鉚工	吳桂生	二七、一	一〇〇		
鉚工	王津龍	二六、一	一一〇	三	
機工	王鼎臣	四、一	一八〇	一	
鉗工	張鳳祥	二六、二	一六〇		

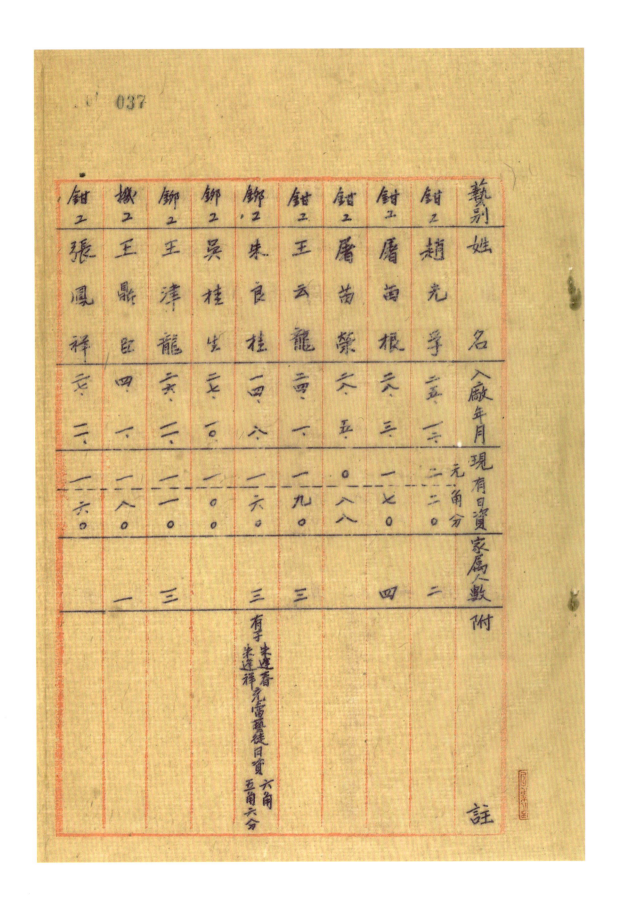

37-1

鉗工	黃桂榮	二五、一六	二〇〇	四	
[illegible]工	熊元發	九、八	一六〇	四	有子熊成福、熊成祿充當藝徒，日資七角二分、五角二分
[illegible]工	褚爍祥	六、九	一八〇	二	

總計
工匠 三十名
藝徒 六名
小工 二名
家屬 九十名

附（二）中央修械厂沅陵炮厂奉调工人欠款清册

038

沅廠(卅)1146之附式

中央修械廠沅陵砲廠奉調工人欠款清冊 三十年十月

藝別	姓名	借支薪工	借支旅費	欠交衣款	合計	備註
工匠	辛雨亭			二四〇	二四〇	
工匠	辛庚生			二四〇	二四〇	
工匠	董有金			二四〇	二四〇	
工匠	董紹雄			二四〇	二四〇	
工匠	楊得志			二四〇	二四〇	
工匠	龍秉生			二四〇	二四〇	
工匠	吳芳慶	七二〇		二四〇	九六〇	
工匠	董壽山			二四〇	二四〇	

30/10/25到

38-1

工匠	李海卿			二四八〇	二四八〇
工匠	杜昇平			二四八〇	二四八〇
工匠	王湘江			二四八〇	二四八〇
工匠	王維周			二四八〇	二四八〇
工匠	王福根	四〇〇	一四五〇〇	二四八〇	一七三八〇
工匠	何振華	二〇〇〇	八〇〇〇	二四八〇	一二四八〇
工匠	周傑志	三〇〇〇	二七〇〇	二四八〇	八一八〇
工匠	阮學成			二四八〇	二四八〇
工匠	董云傑	一〇〇〇		二四八〇	三四八〇
工匠	張筱山			二四八〇	二四八〇

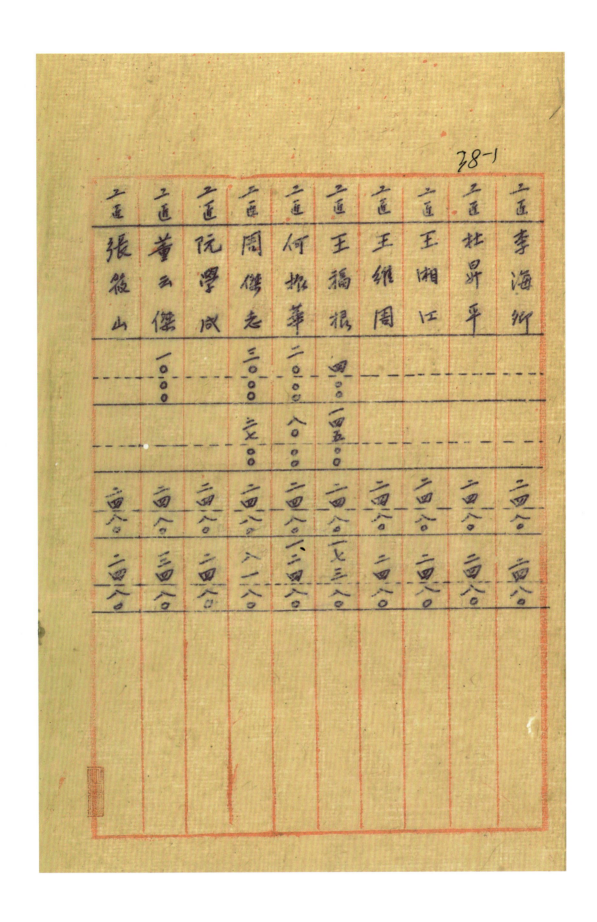

039

工匠	趙光孚				二四八〇	二四八〇
工匠	屠苗根				二四八〇	二四八〇
工匠	屠苗榮				二四八〇	二四八〇
工匠	王云龍	二九〇〇			二四八〇	五三八〇
工匠	朱良桂				二四八〇	二四八〇
工匠	吴桂生	三五〇〇			二四八〇	五九八〇
工匠	王津龍	一〇〇〇			二四八〇	三四八〇
工匠	王鼎臣				二四八〇	二四八〇
工匠	張鳳祥				二四八〇	二四八〇
工匠	黄桂荣				二四八〇	二四八〇

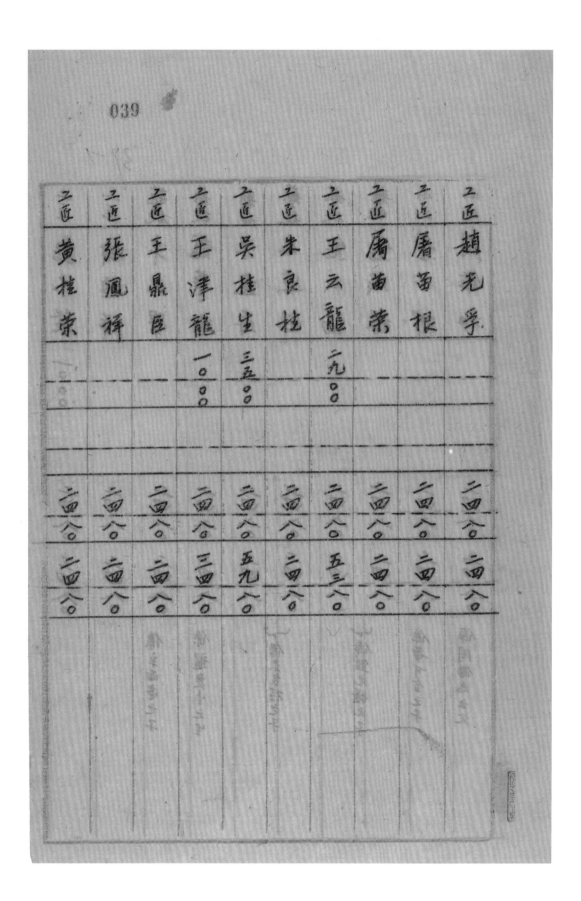

39-1

工匠	熊元發	一〇〇〇	二四八〇	三四八〇	
工匠	褚煥祥		二四八〇	二四八〇	
藝徒	辛文學		二四八〇	二四八〇	係辛西亭之子
藝徒	龍華海		二四八〇	二四八〇	係龍秉生之生
藝徒	朱逢春		二四八〇	二四八〇	係朱貴植之子
藝徒	朱逢祥		二四八〇	二四八〇	係朱貴植之子
藝徒	熊成福		二四八〇	二四八〇	係熊元發之子
藝徒	熊成祿		二四八〇	二四八〇	係熊元發之子
小工	董必坤		二四八〇	二四八〇	係董可金之子
小工	周鉅和		二四八〇	二四八〇	係周傑志之父

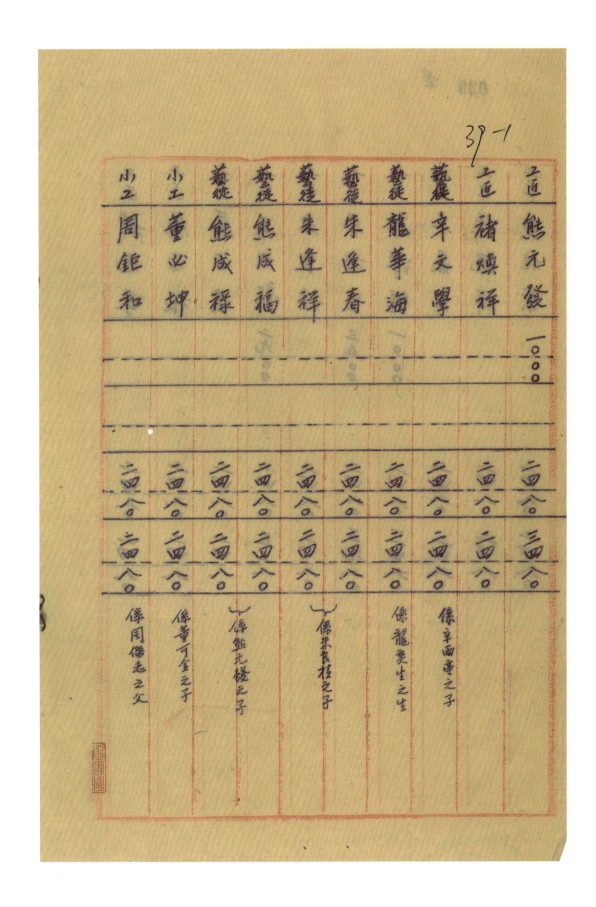

040

以上工人三十八名
合計結欠壹仟肆百壹拾肆元肆角正

041

中央修械廠沅陵修砲廠自願投効第五十工廠工人名冊

工别	姓名	年齡	籍貫	日資	入廠年月	投効年月日	備考
工匠	羅海廷	五四	湖南長沙	二六〇	十四年三月	三十年十月一日	
〃	王雪榮	三四	江蘇上海	一九〇	十八年二月	三十年十月一日	
〃	張明池	三六	湖北武昌	二〇〇	二十四年四月	三十年十月一日	
〃	王德芳	三五	安徽合肥	二六〇	二十三年七月	三十年十月一日	
〃	王世珍		仝前	一一〇	二十七年四月	三十年十月一日	

（三）出品

军政部兵工署第五十工厂一九三九年度出品预定表（一九三九年）

軍政部兵工署第五十工廠二十八年度出品預定表

出品名稱	單位	數量	備考
六年式7.5鑄鉄山砲彈	發	65000	因砲彈與引信之構造較原設計畧為簡單開工後或可利用一部份剩餘機器製造擲榴彈及擲彈筒
3.7平射砲	門	100	
10.5鑄鋼榴彈	發	13000	

70

刘志堃为请将一九四〇年度欠缴数呈兵工署撤销致江杓的签呈（一九四〇年十二月六日）

附：一九四〇年度各种出品缴欠表

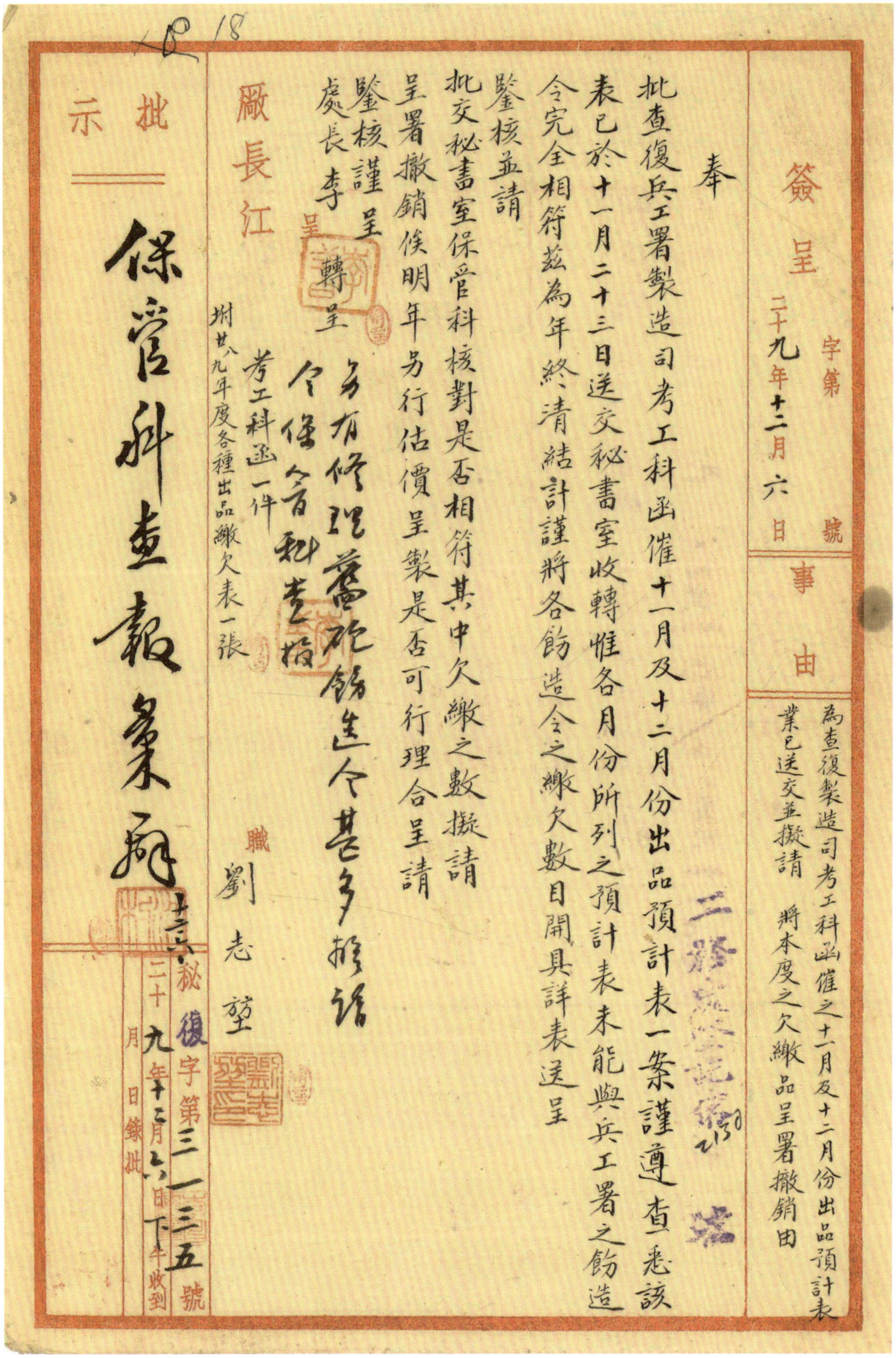
簽呈 字第 號
二十九年十二月六日

事由：為查復製造司考工科函催之十一月及十二月份出品預計表業已送交並擬請將本度之欠繳品呈署撤銷由

奉

批查復兵工署製造司考工科函催十一月及十二月份出品預計表一案謹遵查悉該表已於十一月二十三日送交秘書室收轉惟各月份所列之預計表未能與兵工署之飭造令完全相符茲為年終清結計謹將各飭造令之繳欠數目開具詳表送呈

鑒核並請

批交秘書室保管科核對是否相符其中欠繳之數擬請呈署撤銷俟明年另行估價呈製是否可行理合呈請

鑒核謹呈

廠長江

處長李 轉呈

另有修理舊砲飭造令甚多擬請

令保管科查報

附廿九年度各種出品繳欠表一張

考工科函一件

職 劉志堃

批示

保管科查報彙辦

秘復字第三一三五號

二十九年十二月六日下午收到

月 日錄批

廿八廿九年度各種出品繳欠表

飭造令	品名	飭造數量	飭繳月份	已繳數量	十二月份可繳數量	欠繳數	備考
額字289號	十年式山砲彈	4,600	28年8月份	4,600	—	—	
〃301〃	〃 〃	3,000	28年9月份	3,000	—	—	
〃315〃	〃 〃	4,000	28年10月份	4,000	—	—	
〃352〃	〃 〃	4,000	28年12月份	4,000	—	—	
〃348〃	〃 〃	2,500	29年1月份	2,500	—	—	
〃365〃	〃 〃	4000	不詳	4,000	—	—	
〃415〃	〃 〃	3,000	29年6月份	3000	—	—	
〃429〃	〃 〃	1,000	29年7月份	1000	—	—	
〃448〃	〃 〃	10,000	不詳	2,286	1,714	6,000	欠繳數擬請取銷

19-1

顾字351號	三八式野砲彈	3,000	28年11月份	3,000	—	—	
〃348〃	〃 〃	2,500	29年1月份	2,500	—	—	
〃429〃	〃 〃	2,000	29年7月份	1,576	424	—	
加字838〃	15公分迫砲彈	8,000		8000	—	—	
〃420〃	〃 〃	6,000		351	—	5,649	欠繳數擬請取銷
〃1018〃	〃 〃	4,000		—	—	4,000	
〃1017〃	15公分練習彈	3,200		100	300	2,800	仝 上
〃978〃	10.5公分榴彈	4,000		—	—	4,000	仝 上
代字350〃	俄式時間引信	5,000		—	—	5,000	仝 上
加字890〃	六公分迫砲彈	20000					此兩項歸成都藝校發出詳細情形請函詢該校
〃	六公分迫砲	100門					

军政部兵工署第五十工厂为报告一九四一年度制造能力实情致兵工署的呈（一九四一年三月二十二日）

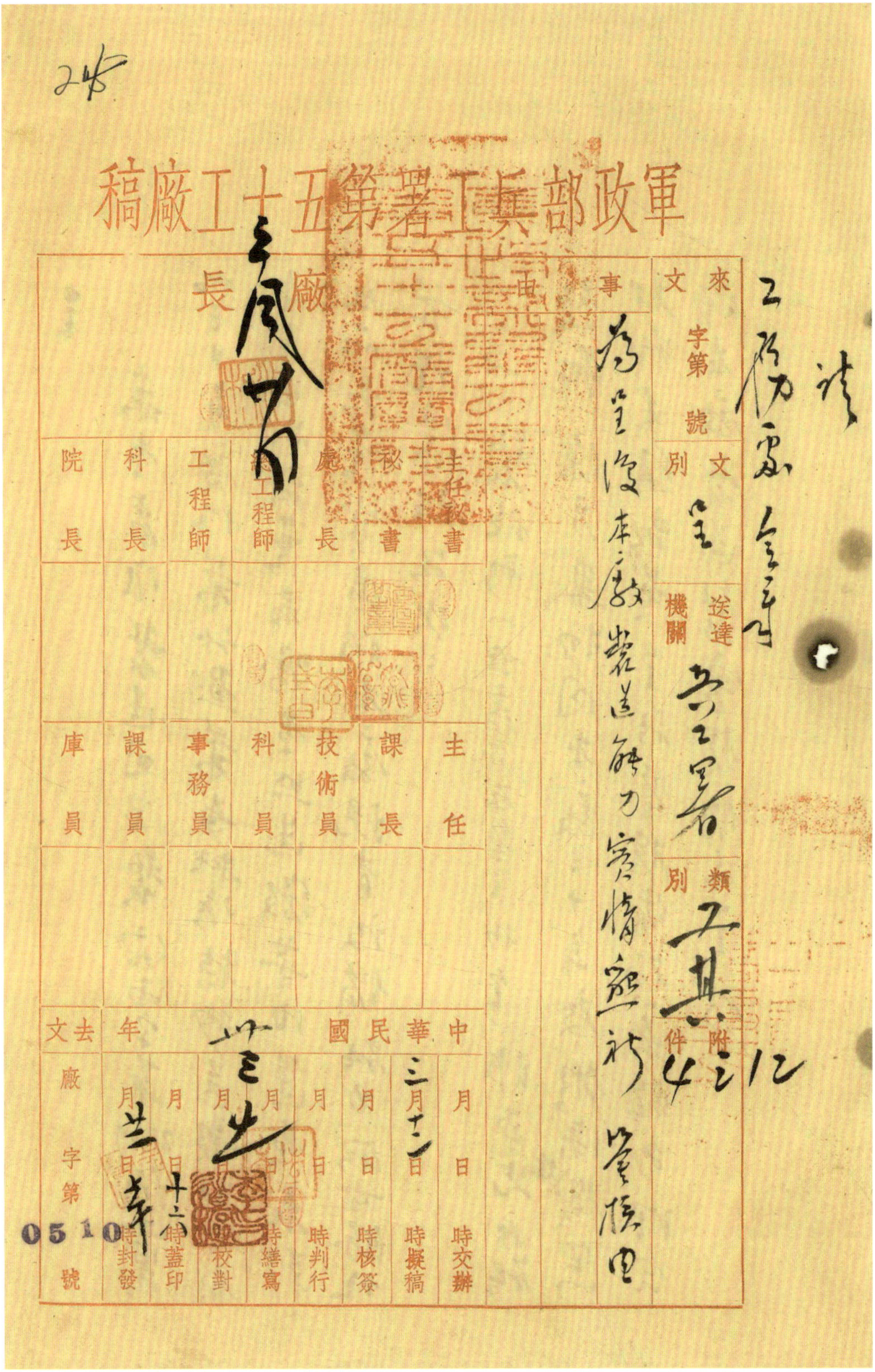

245

軍政部兵工署第五十工廠稿

來文	字第 號
文別	呈
送達機關	兵工署
類別	工兵
附件	4
事由	為呈復本廠製造能力實情敬祈鑒核由
廠長	三月廿日

院長	科長	工程師	總工程師	處長	秘書	主任秘書

庫員	課員	事務員	科員	技術員	課長	主任

中華民國 卅年

去文	月日時封發	月日時蓋印	月日時校對	月日時繕寫	月日時判行	月日時核簽	月日時擬稿	月日時交辦
廠 字第 0510 號	廿二日	十二時					三月十二日	

請工務處會簽

24-1

呈

案查前准制造司渝制（二九）西字第2229号函略开：以三十年度工作业计划业奉批准，特抄送该计本厂全年出品数量表，嘱查照造缴等由。遵查表列出品数量实远非本厂现有设备能力所可胜任，兹谨条陈如次：

一、制造部份（照二厂另案签呈抄呈）非事先所能预料，除另案抄同本厂三十年度拟添机器暨材料未备数量呈请鉴核备饬筹购外，理合将本厂制造能力实情备文呈请

39

陸樣備

禮之

署長命

金衡名

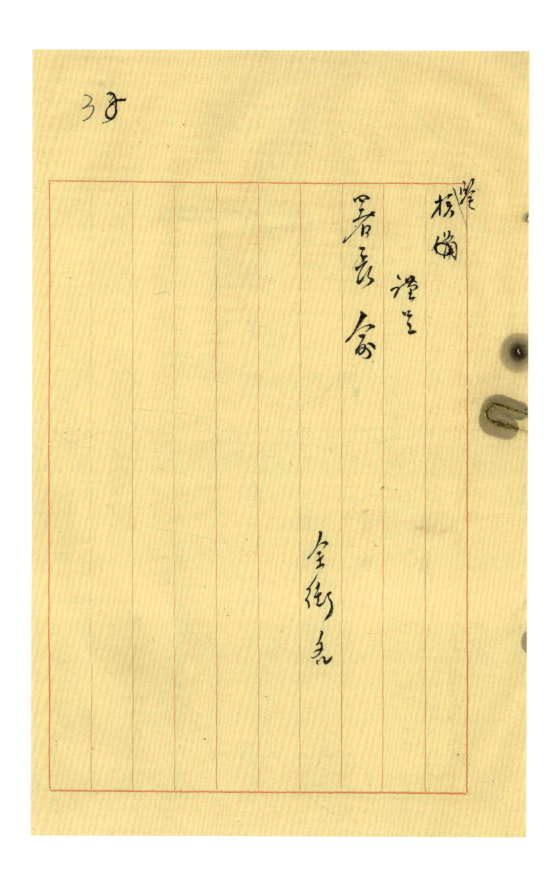

簽呈 工元發字第

二十 年 月 日

奉

批交製造司渝製（三元）丙第三三九號箋函一件，為抄送本廠三十年度全年預計出品數量表由，遵即轉飭各所分別核辦，茲據報告：

（一）製砲所：現有機器能力，不敷應用（該所大小車床僅廿五部），按照預計表列大砲種類數量，不能如期完成。倘能增加車床四部，轉刀架車床三部，鑽床三部，砂輪機二部，熱處理設備一套，則預算全年可以製成三七平射砲一〇八門，七五山砲七二門，六公分迫擊砲七二〇門。

（二）彈夾所：關於十五公分迫擊砲彈及七五山野砲彈之製造，如材料、砲彈毛胚及刀具、工具、夾具等能均充分供給時，表列數量可以完成。

(三)引信所：關於引信之製造，須添置枱鑽床(鑽傳火孔)三部，轉力架車床(或普通車床)三部，而材料及刀具、工具、夾具等亦須充分供給。

(四)工具所：關於刀具、工具及夾具之供給，以工具所現有工作能力計算，僅能維持彈夾引信等所之用具，對於製砲所所需各件，則無力供給。

(五)鑄工所：鑄工所現在工作能力，與三十年度預計數量相差甚多，須大加擴充。

本廠設備不敷情形已如上述，明年度雖有建設費可資添購，但照目前運輸情形，即令能向國外購得現貨，恐明年内亦不能運

26-1

照目前運輸情形，即令能向國外購得現貨，恐明年內亦不能運到，故三十年度全年預計出品數量，决無照數完成之望。再就年來工作情形觀察，尚有其他困難，一則本廠開工不久，現存工具之可資利用者，為數有限；二則預計出品中有設計未經確定，（如十二公分迫擊砲）尚有待於試驗後隨時改進者，此項工作之艱巨，非短期內所能竣事；三則預計出品中多係新造，一切應用工具均待設計與製造，究須幾許時日方能準備就緒，尤難預斷。然此猶指材料充足而言，但考諸實際，則不僅由國外來料極感困難，即平時之可以取諸國內者亦時有缺乏之虞。若以本廠目前情形為標準，估計明年出品數量，恐與鈞　署須預計相差不只倍蓰。加以修理工作甚繁，且多屬代為趕修之急件，其對於額造品數量之影响，隨修理工作多寡而轉移，非事先所能預料。奉

27

批示前因，除六公分迫擊砲彈及手榴彈琴絃係在成都製造，十二公分迫擊砲圖樣職處尚未奉到外，理合將以上情形簽請

鑒核！謹呈

廠長江

附製造司箋一件

職李式白（印）謹簽

30

查三十年度作業計劃業奉
委座批准在案茲為便於
貴廠準備起見特抄送三十年度全年預計出品數量表一
份務請照表列數量造繳如能尚可增加產量當無問題又
關於修配械彈及其他臨時製造亦均未列表內合併奉告
此致
第五十工廠

附表一份

啓

中華民國廿九年十一月五日 發出

渝製丙第 12229 號

軍政部兵工署用箋

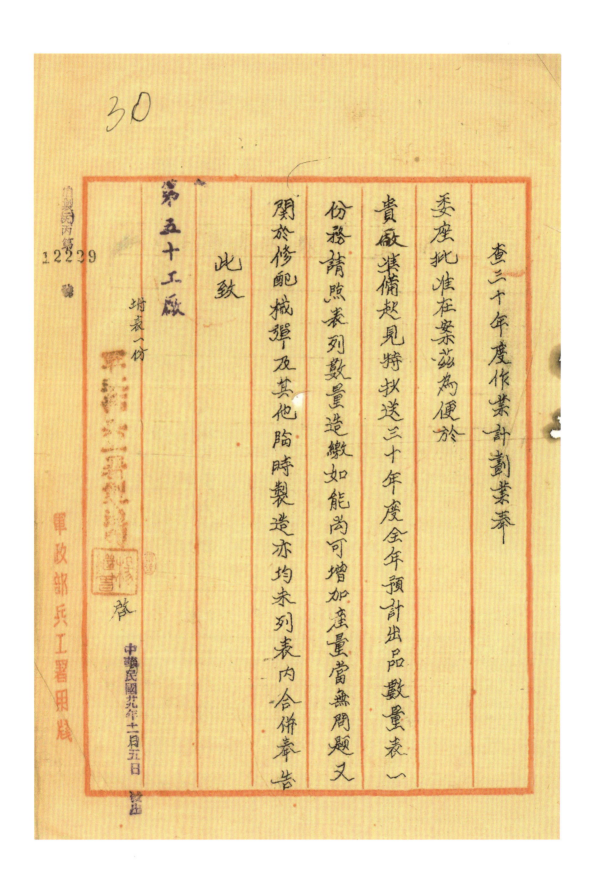

31

第五十厰三十年度全年預計械彈產量表

械彈名稱	單位	數量	備考
六公分迫擊砲	门	1,200	
12公分迫擊砲	门	30	
37平射砲	门	72	
75山砲	门	36	
六公分迫砲彈	顆	30万	
12公分迫砲彈	〃	6,000	
15公分迫砲彈	〃	24,000	
75山野砲彈	〃	48,000	
手榴彈用誉纭	吨	18	

军政部兵工署第五十工厂一九四〇年出品数量报告表（一九四一年四月）

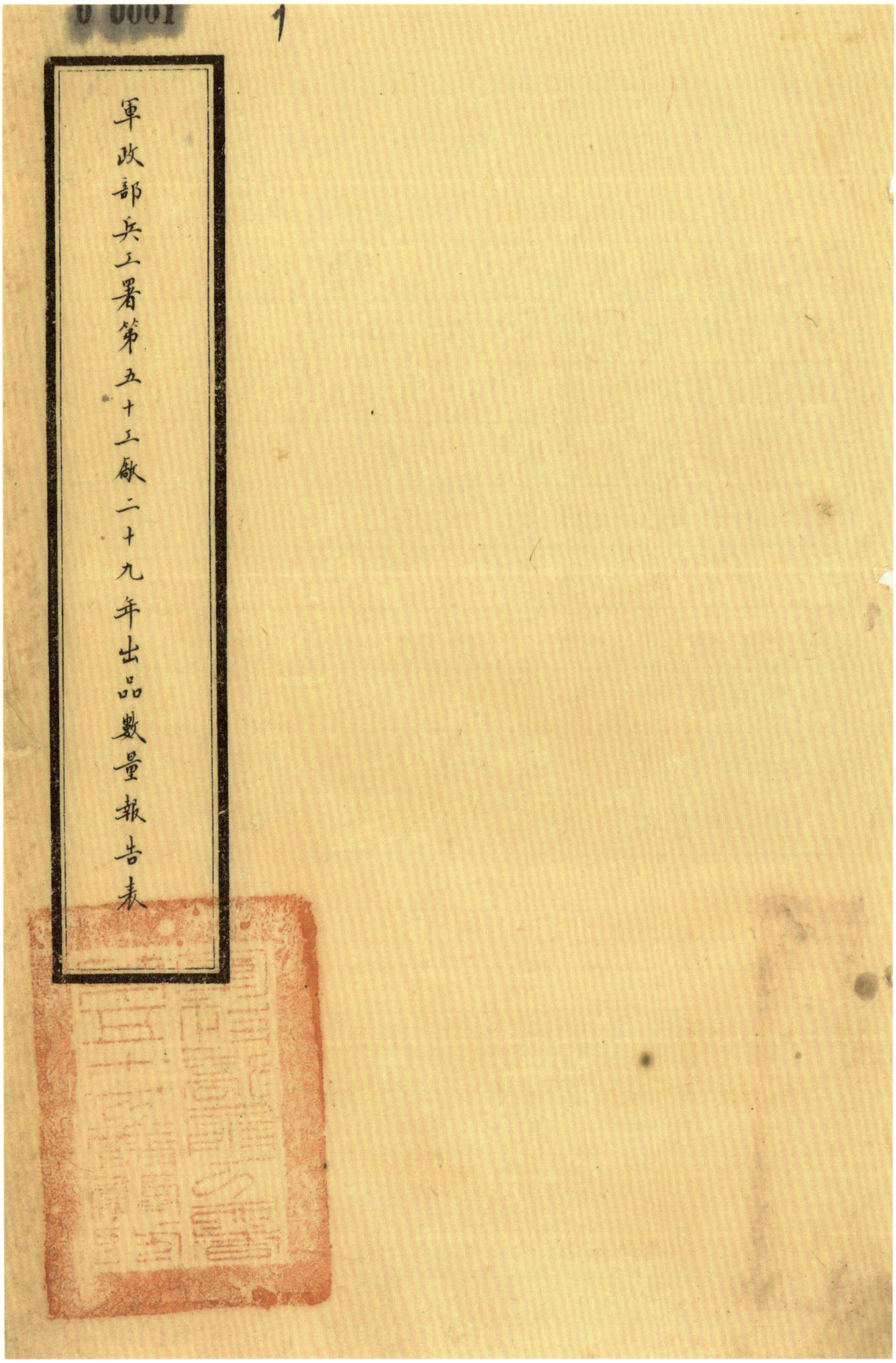
0 0001

1

軍政部兵工署第五十工廠二十九年出品數量報告表

2

0 0002

兵工署第五十工廠二十九年出品數量報告表

品名 \ 區分	二十九年預定出品數量	二十九年實在出品數量	三十年預定出品數量	備考
7.5公分山砲彈	二八二〇〇顆	二一八〇〇顆	三八〇〇〇顆	
7.5公分野砲彈	八一〇〇顆	六一〇〇顆	一〇〇〇〇顆	
15公分迫砲彈	二〇〇〇〇顆	九三8顆	二〇〇〇〇顆	
六公分迫擊砲	四〇〇門			
3.7公分平射砲	三〇門		三〇門	
各式山野砲空包彈		一三〇〇顆		
配製底火及引信		五三五個		
修理各式火砲		二一門	一〇〇門	
配製各式火砲零件		八四件		

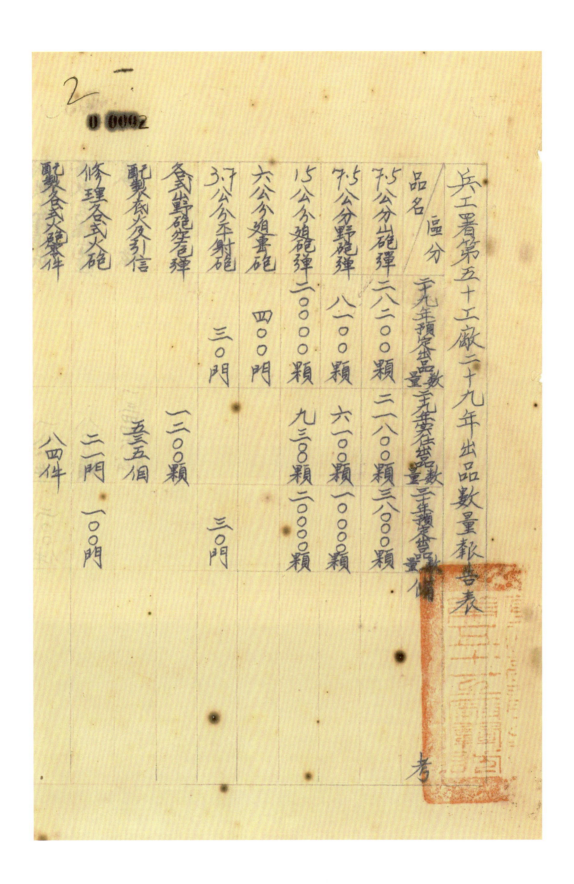

代製各種樣板		一八一件	二〇〇件
修改克德山砲彈		八〇〇顆	
琴弦		一三四四六公斤	

0 0003

3

中華民國三十年四月　日

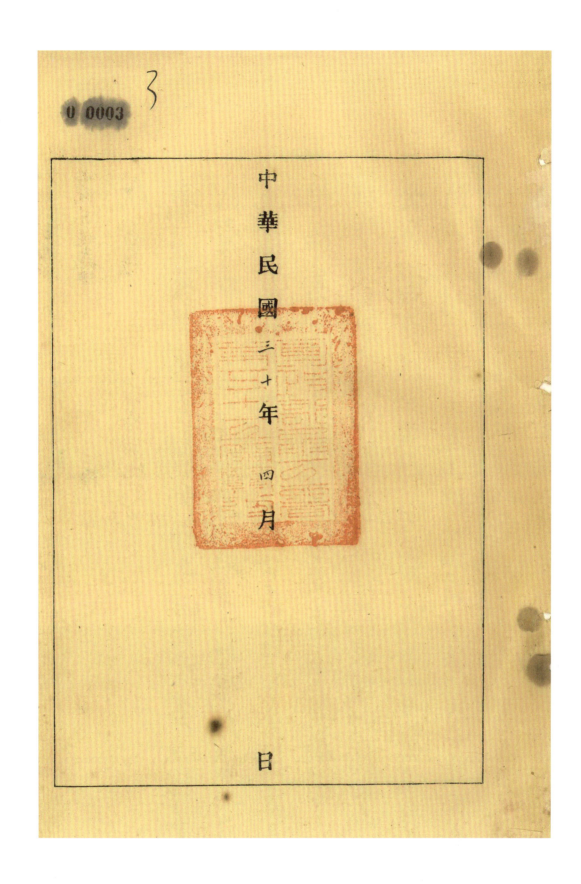

军政部兵工署第五十工厂关于三七五十倍战车炮每月出品数量致兵工署制造司的代电（一九四一年五月十七日）

142

代電

製造司楊司長勳鑒：渝製（卅）酉字第5171號寅

代電奉悉。查3.7五十倍戰車防禦砲第一門

砲樣已於本年二月底出品，經多次試驗，尚

稱滿意，正擬繼續製間，適奉署令趕備第二批

15公分追擊砲，限期急迫，對於此項3.7砲出品不

遑顧繼。如須正式估計額造出品日期及數量，

則工具機器員工及工作範圍等條件不能不先

行顧慮。且本廠工具所能力不大，製機力、人力

缺額過多，工作又極廣泛，各工具不敷問題嚴

砲所

1421

砲所員工補充足額（約二百五十人）確定工作範圍
除造該項37砲外倘不接受任何修造砲錫造
全則於本廠力量自本年七月份起每月出
砲可有五門之希望准電前由相應電復
查照為荷弟丁〇〇篠印

军政部兵工署关于抄发一九四二年度预计出品数量表给第五十工厂的训令（一九四二年一月四日）

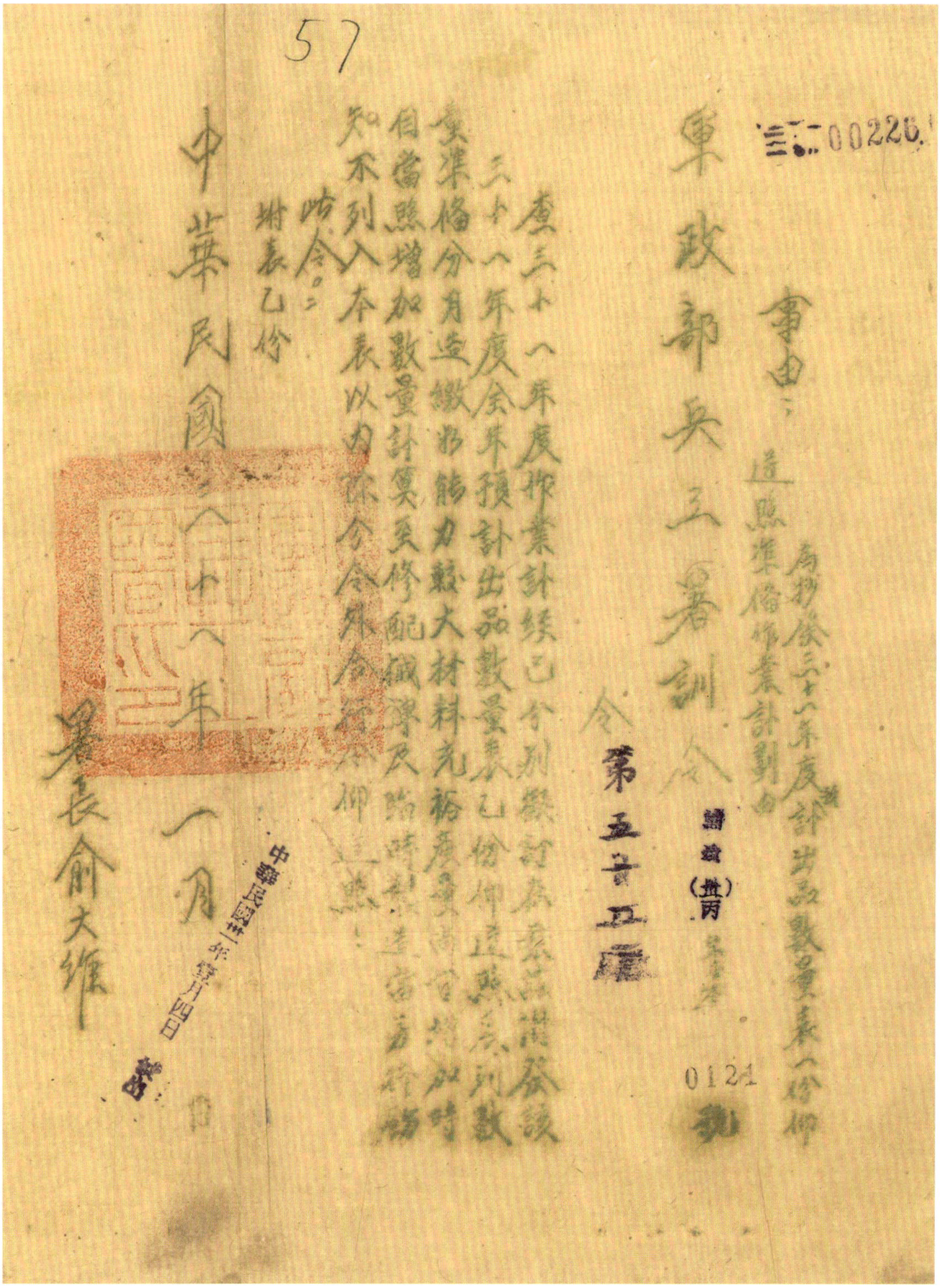
57

00226

軍政部兵工署訓令

事由：為抄發三十一年度預計出品數量表一份仰遵照準備修業計劃由

令第五十工廠

（卅一）造字第 0121 號

查三十一年度修業計劃經已分別擬訂發給該廠，茲將該
三十一年度全年預計出品數量表乙份，仰遵照表列數
廠準備分月造繳，務能力較大、材料充裕，[illegible]加時
自當照增加數量計算，並修配械彈及臨時[illegible]
知，不列入本表以內，除分令外，合行令仰遵照。
此令。
附表乙份

中華民國三十一年一月

署長 俞大維

中華民國卅一年壹月四日 發

第五十工廠三十八年度全年械彈產量預計表

械彈名稱	單位	數量	備攷	
六公分迫擊砲	門	1200		
37平射砲	〃	24		
六公分迫砲彈	顆	180.000		
15公分迫砲彈	〃	6000		
七五山砲彈	〃	15.000		
七五野砲彈	〃	15.000		
木柄手榴彈	個	俟該分廠出品後再據實造報量		

军政部兵工署第五十工厂为造报一九四一年度欠缴成品数量表请核准免缴致兵工署的呈（一九四二年一月八日）

附：第五十工厂一九四一年度欠造成品数量表

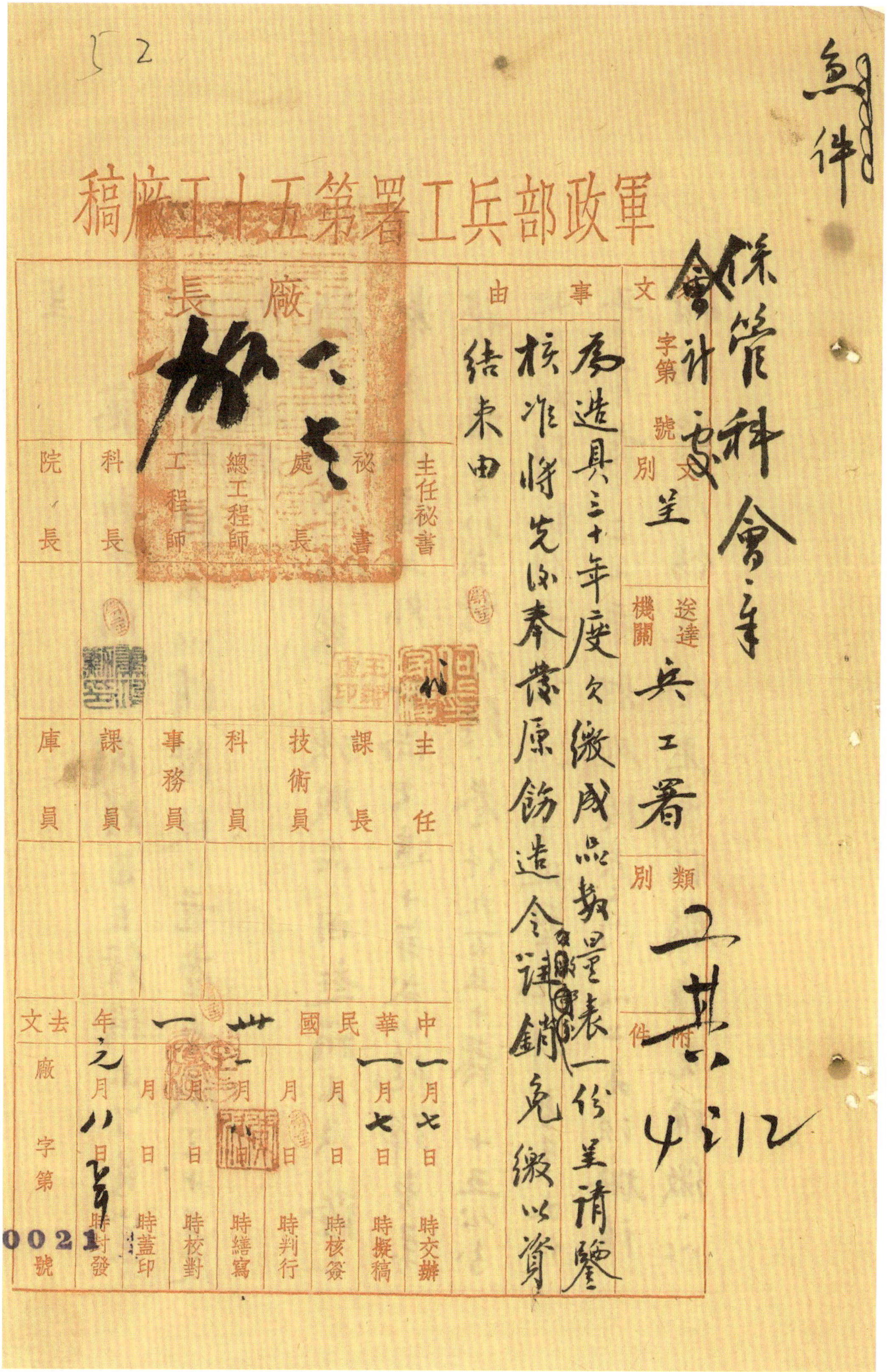

52

急件

軍政部兵工署第五十工廠稿

保管科會計處會簽

廠長

文別	呈
送達機關	兵工署
類別	工其
附件	4 記

事由：為造具三十年度欠繳成品數量表一份呈請鑒核准將先後奉帶原飭造令註銷免繳以資結束由

主任秘書	秘書	處長	總工程師	工程師	科長	院長

主任	課長	技術員	科員	事務員	課員	庫員

中華民國 卅一 年

交辦	擬稿	核簽	判行	繕寫	校對	蓋印	封發	去文
一月七日時	一月七日時	月日時	月日時	月日時	月日時	月日時	元月八日時	廠字第0021號

J2-1

呈

竊以新年開始，關於過去經辦未了各案，
應予分別結束，以清階段。茲查本廠三十年度
先後承奉
鈞署命令，飭製各項成品，因趕辦不及，除已
製成繳庫者外，計尚欠造十年式山砲彈壹萬
柒仟發、三八式野砲彈叁仟九百五十發、十五公分
迫擊砲彈捌仟五百發、六公分迫擊砲彈壹萬九仟
五百五十發、三七平射砲拾叁門，以上各項，擬請
俯賜將原飭造令，予註銷，准免補繳，以

53

資結束，是否有當，理合檢同造具卅年度製造成品

數量表一份，備文呈祈

鑒核，指示施行！

謹呈

署長 俞

計呈送卅年度製造成品數量表一份

廠長（全銜名）

55

第三十工廠三十年度欠造成品數量表

飭造令號	成品名稱	飭造數量	已繳數量	欠造數量	附記
額字第529號	十年式山砲彈	8000	8000	—	
〃 569 〃	〃	3000	1000	2000	
〃 573 〃	〃	4000	—	4000	
〃 598 〃	〃	4000	—	4000	
〃 611 〃	〃	4000	—	4000	
〃 632 〃	〃	5000	5000	—	
〃 649 〃	〃	3000	—	3000	
〃 529 〃	三八式野砲彈	3500	2550	950	
〃 569 〃	〃	1000	1000	—	
〃 658 〃	〃	3000	—	3000	
〃 529 〃	十五公分迫擊砲彈	2000	2000	—	
〃 569 〃	〃	4000	1000	3000	
〃 573 〃	〃	1000	—	1000	
〃 598 〃	〃	1000	500	500	
〃 611 〃	〃	1000	—	1000	
〃 649 〃	〃	1000	—	1000	
〃 658 〃	〃	2000	—	2000	
〃 573 〃	六公分迫擊砲彈	25000	5450	19550	
〃 573 〃	三七平射砲	5	—	5	
〃 658 〃	〃	8	—	8	

军政部兵工署第五十工厂为造送一九四一年度解缴成品清单致兵工署的代电（一九四二年一月三十一日）

附：第五十工厂一九四一年度缴出成品清单

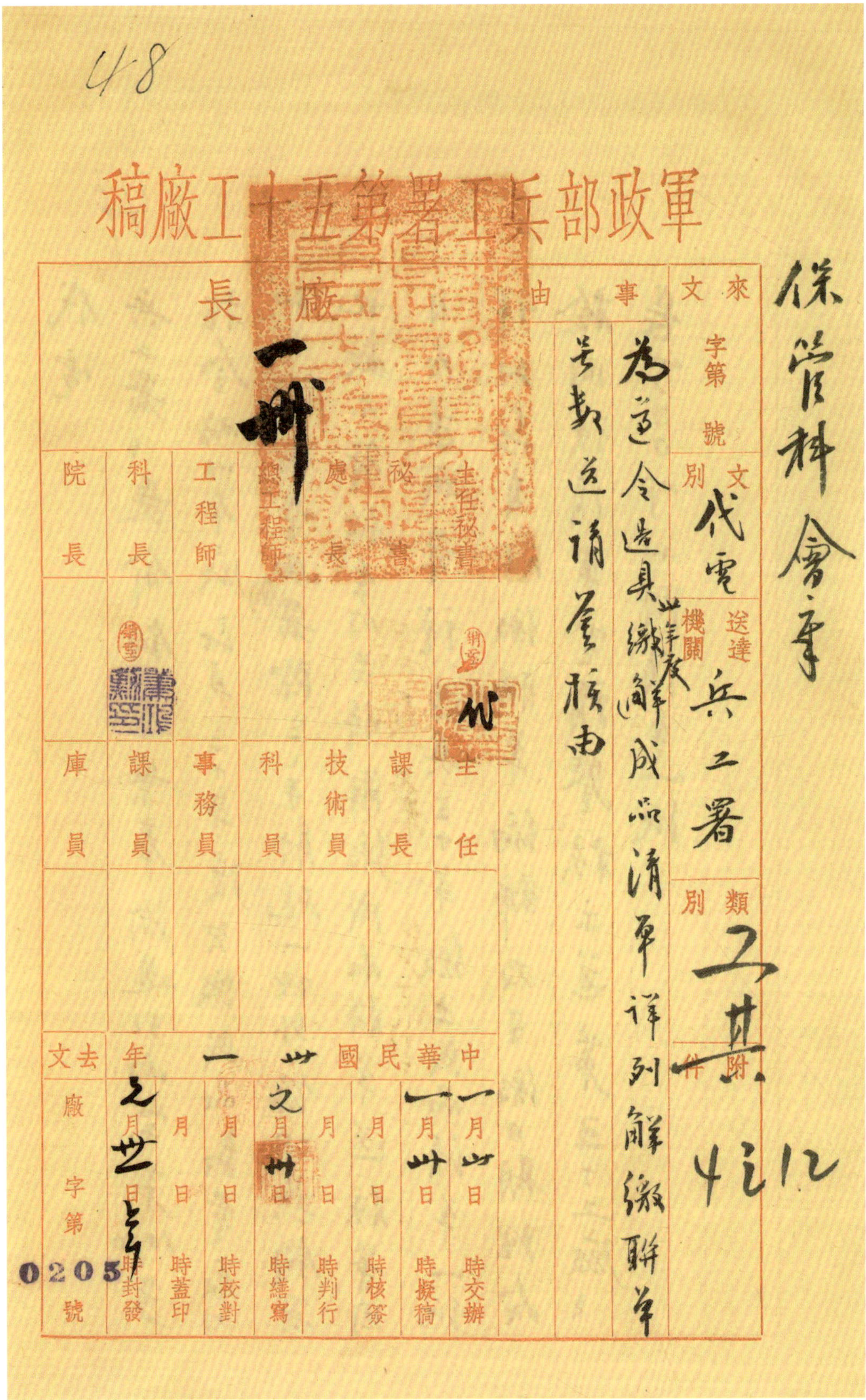
48

軍政部兵工署第五十工廠稿

保管科會事

來文字第號

文別：代電

送達機關：兵工署

類別：工

附件：

事由：為遵令造具卅年度解繳成品清單詳列解繳聯單號數送請鑒核由

廠長

主任秘書　秘書　處長　總工程師　工程師　科長　院長

主任　課長　技術員　科員　事務員　課員　庫員

中華民國卅一年

一月卅日交辦　一月卅日擬稿　月日核簽　月日判行　一月卅日繕寫　月日校對　月日蓋印　二月廿日封發

去文廠字第0205號

48

代電

兵工署署長俞鈞鑒案奉渝造引丙字第1090号
指令略以本廠所具三十年度欠繳成品數量表內
列欠繳數量與署的除三七平射砲一項外餘均與鈞署
記數不符飭即查明並將解繳成品聯單送核等因
自應遵辦茲謹造具三十年繳出成品清單一紙
詳列已有解繳聯單編號及呈繳日期理合
檢同該清單電請鑒核示遵第五十工廠廠
長丁〇〇叩卅附清單一紙

51

第五十工廠三十年度繳出成品清單

解繳收據編號	成品名稱	解繳數量	所奉飭造令	聯單呈送日期或未送原因
解字第12號	十年式山砲彈	1800	額字第529號	卅年三月二十一日呈署
〃〃〃	三八式野砲彈	800	〃	〃
〃第13號	十年式山砲彈	1200	〃	卅年三月十九日呈署
〃〃〃	三八式野砲彈	750	〃	〃
〃第15號	十年式山砲彈	3000	〃	卅年六月二十二日呈署
〃第24號	十年式山砲彈	1000	〃	卅一年一月二十八日呈署
〃〃〃	三八式野砲彈	1000	〃	〃
〃〃〃	十五公分迫砲彈	2000	〃	〃
〃第25號	十年式山砲彈	1000	〃	卅一年一月廿四日呈署
〃第26號	〃〃	1000	額字第569號	卅年七月卅一日呈署
〃〃〃	三八式野砲彈	1000	〃	〃
〃〃〃	十五公分迫砲彈	1000	〃	〃
〃第41號	十年式山砲彈	5000	額字第632號	聯單正呈送軍械司蓋章蓋印中，取回時即行呈送
〃第42號	十五公分迫砲彈	500	額字第598號	卅一年一月十九日呈署
繳字第1號	六公分迫砲彈	5000	額字第573號	此項由分廠繳第七區屬軍械庫，因須寄上海蓋掛號章，寄回備查，點到即行呈送
	〃	450	〃	該項係署派檢驗員領取試射，當既在本分廠未還解繳手續中，一俟本署即行呈送

此頁請存卷

军政部兵工署为准予注销欠缴一九四一年度额造成品给第五十工厂的指令（一九四二年三月二十三日）

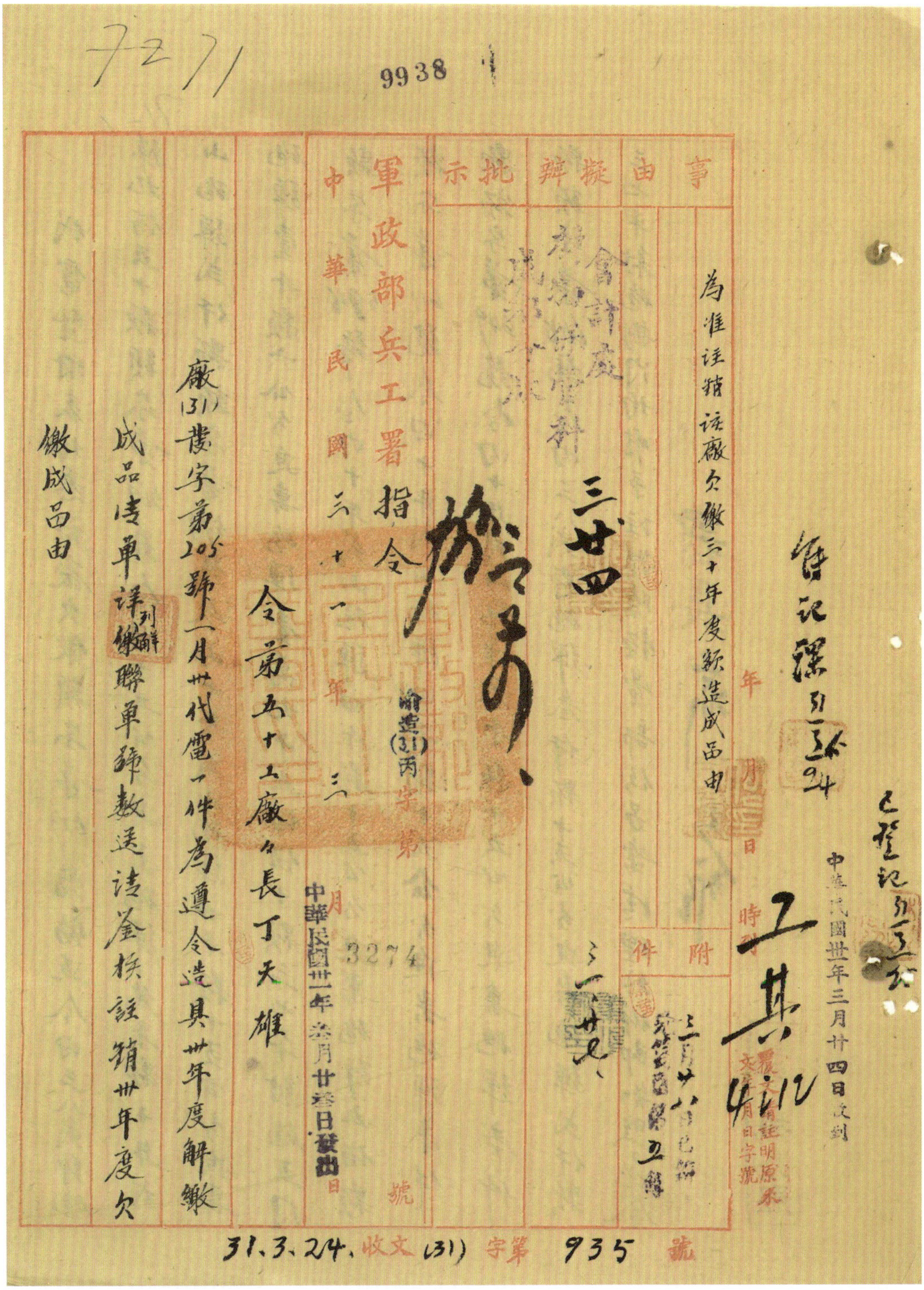
7271

9938

事由　為准註銷該廠欠繳三十年度額造成品由

擬辦　會計處

批示

軍政部兵工署指令　渝造(31)丙字第3274號

中華民國三十一年三月　日

令第五十工廠廠長丁天雄

廠(31)貴字第205號一月卅代電一件為遵令造具卅年度解繳成品清單詳列繳聯單號數送請鑒核註銷卅年度欠繳成品由

中華民國卅一年叁月廿叁日發出

中華民國卅年三月廿四日收到

31.3.24 收文(31)字第935號

71-1

代電暨附表均悉。該廠欠繳額字第539號飭造令內三八式野砲彈九佰五十顆，額字第569號令內十五公分迫擊砲彈叁千顆，十年式山砲彈貳仟顆，額字第573號令內十年式山砲彈四千顆，十五公分迫擊砲彈壹千顆，六公分迫擊砲彈壹萬九千五佰伍十顆，三七平射砲五門，額字第596號令內十年式山砲彈四千顆，十五公分迫擊砲彈五佰顆，額字第611號令內十年式山砲彈四千顆，十五公分迫擊砲彈壹仟顆，額字第649號令內十年式山砲彈叁千顆，十五公分迫擊砲彈壹仟顆，額字第656號令內三八式野砲彈叁仟顆，十五公分迫擊砲彈貳仟顆，三七平射砲捌門，均准予註銷，除經費部份另案清理外，仰即知照。此令

署長俞大維

監印 楊揚熙

军政部兵工署第五十工厂成都分厂为报送历年出品名称致总厂秘书室的函（一九四二年六月二十三日）

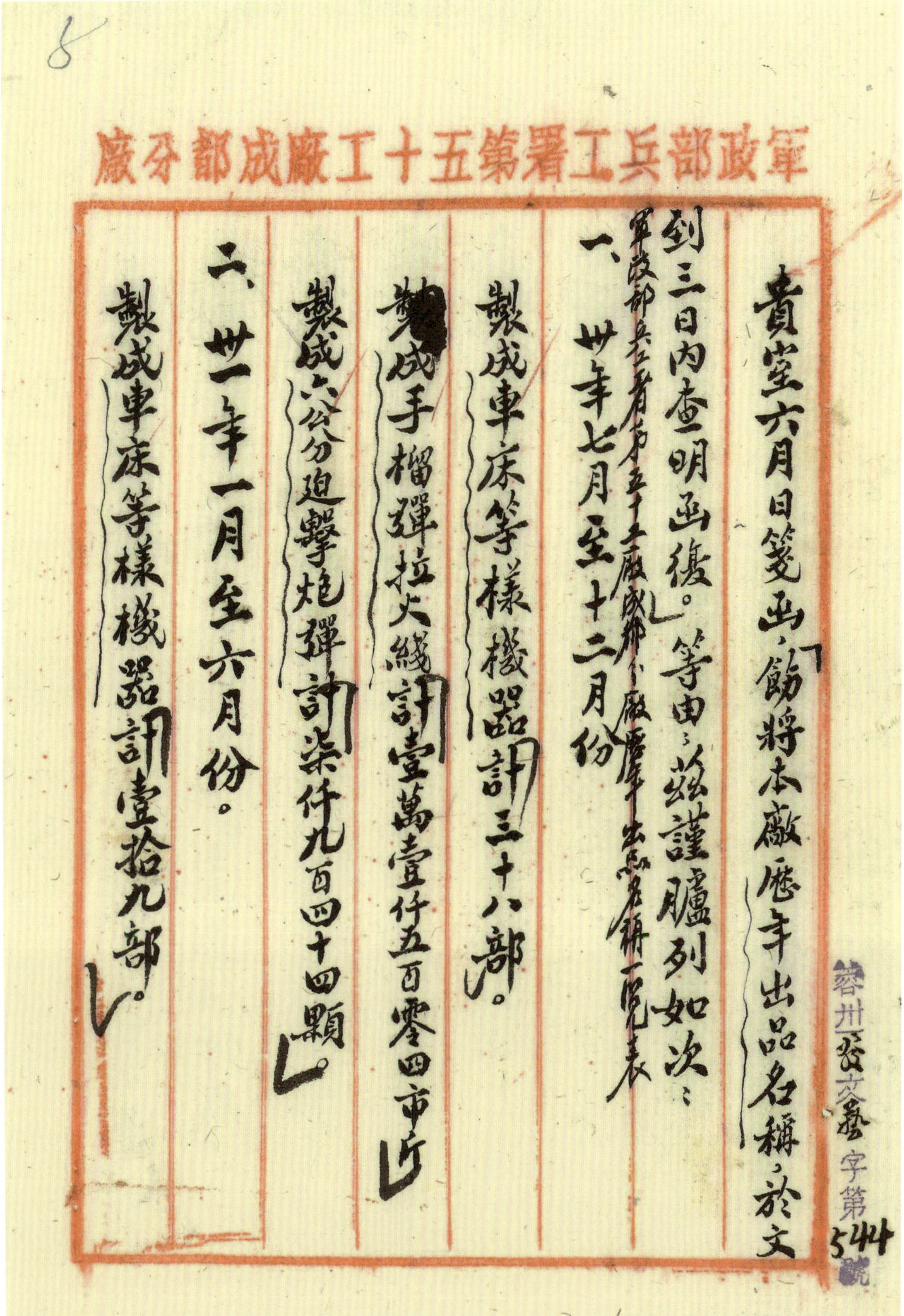

軍政部兵工署第五十工廠成都分廠

貴室六月　日箋函，飭將本廠歷年出品名稱，於文到三日内查明函復。等由；茲謹臚列如次：

軍政部兵工署第五十工廠成都分廠歷年出品名稱一覽表

一、卅年七月至十二月份

製成車床等樣機器計三十八部。

製成手榴彈拉火綫計壹萬壹仟五百零四市斤

製成六公分迫擊炮彈計柒仟九百四十四顆

二、卅一年一月至六月份。

製成車床等樣機器計壹拾九部。

蓉卅一發文秘字第544號

軍政部兵工署第五十工廠成都分廠

製成六公分迫擊砲彈計伍萬捌仟九百貳拾顆。
製成四公分七迫擊砲彈計壹萬伍仟顆。
製成硫磺弍噸。
製成生絲叁百柒拾五市觔。
即希
查照核轉為荷！此致。
秘書室

成都分廠啓
六月廿三日

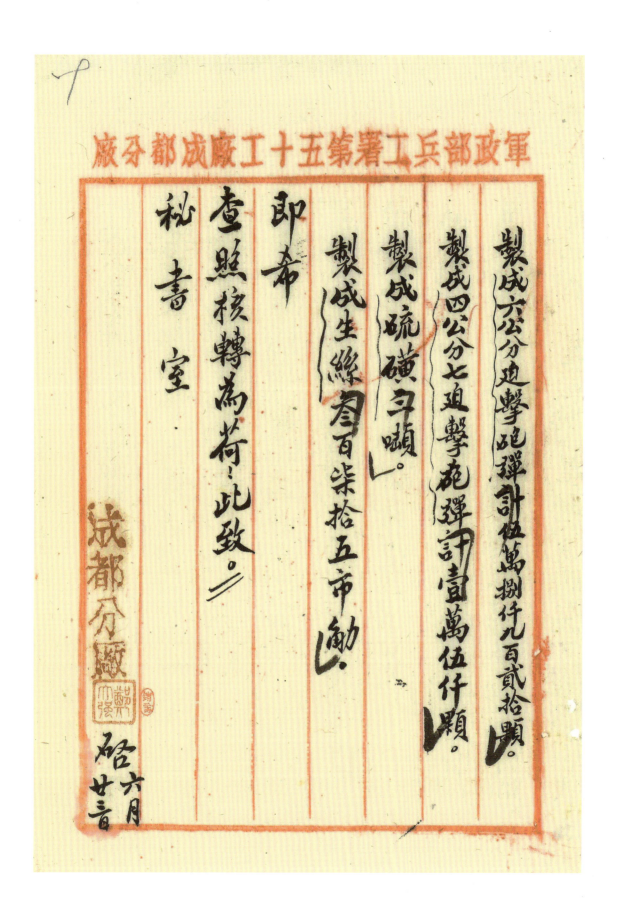

军政部兵工署制造司、第五十工厂为六公分迫击炮解交时间的往来公文

兵工署制造司致第五十工厂的函（一九四二年六月二十七日）

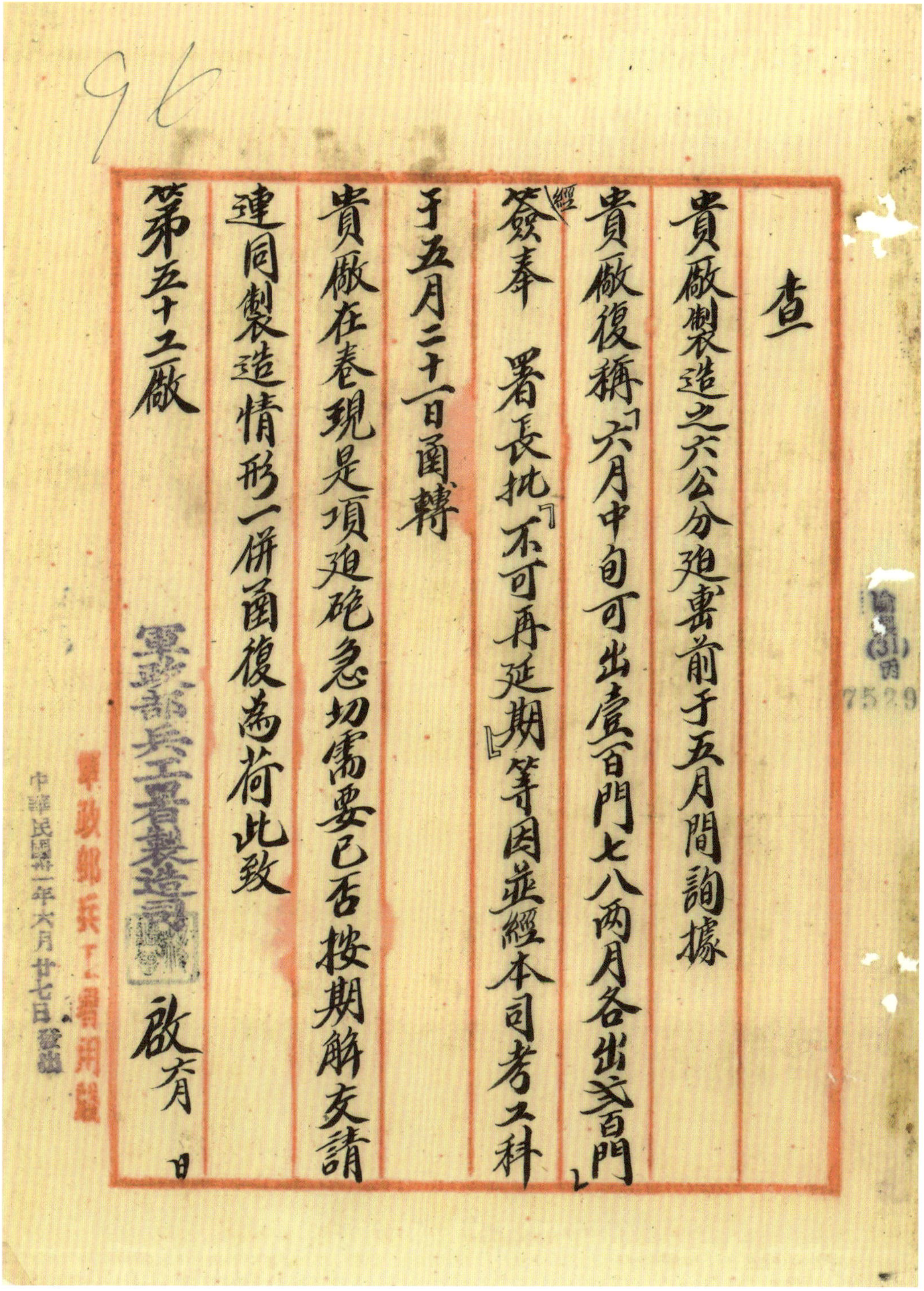
查
貴廠製造之六公分迫擊砲前于五月間詢據
貴廠復稱「六月中旬可出壹百門七八兩月各出弍百門」
經簽奉　署長批『不可再延期』等因並經本司考工科
于五月二十一日函轉
貴廠在卷現是項迫砲急切需要已否按期解交請
連同製造情形一併函復為荷此致
第五十工廠
軍政部兵工署製造司　啟　六月　日
軍政部兵工署用牋
中華民國卅一年六月廿七日發出

兵工署第五十工厂致制造司的笺函（一九四二年七月十四日）

92

軍政部兵工署第五十工廠稿

廠長

來文：字第　號
文別：箋
送達機關：製造司
類別：工加
附件：

事由：為山炮六公分迫砲炸彈解繳及製造情形請查照由

主任秘書　秘書　廠長　總工程師　工程師　科長　院長

主任　課長　技術員　科員　事務員　課員　庫員

中華民國三十一年

月日時交辦
七月十日時擬稿
月日時核簽
月日時判行
月日時繕寫
月日時校對
月日時蓋印
七月十四日時封發

去文：廠字第1430號

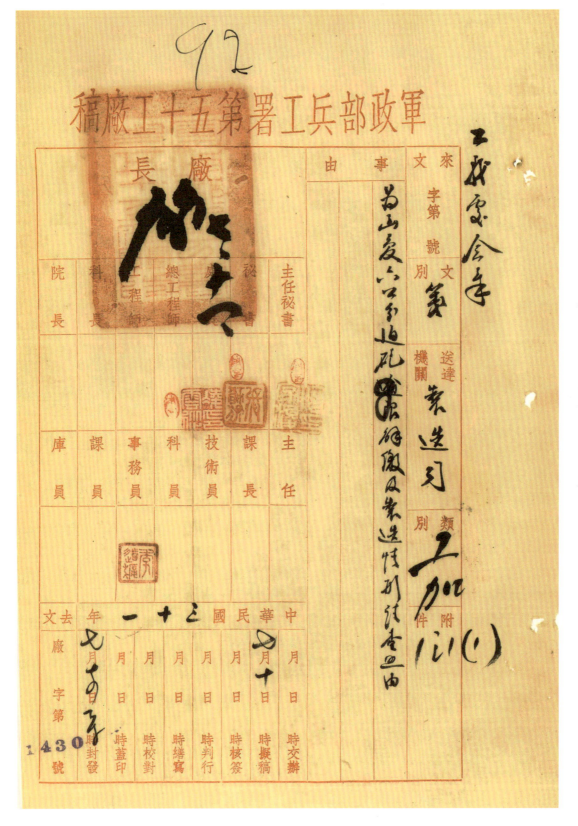

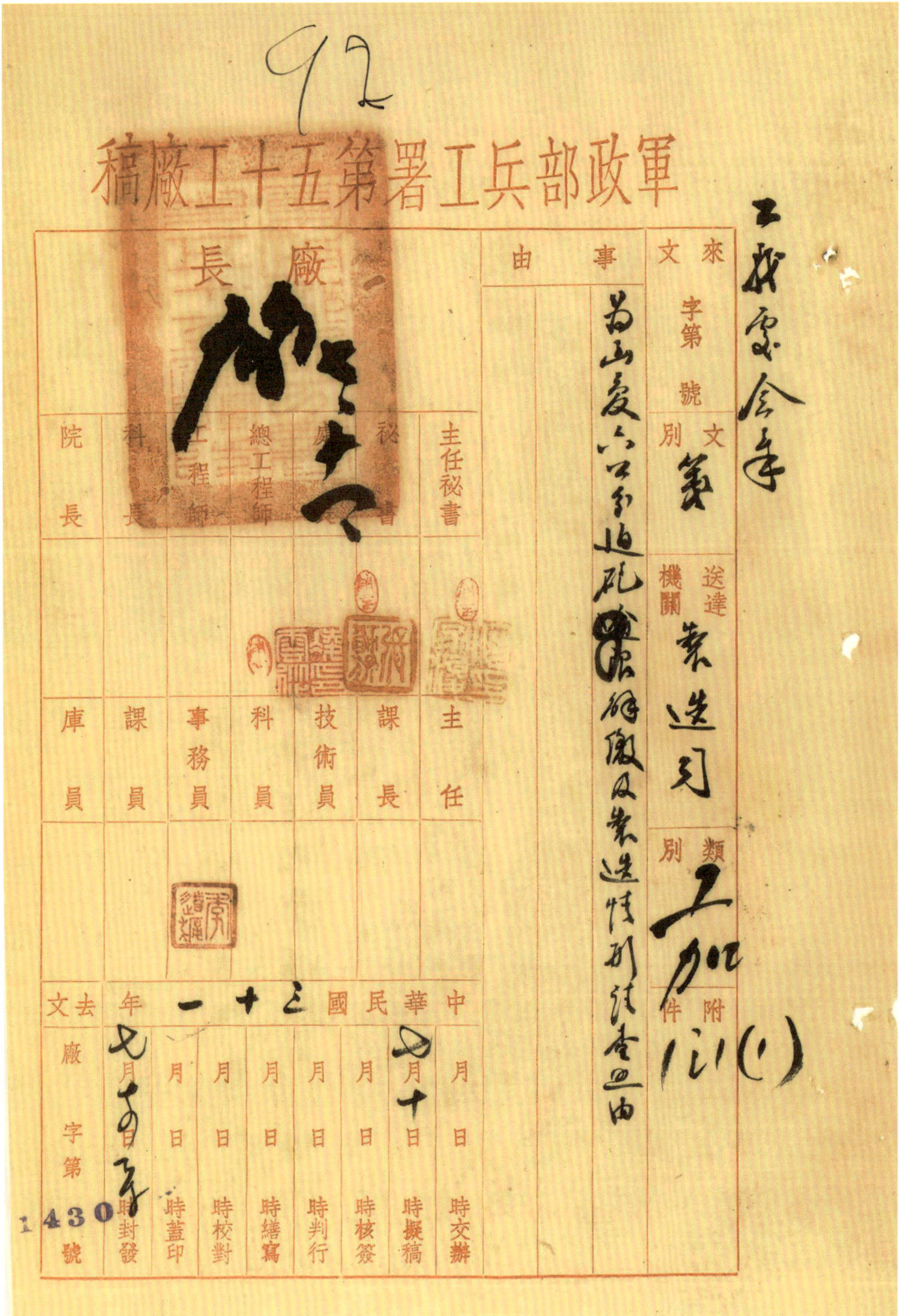

92-1

箋山

接准

貴局渝製(31)丙字第9529號函為六公分迫擊砲需要急切函詢正在接洽解繳并連同製造情形一併函復等由查本廠前於六月中旬解繳之上項迫砲百門係大部作均先定案准以奉

命不用光學瞄準鏡須用瞄準器須自行趕製以故未能如限呈交並向五十三廠商撥之水準器能即時寄此約于（於）二星期後完成全部解繳准山前由桐兄後轉查照為荷此復

93

業送到

（廠戳）啟

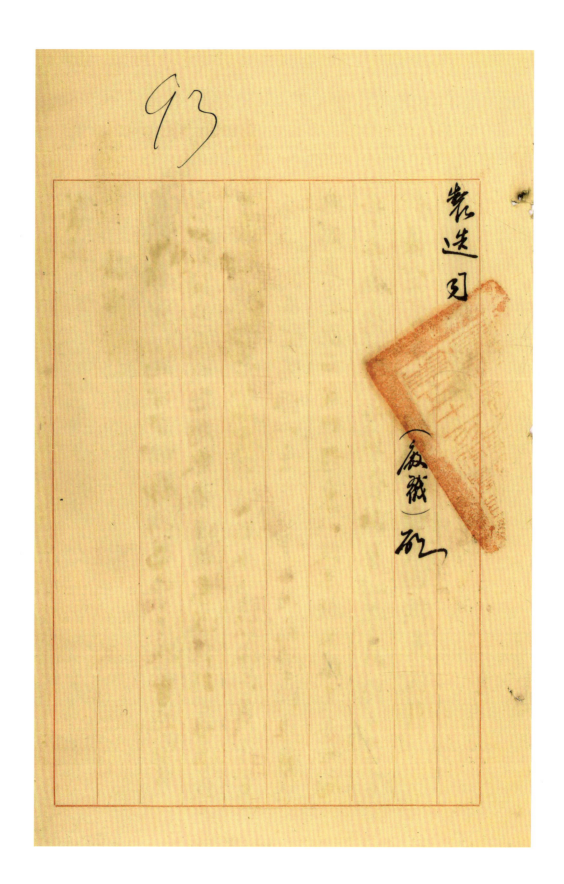

军政部兵工署、兵工署第五十工厂关于一九四二年上半年度欠造成品原因及补足办法与制造情况的往来公文

兵工署致第五十工厂的快邮代电（一九四二年八月一日）

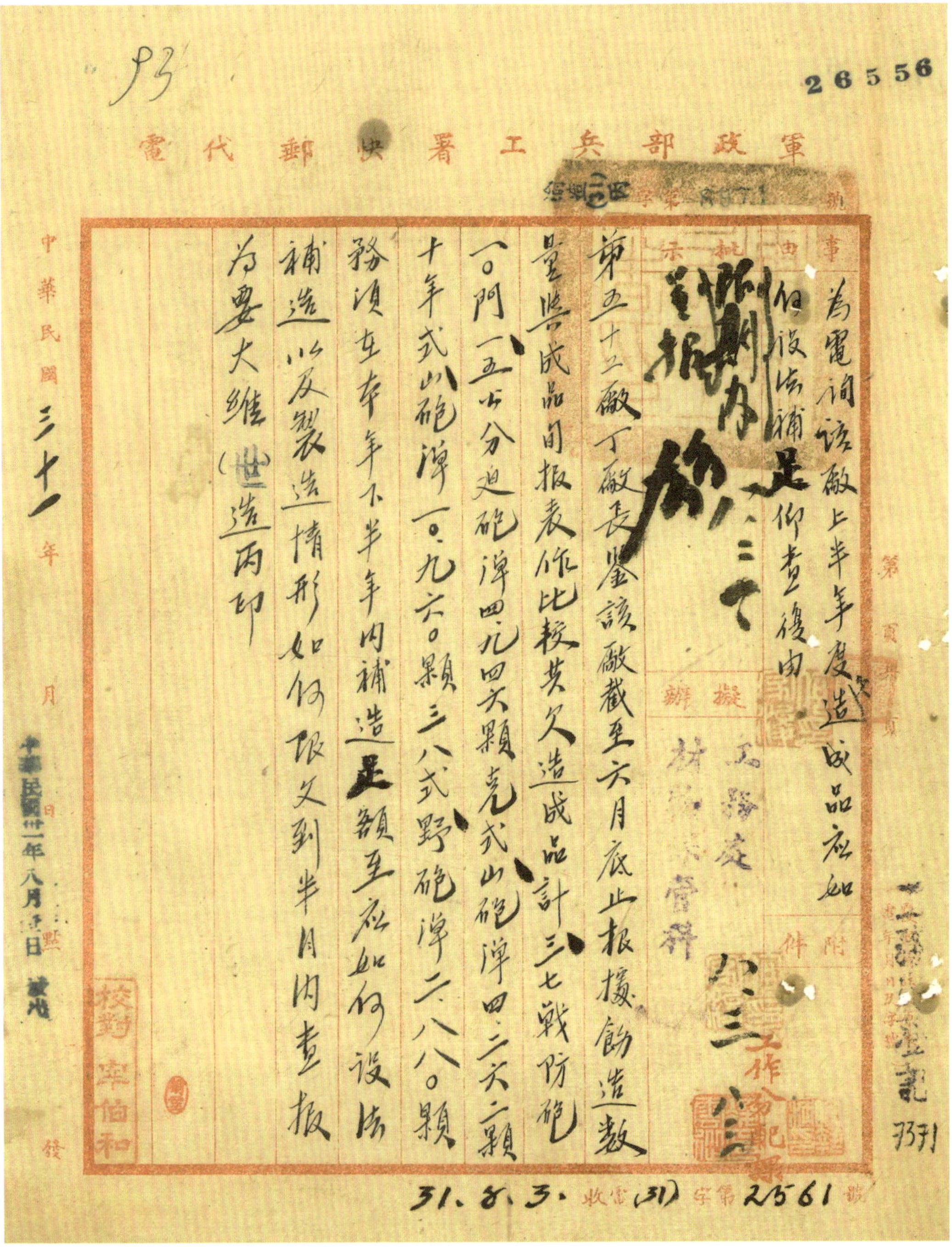

26556

軍政部兵工署快郵代電

事由：為電詢該廠上半年度造成品應如何設法補足仰查覆由

第五十工廠丁廠長鑒：該廠截至六月底止根據飭造數量與成品月報表作比較，共欠造成品計三七戰防砲一〇門、一五公分迫砲彈四九四六顆、克式山砲彈四二六二顆、十年式山砲彈一〇九六〇顆、三八式野砲彈二六八八〇顆，務須在本年下半年內補造足額。至應如何設法補造以及製造情形如何，限文到半月內查報為要。大維（世）造丙印

中華民國三十一年八月一日

31.8.3. 收電(31)字第2561號

兵工署第五十工厂致兵工署的呈（一九四二年八月八日）

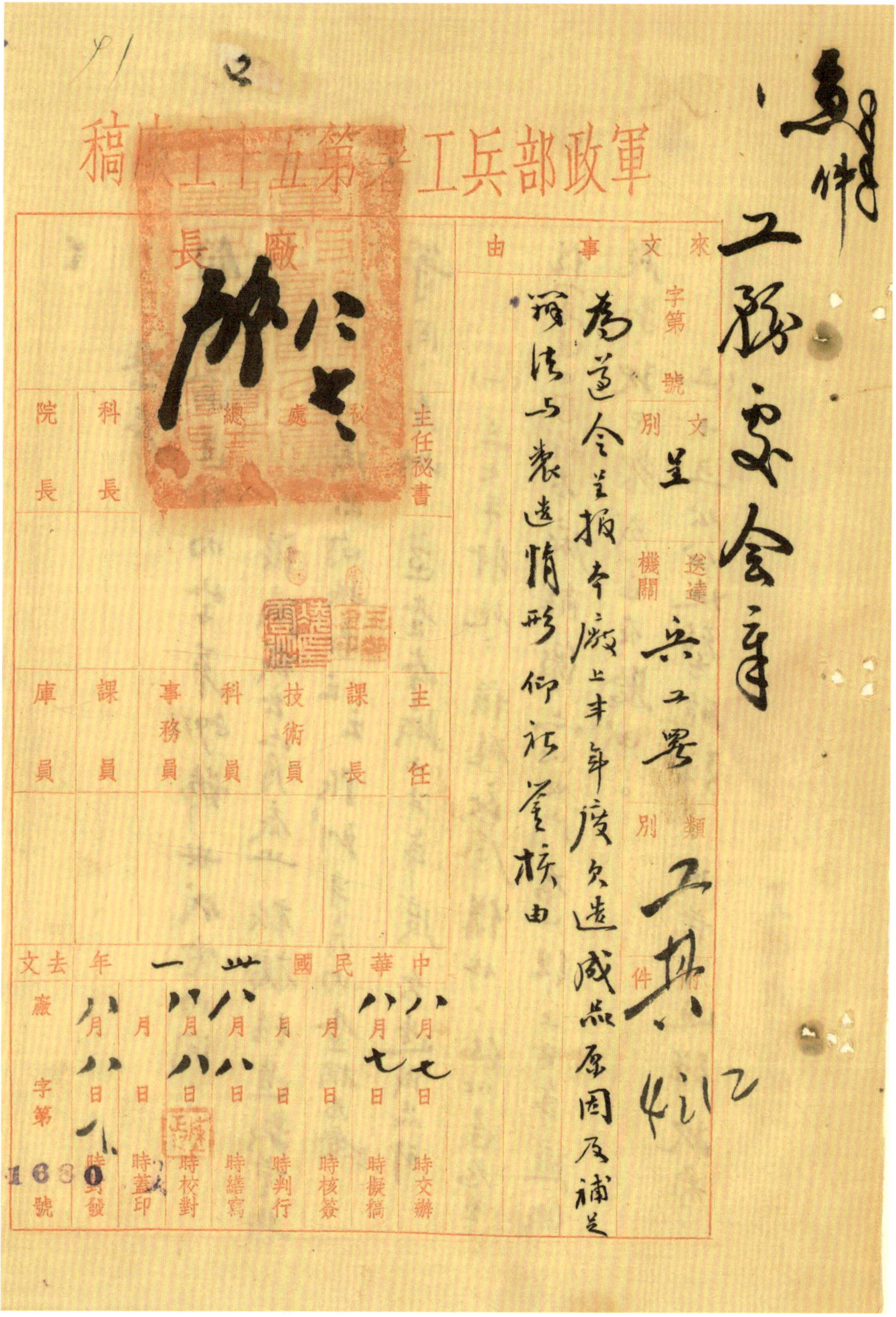

軍政部兵工署第五十工廠稿

來文 字第 號

文別 呈

送達機關 兵工署

類別 工具

事由 為遵令呈報本廠上半年度欠造成品原因及補足辦法與製造情形仰祈鑒核由

廠長

主任秘書 秘書 處總 主任 課長 技術員 科員 事務員 課員 庫員 院長 科長

中華民國卅一年

八月七日 辦文 八月七日 擬稿 八月 日 核簽 八月 日 判行 八月八日 繕寫 八月八日 校對 八月 日 蓋印 八月八日 封發

去文 廠字第 1680 號

呈

案奉

鈞署渝造(31)丙字第8971號世代電內開：「該廠截至六月底止根據偽造數量與成品的報表云云，限文到半月內查報為要」等因，奉此，遵查本廠上半年度分造成品計

（一）三七平射砲：該砲該廠備件，係以連為單位（每連四門）故本廠解繳亦以四門為一組，上半年應繳砲數，現已製成，正在驗收中。

（二）十五公分迫擊砲彈：因發生迫彈現象，

74

添設造底火，現已裝配，不久即可補繳。

（三）七五公分山野砲彈：因發生膛炸，致未能解繳。至膛炸實在原因，幾經試驗，尚未確定，惟大致以信爆管不良之因素為最大，現已繼續研討，俟有結果，即可設法趕裝，補繳足額。奉令前因，理合將本廠上半年度欠造成品緣由暨擬裝造補足情形備文呈報，仰祈

鑒核，指示祇遵！

謹呈

署長俞

廠長（全銜名）

军政部兵工署第五十工厂为造送成都分厂拟承造一九四三年度兵工器材数量表致兵工署制造司的代电
（一九四二年九月二十三日）

附：一九四三年度成都分厂拟承制兵工器材数量表

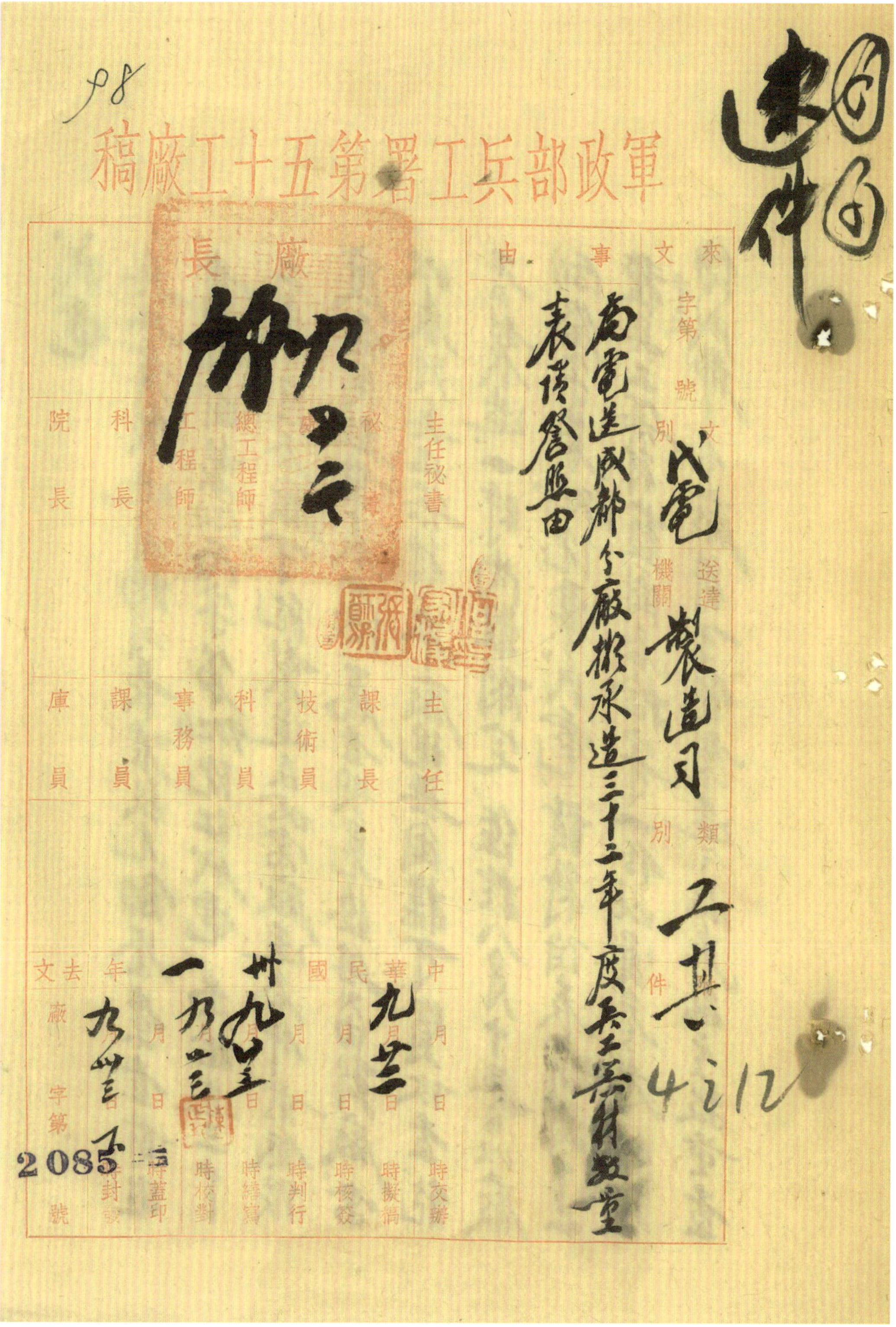
軍政部兵工署第五十工廠稿

來文 字第 號

文別 代電

送達機關 製造司

類別 工具

事由 為電送成都分廠擬承造三十二年度兵工器材數量表請察照由

中華民國 年 九月廿三日

2085

78-1

代電

兵工署製造司楊司長君毅先生勛鑒：案查前准
貴司渝製(31)丙字第9026號江代電，為檢送三十
二年度各廠可能製造及必需廠造各件最低限
度需用數量表一紙，屬查明見復等由到廠。當
以表列兵工器材，本廠現無圖樣可資攷查能
否製造，一時尚難確定，經於八月十五日以廠
別發字第1725號章戌代電，請將附表前列十二
種兵工器材藍圖各檢寄一份，以資參考，並另
飭本二廠成都分廠將可能製造之品名及需要數量查

明報候核轉各在案。茲據該分廠呈陳稱：「關於該兵工器材，尚可採用能製造者盡力承製，理合繕具數量表，呈請鑒核存轉」等情，前來，相應檢同原表，隨電送達，即希查照爲荷。弟丁〇〇議印

附表一份

102

三十二年度成都分厂拟承製兵工器材数量表

品名	单位	大署交製数量	分厰拟承製数量	备考
大十字镐	把	一〇〇,〇〇〇	一〇,〇〇〇	
小十字镐	〃	二〇〇,〇〇〇	二〇,〇〇〇	
短柄十字镐	〃	八,〇〇〇	二,〇〇〇	
四号甲雷	具	一二〇,〇〇〇	一二,〇〇〇	
黑色炸药	公斤	一〇〇,〇〇〇	三〇,〇〇〇	
八号信管	個	一〇〇,〇〇〇	一〇〇,〇〇〇	

军政部兵工署第五十工厂为解交第一批六公分迫击炮时间致兵工署制造司的笺函（一九四二年十月二十二日）

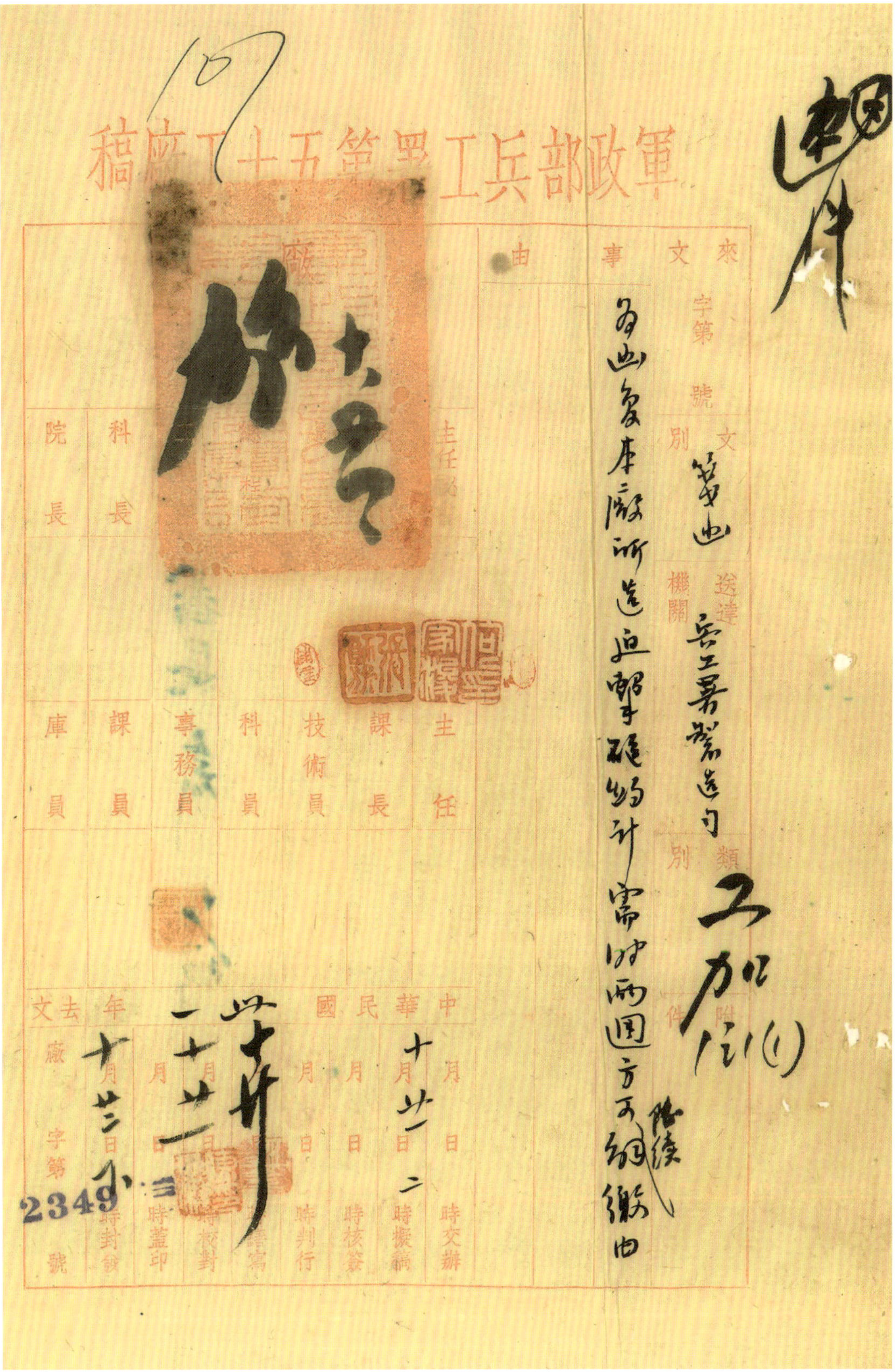

107-1

箋函

准

贵司本年十月十四日渝製(31)丙一二三号箋函，为六公分迫击炮急待解缴应用，嘱将装配情形及解缴日期查明函复等由，准此。查本厂所造迫击炮以第一次壹百门，业已装配完竣，刻正由署派驻厂员验收，并以俟验收完竣后，尚须油漆装箱，约计需时两周，方可陆续解缴。准函前由，相应函复，即希查照为荷。此致

贵署製造司

111

（廢戳）照 十月 日

军政部兵工署第五十工厂主要出品数量预计表（一九四二年十一月至一九四三年六月）

兵工署第五十工廠十一月份及十二月份主要出品數量預計表

出品名稱	單位	十一月份出產數 已造	月預計	合計	總產	交繳	欠繳	十二月份出產數 可造	請勘造	坿記
三〇式37戰防砲	門				三			三	三	
三一式六公分迫擊砲	門				一〇〇			一〇〇	一〇〇	
十五公分迫擊砲彈	顆				二〇〇〇			二〇〇〇	二〇〇〇	
六公分迫擊砲彈	顆				三〇〇〇			三〇〇〇	三〇〇〇	

廠(31)發字第2683號

31年11月19日

兵工署第五十工廠卅年十二月份及卅一年元月份主要出品數量預計表

出品名稱	單位	十二月份出產數 已造	月終預計	合計	總共應交	欠繳	多繳	元月份出產數 可造	擬請飭造
三〇式37戰防砲	門				三			三	三
三一式六公分迫擊砲	門				一〇〇			一〇〇	一〇〇
十五公分迫擊砲彈	顆				二〇〇〇			二〇〇〇	二〇〇〇
六公分迫擊砲彈	顆				三〇〇〇			三〇〇〇	三〇〇〇

坤 記

31年元月21日

3025

92452

兵工署第五十工廠一月份及二月份主要出品數量預計表

出品名稱	單位	一月份出產數：已造	一月份出產數：月份預計可造	一月份出產數：總數	一月份出產數：交	一月份出產數：欠數	一月份出產數：多繳	二月份出產數：可造	二月份出產數：預計能造	附記
三〇式37戰防砲	門				四			四	四	
三一式六公分迫擊砲	門	三〇〇		三〇〇	三〇〇			三〇〇	一〇〇	
15公分迫擊砲彈	顆	五〇〇	一三〇〇	三〇〇〇	三〇〇〇			二〇〇〇	二〇〇〇	
75克式山砲彈	顆							二〇〇〇	二〇〇〇	
六公分迫擊砲彈	顆							二〇〇〇	二〇〇〇	

廠(巴)發字第0248號

年1月1日

兵工署第五十工廠二月份及三月份主要出品數量預計表

出品名稱	單位	二月份出產數：已造	二月份出產數：月終預計	二月份出產數：合計	二月份出產數：總庫接交	二月份出產數：欠繳	二月份出產數：多繳	三月份出產數：可造	三月份出產數：擬請飭造	附記
三〇式37戰防砲	門				四			四	四	
三一式六公分迫擊砲	門				一〇〇			一〇〇	一〇〇	
15公分迫擊砲彈	顆				二·〇〇〇			一·〇〇〇	一·〇〇〇	
75克式山砲彈	顆				二·〇〇〇			二·〇〇〇	二·〇〇〇	
六公分迫擊砲彈	顆				二〇·〇〇〇			二〇·〇〇〇	二〇·〇〇〇	

年 月20日

兵工署第五十工廠三月份及四月份主要出品數量預計表

出品名稱	單位	三月份出產數 已造	三月份出產數 月底積計	三月份出產數 合計	三月份出產數 總數	三月份出產數 舊交	三月份出產數 欠繳	三月份出產數 多繳	四月份出產數 可造	四月份出產數 擬請飭造	備記
三〇式37戰防砲	門				四				四	四	
三八式六公分迫擊砲	門				一〇〇				一〇	一〇〇	
15公分迫擊砲彈	顆				一〇〇〇						
75克式山砲彈	顆				二〇〇〇						
75十年式山砲彈	顆								四〇〇〇	四〇〇〇	
六公分迫擊砲彈	顆				二〇〇〇						

32年3月20日

兵工署第五十工廠四月份及五月份主要出品數量預計表

出品名稱	單位	四月份出產數：已造	月份預計	合計	總共應交	欠繳	多繳	五月份出產數：可造	擬請飭造	附記
三〇式37戰防砲	門				四			六	二	四門已奉986号飭造令補交
三八式六公分迫擊砲	門				一〇〇			二〇	一〇〇	
75十年式山砲彈	顆				四〇〇〇					
75三八式野砲彈	顆							二〇〇〇	二〇〇〇	
75克式山砲彈	顆							四〇〇〇		已奉986号飭造令補交
15公分迫擊砲彈	顆							二〇〇〇		已奉940号飭造令補交

32年 月28日

兵工署第五十工廠五月份及六月份主要出品數量預計表

32年5月21日

出品名稱	單位	五月份出產數 已造	五月份出產數 月終預計	五月份出產數 合計	五月份出產數 總應交	五月份出產數 欠繳	五月份出產數 多繳	六月份出產數 可造	六月份出產數 擬請飭造	附記
三〇式37戰防砲	門								二	
三一式六公分迫击砲	門	一〇〇		一〇〇	一〇〇				一〇〇	
75十年式山砲彈	顆				二.〇〇〇				二.〇〇〇	

附註：六公分迫擊砲彈出品預計數量由本廠蓉分廠直接呈報

1348號

2類4項5目2卷

兵工署第五十工廠六月份及七月份主要出品數量預計表

32年6月22日

廠(32)發字第1656號

出品名稱	單位	六月份出產數 已造	月終結計	合計	總共應交	欠繳	多繳	七月份出產數 可造	擬請勤造	附記
三〇式37戰防砲	門				二				二	
三一式六公分迫擊砲	門				一〇〇				一〇〇	
75十年式山砲彈	顆				二〇〇〇				二〇〇〇	

附註：六公分迫擊砲彈出品預計數量由本廠蒼分廠直接呈報

军政部兵工署为下达一九四三年度应造炮弹数致第五十工厂的代电（一九四三年二月十三日）

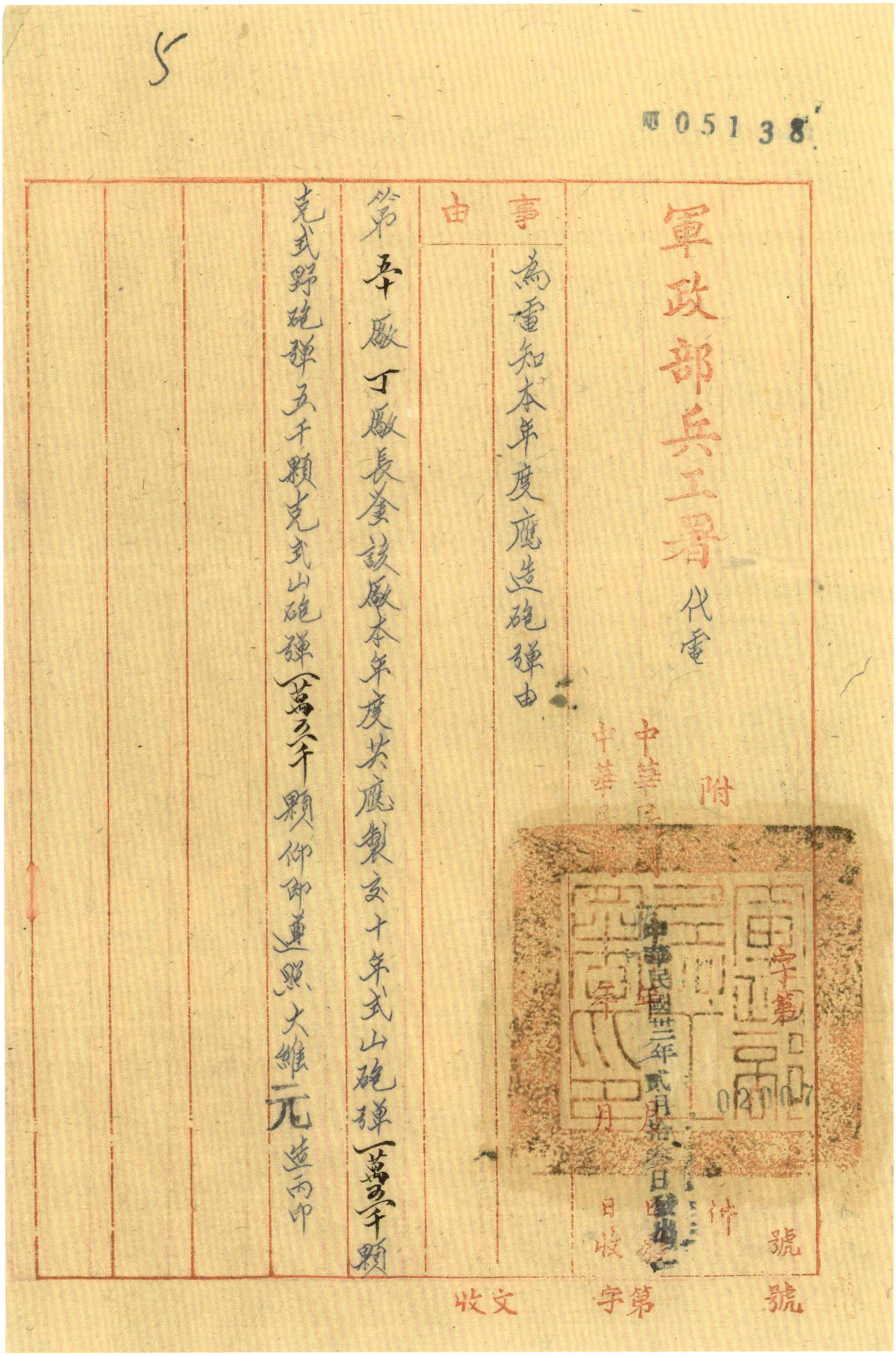

5

05138

軍政部兵工署 代電

事由：為電知本年度應造砲彈由

第五十廠丁廠長荃：該廠本年度共應製交十年式山砲彈（萬五千顆）、克式野砲彈五千顆、克式山砲彈（萬五千顆），仰即遵照。大維元造丙印

附件

中華民國卅二年貳月拾叁日發出

收文 字第 號

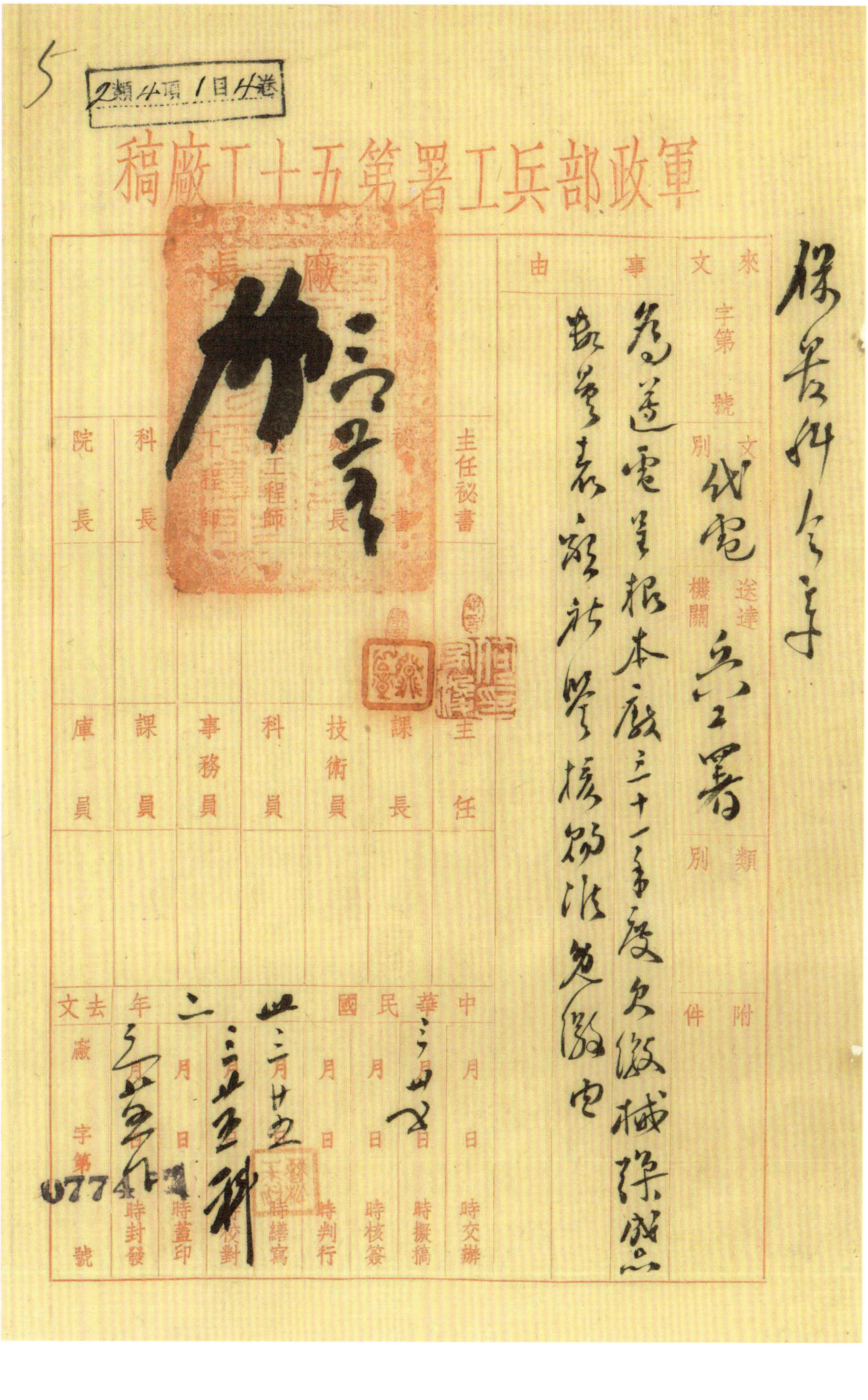
2類4項1目4卷

軍政部兵工署第五十工廠稿

來文	字第　號
文別	代電
送達機關	兵工署
事由	為送電呈報本廠三十一年度欠繳械彈成品數量表請核飭准免繳電

廠長　主任秘書　秘書　廠長　工程師　工程師　科長　院長

主任　課長　技術員　科員　事務員　課員　庫員

附件

中華民國 卅二年 三月 廿五 日

去文 廠字第 0774 號

军政部兵工署第五十工厂关于报送一九四二年度欠缴械弹成品数量表请求免缴致兵工署的代电（一九四三年三月二十五日）

附：第五十工厂一九四二年度欠缴成品拟请免缴数量表

5-1

代電

兵工署長俞鈞鑒：奉渝造(32)酉字第3343號代電飭速報31年度未交械彈等因，遵查本廠三十一年度奉令飭造各項械彈，除已遵令解繳及本年一二月份補繳者外，其餘物擬懇均准予免繳，前請列同本廠三十一年度欠繳成品數量表一份，隨電呈請鑒核，嗣准免造批示，祇遵。第五十工廠廠長丁〇〇叩有印。附31年度欠繳出品報

6

呈表一份

第五十工廠三十一年度欠繳成品擬請免繳數量表　第一頁

品名	飭造令號	單位	欠繳數量	備考
30式3.7戰防砲	額字781	门	2	
〃 〃	〃 783	〃	5	
〃 〃	〃 885	〃	3	
〃 〃	〃 905	〃	3	
31式六〇迫擊砲	〃 794	〃	100	
〃 〃	〃 814	〃	200	
〃 〃	〃 832	〃	100	
〃 〃	〃 885	〃	100	
〃 〃	〃 905	〃	100	
六公分迫砲彈	〃 783	發	14176	原令15000發已繳824發
〃 〃	〃 794	〃	10000	
〃 〃	〃 814	〃	10000	
〃 〃	〃 847	〃	10000	
〃 〃	〃 876	〃	30000	
〃 〃	〃 885	〃	30000	
〃 〃	〃 905	〃	26400	原令30000發，本廠檢驗六公分迫砲令調3600發已在辦理繳令手續
十五公分迫砲彈	〃 710	〃	1000	
〃 〃	〃 734	〃	1000	
〃 〃	〃 781	〃	1000	
〃 〃	〃 832	〃	2000	
〃 〃	〃 847	〃	2000	
〃 〃	〃 905	〃	1000	原令2000發已繳1000發
克式山砲彈	〃 685	〃	5000	

品名	飭造令號	單位	欠繳數量	備考
克式山砲彈	竊字710	發	2000	
〃 〃	〃734	〃	2000	
〃 〃	〃794	〃	3000	
十年式山砲彈	〃734	〃	500	原令1000發已繳500發
〃 〃	〃781	〃	4000	
三八式野砲彈	〃734	〃	200	原令[illegible]發已繳800發
〃 〃	〃794	〃	2000	

军政部兵工署关于准予注销一九四二年欠缴械弹数量致第五十工厂的代电（一九四三年四月十日）

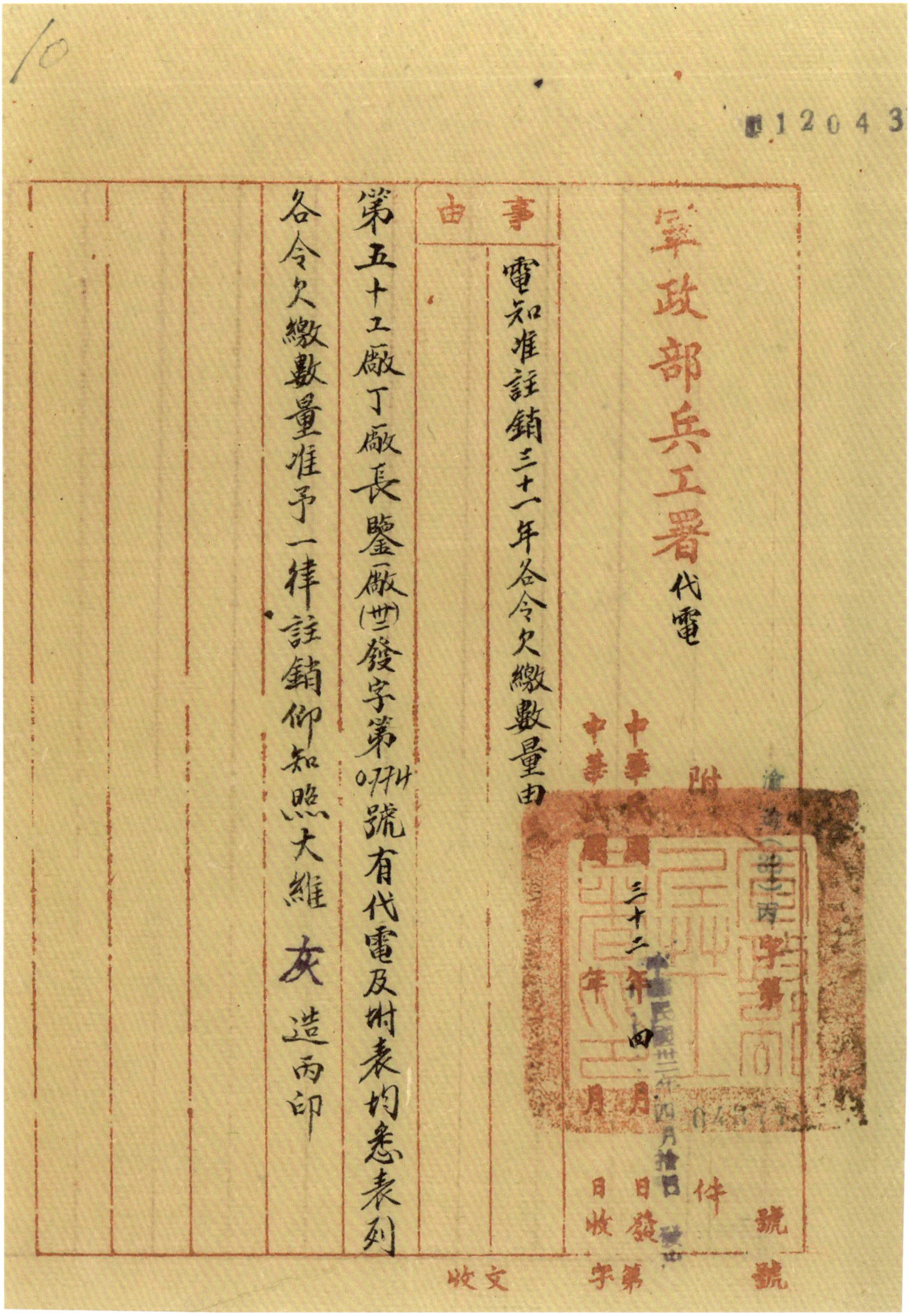

10

1204 3

軍政部兵工署代電

事由：電知准註銷三十一年各令欠繳數量由

第五十工廠丁廠長鑒：（廠）（卅）發字第0774號有代電及附表均悉。表列各令欠繳數量准予一律註銷，仰知照。大維友造丙印

附件

渝（造）丙字第 號

中華民國三十二年四月 日發

中華民國 年 月 日收

收文 字第 號

军政部兵工署第五十工厂为造具一九四三年度增加产品数量表请补发饬造命令上兵工署的呈（一九四三年四月二十七日）

附：第五十工厂一九四三年全年度增加产品数量表

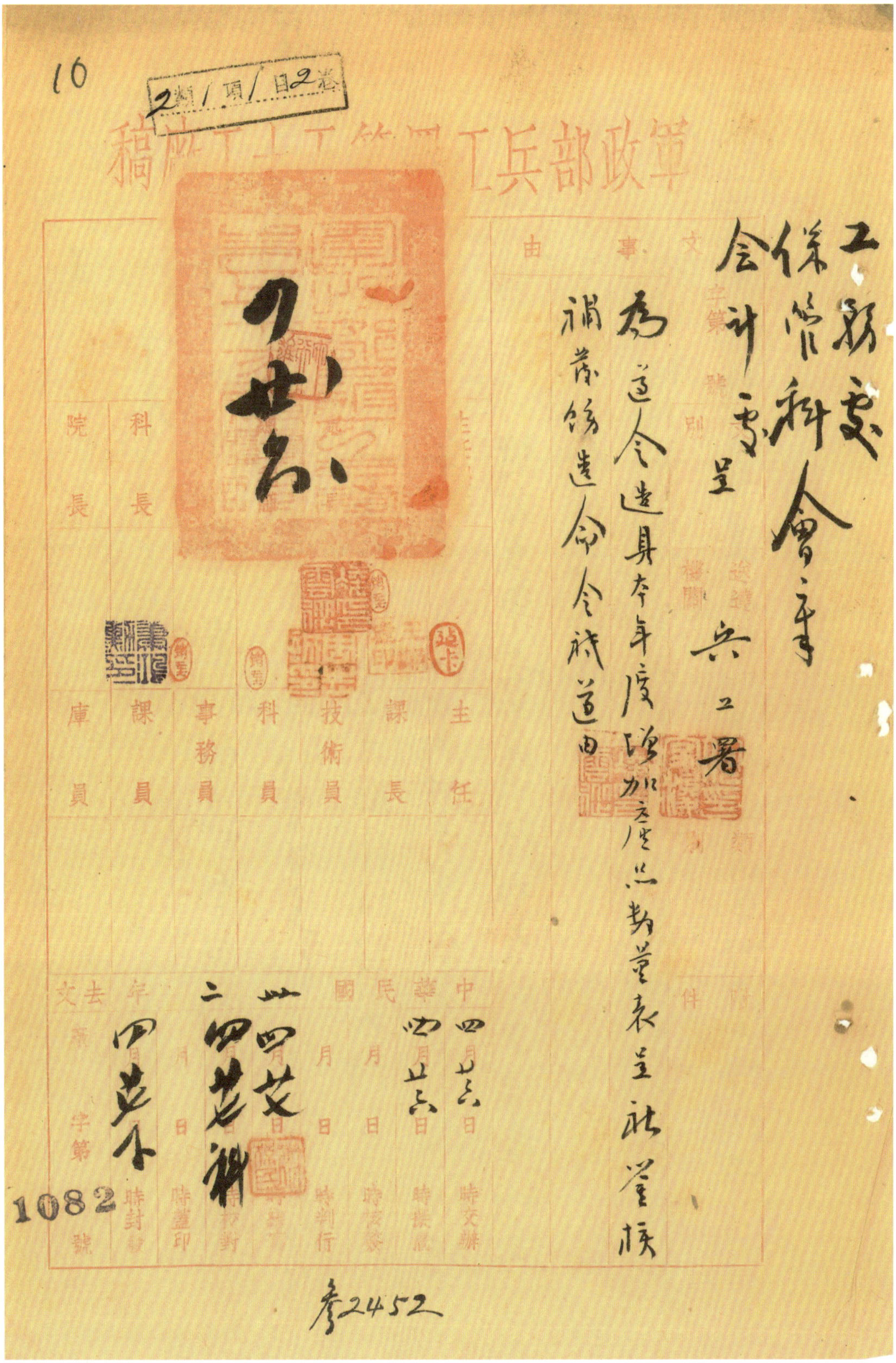

10-1

呈

案奉

鈞署渝造（32）丙字第04705號訓令內開：

「查本年度作業計畫，經已依照預算核定在案。該廠全年應繳械彈，並附表，仰遵照籌造。如有餘力尚能多造，及變更出品種類時，應予事前呈請核准，否則不補發餘造。

令仰知照」

等因，附（32）年度作業計畫表一份，奉此，遵查本廠本年度作業計畫，在順利進行條件下，努力工作，依照

川

除造補卅年度成品外

鈞署核定預計數量，尚有餘力可以增加產品，茲謹核實估計造具增產數量表壹份，是否有當，理合備文呈送，

仰祈

鑒核，俯賜增補飭造命令下廠，俾資遵行！

謹呈

署長俞

附呈增加產品數量表一份

廠長（全銜名）

13

第五十工廠三十二年全年度遵照署定產業計劃以有餘力增加產品數量表

名稱	單位	本年領定可造數量	署定預計數量	較署定能增數量	附記
六公分迫擊砲彈	顆	240,000	216,000	24,000	
十五公分迫擊砲彈	〃	10000	6000	4,000	第940號令8400顆另外造繳未算在內
克式山砲彈	〃	14,000	10,000	4000	
三八式野砲彈	〃	10,000	—	10,000	
十年式山砲彈	〃	10,000	10000	—	

註：補造三十一年欠繳數量未列入餘力增產數內，係另外造繳

军政部兵工署为下达一九四三年度作业计划给第五十工厂的训令（一九四三年四月）

附：第五十工厂一九四三年全年度作业计划表

8

事由：為令知該 本年度作業計劃由

軍政部兵工署訓令

渝造（32）丙六字第04705號

中華民國三十二年四月 日

令 第五十工廠

查本年度作業計劃業已依照預算核定，茲該廠全年應製械彈如附表，仰遵照籌造。如有餘力尚能多造及變更出品種類時，應予事前呈請核准，否則不准發給造令。仰即知照。此令

附32年度作業計劃表一分

署長 俞大維

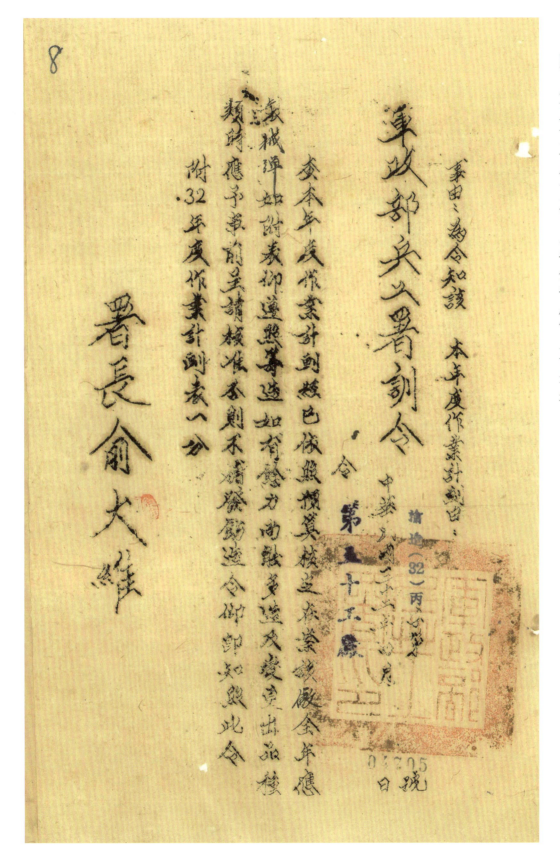

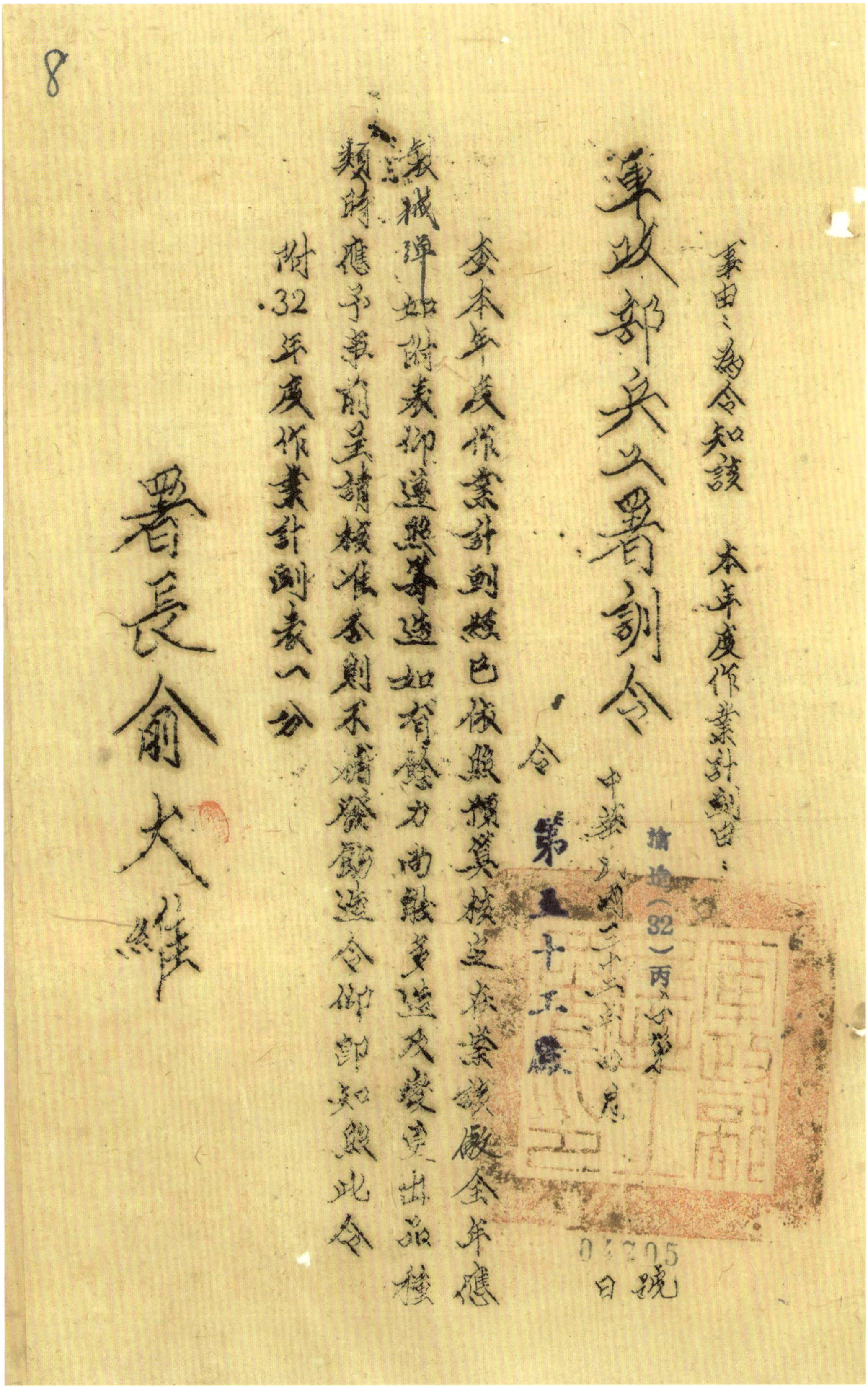

第50廠 三十二年全年度作業計劃表

32年3月24日

名稱	單位	數量	備註
三七戰防砲	门	24	1、2、3月份飭造數包括在內
六公分迫擊砲	〃	1,200	山野砲彈分配數量應依本表為準
六公分迫擊砲彈	顆	216,000	審
十五公分迫擊砲彈	〃	6,000	額定940字8400抵補去年欠款 已發5,000顆額造令以後僅有1,000顆飭造令
克式山砲彈	〃	10,000	
十年式山砲彈	〃	10,000	
士乃德步榴彈	〃	5,000	

9

军政部兵工署第五十工厂一九四四年械弹作业计划表（一九四三年六月三十日）

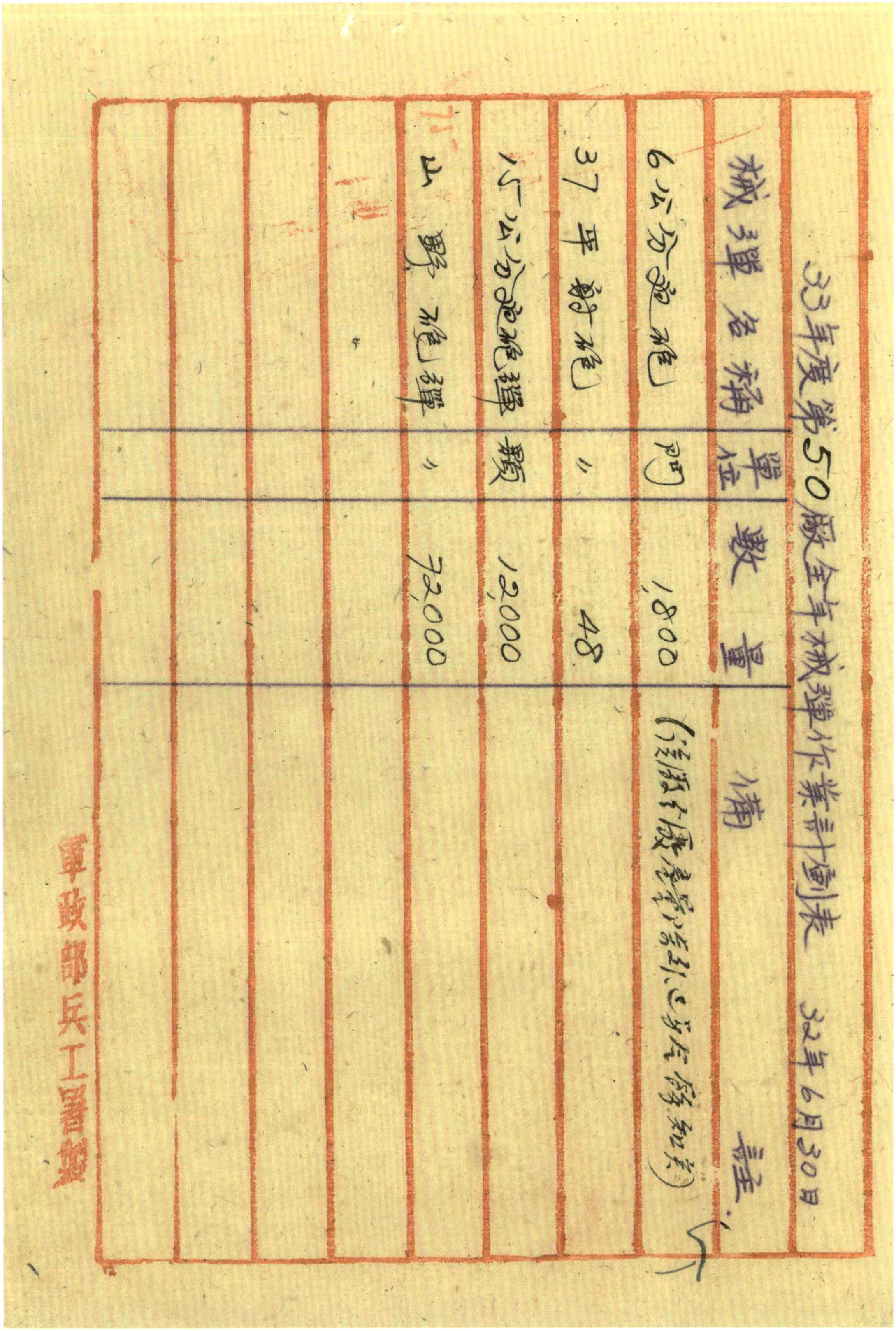

33年度第50厰全年械彈作業計劃表 32年6月30日

械彈名稱	單位	數量	備註
6公分迫砲	門	1,800	[illegible]
37平射砲	〃	48	
8公分迫砲彈	顆	12,000	
山野砲彈	〃	72,000	

軍政部兵工署

军政部兵工署第五十工厂一九四三年第六号成品解缴表（一九四三年六月）

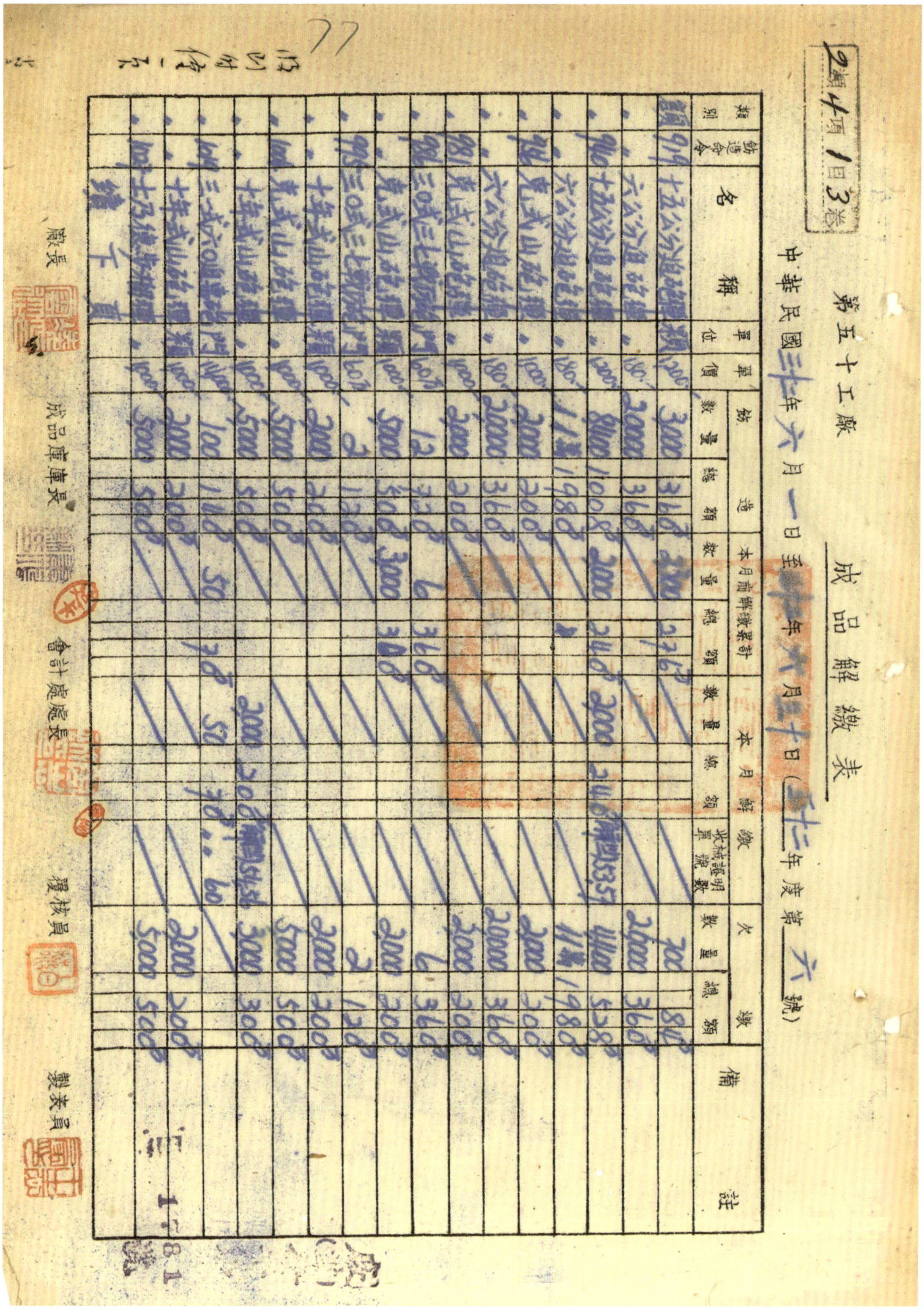

2類4項1目3卷

第五十工廠　　成品解繳表

中華民國三十二年六月一日至三十二年六月三十日（三十二年度第六號）

類別	飭造命令	名稱	單位	單價	飭造 數量	飭造 總額	本月前解繳累計 數量	本月前解繳累計 總額	本月解繳 數量	本月解繳 總額	本月解繳 收械證明單號數	欠繳 數量	欠繳 總額	備註
預	919	十五公分迫砲彈	顆	1200	3000	360	2300	276				700	84	
〃	〃	六公分迫砲彈	〃	180	20000	360						20000	360	
〃	940	十五公分迫砲彈	〃	1200	8400	1008	2000	240	2000	240	(補)5357	4400	528	
〃	〃	六公分迫砲彈	〃	180	11萬	1980						11萬	1980	
〃	946	克式山砲彈	〃	1000	2000	200						2000	200	
〃	〃	六公分迫砲彈	〃	180	20000	360						20000	360	
〃	981	克式山砲彈	〃	1000	2000	200						2000	200	
〃	986	三〇式三七戰防砲	門	60萬	12	720	6	360				6	360	
〃	〃	克式山砲彈	顆	1000	5000	500	3000	300				2000	200	
〃	995	三〇式三七戰防砲	門	60萬	2	120						2	120	
〃	〃	十年式山砲彈	顆	1000	2000	200						2000	200	
〃	1006	克式山砲彈	〃	1000	5000	500						5000	500	
〃	〃	十年式山砲彈	〃	1000	5000	500			2000	200	(補)5456	3000	300	
〃	1019	三一式六〇迫擊砲	門	1萬4	100	140	50	70	50	70	〃 60			
〃	〃	十年式山砲彈	顆	1000	2000	200						2000	200	
〃	1023	士乃德步槍彈	〃	1000	5000	500						5000	500	
		續下頁												

廠長　　成品庫庫長　　會計處處長　　覆核員　　製表員

1781

军政部兵工署第五十工厂为回复出品之炮及炮弹每箱单位重量致兵工署技术司的公函（一九四三年九月十八日）

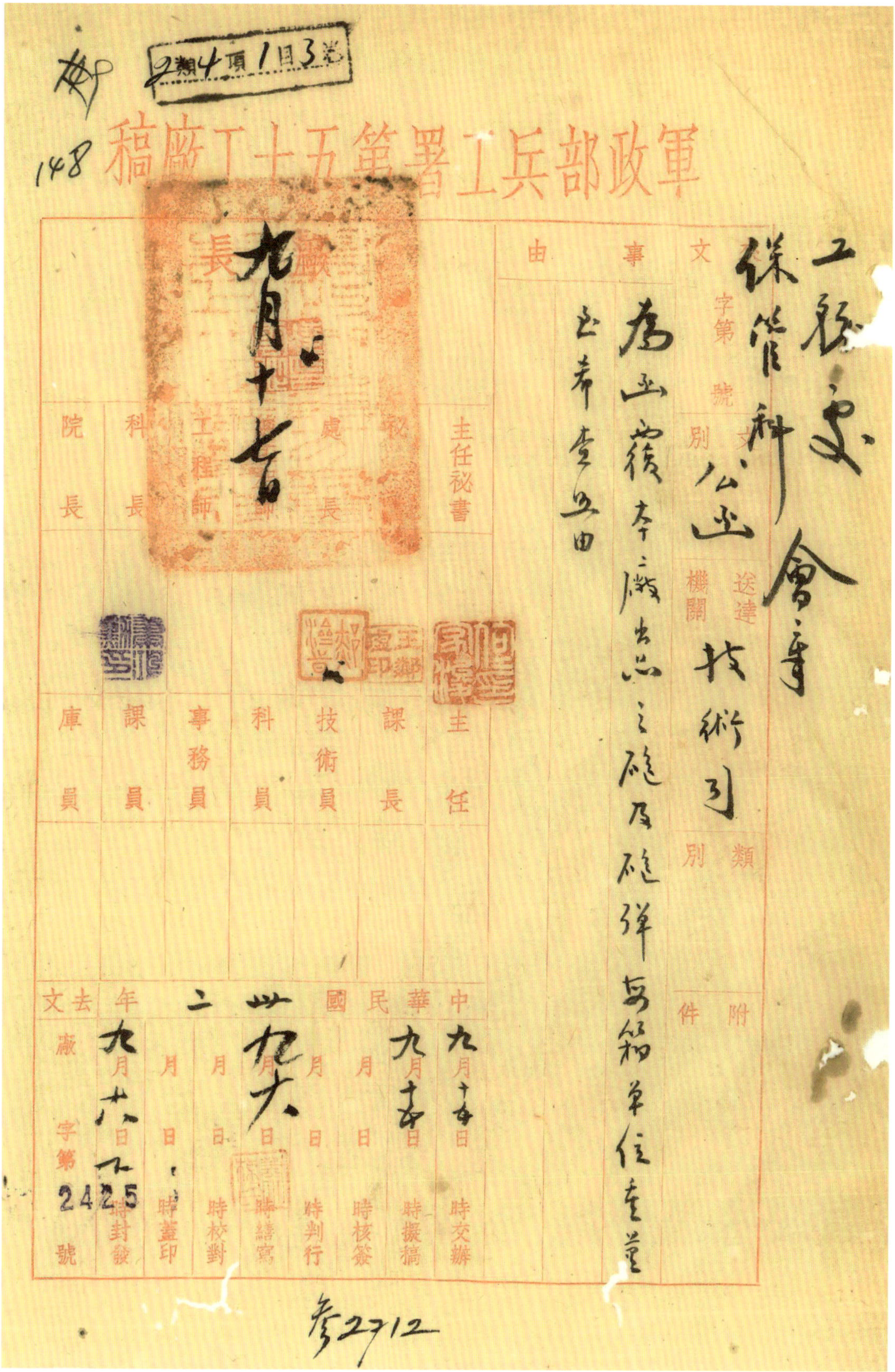
2類4項1目3卷

148

軍政部兵工署第五十工廠稿

文別：公函

工務處保管科會

送達機關：技術司

事由：為函覆本廠出品之砲及砲彈每箱單位重量，函希查照由

廠長：九月十七日

中華民國卅二年

九月十五日交辦

九月十五日擬稿

九月十八日繕寫

九月廿六日封發

去文廠字第2425號

參2712

148-1

公函

案准

贵司渝（川）砲字第2911号佳代电内开：

「本司前亟欲明瞭国产砲兵器材弹箱单位产量以作参考，致函于贵厂所有出品中之各种砲及砲弹弹箱单位产量若干公斤，祈示查明见覆」

等由，自应照办。兹特将本厂出品之砲及砲弹各种产量开列如左：

A 砲弹

156

149

（1）三八式野砲彈每箱裝彈兩顆每顆淨重八、六公斤每箱毛重廿七公斤

（2）十年式山砲彈每箱裝彈兩顆每顆淨重八公斤每箱毛重廿五公斤

（3）九四式山砲彈每箱裝彈兩顆每顆淨重六、三公斤每箱毛重拾八公斤

（4）十五公分迫擊砲彈每箱壹顆每顆淨重廿三公斤每箱毛重卅壹公斤

（5）六公分迫擊砲彈每箱捌顆每顆淨重一、四五公斤每箱毛重拾七公斤

B 砲

（1）廿式八公迫擊砲每箱裝壹門淨重拾八公斤每箱毛重卅五公斤

（2）三七戰車防禦砲不裝箱全重叁佰四拾叁公斤每砲附砲備件箱壹個重拾八公斤鏡桿壹個重廿六公斤每砲四門附送備件箱壹個重拾七公斤及工具箱壹個重七公斤

准予囑為由柳庄逕發請 煩

1417

查存！！

此致

兵工署技術司

中華民國　　年　　月　　日

成

監印

校對

繕寫

军政部兵工署第五十工厂主要出品数量分月报告表（一九四三年八月至一九四四年八月）

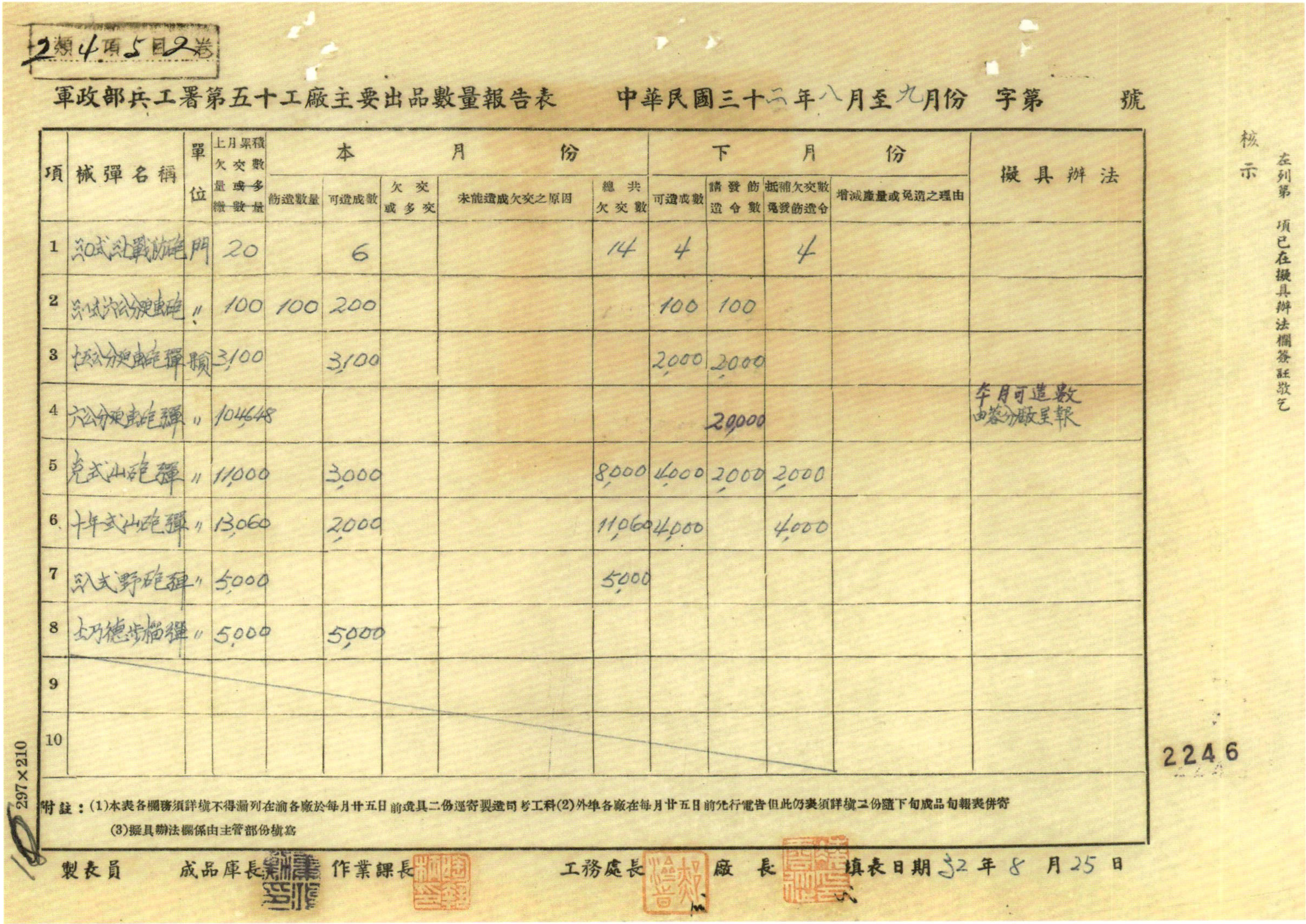

2類4項5目2卷

297×210

軍政部兵工署第五十工廠主要出品數量報告表　中華民國三十二年八月至九月份　字第　號

項	械彈名稱	單位	上月累積欠交數量或多繳數量	本月份 飭造數量	本月份 可造成數	本月份 欠交或多交	本月份 未能造成欠交之原因	總共欠交數	下月份 可造成數	下月份 請發飭造令數	下月份 抵補欠交數免發飭造令	下月份 增減產量或免造之理由	擬具辦法
1	二〇式二公分戰防砲	門	20		6			14	4		4		
2	三一式六公分迫擊砲	〃	100	100	200				100	100			
3	十五公分迫擊砲彈	顆	3,100		3,100				2,000	2,000			
4	六公分迫擊砲彈	〃	104,648							20,000			本月可造數由綦分廠呈報
5	克式山砲彈	〃	11,000		3,000			8,000	4,000	2,000	2,000		
6	十年式山砲彈	〃	13,060		2,000			11,060	4,000		4,000		
7	三八式野砲彈	〃	5,000					5,000					
8	士乃德步槍彈	〃	5,000		5,000								
9													
10													

附註：(1)本表各欄務須詳填不得漏列在渝各廠於每月廿五日前造具二份逕寄製造司考工科(2)外埠各廠在每月廿五日前先行電告但此項表須詳填二份隨下旬成品旬報表併寄
(3)擬具辦法欄係由主管部份填寫

製表員　成品庫長　作業課長　工務處長　廠長　填表日期32年8月25日

2246

核示

左列第　項已在擬具辦法欄簽註敬乞

2類4項5目2卷

軍政部兵工署第五十工廠主要出品數量報告表

中華民國三十二年九月至十月份　字第　號

項	械彈名稱	單位	上月累積欠交數量或多繳數量	本月份 飭造數量	本月份 可造成數	本月份 欠交或多交	本月份 未能造成欠交之原因	總共欠交數	下月份 可造成數	下月份 請發飭造令數	下月份 抵補欠交數或免發飭造令	下月份 增減產量或免造之理由	擬具辦法
1	三〇式三七戰防砲	門	20		4	4		16	4		4		
2	三一式八二公分迫擊砲	〃	100	100	100			100	200	100	100		
3	十五公分迫擊砲彈	顆	700	600	1,300	700			3,000	3,000			
4	八公分迫擊砲彈	〃	84,456	20,000	20,000			84,456	20,000	20,000			
5	克式山砲彈	〃	10,000	2,000	2,000			10,000	6,000	2,000	4,000		
6	卜福式山砲彈	〃	11,060		7,000	7,000		4,060	4,060				
7	三八式野砲彈	〃	5,000					5,000					
8													
9													
10													

附註：(1)本表各欄務須詳填不得遺漏列在渝各廠於每月廿五日前造具二份逕寄兵工署製造司考工科(2)外埠各廠在每月廿五日前先行電告但此份表須詳填二份隨下旬成品旬報表併寄
(3)擬具辦法欄係由主管部份填寫

297×210

製表員　成品庫長　作業課長　工務處長　廠長　填表日期 32年 9 月 24日

核示

左列第　項已在擬具辦法欄簽註敬乞

廠廿二發

2491

2類4項5目2卷

軍政部兵工署第五十工廠主要出品數量報告表

中華民國三十二年十一月至十二月份　字第　　號

項	械彈名稱	單位	上月累積欠交數量或多繳數量	本月份：飭造數量	本月份：可造成數	本月份：欠交或多交	本月份：未能造成欠交之原因	總共欠交數	下月份：可造成數	下月份：請發飭造令數	下月份：祇補欠交數免發飭造令	下月份：增減產量或免造之理由	擬具辦法
1	三〇式三七戰防砲	門	16		8			8	8		8		
2	三一式六公分迫擊砲	〃	200		100			100	200	100	100		
3	十五公分迫擊砲彈	顆	3,073	3,000	6,073				3,000	3,000			
4	六公分迫擊砲彈	〃	53,766										由蓉分廠呈報
5	克式山砲彈	〃	／	2,000	2,000			／	2,000	2,000			
6	十年式山砲彈	〃	48					48	48		48		
7	三八式野砲彈	〃	4,792					4,792	4,792		4,792		
8													
9													
10													

附註：(1)本表各欄務須詳填不得遺漏列在渝各廠於每月廿五日前填具二份逕寄製造司考工科(2)外埠各廠在每月廿五日前先行電告但此仍表須詳填二份隨下旬成品旬報表併寄

(3)擬具辦法欄係由主管部份填寫

製表員　　成品庫長　　作業課長　　工務處長　　廠長　　填表日期32年11月22日

297×210

核示　左列第　項已在擬具辦法欄簽註敬乞

廠(壹)發字第3079號

297×210

軍政部兵工署第五十工廠主要出品數量報告表

中華民國三十二年十二月至卅三年一月份　字第　號

項	械彈名稱	單位	上月累積欠交數量或多繳數量	本月份：飭造數量	本月份：可造成數	本月份：欠交或多交	本月份：未能造成欠交之原因	總共欠交數	下月份：可造成數	下月份：請發飭造令數	下月份：抵補欠交數免發飭造令	下月份：增減產量或免造之理由	擬具辦法
1	卅式三七戰防砲	門	12		12				2	2			
2	卅一式六〇迫擊砲	〃	200	100	300				100	100			
3	十五公分迫擊砲彈	顆	2,073	3,000	5,073				1,500	1,500			
4	八公分迫擊砲彈	〃	33,666	30,000									由營分廠呈報
5	克式山砲彈	〃		2,000	2,000								
6	十年式山砲彈	〃	48		48								
7	三八式野砲彈	〃	4,792		4,792				3,000	3,000			
8													
9													
10													

附註：(1)本表各欄務須詳填不得漏列在渝各廠於每月廿五日前爲具二份逕寄製造司考工科(2)外埠各廠在每月廿五日前先行電告但此仍表須詳填二份隨下旬成品旬報表併寄
(3)擬具辦法欄係由主管部份填寫

製表員　成品庫長　作業課長　工務處長　廠長　填表日期三十二年十二月廿八日

核示　左列第　項已在擬具辦法欄簽註敬乞

3430

2 4 5 日2 卷

軍政部兵工署第五十工廠主要出品數量報告表

中華民國三十三年壹月至弍月份　字第　號

項	械彈名稱	單位	上月累積欠交數量或多繳數量	本月份 飭造數量	本月份 可造成數	本月份 欠交或多交	本月份 未能造成欠交之原因	總共欠交數	下月份 可造成數	下月份 請發飭造令數	下月份 抵補欠交數免發飭造令	下月份 增減產量或免造之理由	擬具辦法
1	三〇式三七戰防砲	門	/	2	2				2	2			
2	三一式六〇迫擊砲	〃	/	100	100				100	100			
3	十五公分迫擊砲彈	顆	73	500	573				500	500			
4	六公分迫擊砲彈	〃	38466	25000									由蔘分廠呈報
5	克式山砲彈	〃	/	3000	3000								
6	十年式山砲彈	〃	/										
7	三八式野砲彈	〃	/						3000	3000			
8													
9	39												
10													

附註：(1)本表各欄務須詳填不得遺漏列在渝各廠於每月廿五日前造具二份逕寄製造司考工科(2)外埠各廠在每月廿五日前先行電告但此仍表須詳填二份隨下旬成品旬報表併寄

(3)擬具辦法欄係由主管部份填寫

製表員　　成品庫長　　作業課長　　工務處長　　廠長　　填表日期33年1月21日

297×210

核示

左列第　項已在擬具辦法欄簽註敬乞

0261

2類4-5目2卷

軍政部兵工署第五十工廠主要出品數量報告表

中華民國三十三年二月至三月份 字第 號

項	械彈名稱	單位	上月累積欠交數量或多繳數量	本月份 飭造數量	本月份 可造成數	本月份 欠交或多交	本月份 未能造成欠交之原因	本月份 總共欠交數	下月份 可造成數	下月份 請發飭造令數	下月份 抵補欠交數免發飭造令	下月份 增減產量或免造之理由	擬具辦法
1	三〇式三七戰防砲	門	/	2	2				2	2			
2	三八式六〇迫擊砲	〃	/	100	100				100	100			
3	十五公分迫擊砲彈	顆	73	800	873				800	800			
4	六公分迫擊砲彈	〃	18306	20000									由蓉分廠呈報
5	克式山砲彈	〃	/										
6	十年式山砲彈	〃	/										
7	三八式野砲彈	〃	/	1,000	1,000				3,000	3,000			
8													
9													
10													

核示 左列第 項已在擬具辦法欄簽註敬乞

附註：(1)本表各欄務須詳填不得漏列在渝各廠於每月廿五日前處具二份逕寄製造司考工科(2)外埠各廠在每月廿五日前先行電告但此仍表須詳填二份隨下旬成品旬報表併寄
(3)擬具辦法欄係由主管部份填寫

製表員 成品庫長 作業課長 工務處長 廠長 填表日期33年2月24日

廠（函）[illegible]字第0571號

297×210

2 4 5日

軍政部兵工署第五十工廠主要出品數量報告表　中華民國三十三年三月至四月份　字第　號

項	械彈名稱	單位	上月累積欠交數量或多繳數量	本月份 飭造數量	可造成數	欠交或多交	未能造成欠交之原因	總共欠交數	下月份 可造成數	請發飭造令數	祇補欠交數免發飭造令	增減產量或免造之理由	擬具辦法
1	三〇式三七戰防砲	門	/	2	2				2	2			
2	三一式六公分迫擊砲	〃	/	100	100				100	100			
3	十五公分迫擊砲彈	顆	/	800	800				800	800			
4	六公分迫擊砲彈	〃	55,126	16,500									由蓉分廠呈報
5	克式山砲彈	〃	+96		1,904	2,000		+2,000		2,000			
6	十年式山砲彈	〃	+112					+112	1,888	2,000			
7	三八式野砲彈	〃	+2,708	3,000	292								本月份飭造數內計三月份1,000顆四五月份2,000顆
8													
9													
10													

附註：(1)本表各欄務須詳填不得漏列在渝各廠於每月廿五日前造具二份逕寄製造司考工科(2)外埠各廠在每月廿五日前先行電告但此份表須詳填二份隨下旬成品旬報表併寄

(3)擬具辦法欄係由主管部份填寫

製表員　成品庫長　作業課長　工務處長　廠長　填表日期33年3月23日

297×210

核示

左列第　項已在擬具辦法欄簽註敬乞

08 號

2類4項5目2卷

84

軍政部兵工署第五十工廠主要出品數量報告表　中華民國三十三年四月至五月份　字第　號

項	械彈名稱	單位	上月累積欠交數量或多繳數量	本月份：飭造數量	本月份：可造成數	本月份：欠交或多交	本月份：未能造成欠交之原因	本月份：總共欠交數	下月份：可造成數	下月份：請發飭造令數	下月份：抵補欠交數免發飭造令	下月份：增減產量或免造之理由	擬具辦法
1	六〇式戰車防砲	門	/	2	2				2				
2	三式六〇迫擊砲	〃	/	100		100	奉令更改設計已專案呈請核准	100					
3	十五公分迫擊砲彈	顆	800	800	1,600				800				
4	六公分迫擊砲彈	〃	66,546	20,000									由蓉分廠呈報
5	克式山砲彈	〃	+96	1,500	2,000	+596		+596	1,904	2,500			
6	十年式山砲彈	〃	+112	2,500	2,500	+112		+112					
7	三八式野砲彈	〃	292		292								
8													
9													

註　……填不得漏列在渝各廠於每月廿五日前造具二份逕寄製造司考工科（2）外埠各廠在每月廿五日前先行電告但此仍表須詳填二份隨下旬成品旬報表併寄……係由主管部份填寫

製表員　成品庫長　作業課長　工務處長　廠長　填表日期33年4月24日

核示　左列第　項已在擬具辦法欄簽註敬乞

1221

33年5月22日

軍政部兵工署第五十工廠主要出品數量報告表

中華民國三十三年五月至六月份　字第　號

項	械彈名稱	單位	上月累積欠交數量或多繳數量	本月份 飭造數量	本月份 可造成數	本月份 欠交或多交	本月份 未能造成欠交之原因	總共欠交數	下月份 可造成數	下月份 請發飭造令數	下月份 抵補欠交數儘發飭造令	下月份 增減產量或免造之理由	擬具辦法
1	三公分七戰防砲	門	／	2	2				2	2			
2	三公分七[illegible]砲	〃	100	100		200	[illegible]	200	200	200			
3	十五公分[illegible]砲彈	顆	／	800	800				800	800			
4	八公分[illegible]砲彈	〃	81,546	20,000									由各分廠呈報
5	[illegible]砲彈	〃	+576	1,500	1,000	+96		[illegible]	2,500	2,500			
6	[illegible]砲彈	〃	+112			+112		+112					
7	[illegible]砲彈	〃	／										
8													
9													
10													

附註：(1)本表各欄務須詳填不得遺漏列在滇各廠於每月廿五日前造具二份逕寄製造司考工科(2)外埠各廠在每月廿五日前先行電告但此份表須詳填二份隨下旬成品旬報表併寄

(3)擬具辦法欄係由主管部份填寫

製表員　成品庫長　作業課長　工務處長　廠長　填表日期33年5月22日

核示

左列第　項已在擬具辦法欄簽註敬乞

1542號

2類4項5目2

104

軍政部兵工署第五十工廠主要出品數量報告表　中華民國三十三年六月至七月份　字第　號

項	械彈名稱	單位	上月累積欠交數量或多繳數量	本月份 飭造數量	本月份 可造成數	本月份 欠交或多交	本月份 未能造成欠交之原因	總共欠交數	下月份 可造成數	下月份 請發飭造令數	下月份 抵補欠交數免發飭造令	下月份 增減產量或免造之理由	擬具辦法
1	三〇式三七戰防砲	門		2	2				2	2			
2	三〇式六公分迫擊砲	〃	200	100		300	奉令修改設計曾專案呈請緩繳	300	100	100			
3	十五公分迫擊砲彈	顆		800	800				800	800			
4	六公分迫擊砲彈	〃	81,420	20,000									由蓉分廠呈報
5	克式山砲彈	〃	+96	2,500	2,500								
6	十年式山砲彈	〃	+112			+112		+112	2,500	2,500			
7	三八式野砲彈	〃											
8													
9													
10													

附註：(1)本表各欄務須詳填不得遺漏列在渝各廠於每月廿五日前造具二份逕寄製造司考工科(2)外埠各廠在每月廿五日前先行電告但此仍表須詳填二份隨下旬成品旬報表併寄
(3)擬具辦法欄係由主管部份填寫

製表員　成品庫長　作業課長　工務處長　廠長　填表日期 33年 6 月 20 日

核示　左列第　項已在擬具辦法欄簽註敬乞

——1865

2類1項5目2卷

軍政部兵工署第五十工廠主要出品數量報告表

中華民國三十三年七月至八月份 字第2245號

項	械彈名稱	單位	上月累積欠交數量，或多繳數量	本月份 防造數量	本月份 可造成數	本月份 欠交或多交	本月份 未能遵造成欠交之原因	本月份 總共欠交數	下月份 可造成數	下月份 請發防造令數	下月份 抵補欠交數免發防造令	下月份 增減產量或免造之理由	擬具辦法
1	20式三七戰防砲	門	/	2	2				2	2			
2	31式六〇迫擊砲	〃	300			300	奉令[illegible]設計會審呈請[illegible]線	300					
3	伍公分迫擊砲彈	顆	/	800	800				1,000	1,000			
4	六〇迫擊砲彈	〃	96,340	20,000									由蓉分廠呈報
5	克式山砲彈	〃	+96			+96		+96					
6	卜福式山砲彈	〃	+112	2,500	2,500			+112	1,000	1000			
7	31式野砲彈	〃	/						2,000	2000			
8													
9													
10													

附註：(1)本表各欄務須詳填不得漏列在渝各廠於每月廿五日前填具二份逕寄製造司考工科(2)外埠各廠在每月廿五日前先行電告但此項表須詳填二份隨下旬成品旬報表併寄

(3)擬具辦法欄係由主管部份填寫

製表員　成品庫長　作業課長　工務處長　廠長　填表日期 33年 7月 26日

核示 左列第　項已在擬具辦法欄簽註敬乞

297×210

297×210

軍政部兵工署第五十工廠主要出品數量報告表

中華民國三十三年八月至九月份務字第 2 號

項	械彈名稱	單位	上月累積欠交數量或多繳數量	本月份 飭造數量	本月份 可造成數	本月份 欠交或多交	本月份 未能造成欠交之原因	總共欠交數	下月份 可造成數	下月份 請發飭造令數	下月份 抵補欠交數免發飭造令	下月份 增減產量或促進出品之理由	擬具辦法
1	三〇式三七戰防砲	門	-2	2	2	-2	該令修改設計[illegible]日期[illegible]呈[illegible]	-2	2	2			
2	三一式六〇[illegible]砲	〃	-300			-300		-300	100	100			
3	[illegible]頭		/	[illegible]	[illegible]0				1,000	1,000			
4	六公分[illegible]砲彈	〃	[illegible]	2,000									由蓉分廠呈報
5	克式山砲彈	〃	+820			+820		+820	1,200	2,000			
6	[illegible]式山砲彈	〃	-388	1,000	1,698	+310		+310	2,000	2,000			
7	三八式山砲彈	〃	/	2,000	2,000								
8													
9													
10													

108

附註：(1)本表各欄務須詳填不得漏列在渝各廠於每月廿五日前繕具二份逕寄製造司考工科(2)外埠各廠在每月廿五日前先行電告但此仍表須詳填二份隨下旬成品旬報表併寄
(3)擬具辦法欄係由主管部份填寫

製表員　成品庫長　作業課長　工務處長　廠長　填表日期 33年 8月25日

核示

右列第　項已在擬具辦法欄簽註矣

2562號

丁天雄为报兵工署第五十工厂成都分厂一九四二、一九四三年解缴六公分及四七迫炮弹数量表的签呈（一九四四年一月八日）

000068

計 [illegible]

簿記課 核

[illegible] 元．十三

2103

簽呈 蓉分字第四五號

卅三年元月八日

事由：為准秘書室箋函轉發兵工署指令一件核示本廠出品單價各點仰知照等因茲謹就卅一卅二兩年度解繳六公分及四七迫炮彈數量分別開具詳表擬懇飭處查示各該年度核定調整單價再行發還以便遵辦由

案准秘書室廠(卅)發字第三四六七號箋函，為奉兵工署渝造(32)丙字第5062號指令一件，為據呈核示調整該廠出品單價各點，仰知照並奉批成都分廠知照等因，相應檢同原令備函送達，即希查照并請辦理見復，俾將原令擲還為荷等由。查所附署令第一項開列令號單價及第二項開列核發令號各節，一部份無案可稽，擬請將總廠呈署原文抄示，以資參考。復查三十二年度業已結束，關於分廠以往解繳成品單價既屢經調整，而會計

科帐目又均未曾按照规定核结实有及早转正之必要，谨就卅一、卅二两年度解缴六公分及四寸臼炮弹数量分别开具详表，檄恳

钧座饬交会计处惠予查明各该年度饬造令字号数量有无错误，并填示核定调整单价再行发还，以便遵办。理合检同解缴数目表三份，具文签请

鉴核示遵。谨呈

厂长丁

附呈表三份

职丁天雄

批示

会计处呈办

树 十二、十

进字第〇一二二号

中华民国卅三年壹月拾贰日收

成都兵工厂

元月十二日录

000071

成都分廠卅一及卅二年度造繳六公分迫砲彈數量表

飭造令字號	單位	飭造數量	解繳數量
額字第781#	顆	30,000	30,000
〃 783#	〃	15,000	874
〃 794#	〃	10,000	—
〃 814#	〃	10,000	—
〃 832#	〃	15,000	15,000
〃 847#	〃	10,000	—
〃 856#	〃	20,000	20,000
〃 876#	〃	30,000	—
〃 885#	〃	30,000	—
〃 905#	〃	30,000	3,600
〃 919#	〃	20,000	16,534
〃 956#	〃	20,000	15,000
〃 940#	〃	110,000	110,000
〃 1125#	〃	20,000	20,000
〃 1180#	〃	30,000	—
加字第114#	〃（八二迫砲彈）	50,000	20,196

附（二）成都分厂一九四二年度全年六〇迫击炮弹解缴数目表

72

成都分廠31年度全年60迫擊砲彈解繳數目表

飭造令 字	飭造令 號	品名	單位	飭造數量	解繳月份	解繳數量	單價	總價	備註
顯	856	60迫擊砲彈	顆	20,000	1	5,000			
					4	304			
					5	14,696			
		小計		20,000		20,000			
顯	862	60迫擊砲彈	顆	15,000	5	15,000			
		小計		15,000		15,000			
顯	383	60迫擊砲彈	顆	30,000	5	304			
					8	15,000			
					9	14,696			
		小計		30,000		30,000			
					9	5,708			右列解繳數係超過383飭造令之數額 請 核轉遵行
		合計		65,000		70,708			

會計科長　簿記股長　製表員

No. 11682

000072

73

成都分廠卅二年度全年60迫擊砲彈解繳數目表

飭造令字	飭造令號	品名	單位	飭造數量	解繳月份	解繳數量	單價	總價	備註
額	910	60迫擊砲彈	顆	110,000	6	35,352			
					7	20,192			
					8	20,288			
					9	20,162			
					10	14,006			
		小計		110,000		110,000			
額	919	60迫擊砲彈	顆	20,000	10	6,174			
					11	13,826			
		小計		20,000		20,000			
額	956	60迫擊砲彈	顆	20,000	11	11,414			
					12	8,586			
		小計		20,000		20,000			
額	1125	60迫擊砲彈	顆	20,000	12	20,000			查十二月份共繳2[illegible]顆卅三年一月三日繳入5,000顆尚差2[illegible]86顆存廠待繳
		小計		20,000		20,000			
		合計		170,000		170,000			

會計科長　　簿記股長　　製表員

0000073

No. 11682

附（三）成都分厂一九四三年度全年六〇迫击炮弹解缴数目表

74

成都分廠卅年度全年山迫擊砲彈解繳數目表

飭造令字	飭造令號	品名	單位	飭造數量	解繳月份	解繳數量	單價	總價	備註
加	114	山迫擊砲彈	顆	50000	4	15312			欠繳數如何結
					9	5004			束請核示遵行
		合計		50000		20316			

會計科長　　簿記股長　　製表員

军政部兵工署、兵工署第五十工厂为完成一九四四年九月欠交及十至十二月饬造械弹数的往来代电

兵工署致第五十工厂的代电（一九四四年九月十二日）

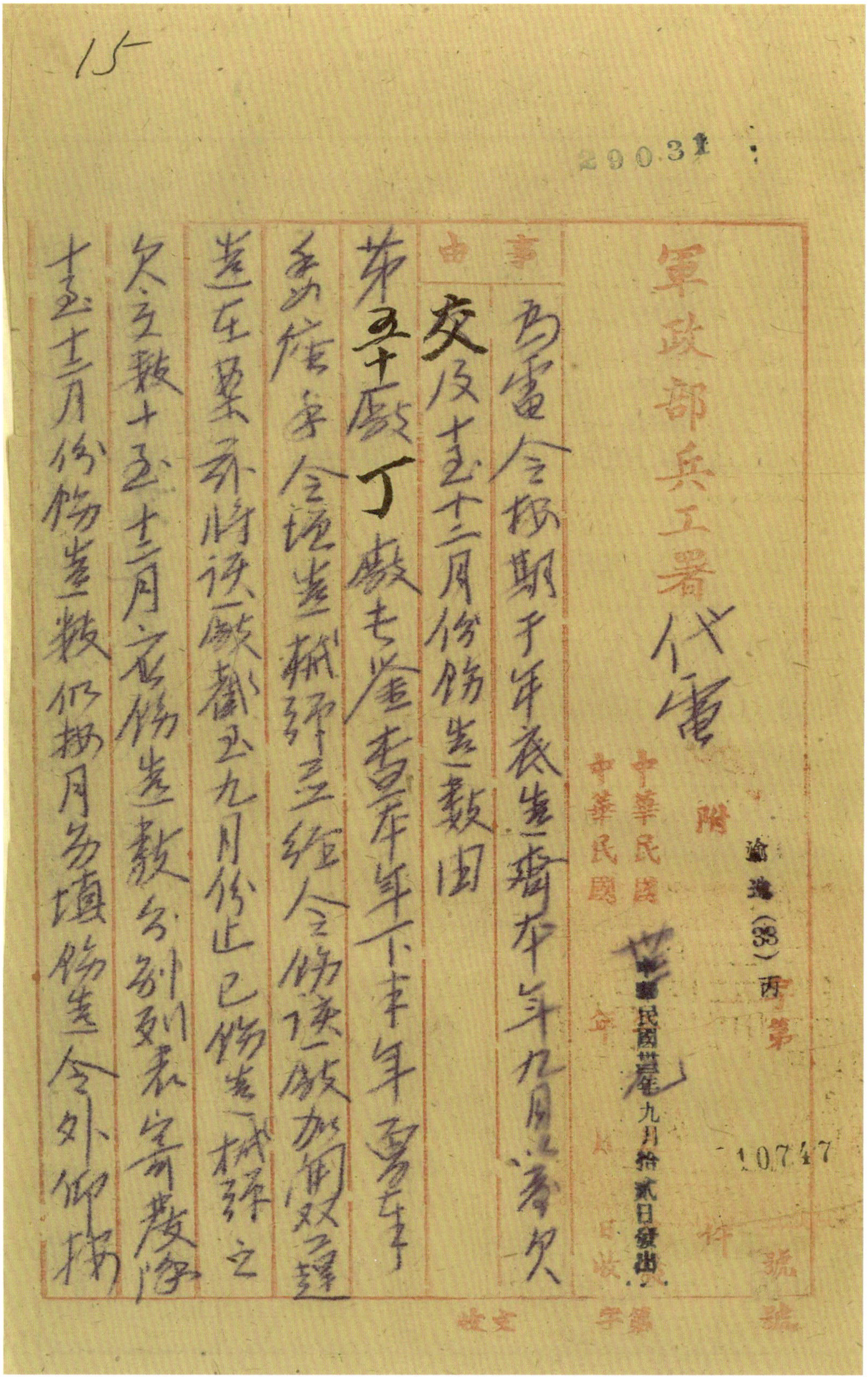
15

29031

軍政部兵工署代電

渝造（33）丙

中華民國卅三年九月拾貳日發出

10747

事由：為電令核期于年底造齊本年九月份欠交及十至十二月份飭造數由

第五十廠丁廠長鑒：查本年下半年需要各廠應令造械彈，並經令飭該廠加開雙班趕造在案，茲將該廠截至九月份止已飭造械彈之欠交數、十至十二月應飭造數分別列表寄發，除十至十二月份飭造數仍按月分填飭造令外，仰按

15-1

拟于年底先齐缴交陈林二部补充作护施

交高安大维（文）制成附表一份、

校对 宰伯和

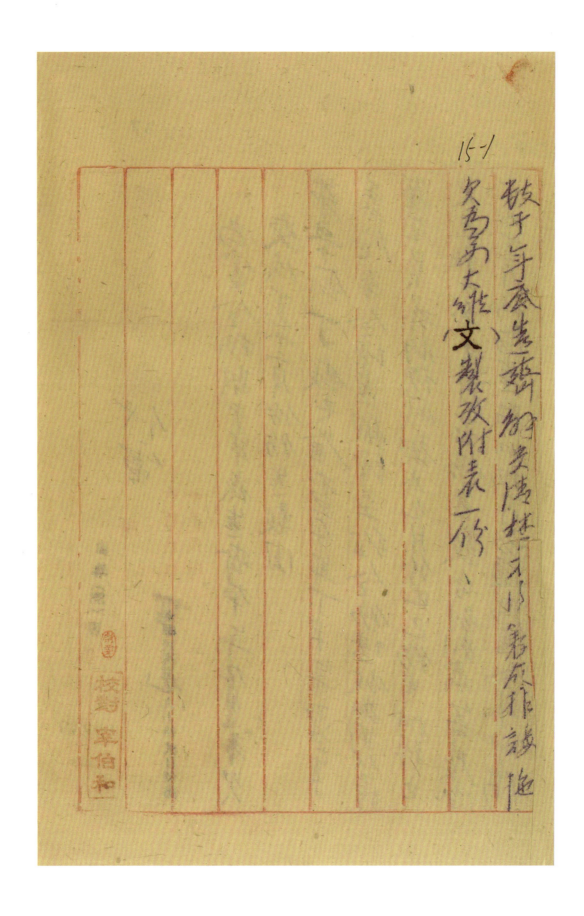

兵工署第五十工厂致兵工署的代电（一九四四年九月二十一日）

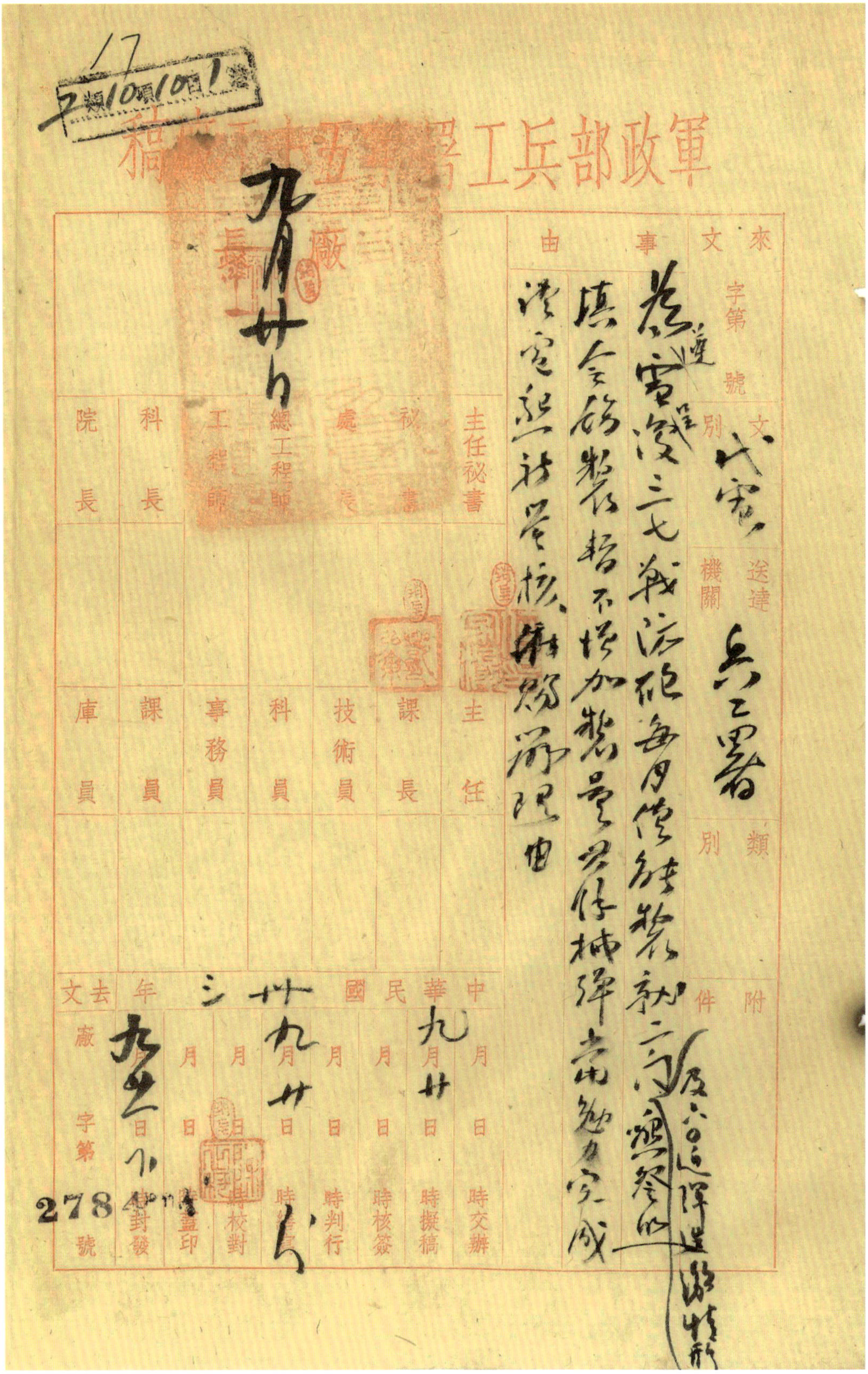

171

代電

兵工署長俞鈞鑒：本渝造(33)丙字第10747號文代電飭按期造繳九月份以前欠交及十至十二月份飭造數量，因自應遵照辦理。惟查(一)三七戰防砲一項，以分追補製，最近已加增卜福田機砲亦奉令趕製，限於機力人力，每月實難製能新兩門之數，除九月份前某某飭令製造三門外，所有十至十二月份擬請填令飭製五門，俾符飭力而資造繳。其餘飭造數量自當

(二)成都分廠所造六〇迫砲，因原廠多以鍵製出品未能大量供給，以致追令分繳甚多，其年內造繳

18

迫得祇可視情速進行借以供應各需而定

急力完成，藉副鈞命，謹電復，祈鑒核。

聯勤兵工署第五十工廠廠長丁〇〇叩申酉印

兵工署署长俞大维致第五十工厂的代电（一九四四年九月二十七日）

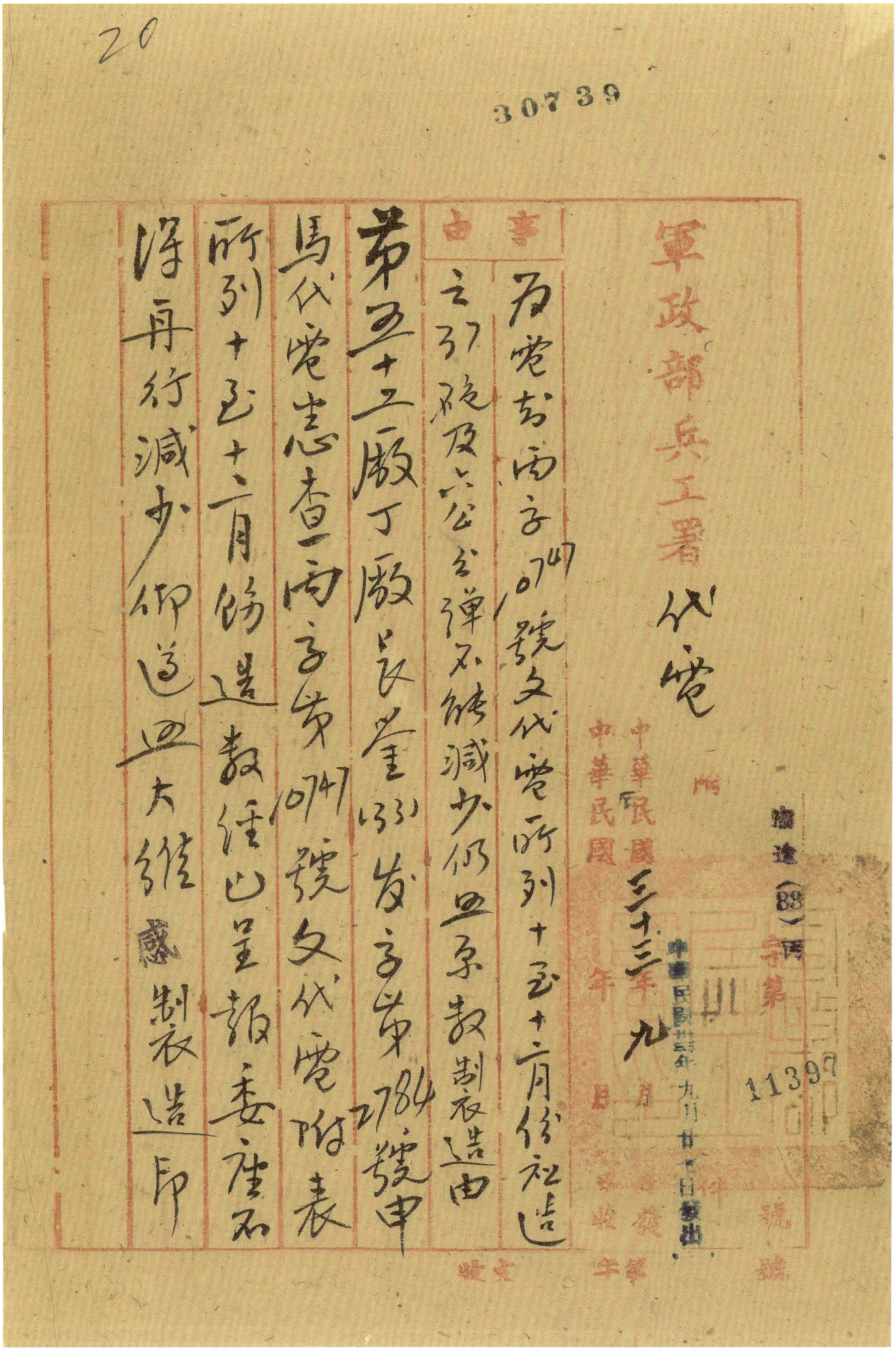

20

30739

軍政部兵工署 代電

事由：為電知丙字0747號文代電所列十五十六月份改造六公分砲及六公分彈不能減少仍照原數製造由

第五十工廠丁廠長鑒：1331發丙字第1784號申馬代電誌悉。查丙字0747號文代電附表所列十五十六月份製造數經已呈報委座，不得再行減少，仰遵照。大維。感。製造印。

中華民國三十三年九月

（83）丙字第 號

中華民國卅三年九月廿七日發出

11397

軍政部兵工署第五十工廠稿

來文字第號 文別 代電

送達機關 製造司

事由：為電復卅三年度欠交及卅四年度一月份能造械彈數量除派員趙洽外至希查照由

保管科会簽

中華民國卅四年

元月十一日時交辦

元月十二日時擬稿

元月十五日時繕寫

元月十五日時校對

元月十六日時封發

廠字第 0141九 號

军政部兵工署第五十工厂为报告一九四四年度欠交及一九四五年度一月份能造械弹数量复兵工署制造司的代电（一九四五年一月十六日）

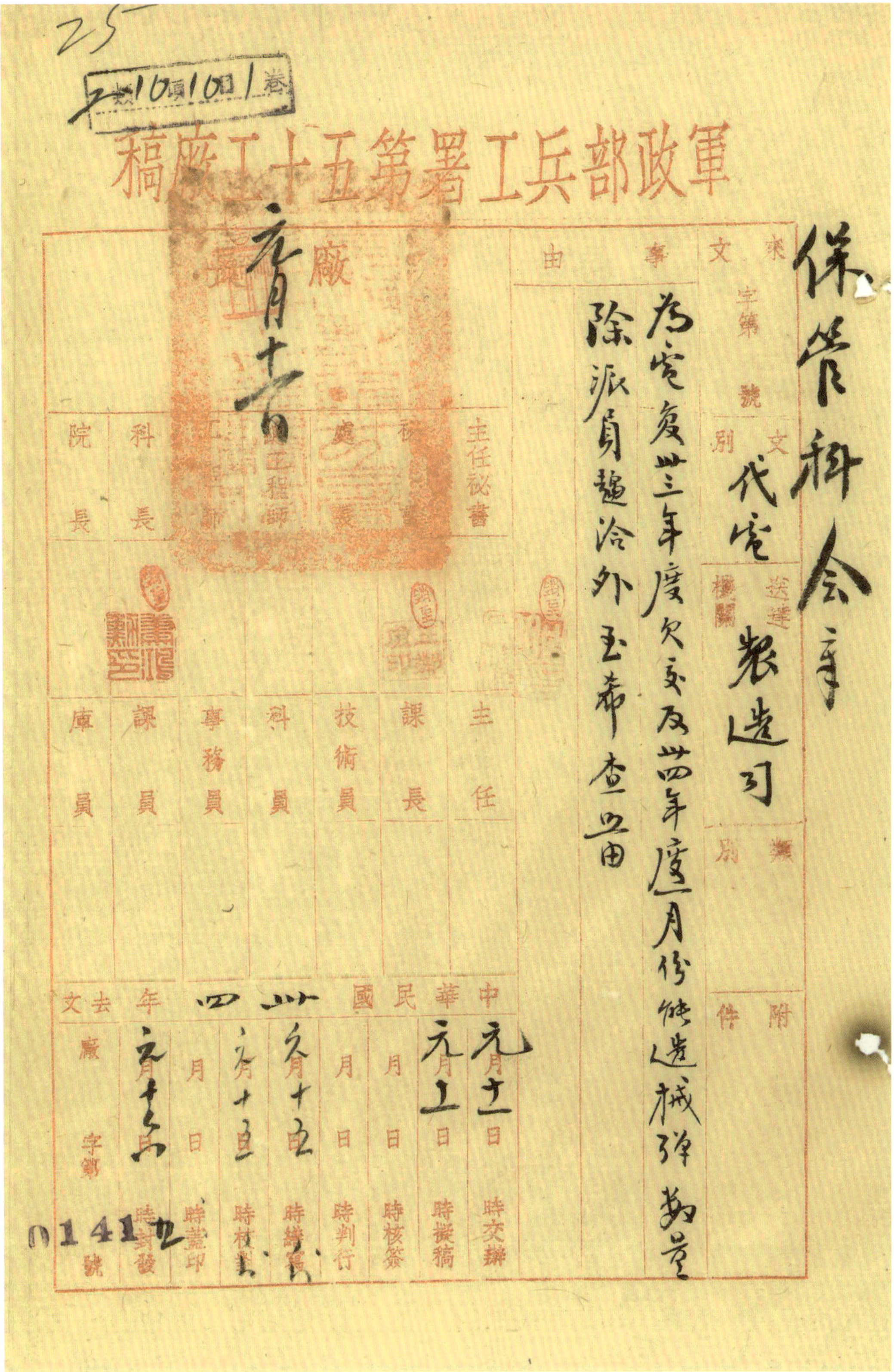

25-1

代電

兵工署製造司公鑒：渝製(34)丙字第00020號冬代電奉悉。茲擬辦如下：(一)查本廠卅三年度仿造械彈數，除成都分廠六〇迫砲彈須欠繳陸萬七仟玖佰捌拾陸顆外，其餘均已在一月底以前繳清，該項欠繳六〇迫彈，除派員趕前洽陳處理辦法外，擬請註銷仿造令，准予免繳。(二)卅四年一月份計畫製造出品(1)克式山砲彈叁仟顆(2)十五公分迫砲彈叁仟顆(3)三七砲弍門(4)六〇迫擊砲壹佰伍拾門(5)六〇迫砲彈弍萬顆(分二廠造)惟三七砲因前由德訂購材料即將用罄，最後零件

92

殘缺不齊皆在加緊補造擬請按月仿造二門至五月中
一併解至十門、合併聲明准電前由、相應覆請查照
爲荷第五十二廠印子鈺

军政部兵工署第五十工厂关于成都分厂一九四五年应造械弹数量致成都分厂的代电（一九四五年二月九日）

軍政部兵工署第五十工廠稿

文別：代電

送達機關：蓉分廠

中華民國三十四年 月 日去文

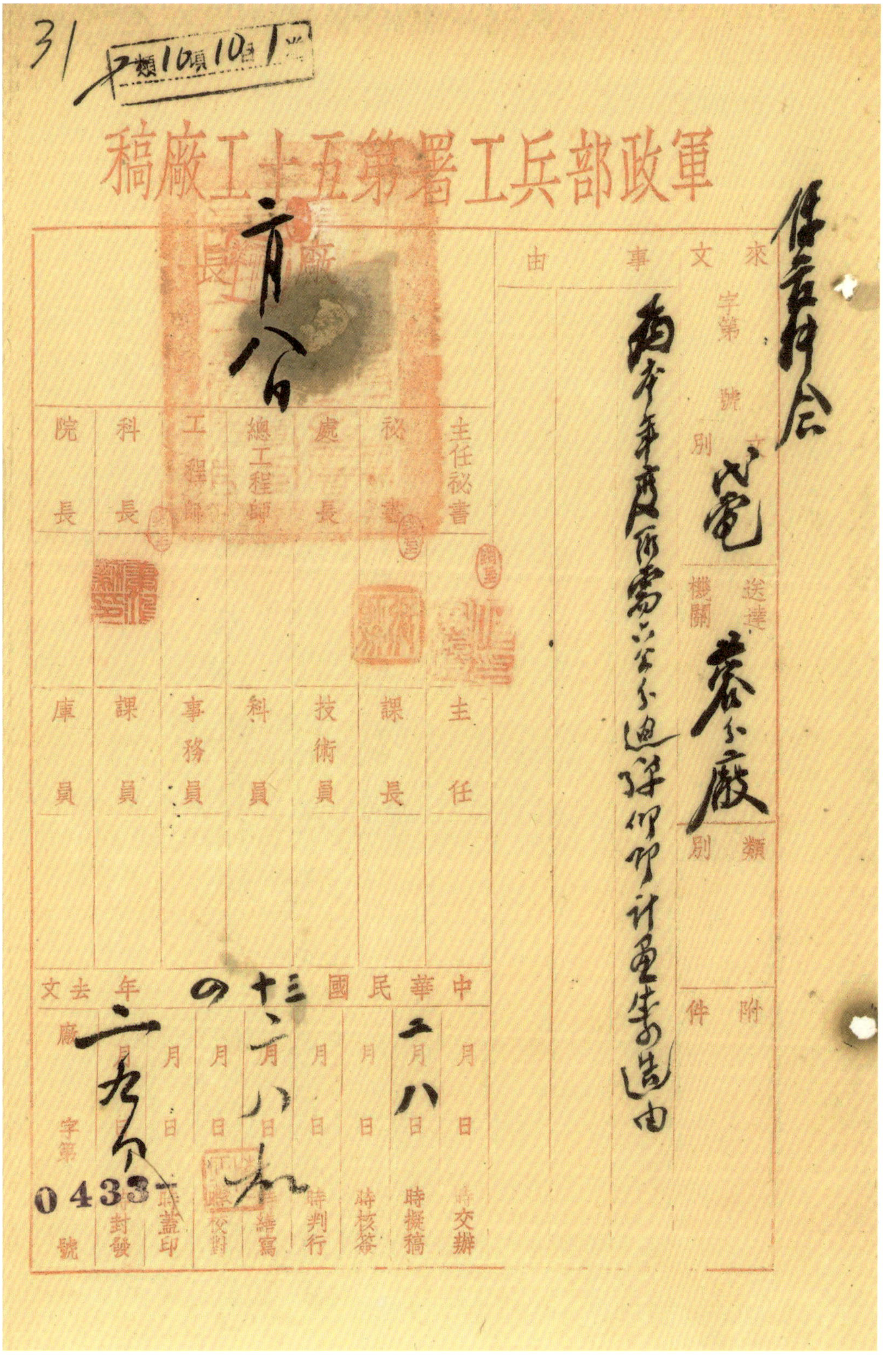

代電

成都分廠鍾主任登，案奉兵工署今年十二月五日渝造(34)丙字第1760號丑微代電開：「本年度該廠及成都分廠應造之械彈，除照作業計畫數量造繳外，所有六公分迫擊砲彈及十五公分迫砲彈，應增產建設，并在未實施前，最少應按附表所列數分別造繳，至分廠所需六公分迫砲彈引信，已並附表飭第一及廿一兩廠分別代製全部及一部分矣。」着即遵照辦理具報為要，附表一份等因。查本年度該分廠應造六公分迫彈，預定一

濱補三十三年六月[illegible]

32

月至四月，每月造繳貳萬發，五月至十二月，每月造繳叁萬發，仰即計劃籌造為要。雄丑佳印 附抄發者領原表存

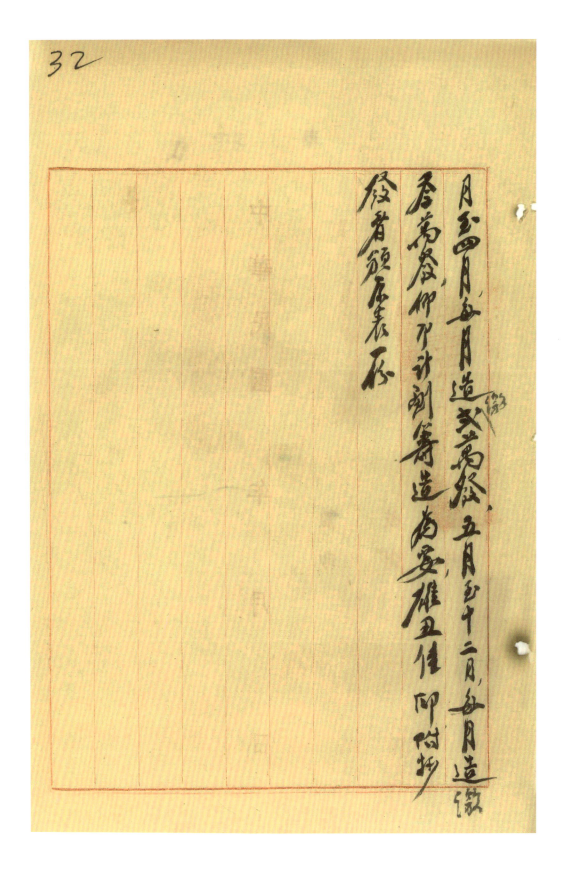

第五十廠

月份	六公分迫砲彈	十五公分迫砲彈	各廠代該廠製六公分迫彈引信零件		備註
			1廠	21廠	
1	20,000	3,000	10,000	(另件) 10,000	
2	〃	〃	〃	〃	
3	〃	〃	〃	〃	
4	〃	〃	〃	〃	
5	40,000	4,000	20,000	〃	
6	〃	〃	〃	〃	
7	〃	〃	〃	〃	
8	〃	〃	〃	〃	
9	〃	〃	〃	〃	
10	〃	〃	〃	〃	
11	〃	〃	〃	〃	
12	〃	〃	〃	〃	
合計	400,000	44,000	200,000	(另件) 120,000	

2P

军政部兵工署关于检发第五十工厂全年应制主要械弹数量表致该厂的代电（一九四五年四月九日）

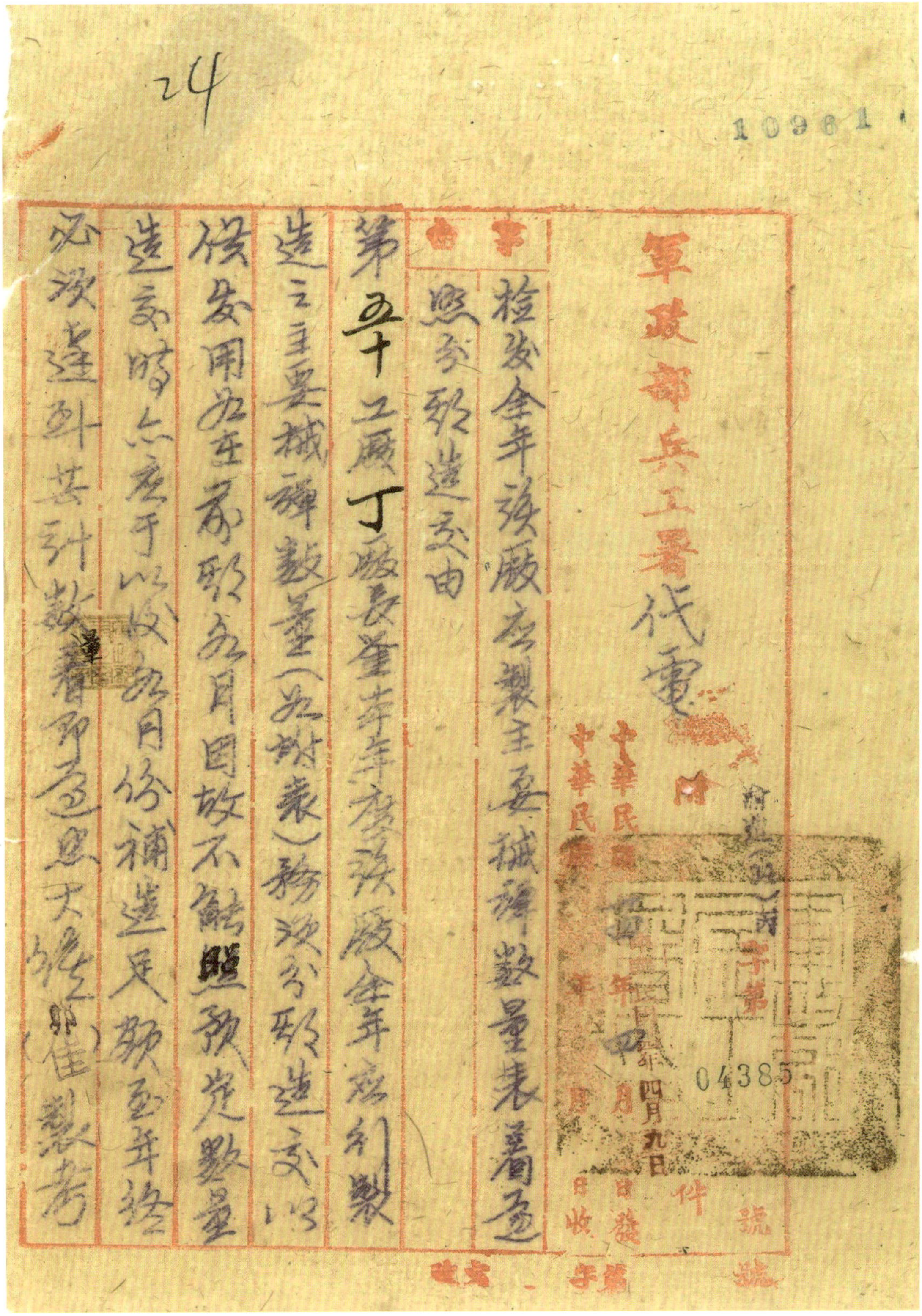
24

10961

軍政部兵工署代電

事由：檢發全年該廠應製主要械彈數量表着遵照分別造交由

第五十工廠丁廠長鑒：查本年度該廠全年應行製造之主要械彈數量（如附表）務須分別造交，以供發用。如在某期某月因故不能照預定數量造交時，應於以後各月份補造足額，至年終必須達到其計數，着即遵照。兵工署大維（卯佳）製發

中華民國　年　月　日發
中華民國　年　月　日收
04385
四月九日

24-1

謝表一份

校對 宰伯和

25

第五十廠

名稱 月份	六公分迫擊砲	六公分迫砲彈	十五公分迫砲彈	備攷
1	150	20,000	3,000	
2	〃	〃	〃	
3	〃	〃	〃	
4	〃	〃	〃	
5	〃	40,000	4,000	
6	〃	〃	〃	
7	200	〃	〃	
8	〃	〃	〃	
9	〃	〃	〃	
10	〃	〃	〃	
11	〃	〃	〃	
12	〃	〃	〃	
合計	2,100	400,000	44,000	

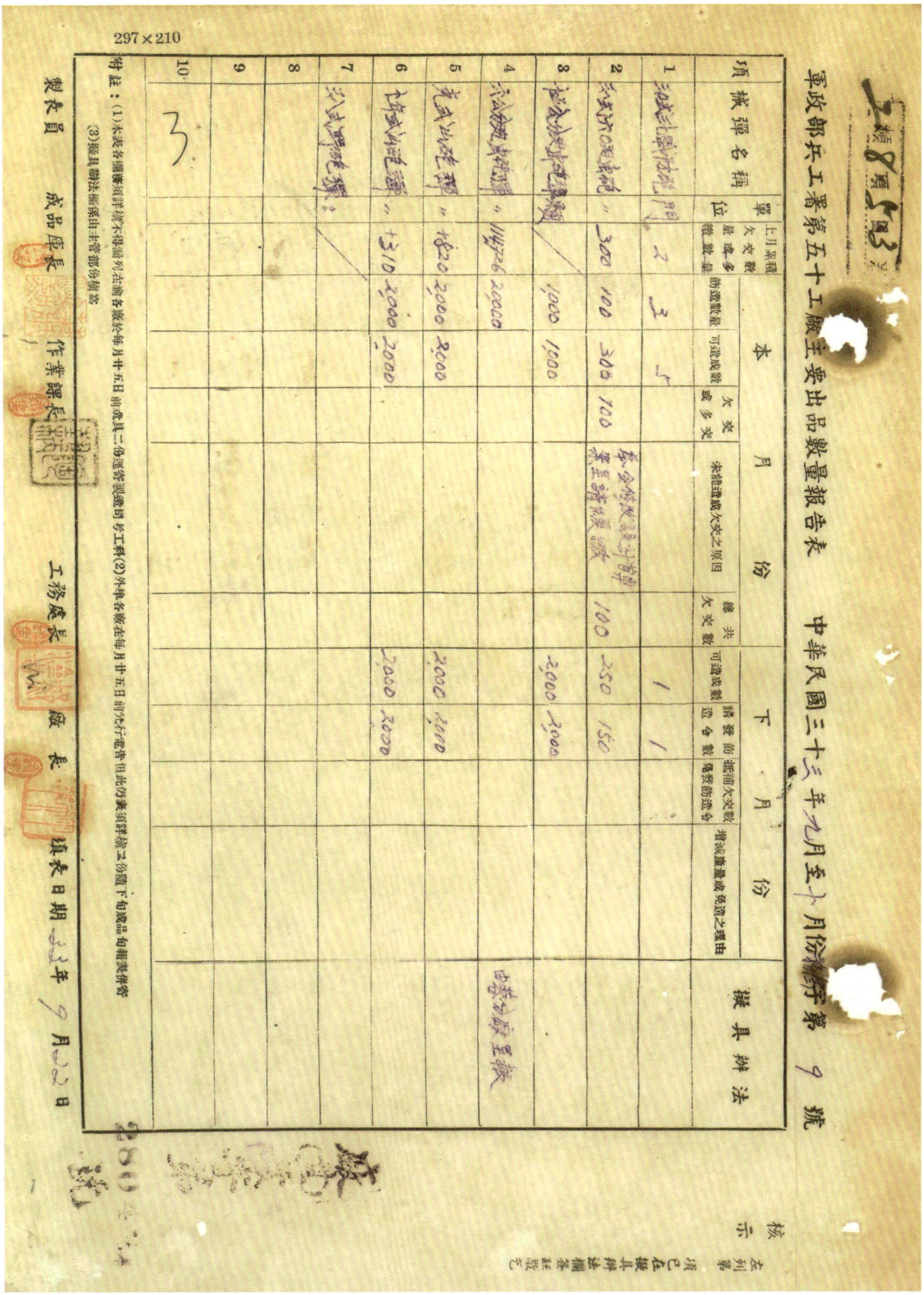

工類8項5目3

軍政部兵工署第五十工廠主要出品數量報告表　中華民國三十三年九月至十月份旂字第　9　號

項	械彈名稱	單位	上月累積欠交數量或多繳數量	本月份 飭造數量	本月份 可造成數	本月份 欠交或多交	本月份 未能造成欠交之原因	本月份 總共欠交數	下月份 可造成數	下月份 請發飭造令數	下月份 抵補欠交數免發飭造令	下月份 增減產量或免造之理由	擬具辦法
1	三〇式三七戰防砲	門	2	3	5				1	1			
2	三〇式六〇迫擊砲	〃	300	100	300	100	奉令修改設計圖案呈請緩繳	100	250	150			
3	八公分迫擊砲彈類		／	1,000	1,000				2,000	2,000			
4	六公分迫擊砲彈	〃	114726	20,000									由蔡分廠呈報
5	克式山砲彈	〃	+820	2,000	2,000				2,000	2,000			
6	卜福式山砲彈	〃	+310	2,000	2000				2000	2000			
7	三八式野砲彈	〃	／										
8													
9													
10	3												

附註：(1)本表各欄務須詳填不得漏列在渝各廠於每月廿五日前造具二份逕寄製造司考工科(2)外埠各廠在每月廿五日前先行電告但此仍表須詳填三份隨下旬成品旬報表併寄
(3)擬具辦法欄係由主管部份擬寫

製表員　成品庫長　作業課長　工務處長　廠長　填表日期33年9月22日

核示　左列第　項已在擬具辦法欄簽註敬乞

297×210

2804

军政部兵工署第五十工厂主要出品数量报告表（一九四四年九月至一九四五年九月）

297×210

2-8 項5 3卷

軍政部兵工署第五十工廠主要出品數量報告表

中華民國三十三年十月至十一月份 字第10號

項	械彈名稱	單位	上月累積欠交數量或多繳數量	本月份 飭造數量	本月份 可造成數	本月份 欠交或多交	本月份 未能造成欠交之原因	本月份 總共欠交數	下月份 可造成數	下月份 請發飭造令數	下月份 抵補欠交數亟發飭造令	下月份 增減產量或免造之理由	擬具辦法
1	三〇式七七戰防砲	門	1	2	3				2	2			
2	三八式六〇迫擊砲	〃	400	150	300		曾因修改設計業案呈請緩繳	-250	250	150	100		
3	十五公分迫砲彈	顆	/	2,000	2,000				2,000	2,000			
4	六公分迫砲彈	〃	99,726	20,000									由蓉分廠呈報
5	克式山砲彈	〃	28	2,000	2,028				2,000	2,000			
6	十年式山砲彈	〃	+310	2,000	1,690								
7	三八式野砲彈	〃	/						2,000	2,000			
8													
9													
10													

附註：(1)本表各欄務須詳填不得漏列在渝各廠於每月廿五日前處具二份逕寄製造司考工科(2)外埠各廠在每月廿五日前先行電告但此仍須詳填二份隨下旬成品旬報表併寄

(3)擬具辦法欄係由主管部份填寫

製表員　成品庫長　作業課長　工務處長　代　廠長　填表日期33年10月21日

核示

項已在擬具辦法欄簽註敬乞

311

2-8-5-3

軍政部兵工署第五十工廠主要出品數量報告表　中華民國三十三年十一月至十二月份[illegible]（三）字第11號

項	械彈名稱	單位	上月累積欠交數量或多繳數量	本月份 飭造數量	本月份 可造成數	本月份 欠交或多交	本月份 未能造成欠交之原因	總共欠交數	下月份 可造成數	下月份 請發飭造令數	下月份 抵補欠交數兌發飭造令	下月份 增減產量或免造之理由	擬具辦法
1	三〇式三七戰防砲	門	/	2	2				3	3			
2	三一式六〇迫擊砲	〃	150	150	300				150	150			
3	十五公分迫擊砲彈	顆	/	2600	2600				2600	2600			
4	六公分迫擊砲彈	〃	58,026	20,000									由蓉分廠呈報
5	克式山砲彈	〃	/	2,000	2,000				2000	2,000			
6	十年式山砲彈	〃	+310			+310		+310					
7	三八式野砲彈	〃	/	2,000	2,000				2,000	2,000			
8													
9													
10	5												

附註：(1)本表各欄務須詳塡不得漏列在渝各廠於每月廿五日前塡具二份逕寄製造司考工科(2)外埠各廠在每月廿五日前先行電告但此仍表須詳塡二份隨下旬成品旬報表併寄
(3)擬具辦法欄係由主管部份塡寫

297×210

製表員　成品庫長　作業課長　工務處長　廠長　塡表日期33年11月23日

核示　左列第　項已在擬具辦法欄簽註敬乞

領項目

廠(三)發文第3459號

2-8-5-3

297×210

軍政部兵工署第五十工廠主要出品數量報告表

中華民國三十三年十二月至卅四年一月份 第 12 號

項	械彈名稱	單位	上月累積欠交數量或多繳數量	本月份 飭造數量	本月份 可造成數	本月份 欠交或多交	本月份 未能造成欠交之原因	本月份 總共欠交數	下月份 可造成數	下月份 請發飭造令數	下月份 抵補欠交數免發飭造令	下月份 增減產量或免造之理由	擬具辦法
1	三〇式二七戰防砲	門		3	3				2	2			
2	三一式六〇迫擊砲	〃	200	200	350	-50	十二月份飭造數量超出我廠人力業經專案呈請核准不能造繳之50門改列下月份之飭造數		150	150			
3	十五公分迫擊砲彈	顆	+35	2,600	2,600	+35		+35	3,000	3,000			
4	六公分迫擊砲彈	〃	63,106	20,000	15,000	68,106	因引信數量不足致有欠繳結至年底欠繳68,106顆已另案簽請註銷		20,000	20,000			
5	克式山砲彈	〃	+2,000	2,000					3,000	3,000			
6	十年式山砲彈	〃	+310			+310		+310					
7	三八式野砲彈	〃	-2,000	2,000	4,000								
8													
9													
10													

附註：(1)本表各欄審須詳填不得漏列在渝各廠於每月廿五日前填具二份逕寄製造司考工科(2)外埠各廠在每月廿五日前先行電告但此仍表須詳填二份隨下旬成品旬報表併寄
(3)擬具辦法欄係由主管部份填寫

製表員　成品庫長　作業課長　工務處長　廠長　填表日期33年12月28日

核示

左列第　項已在擬具辦法欄簽註敬乞

777

2類8項5目3卷

軍政部兵工署第五十工廠主要出品數量報告表　　中華民國三十四年一月至二月份　第 1 號

項	械彈名稱	單位	上月累積欠交數量或多繳數量	本月份 飭造數量	本月份 可造成數	本月份 欠交或多交	本月份 未能造成欠交之原因	總共欠交數	下月份 可造成數	下月份 請發飭造令數	下月份 抵補欠交數免發飭造令	下月份 增減產量或免造之理由	擬具辦法
1	三〇式三七戰防砲	門	/	2	2				2	2			
2	三一式六〇迫擊砲	門	-200	125	300	-25		-25	150	125	25		補造上月份25門
3	十五公分迫砲彈	顆	-330	2000	3330	+1000		+1000	3000	4000			多發飭造1000發係補前上月份多造數
4	六公分迫砲彈	〃	-17986	20000						20000			由營分廠呈報
5	克式山砲彈	〃	/	3000	3000								
6	十年式山砲彈	〃	+310						1000	1000			
7	三八式野砲彈	〃	/						2000	2000			
8													
9													
10													

附註：(1)本表各欄務須詳填不得漏列在渝各廠於每月廿五日前竟具二份逕寄製造司考工科(2)外埠各廠在每月廿五日前先行電告但此仍表須詳填二份隨下旬成品旬報表併寄
(3)擬具辦法欄係由主管部份核寫

製表員　成品庫長　作業課長　工務處長　廠長　填表日期34年1月27日

核示 左列第　項已在擬具辦法欄簽註敬乞

0299-

二類8項5目3卷

軍政部兵工署第五十工廠主要出品數量報告表

中華民國三十四年二月至三月份第 二 號

項	械彈名稱	單位	上月累積欠交數量或多繳數量	本月份 仿造數量	可造成數	欠交或多交	未能造成欠交之原因	總共欠交數	下月份 可造成數	請發仿造令數	抵補欠交數免發仿造令	增減產量或免造之理由	擬具辦法
1	三〇式三七平射炮	門	-2	2	2		[illegible]	-2		2			
2	三一式六〇迫擊砲	〃	-25	125	150	+25		/		150			
3	十五公分迫砲彈	顆	/	3,000	3,000			/	3,000	3,000			
4	克式山砲彈	〃	/						1,000	[illegible]000			
5	十四年式山砲彈	〃	+310	2,000	1,690	-310		/	[illegible]	[illegible]000			
6	三八式野砲彈	〃	/	3,000	3,000								
7	六公分迫砲零件	套	-40	40	80								
8													
9													
10													

附註：(1)本表各欄務須詳填不得漏列在渝各廠於每月廿五日前造具二份逕寄製造司考工科(2)外埠各廠在每月廿五日前先行電告但此仍表須詳填二份隨下旬成品旬報表併寄

(3)擬具辦法欄係由主管部份填寫

297×210

製表員　　成品庫長　　作業課長　　工務處長　　廠長　　填表日期34年2月27日

核示

左列第　項已在擬具辦法欄簽註敬乞

廠(白)發字第0566一二9990號

2 類 8 項 5 目 3 卷

軍政部兵工署第五十工廠主要出品數量報告表　　中華民國三十四年三月至四月份[illegible]第 3 號

項	械彈名稱	單位	上月累積欠交數量或多繳數量	本月份 飭造數量	本月份 可造成數	本月份 欠交或多交	本月份 未能造成欠交之原因	總共欠交數	下月份 可造成數	下月份 請發飭造令數	下月份 抵補欠交數免發飭造令	下月份 增減產量或免造之理由	擬具辦法
1	三〇式三七戰防砲	門	-4	2		-6	本廠現僅存十[illegible]已電兵工署請[illegible]份一併解繳	-6	2	2			
2	三一式六〇迫擊砲	〃	／	150	150				150	150			
3	十五公分迫擊砲彈	顆	-1,000	3,000	4,000				4,000	4,000			
4	克式山砲彈	〃	／	3,000	3,000				5,000	5,000			
5	十年式山砲彈	〃	／	2,000	2,000								
6	三八式野砲彈	〃	／										
7	六公分迫砲另件	套	-80	40	120				40	40			
8													
9													
10	9												

附註：(1)本表各欄務須詳填不得漏列在渝各廠於每月廿五日前竟具二份逕寄製造司考工科(2)外埠各廠在每月廿五日前先行電告但此仍表須詳填二份隨下旬成品旬報表併寄

(3)擬具辦法欄係由主管部份填寫

製表員　成品庫長　作業課長　工務處長　廠長　填表日期 34 年 3 月 31 日

297×210

核示　左列第　項已在擬具辦法欄簽註敬乞

廠[illegible]字第 0932 號

297×210

軍政部兵工署第五十工廠主要出品數量報告表

中華民國三十四年三月至四月份(核呈)第 3 號

項	械彈名稱	單位	上月累積欠交數量或多繳數量	本月份：飭造數量	本月份：可造成數	本月份：欠交或多交	本月份：未能造成欠交之原因	總共欠交數	下月份：可造成數	下月份：請發飭造令數	下月份：抵補欠交數免發飭造令	下月份：增減產量或免造之理由	擬具辦法
1	三〇式三七戰防砲	門	-4	2		-6	本廠現僅存十[illegible]已專案呈請於本[illegible]份一併解繳	-6	—	2			
2	三一式六〇迫击砲	〃	／	150	150				150	150			
3	十五公分迫击砲彈	顆	-1,000	3,000	4,000				4,000	4,000			
4	克式山砲彈	〃	／	3,000	3,000				[illegible]	5,000			
5	十年式山砲彈	〃	／	2,000	2,000								
6	三八式野砲彈	〃	／										
7	六公分迫砲另件	套	-80	40	120				40	40			
8													
9													
10	10												

附註：(1)本表各欄務須詳填不得漏列在渝各廠於每月廿五日前造具二份逕寄製造司考工科(2)外埠各廠在每月廿五日前先行電告但此份表須詳填二份隨下旬成品旬報表併寄

(3)擬具辦法欄係由主管部份填寫

製表員　成品庫長　作業課長　工務處長　廠長　填表日期 34年 3 月 31 日

核示

左列第　項已在擬具辦法欄簽註敬乞

廠(四)發文第 0932 號

類8項5目3卷 2853

軍政部兵工署第五十工廠主要出品數量報告表

中華民國三十四年四月至五月份廠(四)字第4號

項	械彈名稱	單位	上月累積欠交量或多繳數量	本月份 飭造數量	可造成數	欠交或多交	未能達成欠交之原因	總共欠交數	下月份 可造成數	請發飭造令數	抵補欠交數或免發飭造令	增減產量或免造之理由	擬具辦法
1	三〇式三七戰防砲	門	4	2	6		[illegible]					|	已函請頒造令飭遵
2	三八式六〇迫擊砲	〃	/	150	150					150			
3	十五公分迫擊砲彈	顆	/	3,000	3,000					4000			
4	克式山砲彈	〃	/	5,000	5,000								
5	十年式山砲彈	〃	/										
6	三八式野砲彈	〃	/										
7	6cm迫砲零件	套	/	40	40				40	40			
8	6cm迫擊砲彈	顆	/						40,000	40,000			總廠10,000顆 分廠30,000〃
9													
10													

附註：(1)本表各欄務須詳寫不得漏列在渝各廠於每月廿五日前填具二份送寄製造司工科(2)外埠各廠在每月廿五日前先行電告但此份表須詳填二份隨下旬成品旬報表併寄

(3)擬具辦法欄係由主管部份填寫

製表員　成品庫長　作業課長　工務處長　廠長　填表日期34年5月2日

核示

左列第　項已在擬具辦法欄簽註敬乞

廠(四)□字第1332號

2-8項5日3

軍政部兵工署第五十工廠主要出品數量報告表　中華民國三十四年五月至六月份（34）務字第 5 號

項	械彈名稱	單位	上月累積欠交數量或多繳數量	本月份 飭造數量	本月份 可造成數	本月份 欠交或多交	本月份 未能造成欠交之原因	總共欠交數	下月份 可造成數	下月份 請發飭造令數	下月份 抵補欠交數免發飭造令	下月份 增減產量或免造之理由	擬具辦法
1	三0式戰防砲	門	-8		8								
2	三八式六0迫擊砲	〃		150	150				200	200			
3	15cm迫擊砲彈	顆		4,000	4,000				5000	5000			
4	克式山砲彈	〃							[illegible]	[illegible]			
5	十年式山砲彈	〃											
6	三八式野砲彈	〃											
7	6cm迫砲彈	〃		10,000		10,000	正在改善製造	10,000					整分廠30,000另報
8	6cm迫砲另件	套		40	40				40	40			
9													
10	12												

附註：(1)本表各欄務須詳填不得遺列在渝各廠於每月廿五日前造具二份逕寄兵造司考工科(2)外埠各廠在每月廿五日前先行電告但此份表須詳填二份隨下旬成品旬報表併寄
(3)擬具辦法欄係由主管部份填寫

製表員　成品庫長　作業課長（代）　工務處長　廠長　填表日期34年6月1日

297×210

核示　左列第　項已在擬具辦法欄簽註敬乞

廠簽字第1712號

軍政部兵工署第五十工廠主要出品數量報告表　中華民國三十四年六月至七月份（34）字第 6 號

2 8 項 5 日 3 卷

項	械彈名稱	單位	上月累積欠交數量或多繳數量	本月份 飭造數量	本月份 可造成數	本月份 欠交或多交	本月份 未能造成欠交之原因	總共欠交數	下月份 可造成數	下月份 請發飭造令數	下月份 抵補欠交數免發飭造令	下月份 增減產量或免造之理由	擬具辦法
1	三式戰防砲	門	-4		4								
2	三式六○迫擊砲	〃		200	200								
3	八cm迫砲彈	顆		4,000		-4,000	因改[illegible]換期				[illegible]		
4	6cm迫砲彈	〃	-10,000			10,000		[illegible]					餘額30,000須另報
5	克式山砲彈	〃											
6	6cm砲另件	套		40	40				40	40			
7													
8													
9													
10	13												

附註：(1)本表各欄務須詳塡不得漏列在渝各廠於每月廿五日前塡具二份逕寄製造司考工科(2)外埠各廠在每月廿五日前先行電告但此仍表須詳塡二份隨下旬成品旬報表併寄
(3)擬具辦法欄係由主管部份塡寫

製表員　成品庫長　作業課長　工務處長　廠長　塡表日期 34 年 6 月 30 日

核示　左列第　項已在擬具辦法欄簽註敬乞

2125

297×210

297×210

軍政部兵工署第五十工廠主要出品數量報告表

中華民國三十四年七月至八月份 第 7 號

項	械彈名稱	單位	上月累積欠交數量或多繳數量	本月份 飭造數量	本月份 可造成數	本月份 欠交或多交	本月份 未能造成欠交之原因	本月份 總共欠交數	下月份 可造成數	下月份 請發飭造令數	下月份 抵補欠交數或發飭造令	下月份 增減產量或免造之理由	擬具辦法
1	三〇式三七戰防砲	門	-4		4								
2	三一式六〇迫擊砲	〃	-50	200	250				200	200			
3	15cm迫擊砲彈	顆	-3,893	4,000	3,893	-4,000	因該項底火未能按期裝配完成	-4,000	8,000	4,000			
4	6cm迫擊砲彈	〃	-10,000	10,000	10,000	-10,000	正在該廠集中欠交之數下月可完成	-10,000	25,000	10,000			藝分廠3,500顆另報
5	克式山砲彈	〃	/	2,000	2,000				2,000	2,000			
6	6cm迫砲另件	套	/	40	40				40	40			
7	整理8cm迫砲彈	顆	-1,050		1,050								
8													
9													
10	14												

附註：(1)本表各欄務須詳填不得漏列在渝各廠於每月廿五日前填具二份逕寄製造司考工科(2)外埠各廠在每月廿五日前先行電告但此仍須詳填三份隨下旬成品旬報表併寄
(3)擬具辦法欄係由主管部份填寫

製表員　成品庫長　作業課長　工務處長　廠長　填表日期34年7月31日

核示

左列第　項已在擬具辦法欄簽註敬乞

廠 第2366號

28593

軍政部兵工署第五十工廠主要出品數量報告表

中華民國三十四年八月至九月份 (廠)字第 8 號

297×210

項	械彈名稱	單位	上月累積欠交數量或多繳數量	本月份 飭造數量	本月份 可造成數	本月份 欠交或多交	本月份 未能造成欠交之原因	下月份 總共欠交數	下月份 可造成數	下月份 請發飭造令數	下月份 抵補欠交數請發飭造令	下月份 增減產量或免造之理由	擬具辦法
1	三〇式戰防砲	門	-4		4								
2	三一式六〇迫擊砲	〃	-50	200	250								
3	15cm迫擊砲彈	顆	-4,000	800	800	4,000	移至本年九				500		
4	10cm迫擊砲彈	〃	-10,000	4,000	4,000	10,000	移至本年十 補造						
5	整理15cm迫擊砲彈	〃	-1,050			1050							
6													
7													
8													
9													
10	15												

附註：(1)本表各欄務須詳塡不得漏列在渝各廠於每月廿五日前塡具二份逕寄製造司考工科(2)外埠各廠在每月廿五日前先行電告但此項表須詳塡二份隨下旬成品旬報表併寄

(3)擬具辦法欄係由主管部份塡寫

製表員 成品庫長 作業課長 工務處長 廠長 塡表日期 34 年 9 月 12 日

核示 左列第 項已在擬具辦法欄簽註敬乞

(廠)發字第 2733 號

（四）机器设备材料

国民革命军第一集团军总司令部筹建工厂办事处为请发给格兰公司运输机器护照致总司令部的公函（一九三四年九月九日）

附：运输说明书五份

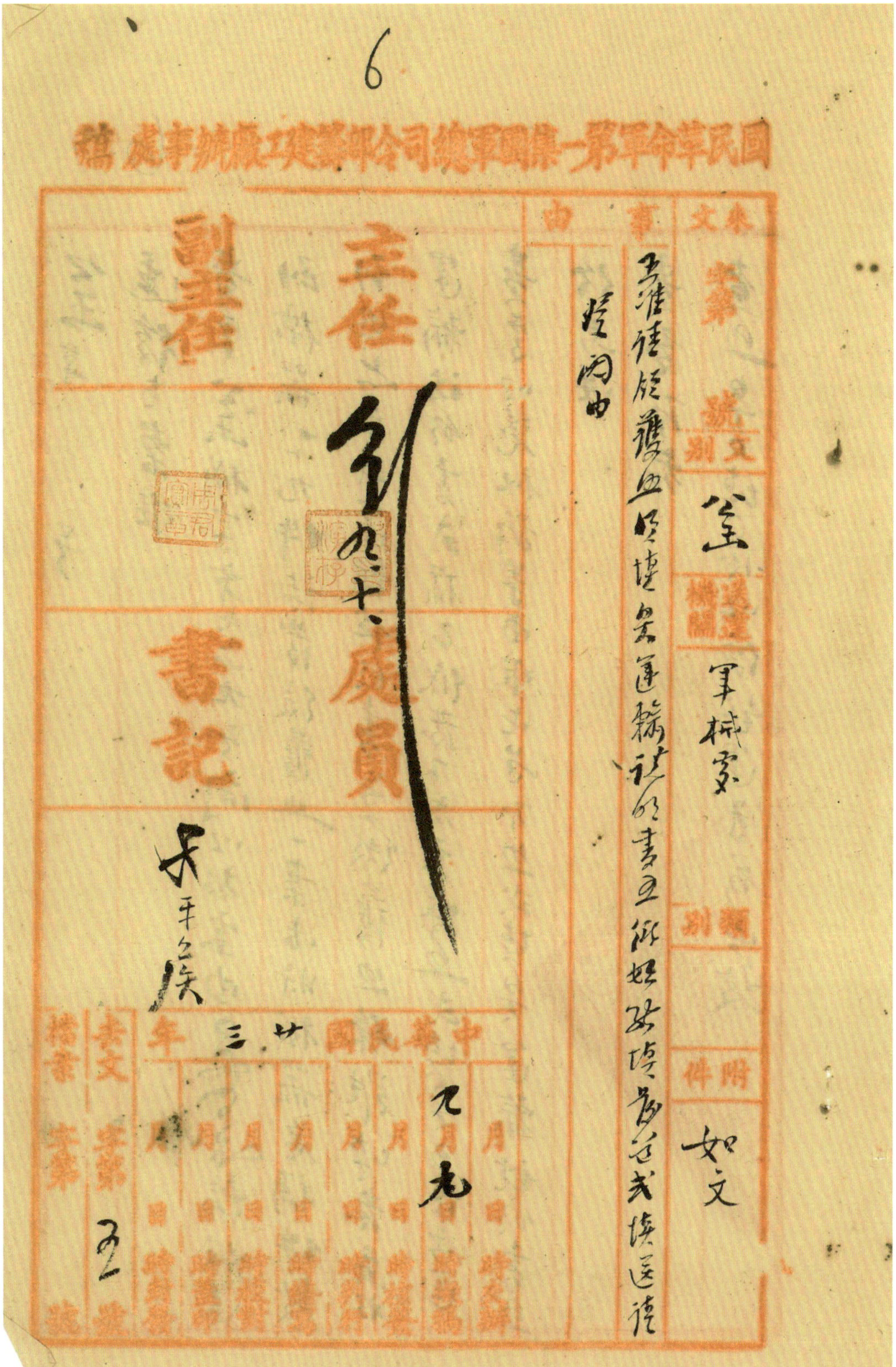
6

國民革命軍第一集團軍總司令部籌建工廠辦事處稿

來文	字第 號
文別	呈
送達機關	軍械處
類別	
附件	如文
事由	

主任

副主任

處員

書記

中華民國 廿三 年

月 日 時交辦	九月九日 時擬稿	月 日 時核稿	月 日 時判行	月 日 時繕寫	月 日 時校對	月 日 時蓋印	月 日 時封發

去文	字第	號
檔案	字第	號

6-1

箋　字　號

逕復者：案准

貴處案械字第七六九號函，以敝處由Cafeleng輪船運
到機器八十九件，請發給護照一案。查來時機器名稱件數
列明，亦未將運輸護照書等繳驗，護照殊難填發，並將
運輸護照書式樣乙紙，發下敝處，照式填具五份來送
貴處，以憑核辦等由。准此。兹照式填具運輸護照書五
份呈送
貴處，即希
查照，早日填發，以便起運為荷。此致

8

軍械委〻長鍾

附運輸護照書四紙

主任鄧○○

副主任周○○

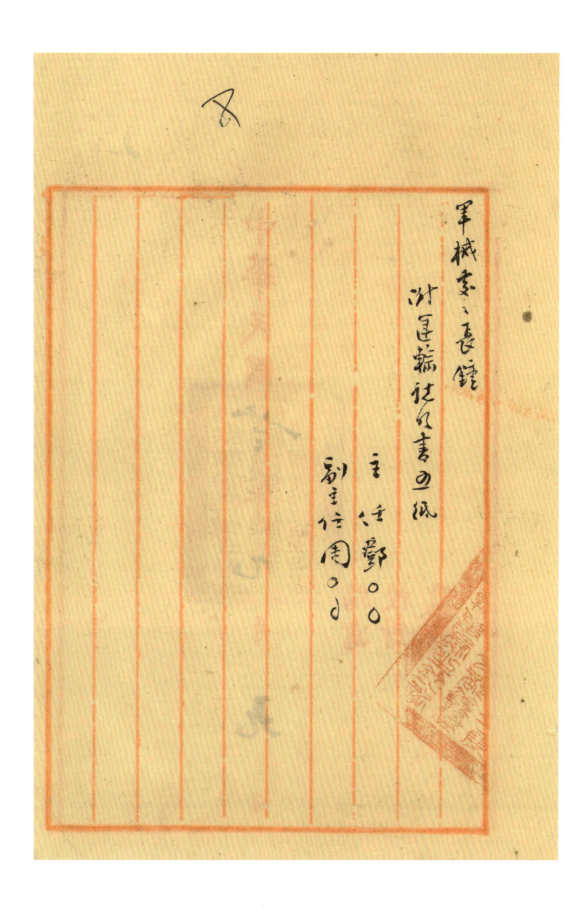

7

運輸說明書

項目	內容
發送處所及主管者職名	德國格蘭公司
承收處所及主管者職名	琶江工廠辦事處主任鄧演存
押運者職名	格蘭公司代表易嘉偉
種類	發電廠需用各種機器
數量	八十九件
用途（或事由）	發電用
起運地點	德國
到達地點	清遠琶江
經過稅關路站	
請發護照年月日	
預計運畢時期	
附記	

（請照者職名章）總司令部籌建工廠辦事處主任鄧演存

中華民國二十三年九月八日

廣州市大馬站寮翰樓刊

8-1

中華民國廿九年九月九日

繕寫

校對

監印

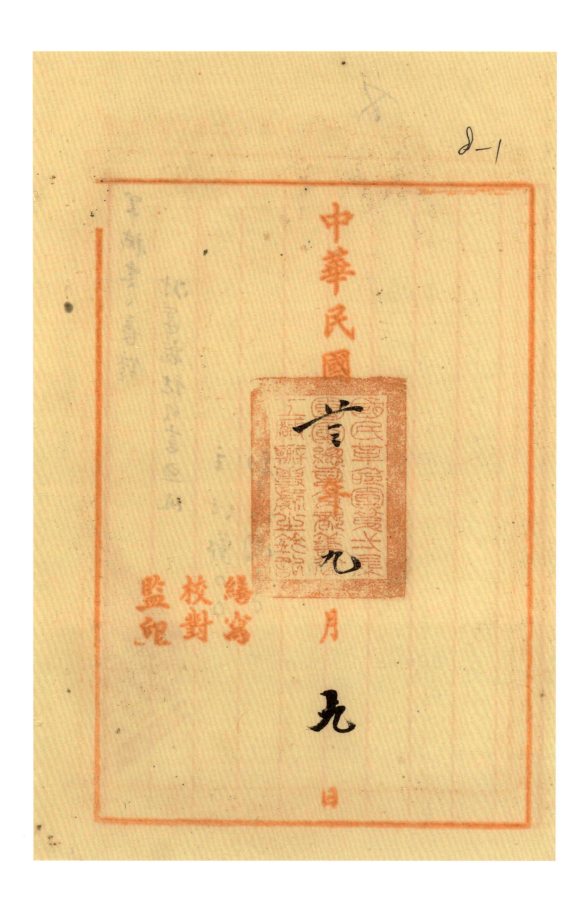

国民革命军第一集团军总司令部筹建工厂办事处为请发给格兰公司运输机器护照致总司令部的呈（一九三四年九月十四日）

附：运输说明书

國民革命軍第一集團軍總司令部籌建工廠辦事處稿

来文 字第 號

文别 呈

送達機關 總司令部

類别

附件

事由

主任

副主任

處員

書記

中華民國 廿三 年 九月十四日

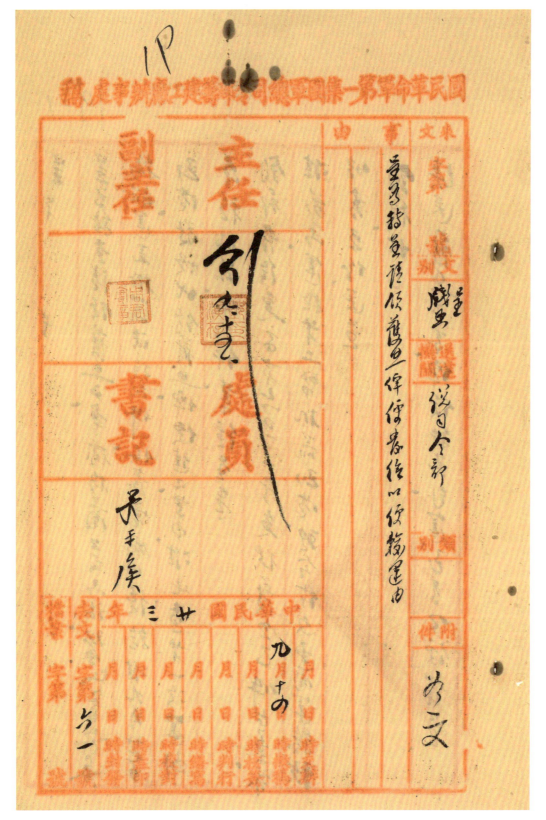

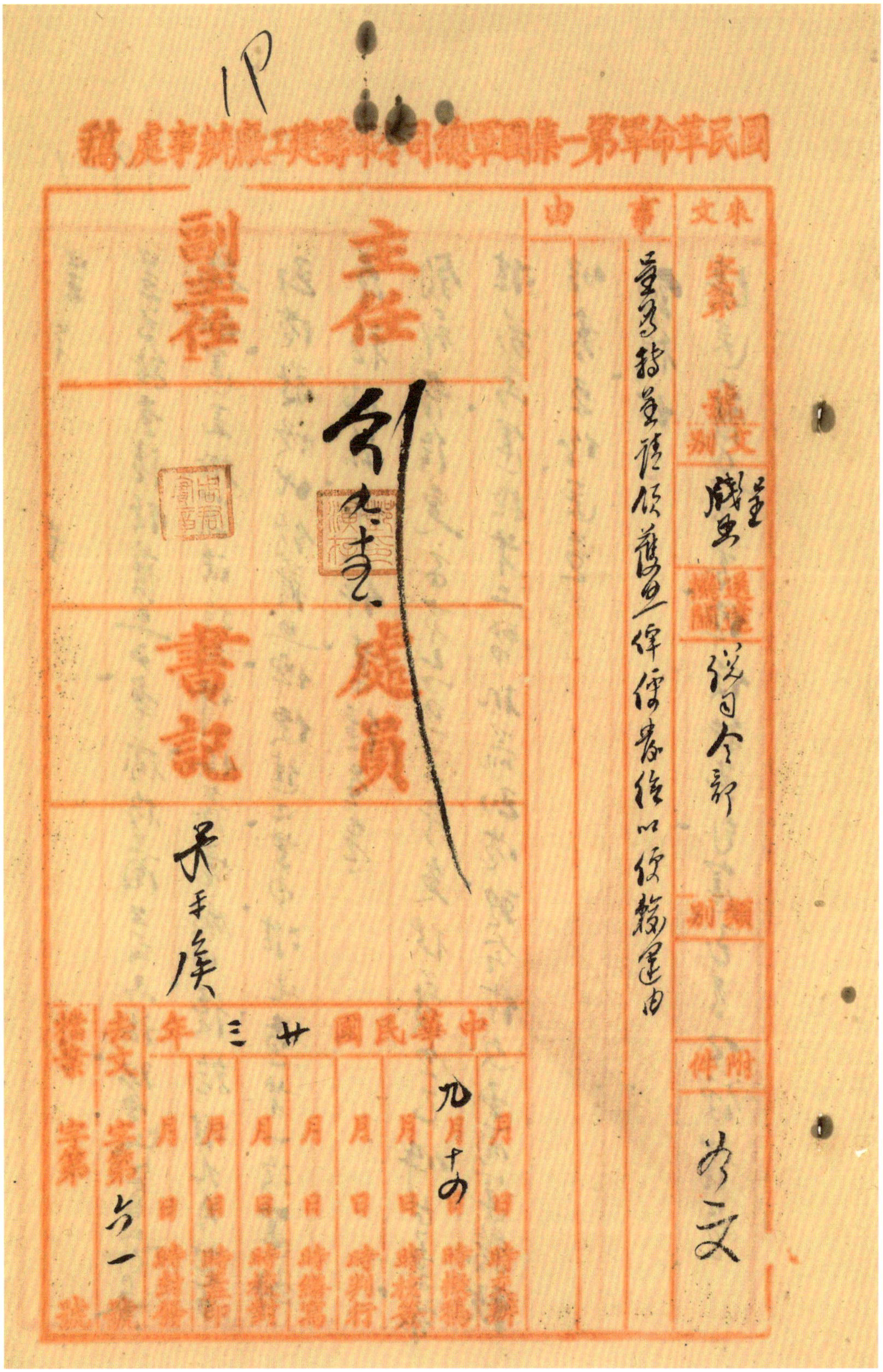

呈　第　　號

呈為轉呈請頒護照事。案據格蘭公司呈稱：頃由[illegible]輪船運來機器計拾式件，係長電廠用，該輪准九月廿七日到滬，敬懇代頒護照，俾便進口等由。准此。查第一次運到各種機器件九件，業經呈奉鈞部發給免字第六四五一二三號免稅護照乙件在案。茲准前由，運抵第二批機器到滬，理合備文連同運輸統清書五份，送呈鈞核，伏乞填送護照下票，俾便轉發，實為公便。謹呈

第一集團軍總司令陳

仝銜主任鄧○○

附呈運輸狀況書另件

運輸說明書

發送處所及主管者職名	承收處所及主管者職名	押運者職名	種類	數量	用途（或事由）	起運地點	到達地點	經過稅關路站	請發護照年月日	預計運畢時期	附記
德國禮蘭公司	廣東琶江籌建工廠辦事處主任鄧演存	禮蘭公司	機器	陸拾弍件	發電廠用	香港	廣東琶江				

中華民國廿二年九月　日

（請照者職名章）籌建工廠辦事處主任鄧演存

21-1

中華民國廿二年九月十四日

繕寫

校對

監印

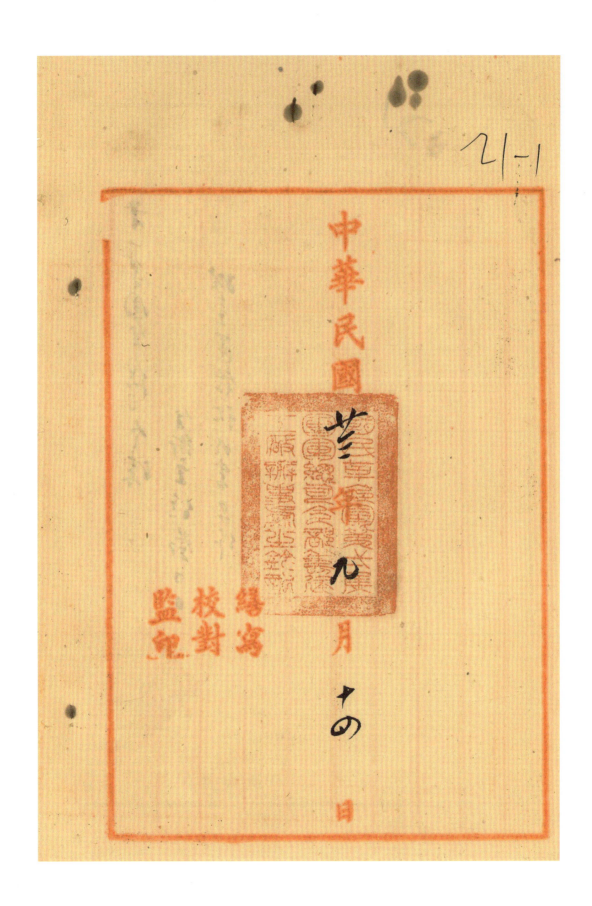

国民革命军第一集团军总司令部筹建工厂办事处为请发给格兰公司运输机器护照致总司令部的呈（一九三四年十二月十七日）

附：运输说明书

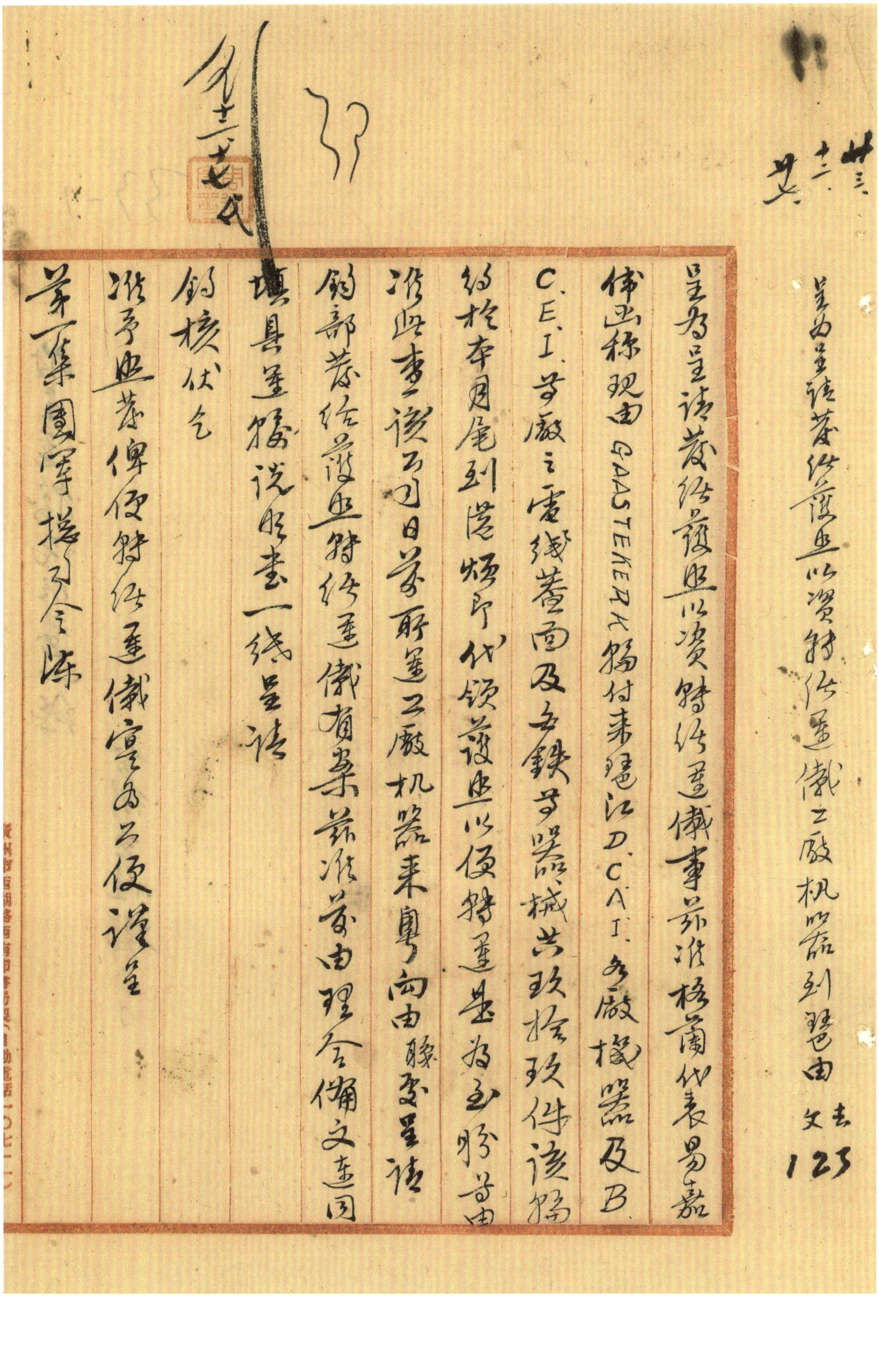
呈为呈请发给护照以资转运仪器工厂机器到琶由 文去 123

呈为呈请发给护照以资转运仪器事。案准格兰代表易嘉伟函称：现由GAASTEKERK轮付来琶江D.C.A.I.各厂机器及B.C.E.I.等厂之电线蓄电及各铁等器械共玖拾玖件，该轮约于本月尾到港，烦即代领护照，以便转运并为函将等由。准此，查该公司日前所运之厂机器来粤，向由职处呈请钧部发给护照，转给运仪有案。兹准前由，理合备文连同填具运输说明书一纸，呈请钧核，伏乞准予照发，俾便转给运仪，实为公便。谨呈

第一集团军总司令陈

33-1

附呈运输说明书一纸

全衔主任邓[illegible]

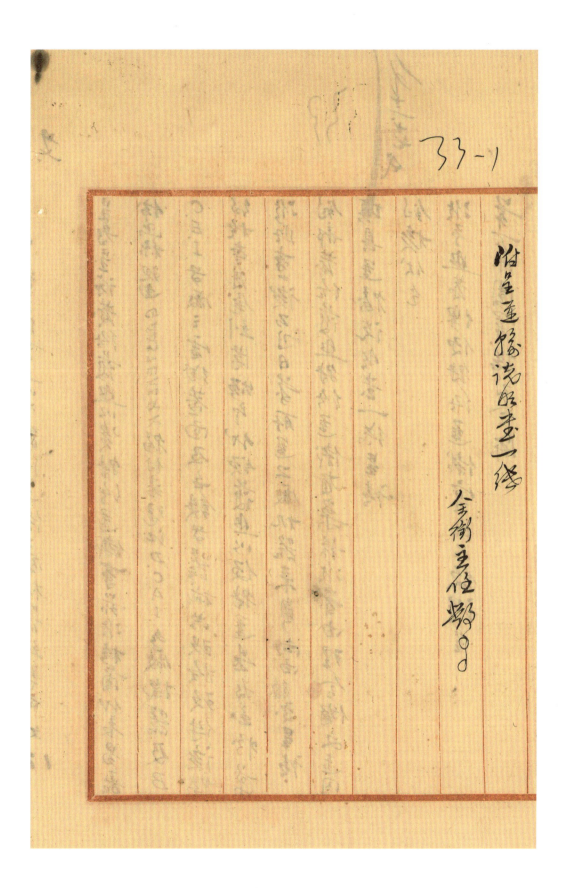

運輸說明書

項目	內容
發送處所及主管者職名	中國植[illegible]公司
承收處所及主管者職名	本集團軍署建工廠（經手人計）轉予主任鄧演存
押運者職名	中國植[illegible]公司
種類	（單位器械）D.C.A.工各廠機器及B.C.E.工等廠之電線器材及五金等
數量	玖拾玖件箱
用途（或事由）	
起運地點	[illegible]港
到達地點	湛江
經過稅關路站	
請發護照年月日	三十三年十二月十七日
預計運畢時期	
附記	

（請照者職名章）

中華民國卅三年十二月十九日

国民革命军第一集团军总司令部筹建工厂办事处为请发给格兰公司运输机器护照致总司令部的呈（一九三五年一月九日）

附：运输说明书

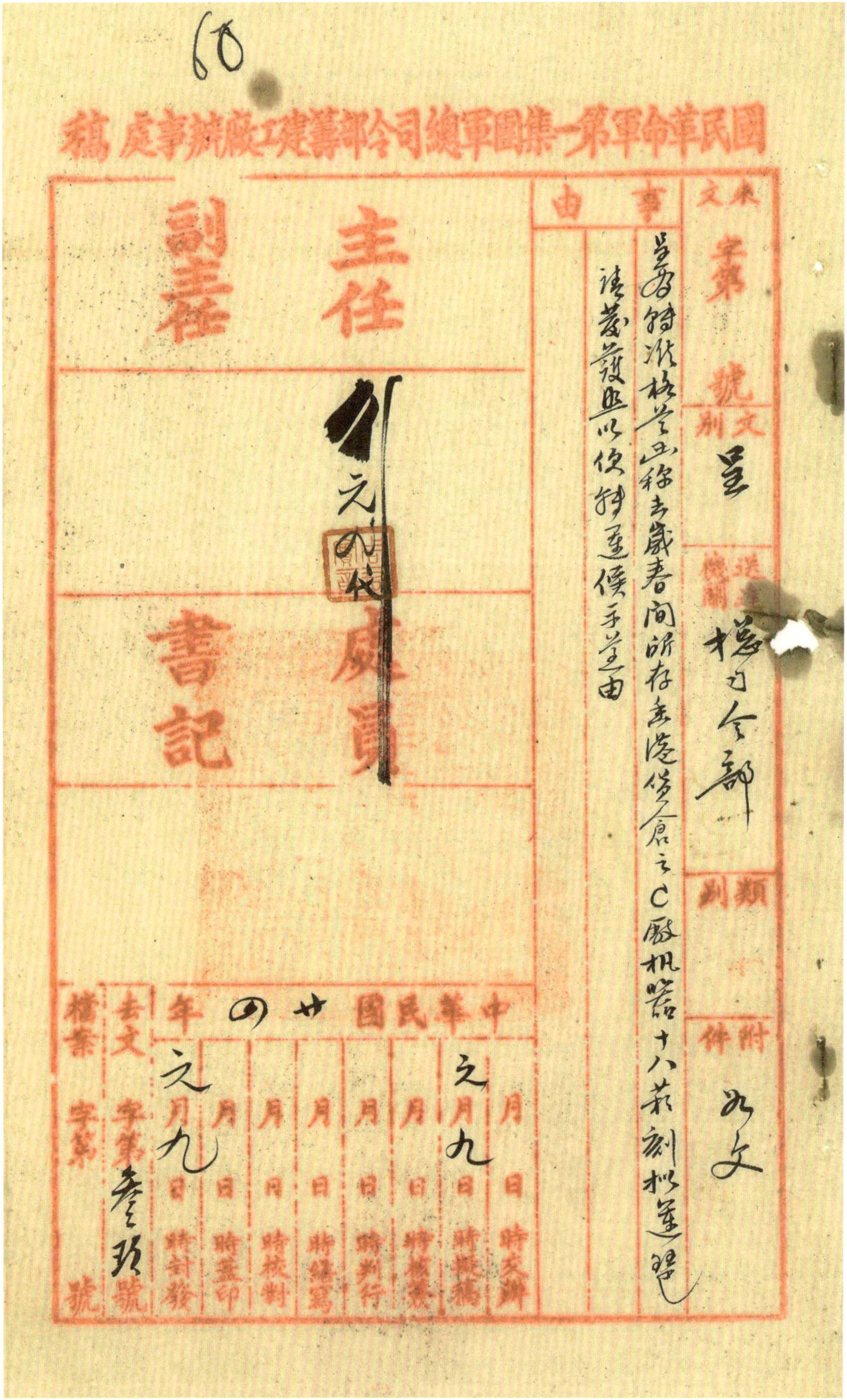
60

國民革命軍第一集團軍總司令部籌建工廠辦事處稿

來文：字第　號

文別：呈

送達機關：總司令部

類別：

附件：如文

事由：呈為轉飭格蘭公司將去歲春間所存香港貨倉之C廠機器十八箱剋期運粵 請發護照以便轉運俾手續由

主任

副主任

廠員 〔印〕之代

書記

中華民國廿四年　月　日

一月九日擬稿

一月九日核稿

月　日　時判行

月　日　時繕寫

月　日　時校對

月　日　時蓋印

一月九日　時封發

去文　字第叁玖號

檔案　字第　號

60-1

呈 第 號

呈為轉呈請領發護照事。案准樺甸公司代表易嘉偉函稱：去歲春間，云云。尤為聯絡，另由逕電，查該公司日前曾特呈二微稽机件，尚由郵要，特呈鈞部發給護照，以資轉送，有案。茲准前由，理合備文連同該具呈送錄說明書，呈請鈞核，并懇准予照發，以資轉送，實為公便。伺候指令祗遵。謹呈

第一集團軍總司令陳

附呈送錄說明書乙紙

68

全衔主任郑

西南书局印

運輸說明書

發送處所及主管者職名	承收處所及主管者職名	押運者職名	種類	數量	用途（或事由）	起運地點	到達地點	經過稅關路站	請發護照年月日	預計運畢時期
法國格蘭公司	二廠（籌建）辦公處主任胡澄存	格蘭公司	機器	重機捌箱計捌拾餘噸	係C廠所用	香港	湛江		卅四年元月九日	四十五天

附記

（請照者職名章）二廠辦公處主任胡澄

中華民國卅四年元月九日

62-1

中華民國廿六年之月九日

繕寫
校對
監印

国民革命军第一集团军总司令部筹建工厂办事处为请发给格兰公司运输机器护照致总司令部的呈（一九三五年一月十一日）

附：运输说明书

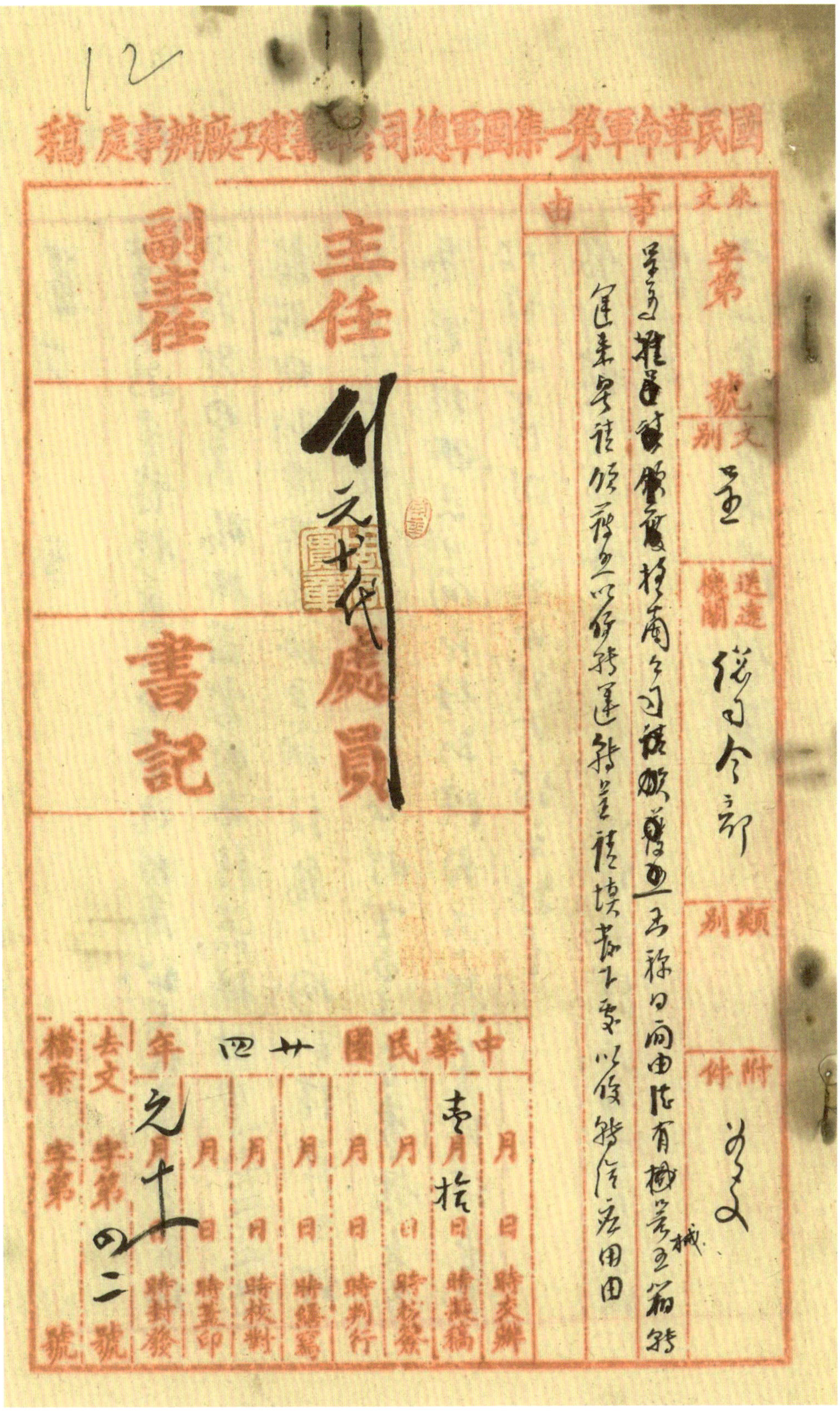

國民革命軍第一集團軍總司令部籌建工廠辦事處稿

來文　字第　號

文別　呈

送達機關　總司令部

類別

附件　如文

事由

主任

副主任

處員

書記

中華民國廿四年　月　日

月　日　時交辦

月　日　時擬稿

月　日　時核發

月　日　時判行

月　日　時繕寫

月　日　時校對

月　日　時蓋印

月　日　時封發

去文　字第　號

檔案　字第　號

九一

签呈　　字　　号

呈为转呈签请核发出口签证，捷开公司代表马乔伟

呈称：现因本厂需用各种器械，拟由TERUKUNI

轮船附到本厂机器械五箱，请转饬向海关请予代

领护照，以便转运至黔，专由速要书据来呈

兹将该机器械向行政院内政部填备护照，

以便转运。除指令外，理合备文转呈

钧部，请即填发护照一本，以便转饬该厂遵照。

谨呈

第一集团军总司令人 洋

14

謝建勳諸同志惠鑒

全銜 主任鄧日十

西南書局印

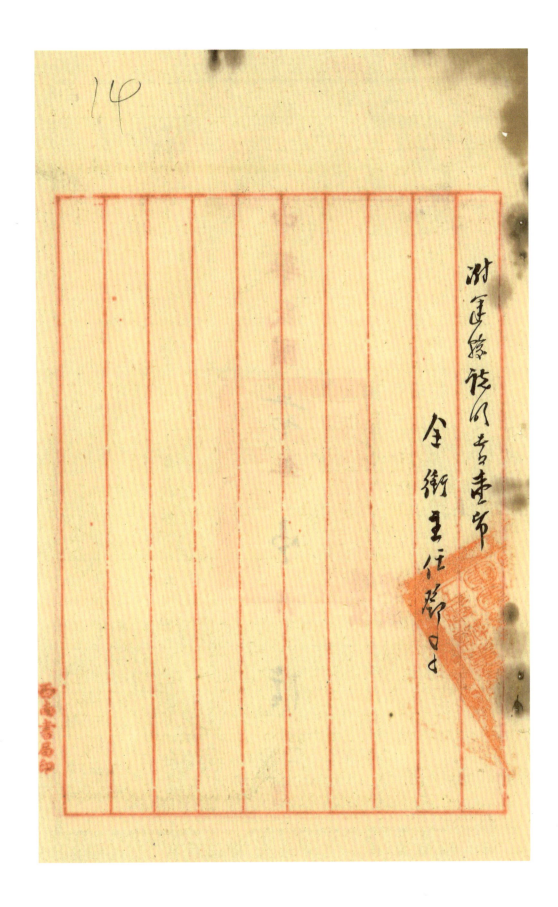

運輸說明書

發送處所及主管者職名	承收處所及主管者職名	押運者職名	種類	數量	用途（或事由）	起運地點	到達地點	經過稅關路站	請發護照年月日	預計運畢時期
法國楊商司	工廠辦事處主任鄭演存	楊商司	器械	三箱	安裝機器之用	香港	琶江		廿六年六月十日	四十五天

附記

（請照者職名章）

中華民國廿六年六月十日

14-1

中華民國　　年　　月　　日

繕寫

校對

監印

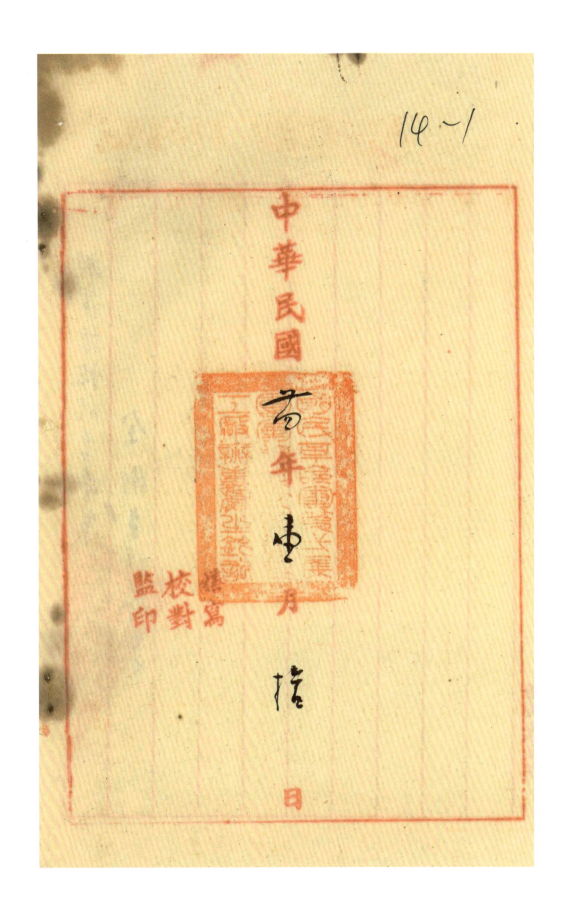

国民革命军第一集团军总司令部筹建工厂办事处为请发给格兰公司运输机器护照致总司令部的呈

（一九三五年一月十四日）

附：运输说明书

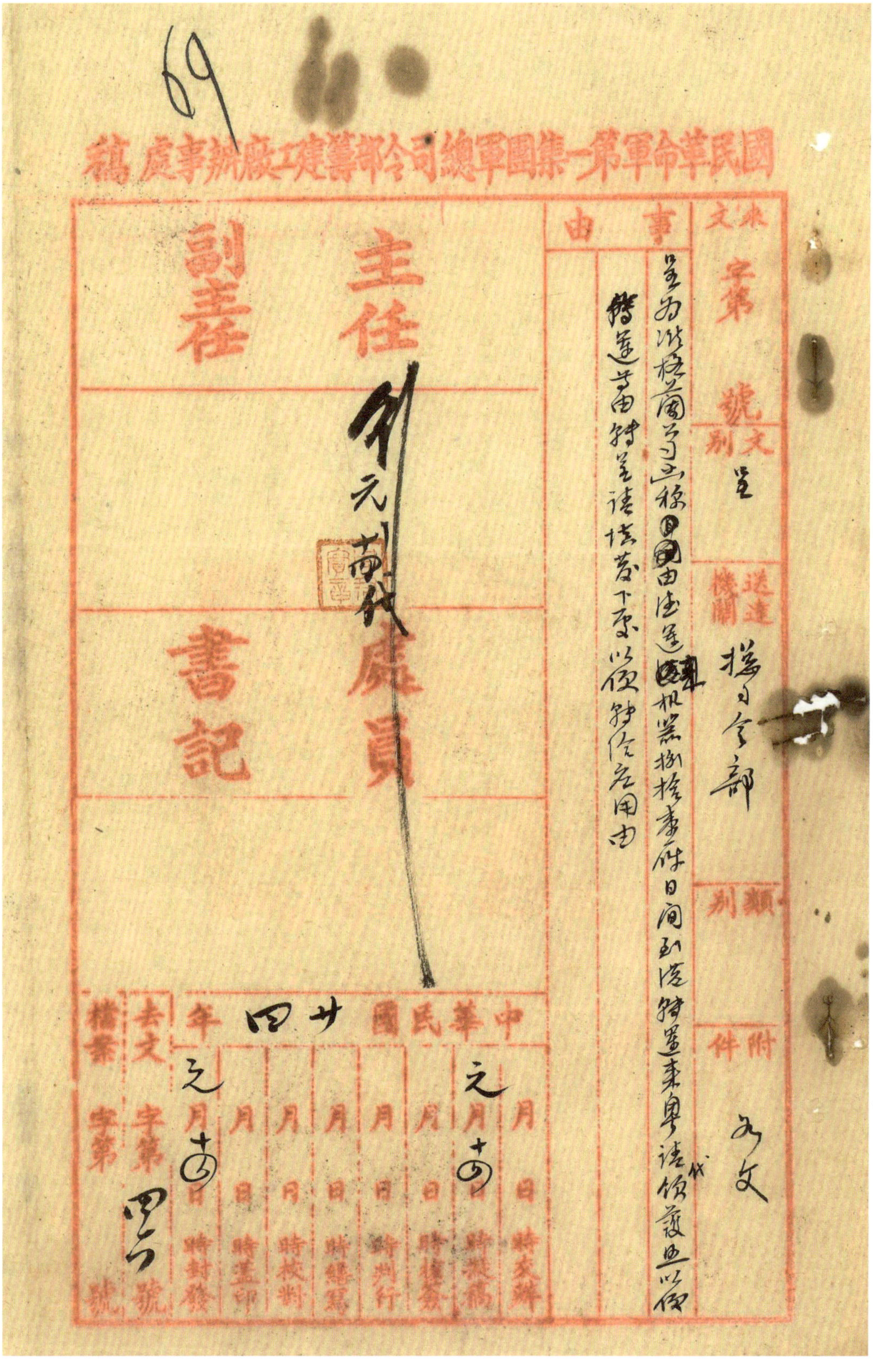

69-1

呈第　号

呈為轉呈請領護照事。案准捷格簡公司代表易嘉偉函稱，現由MEEAHEAH輪船付到A、B、C、D、E、I等廠之機器，共捌拾叁件，約重伍拾伍噸，該輪準一月底到港，請即代領護照，以便轉運等由。過處查核來函所稱，該機器日間即可到港，自應提早請備護照，以便轉運。准函前由，理合備文，連同該具運輸說明書乙紙轉呈

鈞部請即填發護照下來，以便轉給應用，實為公便。謹呈

第一集團軍總司令陳

附呈運輸說明書一紙

全衔主任静

西南书局印

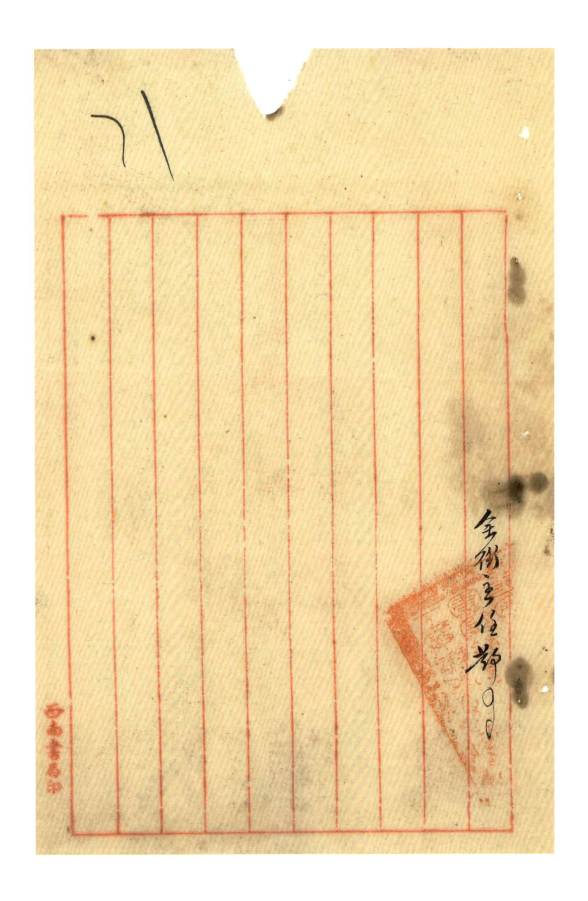

運輸說明書

發送處所及主管者職名	承收處所及主管者職名	押運者職名	種類	數量	用途（或事由）	起運地點	到達地點	經過稅關路站	請發護照年月日	預計運畢時期
法國格蘭公司	籌建工廠辦事處主任鄧演存	格蘭公司	機器	捌拾壹件約重伍拾伍噸	A、B、C、D、E、I、各廠所用	香港	琶江		廿四年九月十四日	兩個月

附記

（請照者職名章）

中華民國廿四年九月十四日

71-1

中華民國卅四年元月十四日

繕寫
校對
監印

国民革命军第一集团军总司令部筹建工厂办事处为请发给格兰公司运输机器护照致总司令部的呈（一九三五年二月二十日）

附：运输说明书

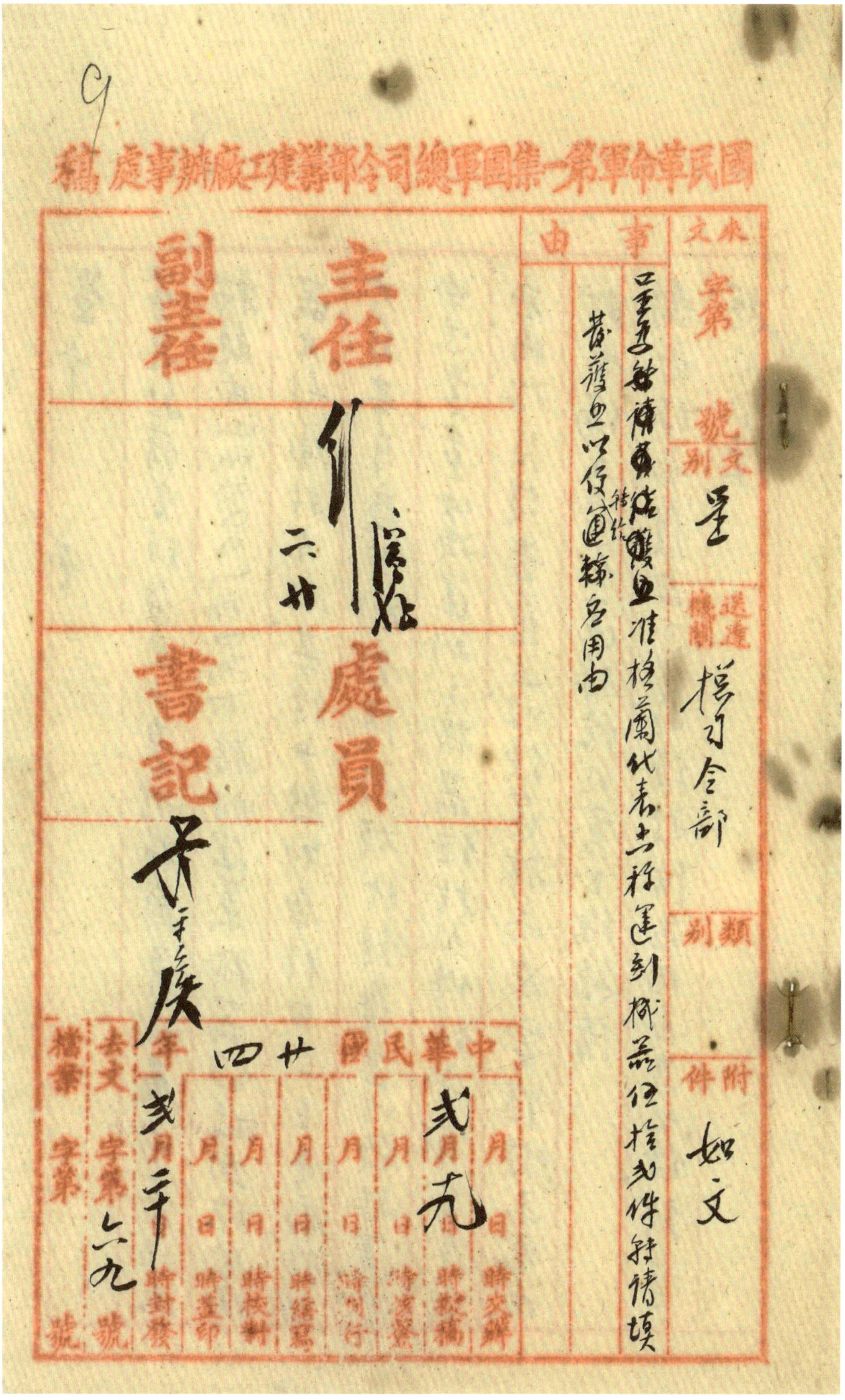
國民革命軍第一集團軍總司令部籌建工廠辦事處稿

來文 字第 號

文別 呈

送達機關 總司令部

類別

附件 如文

事由 呈送敘譯英法護照並准格蘭代表出發運到機器任檢各件請填發護照以便運輸而用由

主任

副主任

處員

書記

中華民國廿四年 二月九日

年月日時交辦　月日時擬稿　月日時送核　月日時判行　月日時繕寫　月日時校對　月日時蓋印　二月二十日時封發

去文 字第六九號

檔案 字第 號

9-1

呈　　年　　号

呈爲轉請發給護照事。案准荷蘭公司代表高嘉偉函稱：現由SEROOSKERK輪船運來機器伍拾貳件，此機器大部屬於A廠，其餘少數則屬於B、C、E各廠。該輪大約本月底可到香港，敬煩代領護照，以便轉運等由。查此次運到之機器伍拾貳件係本廠暨各廠應用，擬請填發護照，以便運輸。爲本廠實情，准函前由，理合備文連同運輸說明書一併轉請鈞部填發護照一份，以便轉給應用，至爲公便。謹呈

總司令陳

21

附呈運輸證明書乙帋

全銜主任鄧○○

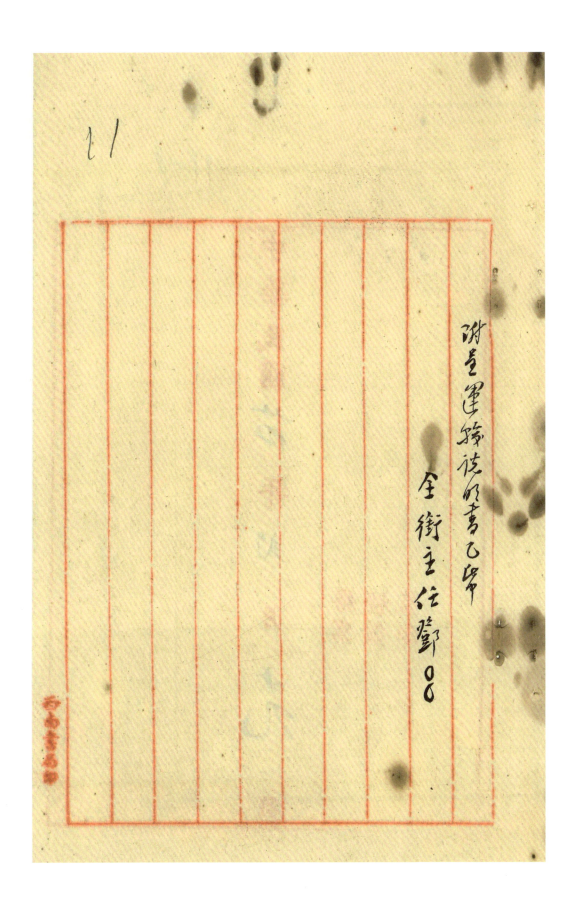

10

運輸說明書

發送處所及主管者職名	捷蘭公司代表易嘉偉
承收處所及主管者職名	籌建工廠辦事處主任鄧演存
押運者職名	捷蘭公司
種類	機器
數量	伍拾弍件
用途（或事由）	澄江工廠
起運地點	香港
到達地點	澄江
經過稅關路站	
請發護照年月日	二十四年二月二十日
預計運畢時期	叁個月
附記	
（請照者職名章）	籌建工廠辦事處主任鄧演存

中華民國廿四年弍月二十日

11-1

中華民國卅年弍月十九日

繕寫
校對
監印

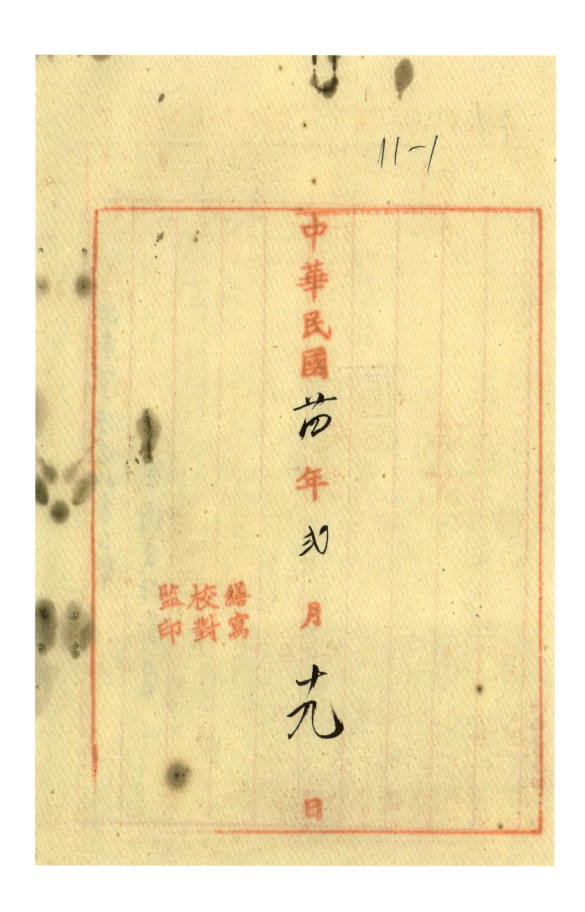

国民革命军第一集团军总司令部筹建工厂办事处为请发给格兰公司运输机器护照致总司令部的呈（一九三五年三月五日）

附：运输说明书

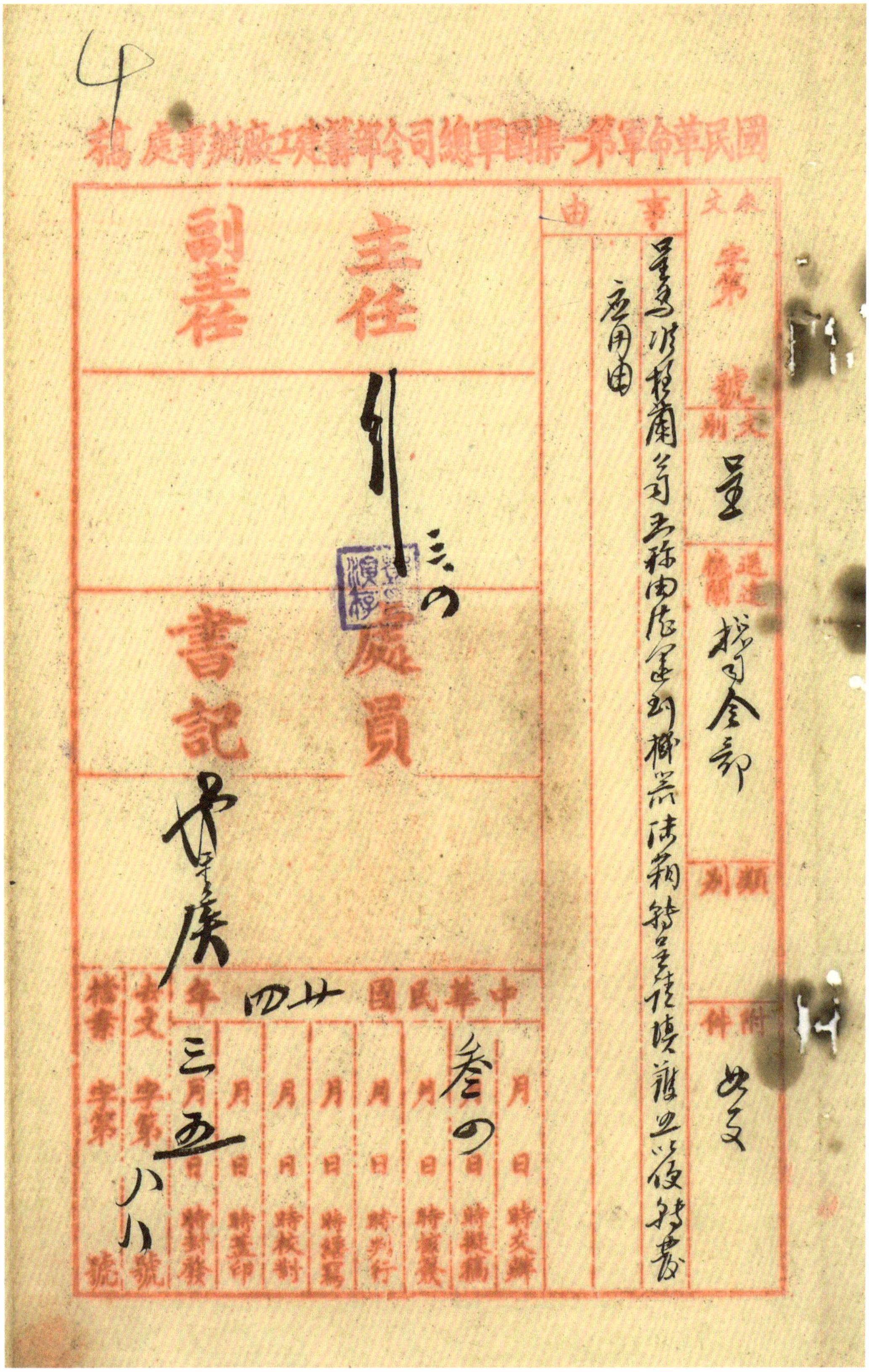
國民革命軍第一集團軍總司令部籌建工廠辦事處稿

主任	副主任
處員	書記

公文字第　號

文別：呈

送達機關

類別

附件

事由

中華民國　年　月　日

月　日　時交辦
月　日　時擬稿
月　日　時核稿
月　日　時繕寫
月　日　時校對
月　日　時蓋印
月　日　時封發

收文　字第　號

檔案　字第　號

4-1

呈 第 号

呈為轉呈請發護照事。竊職奉案准核蘭公司
福現由 PREUSSEN 輪船付到水廠所訂連同摩
打等物共六載法箱另四吋汽喉貳佰貳拾尺，係
琶江工廠水塘應用，該輪經於今日到香港，茲擬即
代填發護照，以便即行轉運琶江應用等由。據此。查
該機器既已運抵香港，亟應填給護照，以便轉運去
粵。准予照由，理合備文連同運輸說明書乙紙轉呈
鈞核，請即填發護照示下，以便轉給應用。謹呈
總司令陳

6

附呈運輸證明書乙紙

金衛主任鄧○○

西南書局印

運輸說明書

項目	內容
發送處所及主管者職名	格蘭公司代表易泰作
承收處所及主管者職名	琶江工廠辦事處主任鄧演存
押運者職名	格蘭公司
種類	機器
數量	油箱并四寸泥喉弍百弍拾尺
用途（或事由）	琶江工廠
起運地點	香港
到達地點	琶江
經過稅關路站	
請發護照年月日	二十四年三月
預計運畢時期	壹個月
附記	

（請照者職名章）籌建工廠辦事處主任鄧演存

中華民國二十四年三月[illegible]日

6-1

中華民國卅叁年四月 日

繕寫
校對
監印

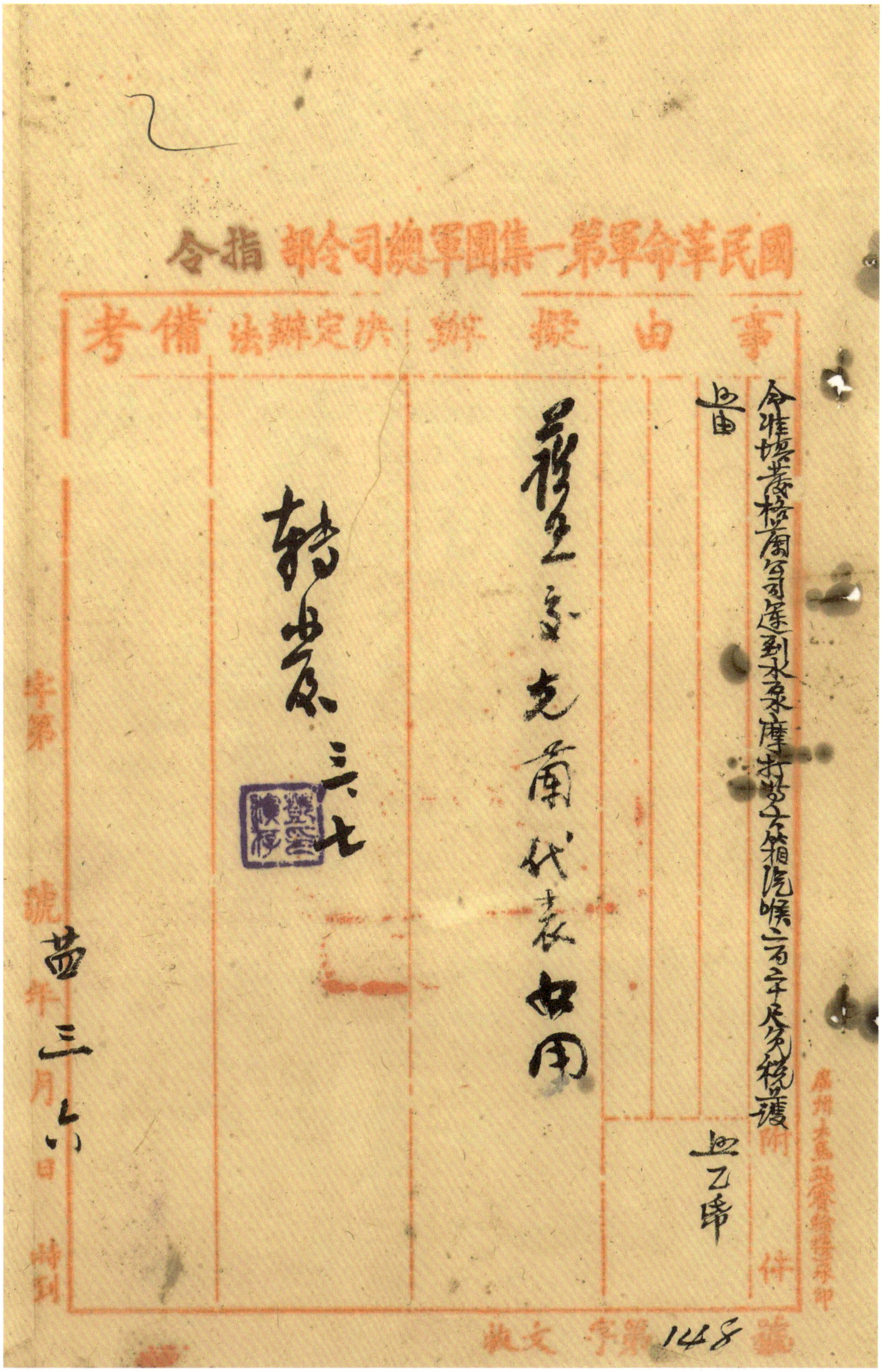

国民革命军第一集团军总司令部关于发放护照的指令（一九三五年三月六日）

1593号

2-1

國民革命軍第一集團軍總司令部 指令 需字第1202號

令籌建工廠辦事處主任鄧演存

呈件、呈報據德商公司運到水泵摩打共六箱、鐵喉二百二十尺，請給免税護照起卸由

呈書均悉。茲呈並發，除函粵海關監督查照外，並發護照壹張，隨文令發，仰即查收。此令。書存。

附發國民政府西南政務委員會護照壹張

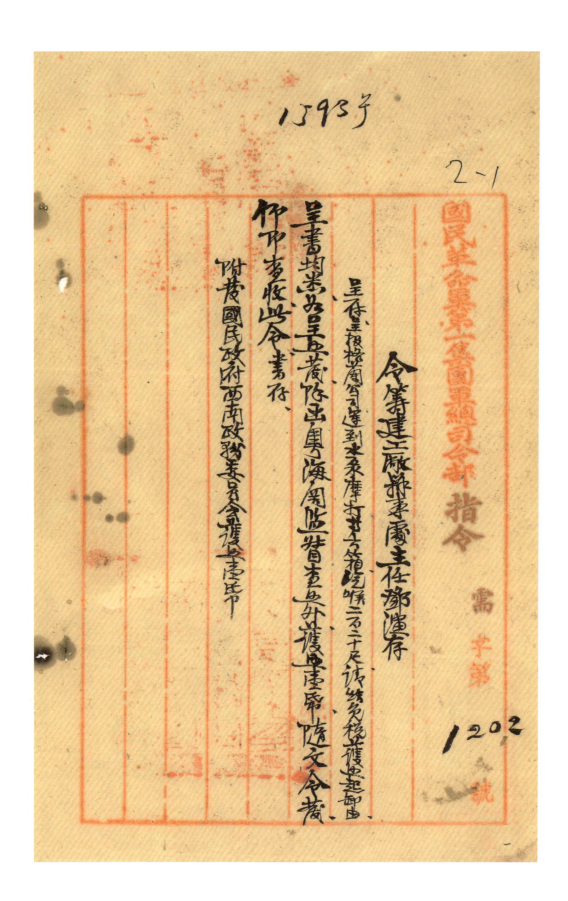

3

中華民國二十四年三月六日

總司令陳濟棠

校對員老秀書

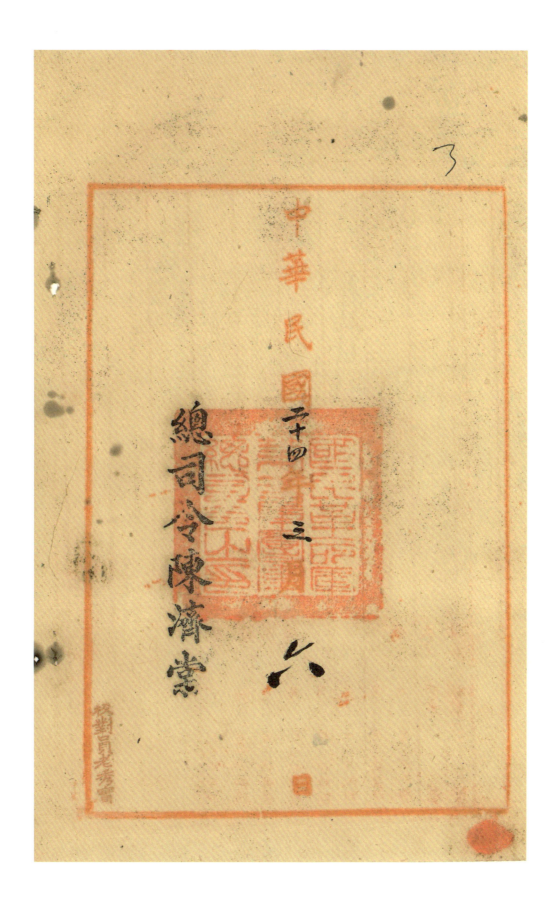

国民革命军第一集团军总司令部筹建工厂办事处为请发给格兰公司运输机器护照致总司令部的呈（一九三五年三月八日）

附：运输说明书

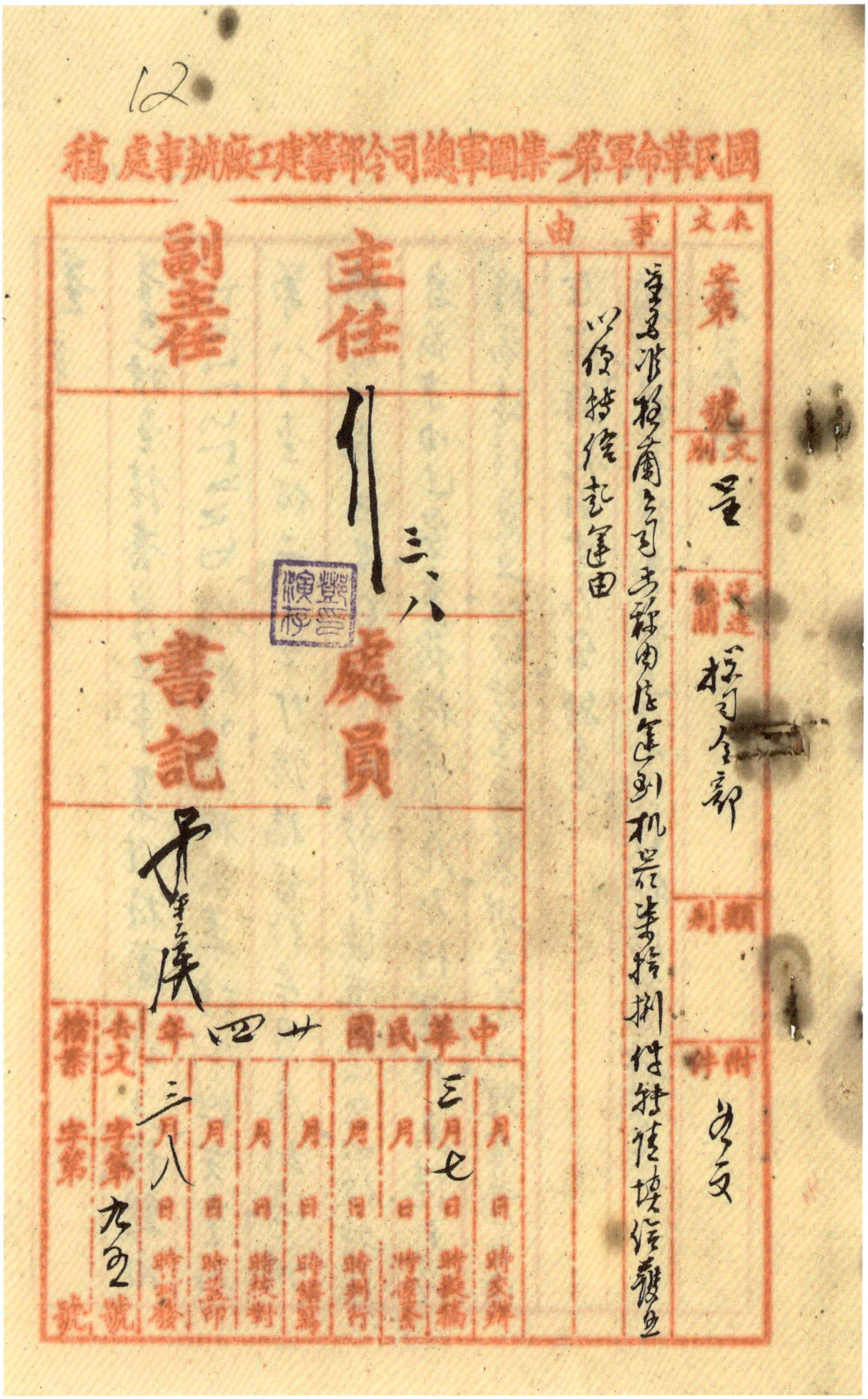
12

國民革命軍第一集團軍總司令部籌建工廠辦事處稿

來文	字第　號
文別	呈
送達機關	總司令部
類別	
附件	
事由	

主任　三、八

處員

副主任

書記

中華民國廿四年三月七日

擬稿、核稿、判行、繕寫、校對、蓋印、封發　月日時

文去　字第　號

檔案　字第　號

12-1

呈　第　号

呈為轉呈請發護照事。案准荷蘭公司函稱：現由"FRIESLAND"輪船付來機器、零件、扶梯件，共重八萬八仟壹佰二十七公斤，該輪約於本月尾到港，該機器係應B及F廠之用，敬請填發護照，以便轉運等語，並由過要查該機器本月尾即行運抵東莞，自應按前填給護照，以便轉運安裝。准呈前由，理合備文連仝運輸設備書乙本轉呈

鈞核，請予填發護照下來，以便轉給應用。謹呈

總司令陳

14

附呈簽條說明書乙紙

全銜主任劉〇

運輸說明書

發送處所及主管者職名	承收處所及主管者職名	押運者職名	種類	數量	用途（或事由）	起運地點	到達地點	經過稅關路站	請發護照年月日	預計運畢時期
格爾公司代表易嘉修	籌建工廠辦事處主任鄧演存	格爾公司	機器	叁拾捌件	琶江工廠	香港	琶江			弍個月

附記

中華民國廿年三月七日

（請照者職名章）籌建工廠辦事處主任鄧演存

147

中華民國卅四年三月七日

繕寫
校對
監印

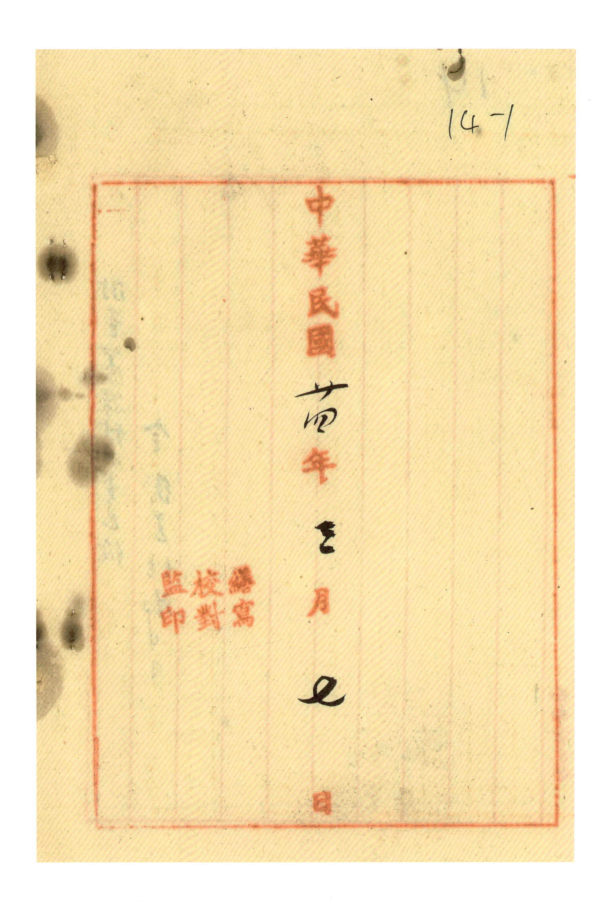

国民革命军第一集团军总司令部筹建工厂办事处为请发给格兰公司运输机器护照致总司令部的呈
（一九三五年三月二十三日）

附：运输说明书及机器清单

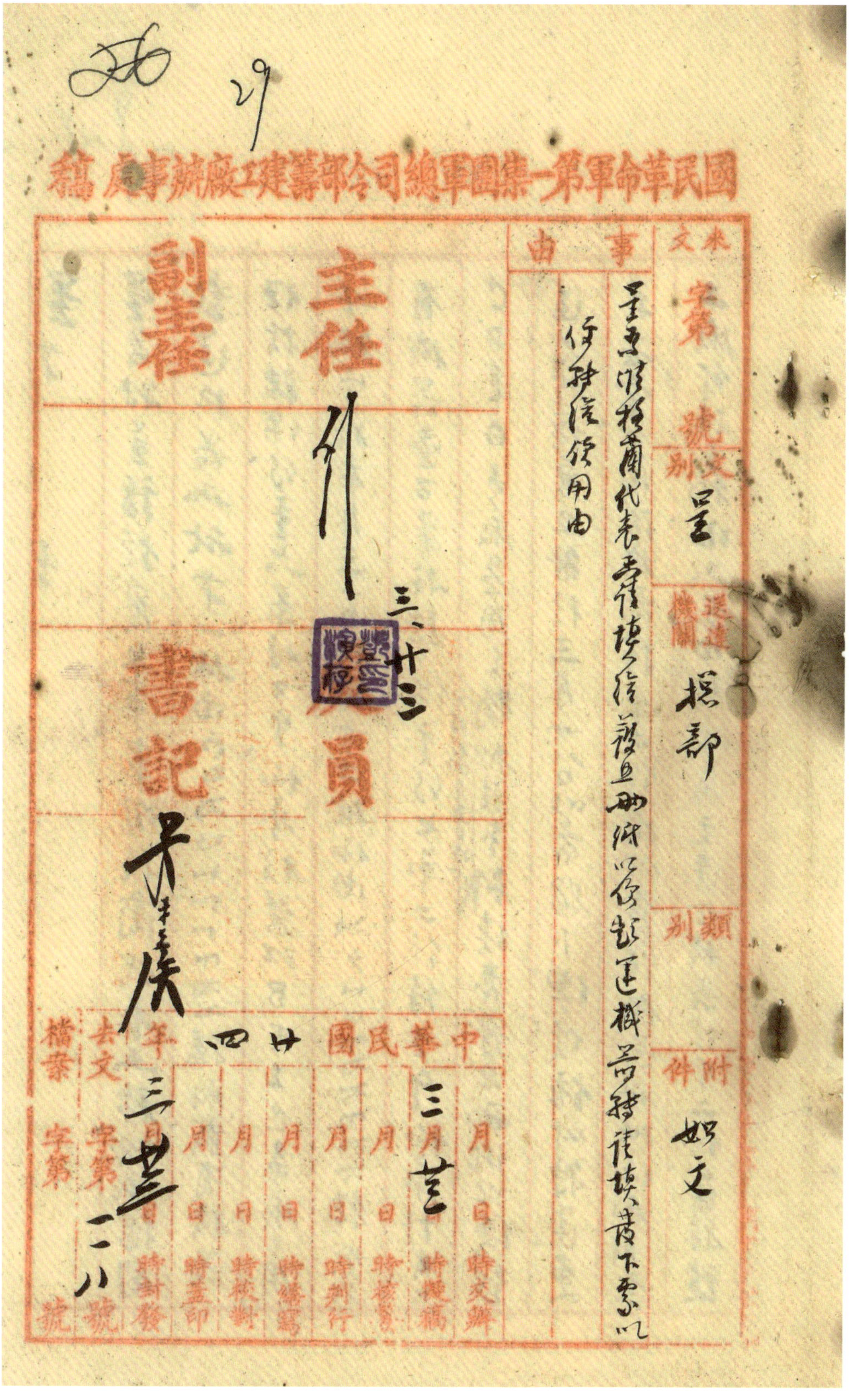
國民革命軍第一集團軍總司令部籌建工廠辦事處稿

來文字第　號
文別：呈
送達機關：總部
類別
附件：如文
事由：呈送明格蘭代表弗禮埃請發護照以便運送機器等件請鑒核下賚以便轉發備用由

主任
副主任
書記
員

中華民國廿四年三月廿三日

28-1

呈　　字　　號

呈為特呈請領護照事。案准荷蘭代表函稱：現由德國起運機器兩批，第一批由CORDILLERA輪船載有機器伍拾伍件，約重六萬餘公斤，係屬於貴署B、E、I、L各廠之用，此輪定於本月二十日抵港；第二批係由[illegible]IDERKERK輪船載有機器壹百叁拾肆件，重約七萬二仟餘公斤，係屬於A、B、C、D、E、G各廠應用之物，〔預定於四月五日抵港〕擬請予繕填發護照兩紙，以便起運。尤盼該護照發於三月廿六日以前賜下，俾便依時轉運。更並妥當等由，附機器清單二份。准此，查該機器兩批係屬職署工廠所購之物，准函前由，理合備文連同機器清單二份，呈請核

29

32

收書六張，特呈

鈞部分別填給護照兩張，俾便持往分別起運寄存為便，

謹呈

楊司令詠

附呈清單兩份、運輸證收書六張

金衛主任鄧

27 30

運輸說明書

發送處所及主管者職名	港商代表葛嘉偉
承收處所及主管者職名	籌建工廠辦事處主任鄧演存
押運者職名	葛嘉偉
種類	機器
數量	壹佰叁拾肆件
用途（或事由）	琶江工廠
起運地點	香港
到達地點	琶江
經過稅關路站	
請發護照年月日	廿四年三月廿二日
預計運畢時期	兩個月
附記	

中華民國廿四年三月廿二日

（請照者職名章）籌建工廠辦事處主任鄧演存

運輸說明書

發送處所及主管者職名	承收處所及主管者職名	押運者職名	種類	數量	用途（或事由）	起運地點	到達地點	經過稅關路站	請發護照年月日	預計運畢時期
桂南代表葛嘉偉	籌建工廠辦事處主任鄒[illegible]存	葛嘉偉	機器	伍拾陸件	建造紙廠	香港	曲江		二十四年三月廿三日	兩個月

附記

（請照者職名章）籌建工廠辦事處主任鄒[illegible]存

中華民國廿四年三月廿三日

由"Zuiderkerk"[illegible]運來174件机器（第1頁）

34

件數	机件名称	重量	備
6件	製造零件	705公斤	
1"	"	90"	
2"	"	62"	
1箱	"	76"	
1"	中線机	572"	
1"	六角車床及附件	1510"	
1"	"	1480"	
1"	"	2200"	
1"	水管	42"	
1"	車床	2120"	
1"	"	3100"	
1"	"	3610"	
1"	"	3140"	
1"	"	3190"	
1"	"	3140"	
1"	"	3730"	
1"	"	2165"	
1"	"	3240"	
1"	"	1820"	
1"	"	2070"	
1"	"	2160"	
1件	鋁棉花	91½"	

35　　　　（第2頁）

1	箱	車床	2180公斤
1	〃	〃	2457〃
1	〃	〃	2301〃
1	〃	〃	2324〃
1	〃	C廠机器	295〃
1	〃	離心壓床	2060〃
1	〃	剪床	94〃
1	〃	截床	80〃
1	〃	壓床反馬達	2068〃
1	〃	〃	2110〃
4	件	打鉄枮	1330〃
1	〃	鉄枮下级	1030〃
1	箱	〃〃上級	1240〃
1	件	側板口	150〃
1	〃	地脚	255〃
1	〃	汽缸及附件	1175〃
1	〃	鉄鎚附件	855〃
25	〃	水管	327〃
2	箱	製造零件	207〃
73	件	鉄管75件	8119〃
26	綑	鉄管	1735〃
		總共174件	

共重72，7055公斤

36

由"Coodilleya"船運到机件54件（第1頁）

件數		机件名称	重量	備考
1	件	生鉄塊	24 570 公斤	
1	箱	車床	1 555 "	
1	"	"	1 585 "	
1	"	"	2 730 "	
1	"	"	1 414 "	
1	"	"	1 440 "	
1	"	"	1 450 "	
1	"	"	2 810 "	
1	"	"	1 345 "	
1	"	"	1 330 "	
1	"	"	1 493 "	
1	"	"	1 493 "	
1	"	"	1 573 "	
1	"	"	1 572 "	
1	"	"	1 475 "	
1	"	"	1 521 "	
1	"	"	1 465 "	
1	"	熱油箱	3 880 "	
1	"	"	668 "	
1	"	11吋汽管	448 "	
1	"	鋼管	446 "	

37

（第2頁）

1	箱	鋼管	298 斤
1	〃	電擊附件	17 〃
1	〃	螺絲	132 〃
1	〃	酸池机件	95 〃
1	〃	螺絲	133 〃
1	〃	〃	183 〃
1	〃	〃	150 〃
1	〃	酸房机件	58 〃
1	〃	〃	79 〃
1	〃	分配机件及附件	579 〃
1	〃	工作房電灯机器	115 〃
1	〃	廠外電灯机件	44 〃
1	件	電線	1450 〃
1	綑	〃	178 〃
1	〃	〃	268 〃
1	〃	〃	104 〃
1	〃	〃	82 〃
1	〃	〃	199 〃
1	〃	〃	222 〃
1	〃	〃	76 〃
1	箱	橡皮軋頭	198 〃
1	〃	松香油液	1300 〃

38　　　　　　　　（第3頁）

1	箱	木架	33斤
1	〃	管喉	102〃
1	〃	電掣机件	59〃
1	〃	玻璃	86〃
1	〃	開関机件	277〃
1	〃	〃	272〃
1	〃	〃	273〃
1	〃	〃	298〃
1	〃	花線	4.1〃
1	〃	馬達保險開関	29〃
1	〃	分配零件及附件	135〃

總共54件
共重62.344公斤

另　鑽孔机乙副
　　柏面磨鉄机乙副　｝共装弍箱
　　制牙輪机乙副

連上宣共56件

32-1

中華民國廿四年三月廿三日

繕寫
校對
監印

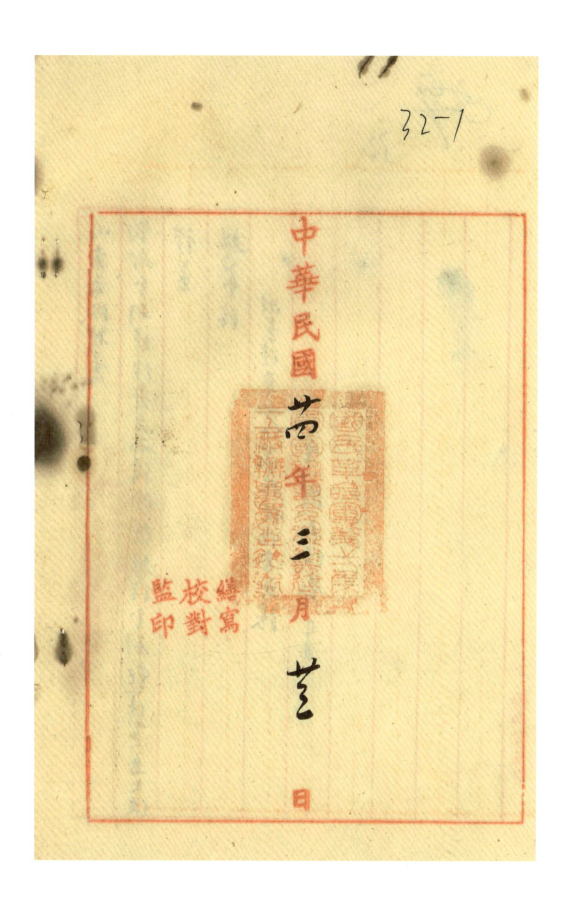

国民革命军第一集团军总司令部筹建工厂办事处为请发给格兰公司运输机器护照致总司令部的呈（一九三五年四月十日）

附：运输说明书及机器清单

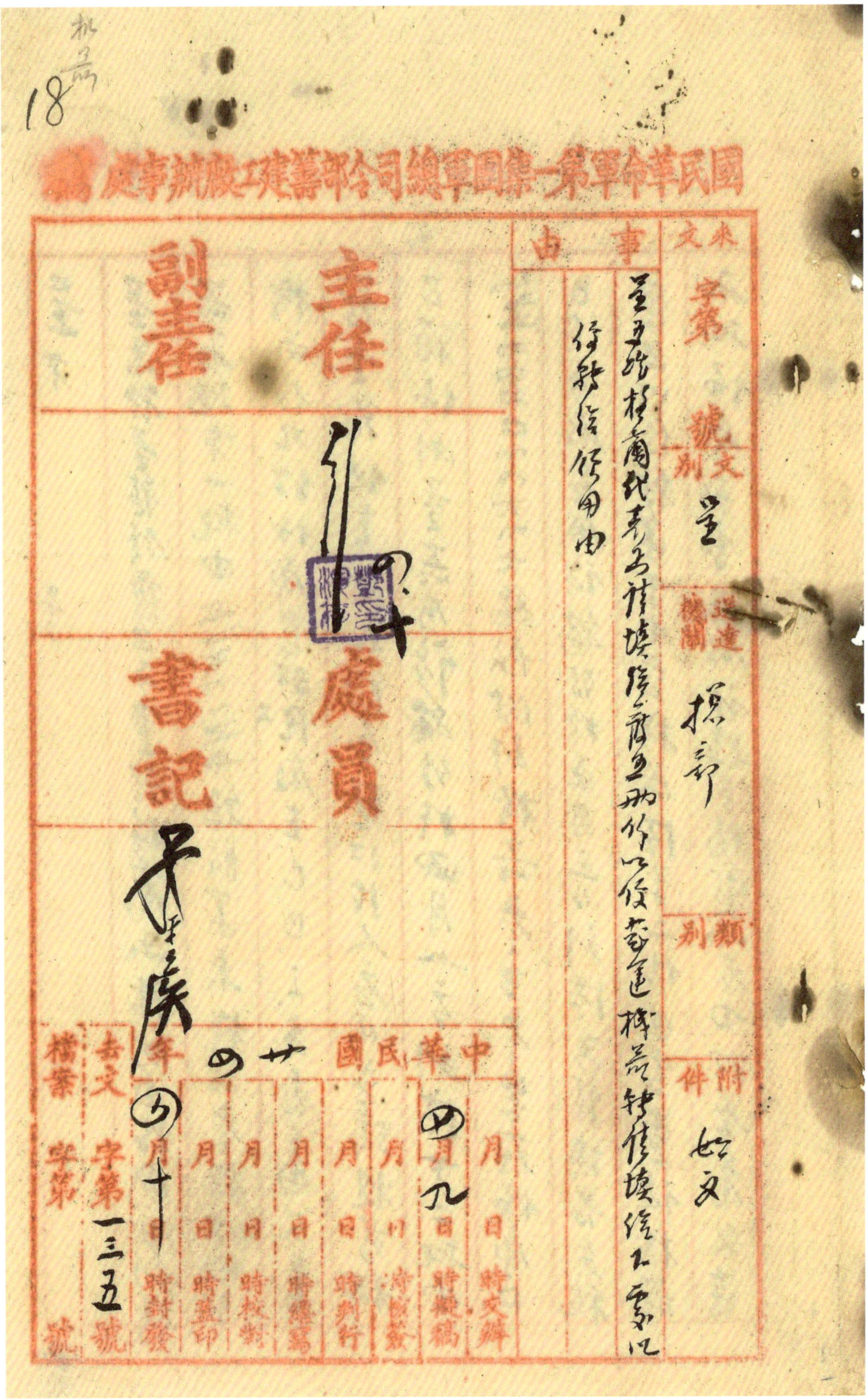
國民革命軍第一集團軍總司令部籌建工廠辦事處稿

來文字第　號
文別：呈
送達機關：總部
附件：如文
中華民國廿四年四月九日
去文字第一三五號

呈字　　号

呈为转呈领获呈子业准格兰函称现由德国附到机

器两批第一批由ZANZIBAR轮船运来机器叁拾件内有

机器拾九件系属鉴证工厂E、L、B、I、各厂应用另书

籍壹箱他系玖箱均属鉴江洁人应用之张提药料

乙箱系测量器用该轮约於四月廿六日到港第二批由

SAARBRUECKEN轮船附到机器叁百零柒箱系属日

B、I、各厂应用该轮约於五月二日到港业经接获免税

护照以便转运本处该机器清单二份送请查该机器

两地系属钱家工厂所需之物将由办理令备文连

24

令抄器清单二件运输说明书一份依转呈

钧部分别核发护照两份以便转饬分别起运至要

以便请发

核令陈

附呈抄器清单二件运输说明书一份

全衔主任郑〇〇

運輸說明書

發送處所及主管者職名	承收處所及主管者職名	押運者職名	種類	數量	用途（或事由）	起運地點	到達地點	經過稅關路站	請發護照年月日	預計運畢時期	附記
駐粵代表易素偉	（籌建）贛江工廠委員會主任鄧漢存	易素偉	機器	共計八十箱	贛江工廠	香港	贛江		本年四月十日	兩個月	

（請照者職名章）[illegible]主任鄧[illegible]

中華民國廿四年四月十日

20

運輸說明書

項目	內容
發送處所及主管者職名	稽查司號長易士薪偉
承收處所及主管者職名	第五十工廠籌建處主任鄧演存
押運者職名	易士薪偉
種類	機器十九件 書籍壹箱 公文九箱 材料壹箱
數量	叁拾件
用途（或事由）	碧江工廠
起運地點	香港
到達地點	碧江
經過稅關路站	
請發護照年月日	廿七年四月十日
預計運畢時期	兩個月
附記	

中華民國廿七年四月十一日

（請照者職名章）第五十工廠籌建處主任鄧演存

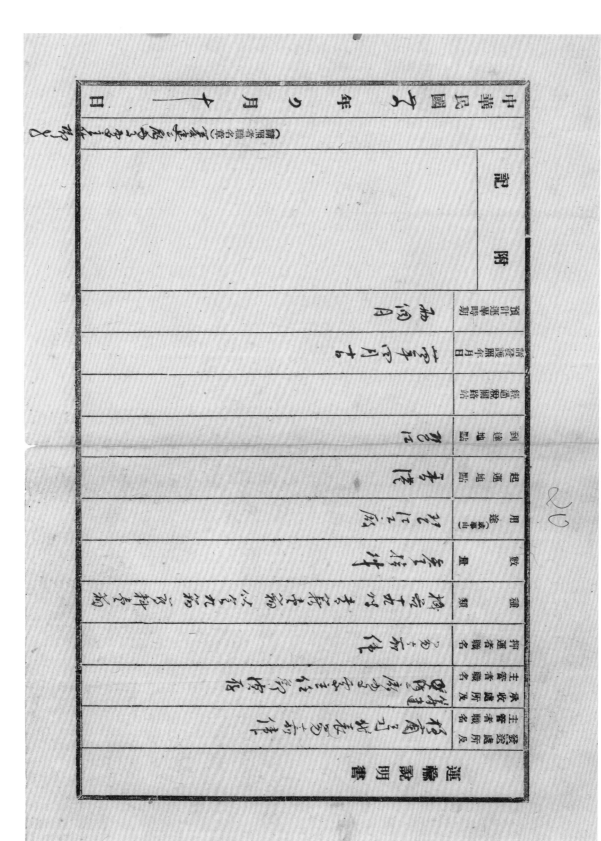

運來　（第一頁）

件數	名稱	重量	備攷
1	壓氣机及各種附件	1250 kg	
1	壓氣机風凉器	370 〃	
1	飛輪一個	460 〃	
1	壓氣管	40 〃	
1	儲氣箱下部	225 〃	
1	儲氣箱一個	3130 〃	
1	吸入管	65 〃	
1	〃	40 〃	
1	排氣管及附件	880 〃	
1	排氣管	550 〃	
1	〃	490 〃	
1	排泄管及附件	190 〃	
1	滑閥及机輪等件	380 〃	
1	扇風器	310 〃	
1	〃	314 〃	
1	排氣裝置	320 〃	
1	油箱及附件	1250 〃	
1	聯接机及附件	2190 〃	
1	蒸餾器及附件	1610 〃	
1	〃	1650 〃	
1	〃	1610 〃	
1	〃	1625 〃	
1	蒸餾器底部	1600 〃	
1	〃	1600 〃	
1	〃	1610 〃	
1	〃	1630 〃	
1	蒸餾器頭部	1845 〃	
1	〃	1830 〃	
1	平行運送器	705 〃	
1	火爐部份	1250 〃	
1	〃	1125 〃	
1	油箱	285 〃	

21

（第二頁）

22

件數	名稱	重量	備考
1	火炉部份油泵等件	380 kg	
1	火炉部份	310 〃	
1	高壓風机及摩打机	125 〃	
1	輸送車	1075 〃	
1	輸送車用之推動柄五件	275 〃	
1	輸送車用之鑄成板	940 〃	
1	鉄造之卸物用具	910 〃	
1	蝕桶及木造之保障物	1560 〃	
1	〃	1560 〃	
1	木摇桶	300 〃	
1	起物件用鉄架六個	870 〃	
1	銅鏝等件	280 〃	
1	儲視水器	215 〃	
1	銅管及羅絲	34 〃	
1	磨擦輪式壓机	7530 〃	
1	壓机附件	2540 〃	
1	軸桿及磨利工具	1995 〃	
1	磨擦輪式壓机	8250 〃	
1	壓机附件	2390 〃	
1	油壓机一架及附件	4400 〃	
60箱	耐火磚	11600 〃	
90包	耐火坭	4500 〃	
150箱	耐火磚	19900 〃	
共307件		共重104398 kg	

機器、書籍、伙食共計二十九件由"NANKING"船運來
另機器一件由"CONTE VERDE"運來

件數	名	總重量	備
1	車床	85 kg.	
1	"	85 "	
1	"	82 "	
1	"	87 "	
1	"	90 "	
1	打印机	35 "	
1	鉋床		
1	" 23		
1	"	1221 "	
1	各種工具		
1	"		
1	油	597 "	
1	自動開關掣	16 "	
1	琭	107 "	
1	油紙	2 "	
1	排氣管	775 "	
1	電器	42 "	
1	遮蓋物	19 "	
1	各種机器零件	597 "	
1	書籍		
9	伙食		
1	模版		由"Conte Verde"運來
共 30件		共重 3313 kg.	

24-10

中華民國廿四年四月九日

繕寫

校對

監印

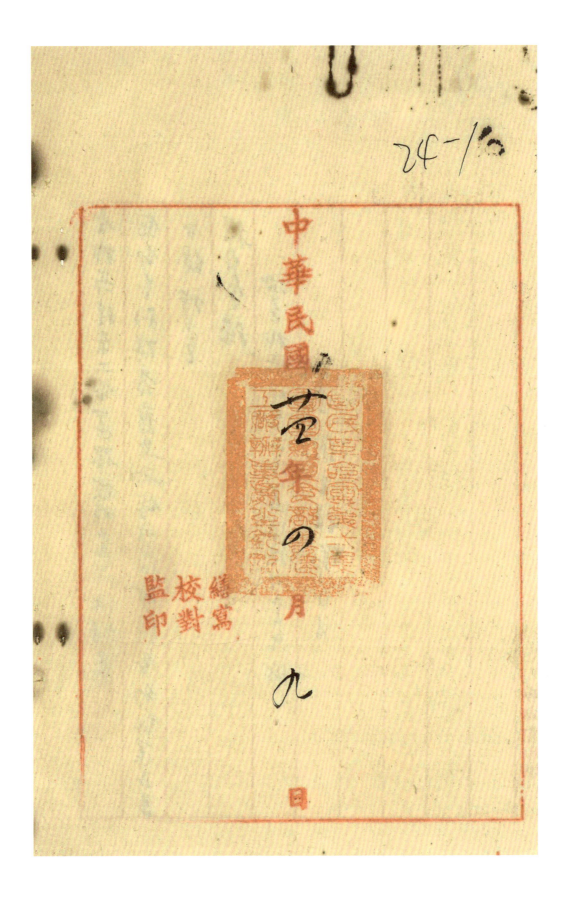

国民革命军第一集团军总司令部筹建工厂办事处为请发给格兰公司运输机器护照致总司令部的呈
（一九三五年四月三十日）

附：运输说明书及机器清单

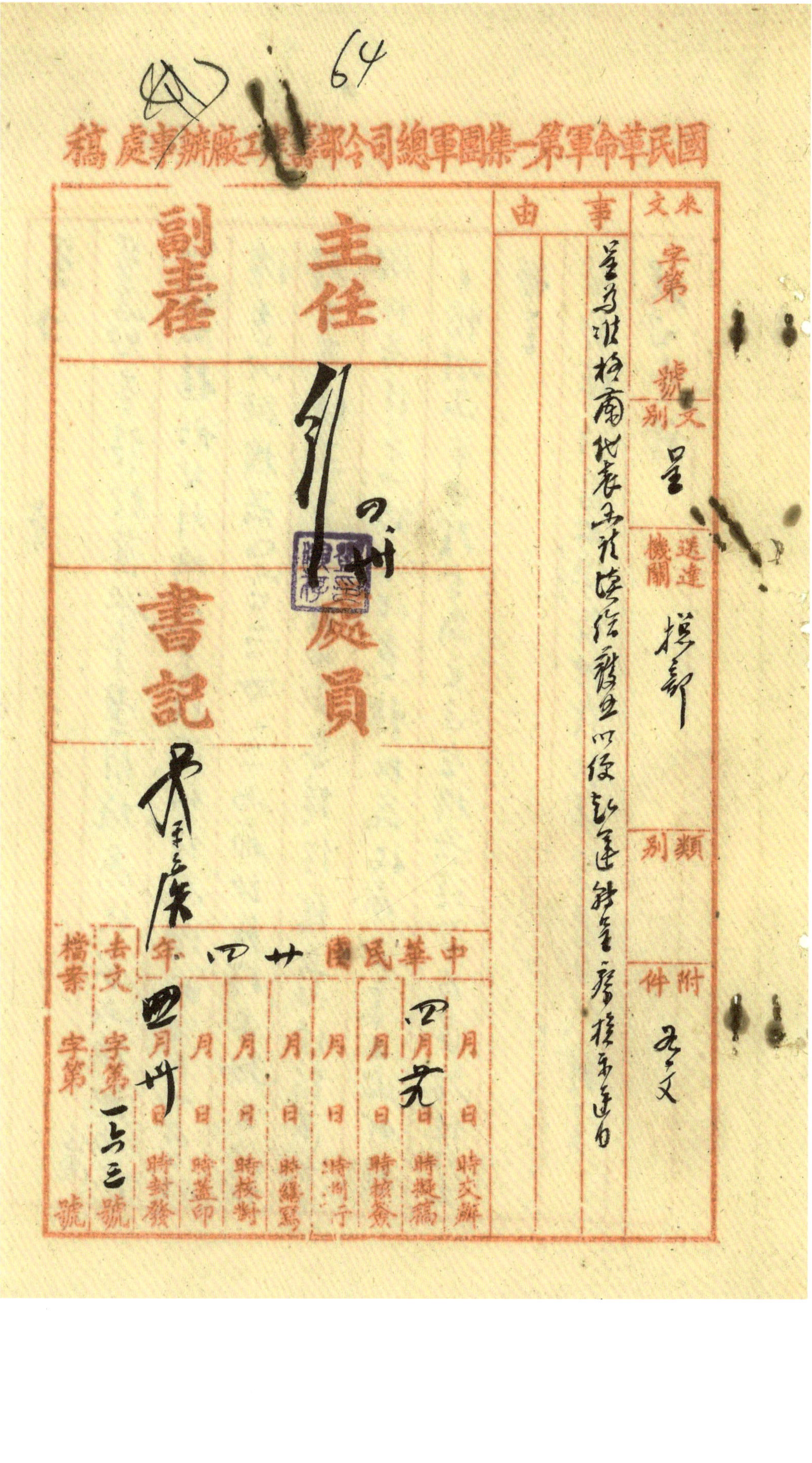
國民革命軍第一集團軍總司令部籌建工廠辦事處稿

來文	字第　號
文別	呈
送達機關	總部
類別	
附件	另文
事由	呈為請填發格蘭公司運輸機器護照以便起運祈鑒核示遵由
主任	
副主任	
處員	
書記	

中華民國廿四年四月卅日

月日時交辦　四月廿九日時擬稿　月日時核簽　月日時判行　月日時繕寫　月日時校對　月日時蓋印　四月卅日時封發

去文字第一六三號

檔案字第　號

64-1

呈第　　号

呈为特呈请领护照事。案准核兰代表王稚现由德国[illegible]LTER轮船付到机器等件，请饬海关于五月十六日提清。查此批机器〇四〇四二号至二一一两箱计钻铁木料及器械外，另有仪器多种，拟由驻粤填俟护照以便起运，并由附机器清单一份随呈。查该机器仍属驻粤工厂所辖之物，准予由钧部令兰文运会将机器清单及运输证件发给呈钧部填给护照，俾便（下略）领转给该员寄运，实为公便。谨呈

总司令陈

附机器清单及修筑錄材料表三纸

主任邓○○

西南書局印

運輸說明書

發送處所及主管者職名	駐閩代表易嘉偉
承收處所及主管者職名	籌建工廠太平寺主任鄭家存
押運者職名	易嘉偉
種類	機器
數量	叁拾陸件
用途（或事由）	琶江工廠
起運地點	香港
到達地點	琶江
經過稅關路站	
請發護照年月日	卅年五月一日
預計運畢時期	兩個月
附記	

（請照者職名章）籌建工廠太平寺主任鄭家存

中華民國卅年五月一日

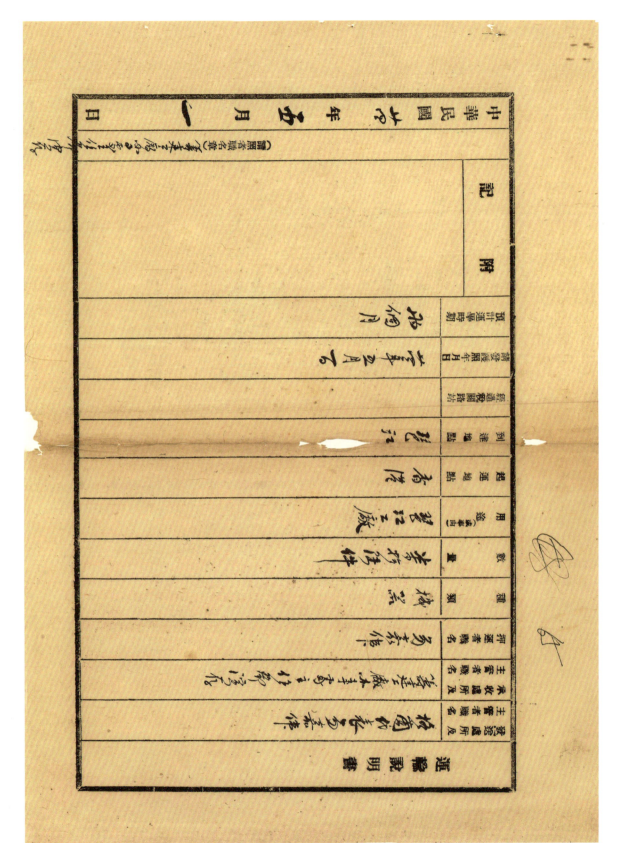

由"ALSTER"船運來之机器計共七十六件

(第一頁)

件數	名稱	重量	備 3K
1	壓氣机及附件	1360 Kg.	
1	〃 之受涼器		
1	飛輪	360 〃	
1	貯氣箱	1160 〃	
1	机器底部	90 〃	
1	吸收管	55 〃	
1	〃	20 〃	
1	壓力管	45 〃	
1	切断羅絲釘机	325 〃	
1	〃	315 〃	
1	鋸床	3950 〃	
1	打磨鋸片机	835 〃	
1	机器底架	910 〃	
1	柱	220 〃	
1	車床滑座	330 〃	
1	曲柄剪机	6986 〃	
1	去边机	6060 〃	
1	〃	660 〃	
1	〃	1970 〃	
1	管	2440 〃	
1	各箱机器部份	480 〃	
1	凹縫車床及机器附件	649 〃	
1	羅絲鉗	435 〃	
1	木鑽机	98 〃	
1	〃	118 〃	
1	柱形鑽机	173 〃	
1	打磨机	511 〃	
1	木鑽机	98.5 〃	
1	〃	96 〃	
1	〃	96 〃	
1	柱形鑽机	170 〃	
1	〃	228 〃	

66

（第二頁）

件數	名稱	重量	備攷
1	打磨机	511 Kg.	
1	才鑽机	99 〃	
1	盆具及洗滌濯器皿	203 〃	
1	〃		
6	〃	153 〃	
1	〃	55 〃	
1	各種机器部份	218 〃	
1	粗重鉄器	192 〃	
1	建築材料	274 〃	
1	各種机器部份	139 〃	
1	管及模形	946 〃	
1	油類	25 〃	
8	管	503 〃	
9	〃	422 〃	
1	木器	240 〃	
1	工具	142 〃	
1	鑽床	523 〃	
1	車床		
1	打磨机	680 〃	
1	机器附件	1175 〃	
1	〃	410 〃	
1	机器底架	925 〃	
1	柱	225 〃	
1	車床滑座	330 〃	
合共76		39,633 Kg.	

68-1

中華民國廿四年四月廿九日

繕寫
校對
監印

国民革命军第一集团军总司令部筹建工厂办事处为请发给格兰公司运输机器护照致总司令部的呈（一九三五年五月四日）

附：运输说明书及机器清单

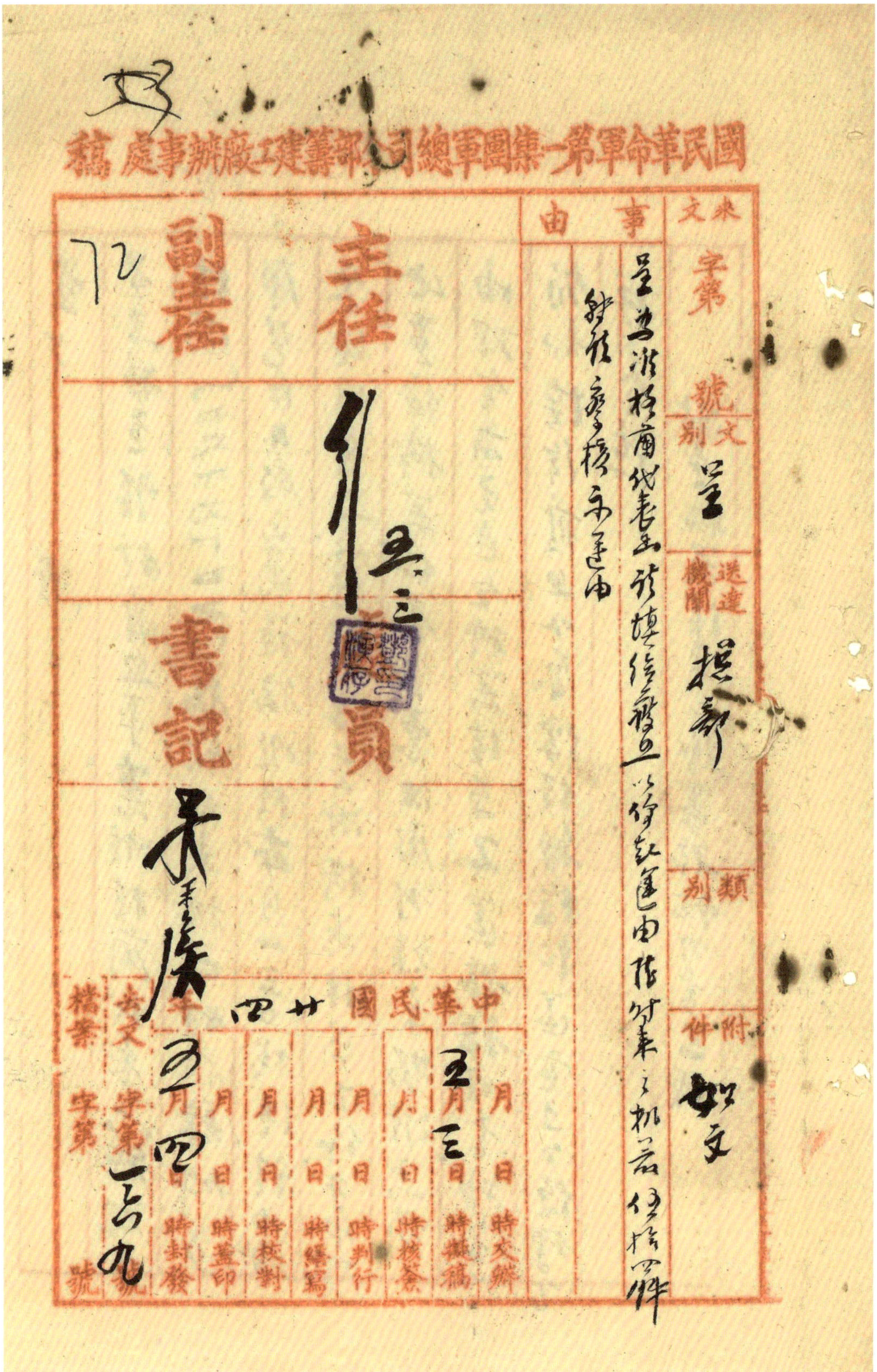

國民革命軍第一集團軍總司令部籌建工廠辦事處稿

來文：字第　號
文別：呈
送達機關：總部
類別：
附件：如文
事由：
主任
副主任
書記
員
中華民國廿四年五月四日
辦文　月　日　時
擬稿　五月三日　時
核簽　月　日　時
判行　月　日　時
繕寫　月　日　時
校對　月　日　時
蓋印　月　日　時
封發　五月四日　時
發文　字第一六九號
檔案　字第　號

董芊　于

呈爲報告領獲並事：案准荷蘭代表孫現電

德國SAUERLAND輪船付來機器損於肆件，多

康瑞口月廠應用，請轉請核，本月廿三日抵港，請由郵

需換請發並以便較實並附機器清單工作并西紀

此查該機器係廠戰需工廠所購之物游西亞

由，理合備文連同機器清單及運輸號碼書，請呈

鈞部核發護照並示，俾便辦結起運，實為公便。謹呈

指令祗遵

附呈機器清單工作運輸號碼書三紙

75

主任 鄭〇〇

西南書局印

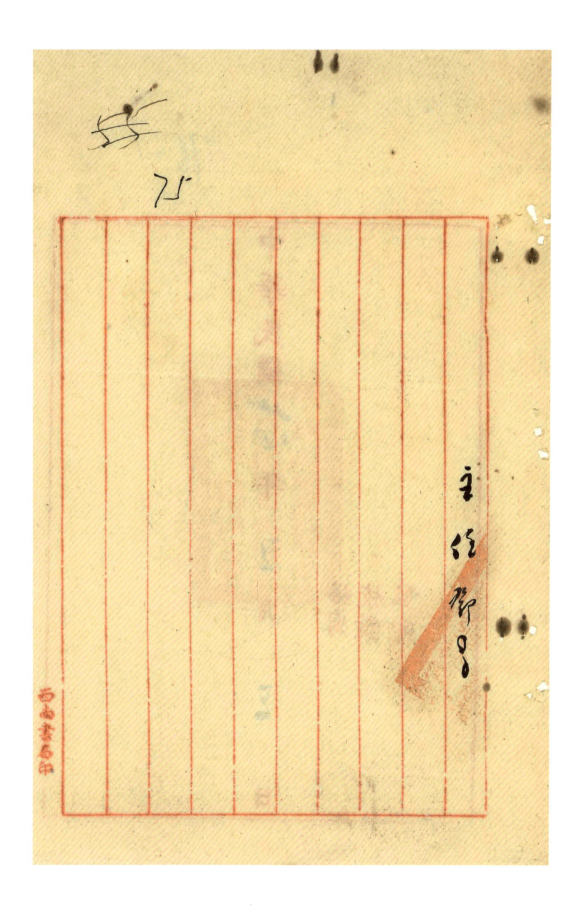

74

運輸說明書

發送處所及主管者職名	承收處所及主管者職名	押運者職名	種類	數量	用途（或事由）	起運地點	到達地點	經過稅關路站	請發護照年月日	預計運畢時期
移商公司代表易壽偉	琶江工廠辦事處主任鄧漢存	易壽偉	機器	伍拾肆件	琶江工廠	香港	琶江		卅四年五月四日	兩個月

附記

（請照者職名章）籌建工廠辦事處主任鄧漢存

中華民國卅四年五月四日

由SAUERLAND船運来机器伍拾肆件

（第一頁）

件數	名稱	重量	備考
1	車床	3388 kg.	
1	"	2540 "	
1	"	2278 "	
1	"	2225 "	
1	"	2590 "	
1	"	2521 "	
1	"	2245 "	
1	"	591 "	
1	"	592 "	73
1	"	594 "	
1	"	625 "	
1	"	622 "	
1	"	624 "	
1	"	743 "	
1	"	748 "	
1	"	730 "	
1	"	736 "	
1	"	608 "	
1	鑽机	1930 "	
1	"	1990 "	
1	"	2570 "	
1	成形机	533 "	
1	縱横活動式車床枱	770 "	
1	成形机	853 "	
1	"	1153 "	
1	"	1336 "	
1	磨光机	1092 "	
1	成形机	544 "	
1	"	852 "	
1	平面磨光机	1082 "	
1	車床	4650 "	
1	"	4510 "	

（第二頁）

件數	名稱	重量	備攷
1	鑽床		此七件重量未有列表
1	"		
1	机器零件		
1	"		
1	"		
1	"		
1	"		
1	囉床	1282 Kg.	
1	"	2029 "	
1	"	1401 "	
1	"	1406 "	
1	"	1408 "	
1	"	1597 "	
1	"	1598 "	
1	"	1609 "	
1	"	2767 "	
1	"	2772 "	
1	"	2787 "	
1	"	2841 "	
1	"	2861 "	
1	双平行式羅丝鉗及枱	473 "	
1	囉床	1620 "	
合共 54件			

73-1

75-1

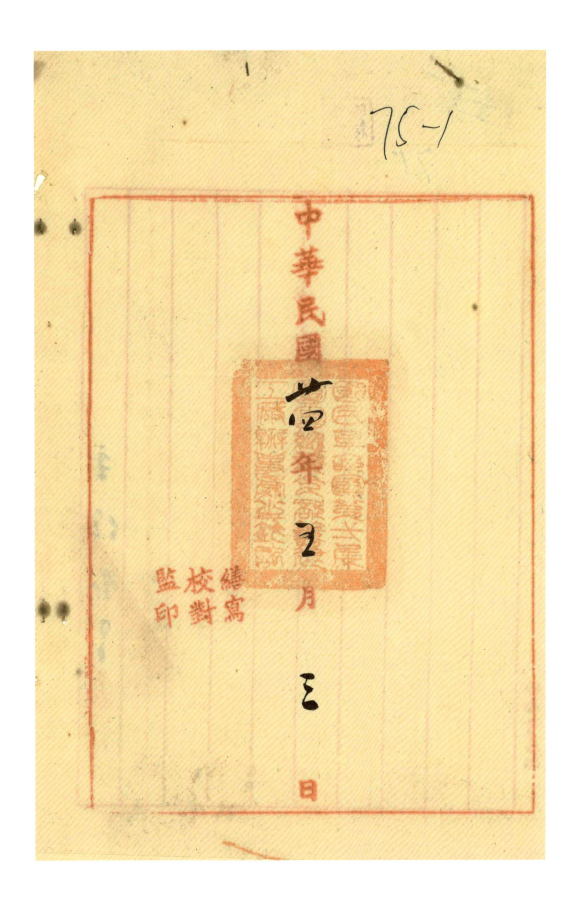

中華民國卅四年三月三日

繕寫
校對
監印

国民革命军第一集团军总司令部筹建工厂办事处为请发给格兰公司运输机器护照致总司令部的呈（一九三五年五月十六日）

附：机器清单及运输说明书

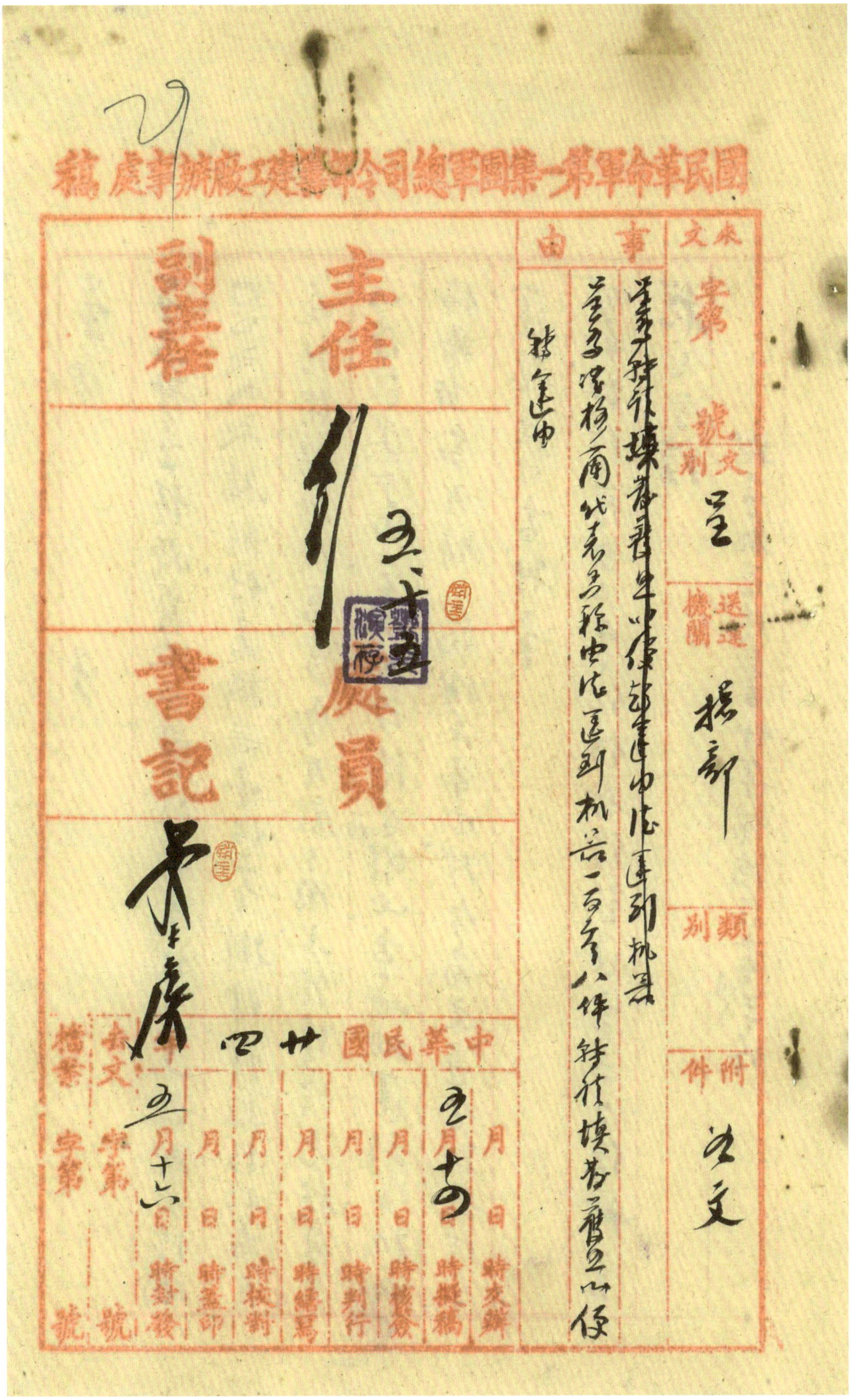

國民革命軍第一集團軍總司令部籌建工廠辦事處稿

來文	字第　號
文別	呈
送達機關	總部
類別	
附件	如文

事由

主任

副主任

廠員

書記

中華民國廿四年

月 日 時 交辦	五月十四日 時 擬稿	月 日 時 核簽	月 日 時 判行	月 日 時 繕寫	月 日 時 校對	月 日 時 蓋印	五月十六日 時 封發

會文　字第　號

檔案　字第　號

呈　字第　　號

案奉鈞座該領發下李法翰代表函稱：現由法國

〇〇二三之輪船付來機器壹佰零捌件，該輪約於本月

底抵港，該批機器為本廠月廠之用，應請填發免稅護照

以便報運，並由二三附機器清單壹張，查此批運到之機器

係屬鈞署所轄之兵工廠，茲由該廠備文連同機器清單、

運輸護照書，轉呈

鈞部填發免稅護照，以便保修轉飭報運，實為公便。謹呈

總司令俞

附呈機器清單壹份、運輸護照書三份

33

令衛生條例104

西南書局印

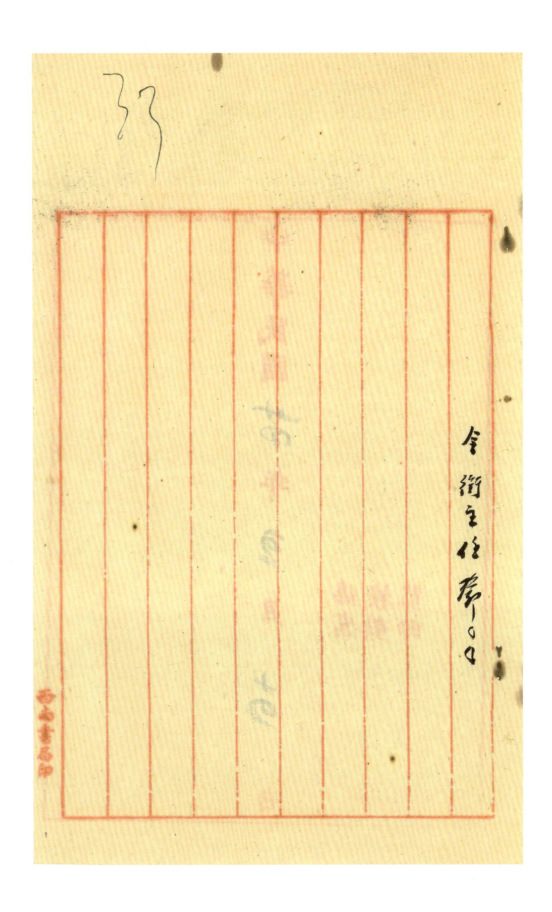

由"Donau"船運來机器計共壹佰零八件

件數	名稱	重量	備考
1	模型 AA	3781 Kg	
1	〃 AC	5163 〃	
1	鑽机架	4530 〃	
1	鑽桿	4910 〃	
1	鑽及囉机	2544 〃	
1	〃	5745 〃	
1	〃	7125 〃	
1	廠内裝飾用具 EGA 350/1500 mm	2695 〃	
1	横面部份 No.39475	1290 〃	
1	下層部份	339 〃	
1	廠内裝飾用具 EGA 350/3500 mm	2763 〃	
1	横面部份 No.39476	1900 〃	
1	下層部份	490 〃	
1	廠内裝飾用品 ECA 220/1000 mm	1100 〃	
1	下層部份	284 〃	
1	横面部份 No.39195	522 〃	
1	廠内裝飾用品 ECA 222/1000 mm	1067 〃	
1	横面部份 No.39196	514 〃	
1	下層部份	270 〃	
1	廠内裝飾用品 ECA 200/2000 mm	1080 〃	
1	横面部份 No 39175	680 〃	
1	下層部份	395 〃	
1	~~廠内~~裝飾用品 ECA 220/2000 mm	1070 〃	
1	横面部份 No.39176	680 〃	
1	下層部份	390 〃	
1	廠内裝飾用品 EAA 180/1000 mm	575 〃	
1	横面部份 No.39791	262 〃	
1	下層部份	193 〃	
1	廠内裝飾用品 EAA 180/1000 mm	570 〃	
1	横面部份 No.39792	260 〃	
1	下層部份	200 〃	

件数	名稱	重量	備考
1	廠內裝飾用品 EBA 350/1500mm	2717Kg	
1	横面部份 No.39478	1264"	
1	下層部份	335"	
6	間格用金屬板	1727"	
2	U形鉄	382"	
36	網紋鉄板	5451"	
18	槽	1743"	
1	羅丝	172"	
1	工具	213"	
1	床	4560"	
1	枱	2080"	
1	床	632"	
1	架二	1480"	
1	聯接器具	1592"	
1	床	4540"	
1	枱	2020"	
1	床	653"	
1	架二	1470"	
1	聯接器具	1582"	
共 108 件			

呈總司令

32

共三張

運輸說明書

發送處所及主管者職名	承收處所及主管者職名	押運者職名	種類	數量	用途（或事由）	起運地點	到達地點	經過稅關路站	請發護照年月日	預計運畢時期	附記
揭南材料處易嘉偉	籌建工廠中……主任鄭家存	易嘉偉	機器	壹佰叁拾件	琶江工廠	香港	琶江		廿七年五月十六日	兩個月	

中華民國廿七年五月十六日

（請照者職名章）籌建工廠中……主任鄭家存

廣州西湖路西南印書局製

335-1

中華民國卅四年三月十四日

繕寫
校對
監印

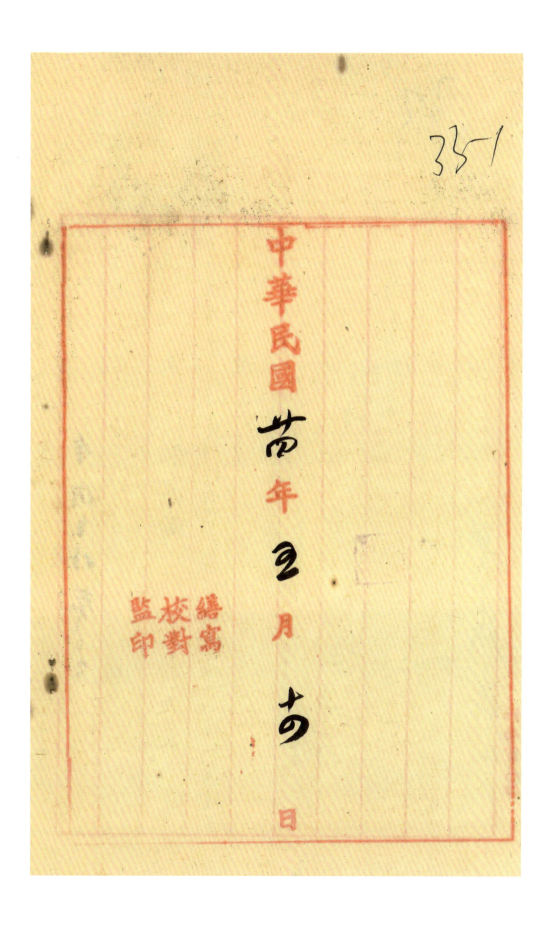

国民革命军第一集团军总司令部筹建工厂办事处为请发给格兰公司运输机器护照致总司令部的呈（一九三五年五月三十日）

附：运输说明书

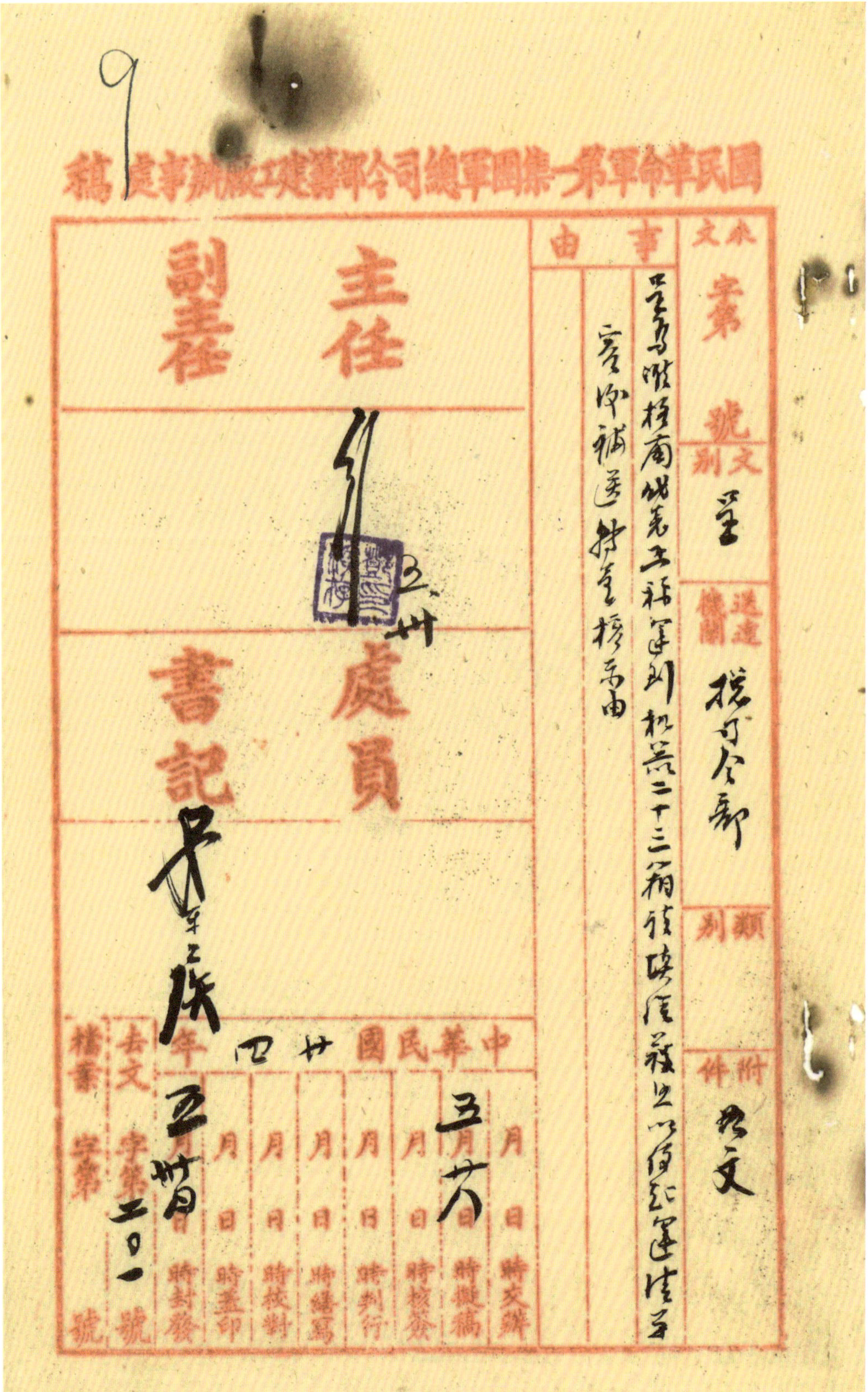

國民革命軍第一集團軍總司令部籌建工廠辦事處稿

主任　副主任　處員　書記

來文　字第　號

文別　呈

送達機關　總司令部

事由

類別

附件

中華民國廿四年　月　日　時交辦　月　日　時擬稿　月　日　時核發　月　日　時判行　月　日　時繕寫　月　日　時校對　月　日　時蓋印　月　日　時封發

去文　字第　號

檔案　字第　號

9-1

呈　常字　號

呈為特呈請領護照事。案准楊蘭代表正移說由法

國Comté Fes do轉船由海防來電器二十三箱，均

屬琵江B廠之用，另有收音機乙副，係屬琵江法國

人員之用，該貨業於六月一日到港，查此批機器請本

處未接到一併由法會來時再行開列補送，核先

給護照，以便起運，如能早日賜下，尤為感禱。至由過

發查護照批機器係屬琵江工廠之用，標籍機器請

本處未接到，而機器業（准）於六月一日抵港，可否請予

核發護照一張，俾本處交涉補呈之處，實紉公誼。

文，遵令军运输股收据去送呈

钧核，伏乞

指令转运输处遵照

祗候令遵

附呈军运输股收据三纸

主任 郑○○

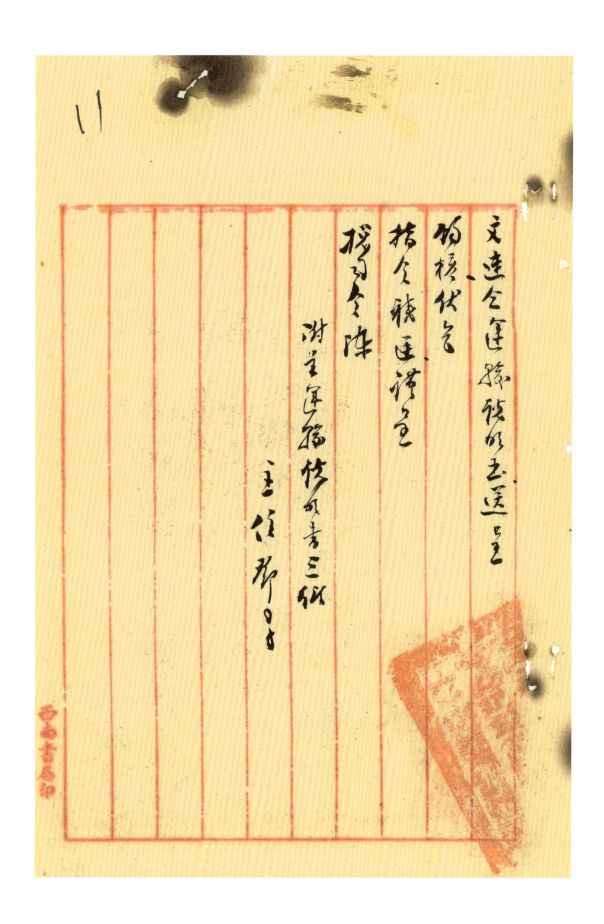

運輸說明書

項目	內容
發送處所及主管者職名	核蘭代表易壽偉
承收處所及主管者職名	琶江工廠曾主任鄧演存
押運者職名	易壽偉
種類	零器
數量	二十四件
用途（或事由）	琶江工廠
起運地點	香港
到達地點	琶江
經過稅關路站	
請發護照年月日	廿四年五月廿八
預計運畢時期	一十月
附記	

中華民國廿四年五月廿九日

（請照者職名章）[illegible]

廣州西湖路西南印書局製

11-1

中華民國廿七年三月廿八日

繕寫
校對
監印

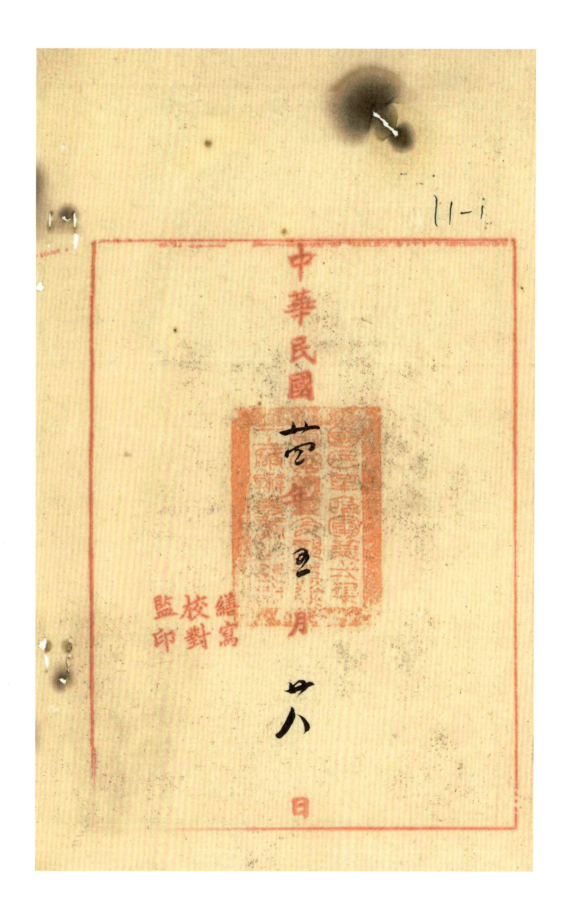

国民革命军第一集团军总司令部筹建工厂办事处为请发给格兰公司运输机器护照致总司令部的呈（一九三五年六月五日）

附：机器清单及运输说明书

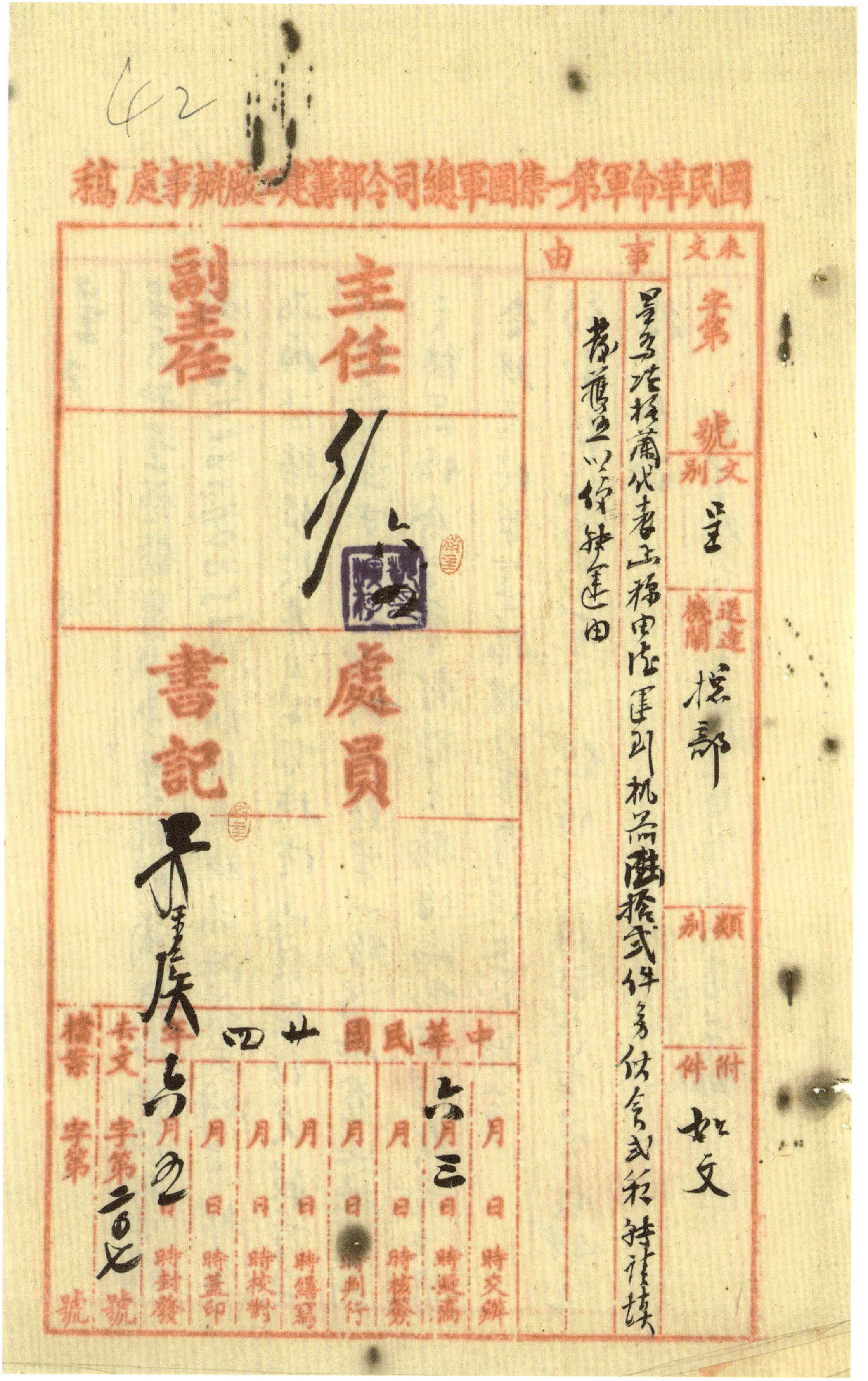
國民革命軍第一集團軍總司令部籌建一廠辦事處稿

來文	字第　號
文別	呈
送達機關	總部
類別	
附件	如文
事由	呈為准格蘭代表王福田陸運到機器壹拾貳件分作叁批特請填發護照以便起運由

主任　處員　副　書記

中華民國廿四年六月三日

交辦　月　日　時
擬稿　六月三日　時
核發　月　日　時
判行　月　日　時
繕寫　月　日　時
校對　月　日　時
蓋印　月　日　時
封發　月　日　時

去文　字第二百七號
檔案　字第　號

42-1

呈　第　号

呈為特呈請領護照事。案准荷蘭代表孫理雷德

國之CHARNHORST輪船附來機器傳接貳件另外合同

兩箱，該輪於本月十一日抵港，正請填給發護照，

以便裝運等由，並附機器清單一份。奉此，查此批運到

之機器係本廠所需訂購之物，除由本廠自理合同文外，

令機器清單運輸護照等備三份轉呈

鈞部，懇請發給下項，俾得轉請核發運照，實為公便。謹呈

署長俞

附呈機器清單暨運輸護照各三份

全銜主任委○○

457 机器六十二件由"Scharnhorst"运来

件数	名称	重量	备考
1	钻机	330kg	
1	金属用锯机	445"	
1	打磨工具机	856"	
1	机器零部	173"	
1	机器材料	1603"	?
1	机器零部	600"	
1	固定螺丝钳床	2725"	
1	活动机器床	4790"	
1	固定螺丝钳零部	1306"	
1	机轮箱	976"	
1	活动机器架	1135"	
1	机器零部	2200"	
1	"	968"	
1	交流电动机	722"	
1	"	548"	
1	电气用油类	33"	
1	"	33"	
1	"	92"	
1	"	90"	
2	温煖机器用具	1058"	
1	机器零部	346"	
7	两轮式运输架	70"	
1	包皮铜管	44"	
1	螺丝	51"	
1	插头	36"	
1	机器零部	1630"	
1	刨刀机	900"	
1	N式冲击机	1393"	
1	平钻机	7245"	
1	钻机	5851"	
1	打磨锯片机	81"	

1	活動机器架	1146〃
1	机器零部	2132〃
1	固定罗丝钳床	2690〃
1	活動机器床	5000〃
1	固定罗丝钳零部	1324〃
1	車輪箱	964〃

運輸說明書

項目	內容
發送處所及主管者職名	梧關代表易嘉作
承收處所及主管者職名	籌建工廠專員主任鄧演存
押運者職名	易嘉作
種類	機器、附件（保持或件）合式箱
數量	陸拾肆箱
用途（或事由）	龍江工廠
起運地點	香港
到達地點	龍江
經過稅關路站	
請發護照年月日	卅年六月五日
預計運畢時期	壹個月
附記	

（請照者職名章）籌建工廠專員主任鄧演存

中華民國卅年七月三日

廣州西湖路西南印書局製

48-1

中華民國廿四年六月三一日

繕寫
校對
監印

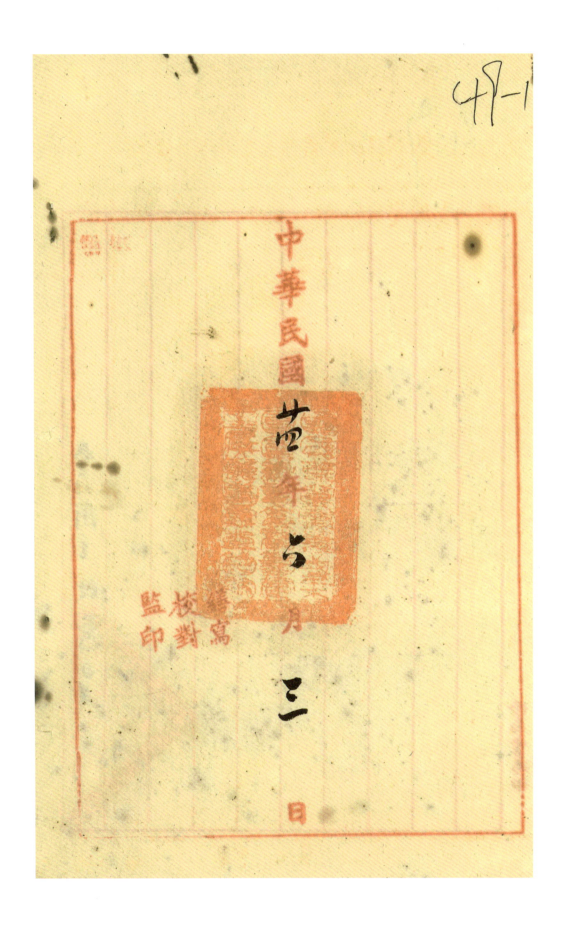

国民革命军第一集团军总司令部筹建工厂办事处为请发给格兰公司运输机器护照致总司令部的呈（一九三五年六月十八日）

附：机器清单及运输说明书

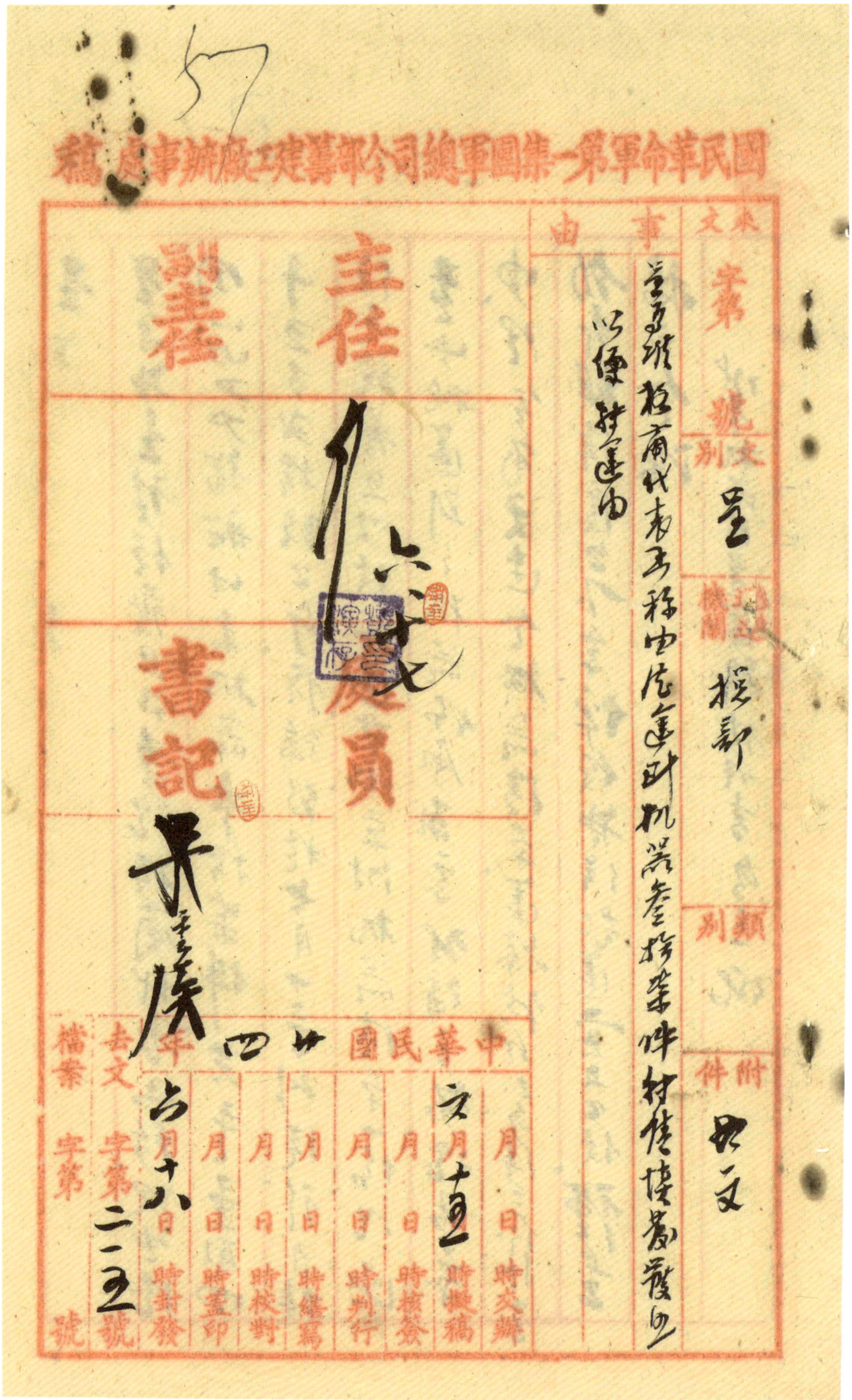

国民革命军第一集团军总司令部筹建工厂办事处稿

来文	字第 号
文别	呈
机关	总部
类别	
附件	如文
事由	呈为请发给格兰代表等押运由沪运鄂机器叁拾案件材料护照以便转运由

主任　　副主任

处员

书记

中华民国 廿四 年 六 月 十五 日 时交办　拟稿　核签　判行　缮写　校对　盖印　封发

去文　字第 二一五 号　六月十八日

档案　字第 号

57-1

呈　第　　號

呈為轉呈請領護照事。竊據荷蘭代表亞移現由德
國以四月份輪船付來機器零件等件共重壹萬四
千五百貳拾玖斤，擬輪約於七月十三日到港，擬予填
給免稅護照以便提運等由，並附機器清單一紙。據此，
查此批運到之機器係屬配零，附錄之物，應否准予
由，理合備文連同機器清單運輸護照書式各二份附呈
鈞部填給護照，乞下發，俾便轉給提運，實為公便。謹呈
楊司令陳

附呈機器清單運輸護照書式各二紙

60

全銜主任鄭[illegible]

機器共叁拾柒件由"ISAR"船運來

件数	名稱	重量	備考
1箱	鑽床	163Kg	
1"	鑽机	685"	
1"	"	685"	
1"	机器配件	1408"	
1"	"	262"	
1"	工具打磨机及附件	345"	
1"	特種机件	102"	
21捆	建築材料	2125"	
1箱	"		
1"	羅絲釘	38"	
1"	鑽机及枱	1980"	
1"	裝修用件	1564"	
1"	横面裝置件	727"	
1"	下層裝置件	323"	
1"	普通䍦床及附件	3600"	
2"	讦接工作枱四張	522"	
37件		14529kg	

運輸說明書

項目	內容
發送處所及主管者職名	穗南代表易嘉偉
承收處所及主管者職名	華達工廠辦事處主任鄒頌存
押運者職名	易嘉偉
種類	機器
數量	叁拾柒件
用途（或事由）	琶江工廠
起運地點	香港
到達地點	琶江
經過稅關路站	
請發護照年月日	廿四年六月十七日
預計運畢時期	[illegible]兩個月
附記	

中華民國廿四年六月十七日

（請照者職名章）華達工廠辦事處主任鄒頌存

G0-1

中華民國廿四年六月十三日

繕寫
校對
監印

国民革命军第一集团军总司令部筹建工厂办事处为请发给格兰公司运输机器护照致总司令部的呈（一九三五年七月十二日）

附：机器清单及运输说明书

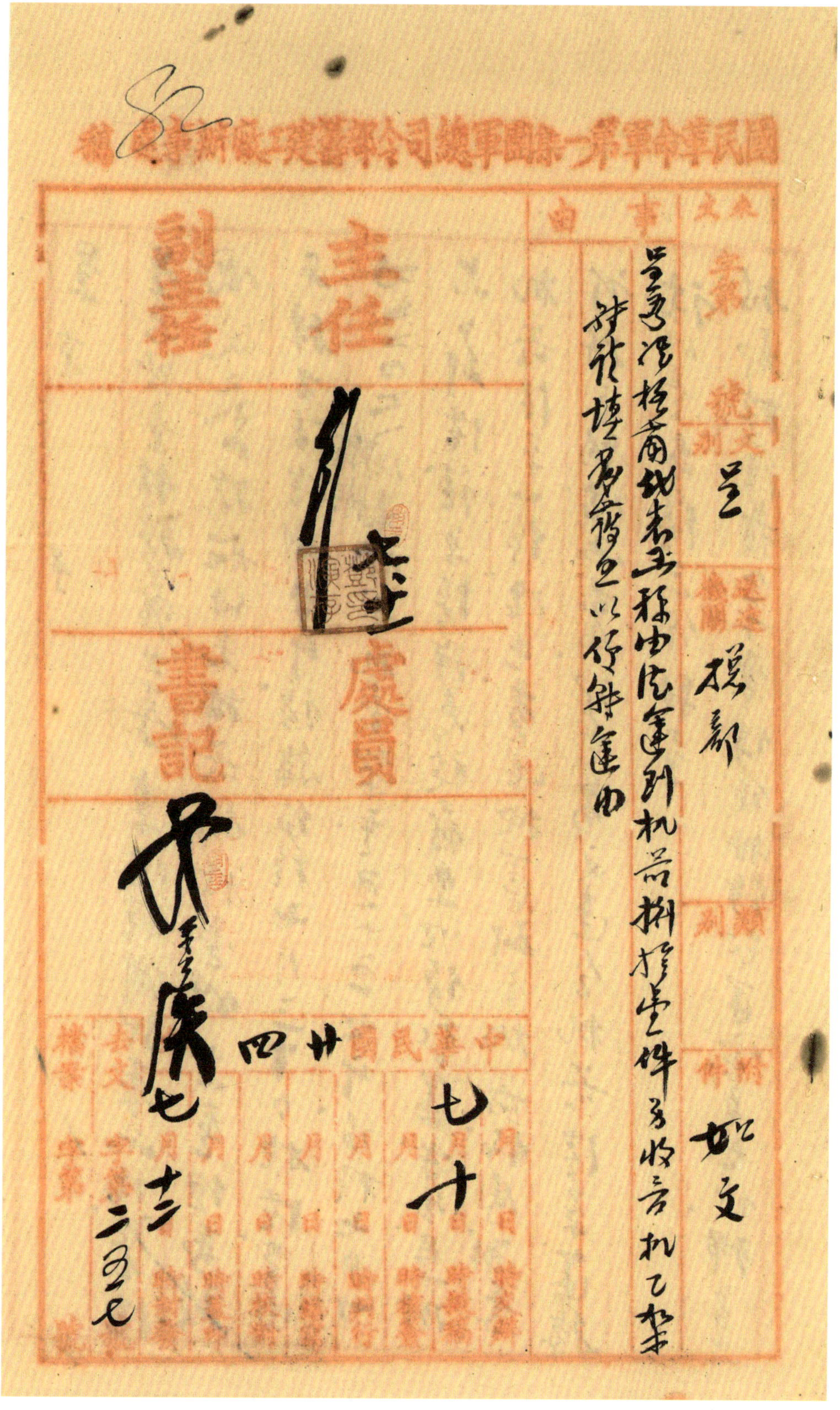

呈　第　號

呈為轉呈核備事。查港務局代表西籍理事陳

國大之輪船付來機器捆移動件，並經局致

千肆百捆，合斤該輪於七月三十日抵港，局由

九二八二五號輪船付來機器壹架，重五十五公斤，於七月廿

六日抵港。該局填發護照，以便報運，並由局附

機器清單一份，港屯查收，批運所之機器均歸本局

所轄之輪港五萬噸，理合備文連同機器清單、運條、

護照等各該三件，封呈

鈞部核准發照下來，俾便轉發報運，實為公便。謹呈

86

擬令准

附呈機器清單及運輸預算表各二份

全銜 主任 [illegible]

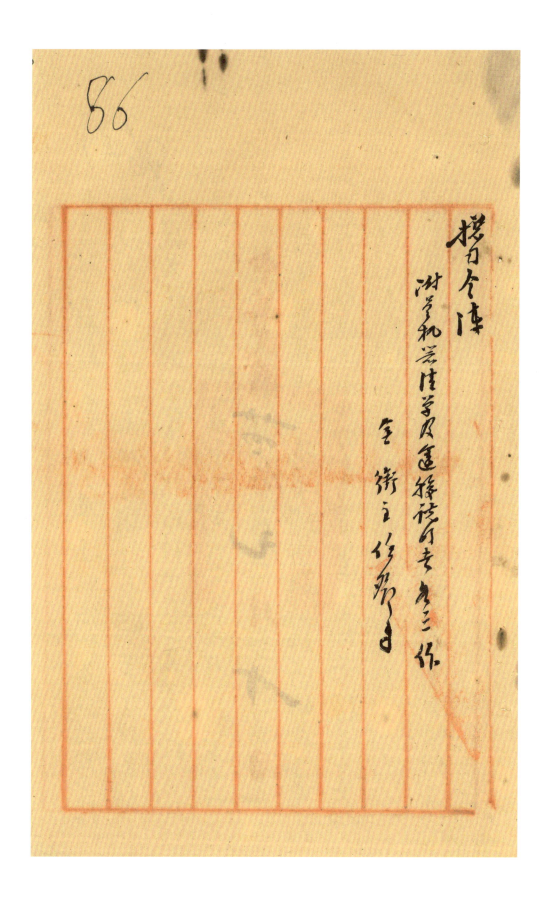

由"Ruhr"船運来机器八十一件共重59,468kg　1

84

件数	名称	重量	備考
1	磨打磨机	1000kg	
2	轉盤	1693"	
2	鉄軌	88"	
8	"	264"	
2	"	46"	
1	"	21"	
1	"	24"	
1	軌~~[illegible]~~道鉄棒	33"	
1	垂直螺丝	3"	
1	衝擊机	1650"	
1	"	3356"	
1	"	3403"	
1	"	4515"	
1	"	6585"	
1	"	8298"	
1	羅搭鑽打磨机	1282"	
1	工具打磨机	621"	
1	"	585"	
1	"	585"	
1	"	585"	
1	汽壓鑽机	360"	
2	机器下部工具	662"	
1	精密計算錶	223.46"	
1	~~机製~~圓筒形机製	320.45"	
1	螺丝釘机	922.4"	?
1	裝配机件設備	1155"	
1	"	1615"	
1	管	580"	
1	"	480"	
1	螺丝~~[illegible]~~机	273"	
2	~~標準~~驗平板	8600"	
1	皮帶	11"	
1	打磨机	164"	

2,

1	保險蓋	136"	
1	打磨机	510"	
1	鋼起重器	242"	
1	打磨机	198"	
1	活動打磨机	54"	
26	机器材料	7425"	
4	"	861"	
1	"	40"	
共 81件		59468"	
另 1件	收音机一架	55 Kg	由"Ranchi"船運來

運輸說明書

發送處所及主管者職名	承收處所及主管者職名	押運者職名	種類	數量	用途（或事由）	起運地點	到達地點	經過稅關路站	請發護照年月日	預計運畢時期
楊甫代表易嘉傳	肇建工廠办子事主任鄧憲存	易嘉傳	机器	捌拾乙件另收音机乙架	肇江工廠	香港	肇江		廿年七月十六	弍個月

附記

（請照者職名章）全衛主任鄧憲存

中華民國廿年七月十一日

廣州西湖路西南印書局製

86-1

中華民國卅年七月十日

国民革命军第一集团军总司令部筹建工厂办事处为请发给格兰公司运输机器护照致总司令部的呈（一九三五年七月二十七日）

附：机器清单及运输说明书

国民革命軍第一集團軍總司令部籌建工廠辦事處稿

來文 字第 號

文別 呈

送達機關 總部

附件 如文

事由

主任

副主任

書記

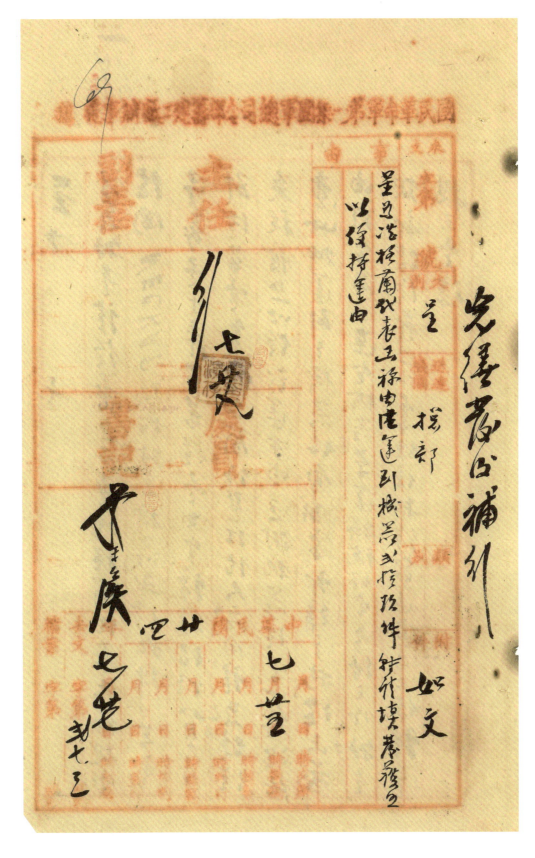

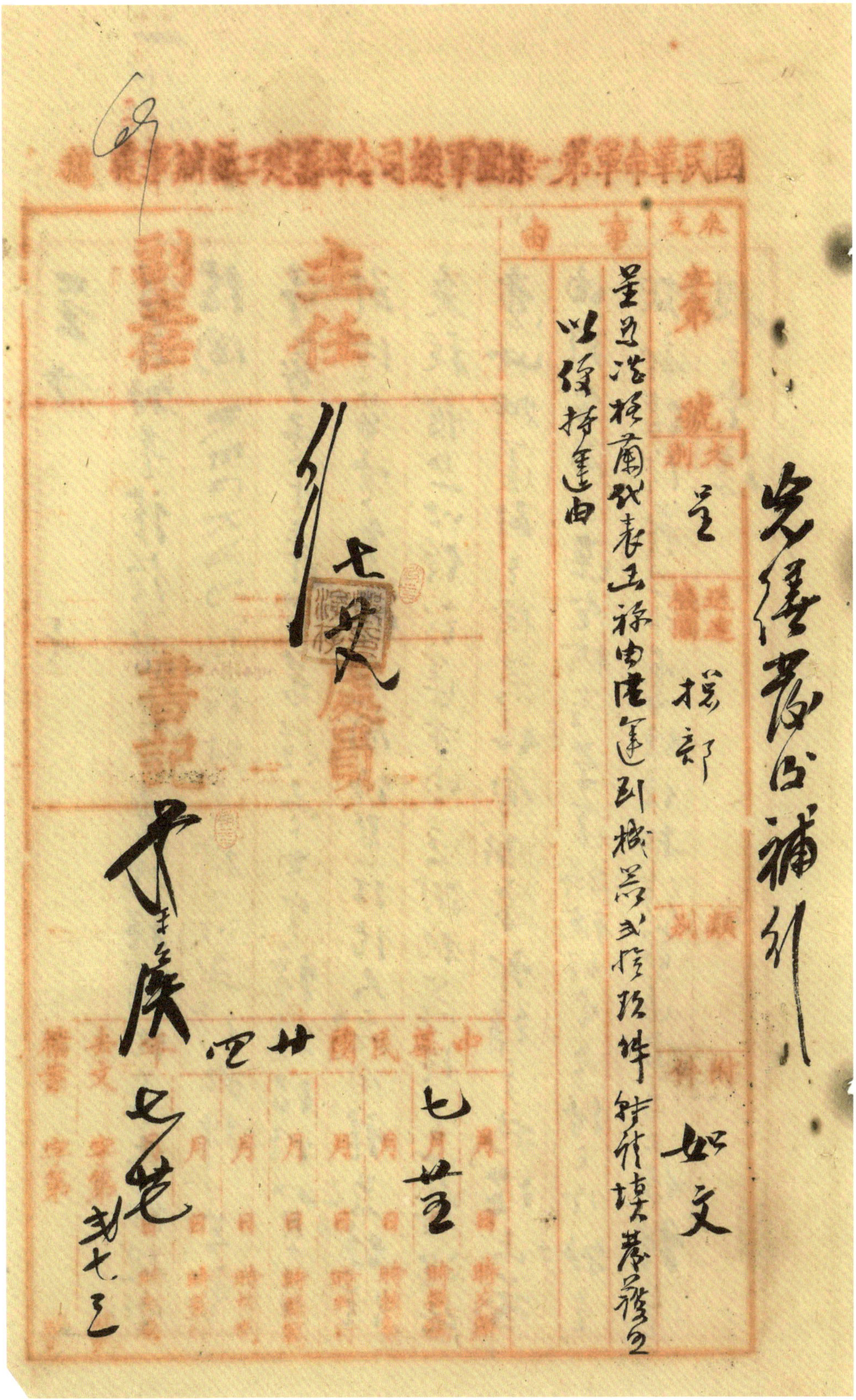

68-1

呈　　　　第　　號

為遵令請派員護送一事茲據英商卜內門代表函稱現由
德國NCKFA輪船付來機器式樣九件共重
壹萬壹千餘公斤業經起卸擬於一月九日
到港等由查此項機器係本廠需用請派員護送
負責護送以便運輸並附機器清單一份請
查此批運到之機器係本廠所需之物[illegible]
由理合備文連同機器清單呈請鑒核俾便轉呈
鈞部備案俾便轉飭遵照實為公便謹呈
指令祗遵

附本機密作字第建號請發費二千元

主衛主任鄧一〇〇

由"Neckar"船運来机器計共叁拾件

件数	机器名稱	重量	備
1	固定式汽錘	257Kg	
1	活動式〃	276〃	
1	車床	912〃	
1	磨圓形机	213〃	
1	較準板 Nr.20	1200〃	
1	〃 〃20	1222〃	
1	〃 〃20	1209〃	
1	〃 〃17	977〃	
1	〃 〃16	611〃	
1	〃 〃8	125〃	
1	〃 〃8	125〃	
1	油管及風箱	425〃	
1	打風器	203〃	
1	膠帶	72〃	
1	地脚螺丝	14〃	
1	螺丝钳	43〃	
1	較準儀	205〃	
5	圓鋼板	502〃	
2	角鐵	190〃	
1	皮帶零件	16〃	
1	軌道聯桿	70〃	
1	〃〃〃之螺丝釘	32〃	
1	凹軌	2240〃	
1	插床千擋	92〃	
1	電焊柜		此件重量未詳
共30件	共重	11371Kg	

運輸說明書

發送處所及主管者職名	越南代表易嘉作
承收處所及主管者職名	籌建工廠委員會主任委員蔣廣濟存
押運者職名	易嘉作
種類	機器
數量	弍拾玖件 另壹零擔乙件
用途（或事由）	琶江工廠
起運地點	香港
到達地點	琶江
經過稅關路站	
請發護照年月日	卅四年七月廿五日
預計運畢時期	壹個月

附記

（請照者職名章）仝 衛主任委員○七

中華民國卅四年七月廿九日

廣州西湖路西南印書局製

72-1

中華民國廿七 月 廿四 日

国民革命军第一集团军总司令部筹建工厂办事处为请发给格兰公司运输机器护照致总司令部的呈
（一九三五年八月八日）

附：运输说明书及机器清单

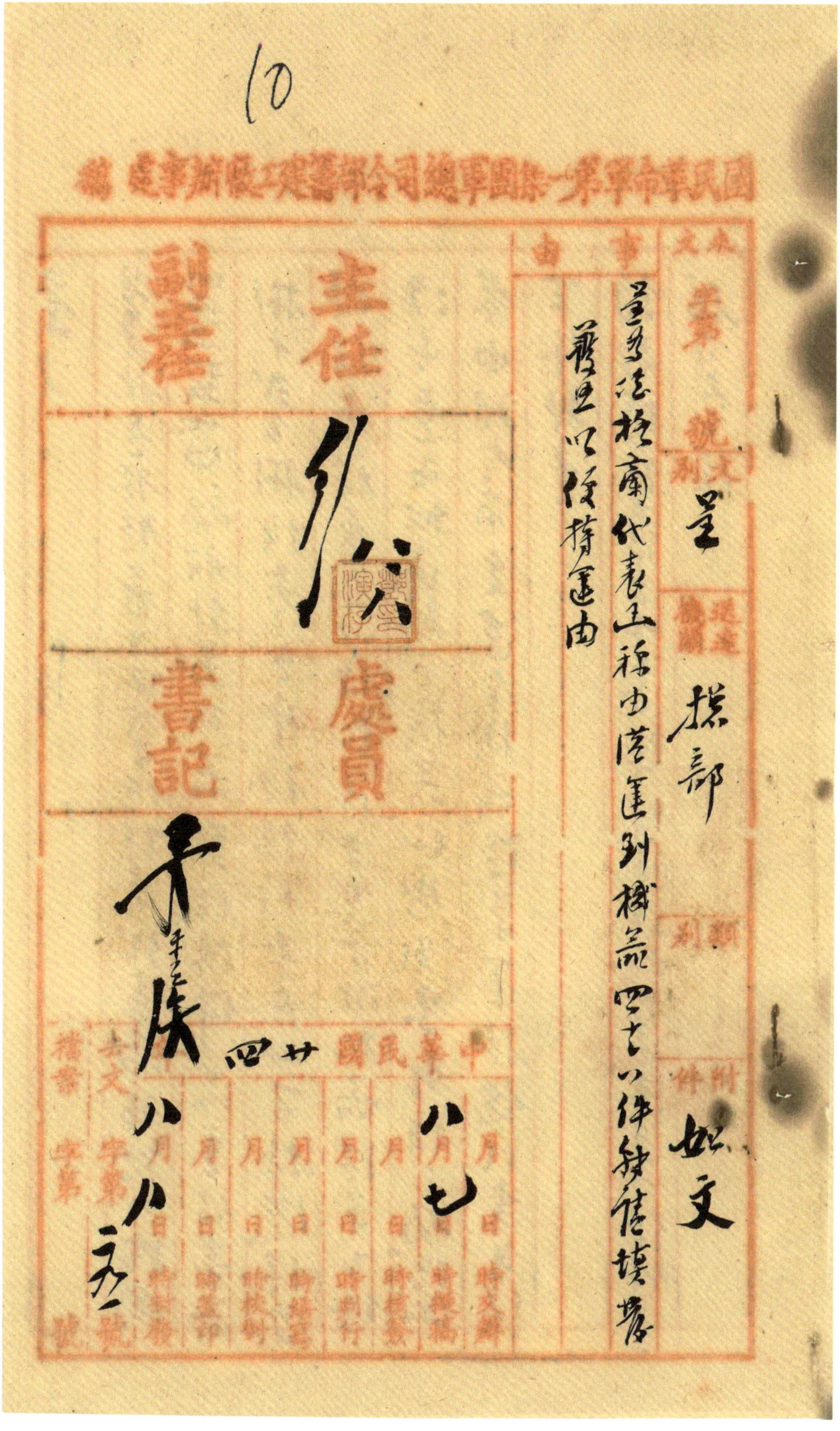

國民革命軍第一集團軍總司令部籌建工廠辦事處稿
本文 字第 號
副文 呈
送達機關 總部
附件 如文
事由
呈為法格蘭代表王稱由滬運到機器四十八件請填發護照以便搭運由
主任
處員
書記
副主任
中華民國廿四年
八月七日
八月八日

呈　　　第　　　號

查本廠前領兵工署禪臣洋行英商代表馬禮孫由德國ERMLAND輪船付來機器肆拾件，共重約壹萬捌千弍百捌拾叁公斤，該輪於本月卅日抵港，請予填給免稅護照，以便起運等由，並附機器清單乙份前來。查此批運到之機器，係屬我廠所需之[illegible]，[illegible]由，理合備文連同機器清單運輸護照書表格三份錄呈

鈞部填給護照下來，俾便轉給[illegible]運寧，以便護運

指令祗遵

13

附機器清單運綫說明書各三份

金　衛主任鄧印

此據已作存根

運輸說明書

項目	內容
發送處所及主管者職名	柏蘭代表易壽偉
承收處所及主管者職名	籌建工廠第二分處主任鄧演存
押運者職名	易壽偉
種類	機器
數量	肆拾陆件
用途（或事由）	碧江工廠
起運地點	香港
到達地點	碧江
經過稅關路站	
請發護照年月日	廿七年八月起
預計運畢時期	貳個月
附記	

中華民國廿七年八月九日

（請照者職名章）主任鄧演存

廣州西湖路□南印書局製

18

由"Ermland"船運来机器共肆拾陸件

件數	名稱	重量	備考
1	鉄車	307Kg	
1	〃	382〃	
1	木車	569	
1	熔化鍋及火炉材料		重量未詳
1	造管火炉		〃
1	鹽湯溶化炉		〃
1	炉		〃
1	單室火炉	5230Kg	
1	燒炉		〃
1	打風机及電動机		〃
1	〃		〃
1	鑄鋳品		〃
1	管		〃
1	鼎	117Kg	
1	錶櫃表	110〃	
1	〃	110〃	
1	絕緣膠質"L"	56〃	
1	罐	57〃	
1	〃	43〃	
1	開關等等	120〃	
1	機器灯具	148〃	
1	灯罩等件	98〃	
1	量度品	90〃	
1	鉄零件	138〃	
1	管托	6〃	
1	電板线	12〃	
6	開關板	665〃	
1	板架品	18〃	
13	開關板	1405〃	
46件	共重	18283Kg	

国民革命军第一集团军总司令部筹建工厂办事处为请发给格兰公司运输机器护照致总司令部的呈（一九三五年八月十四日）

附：运输说明书及机器清单

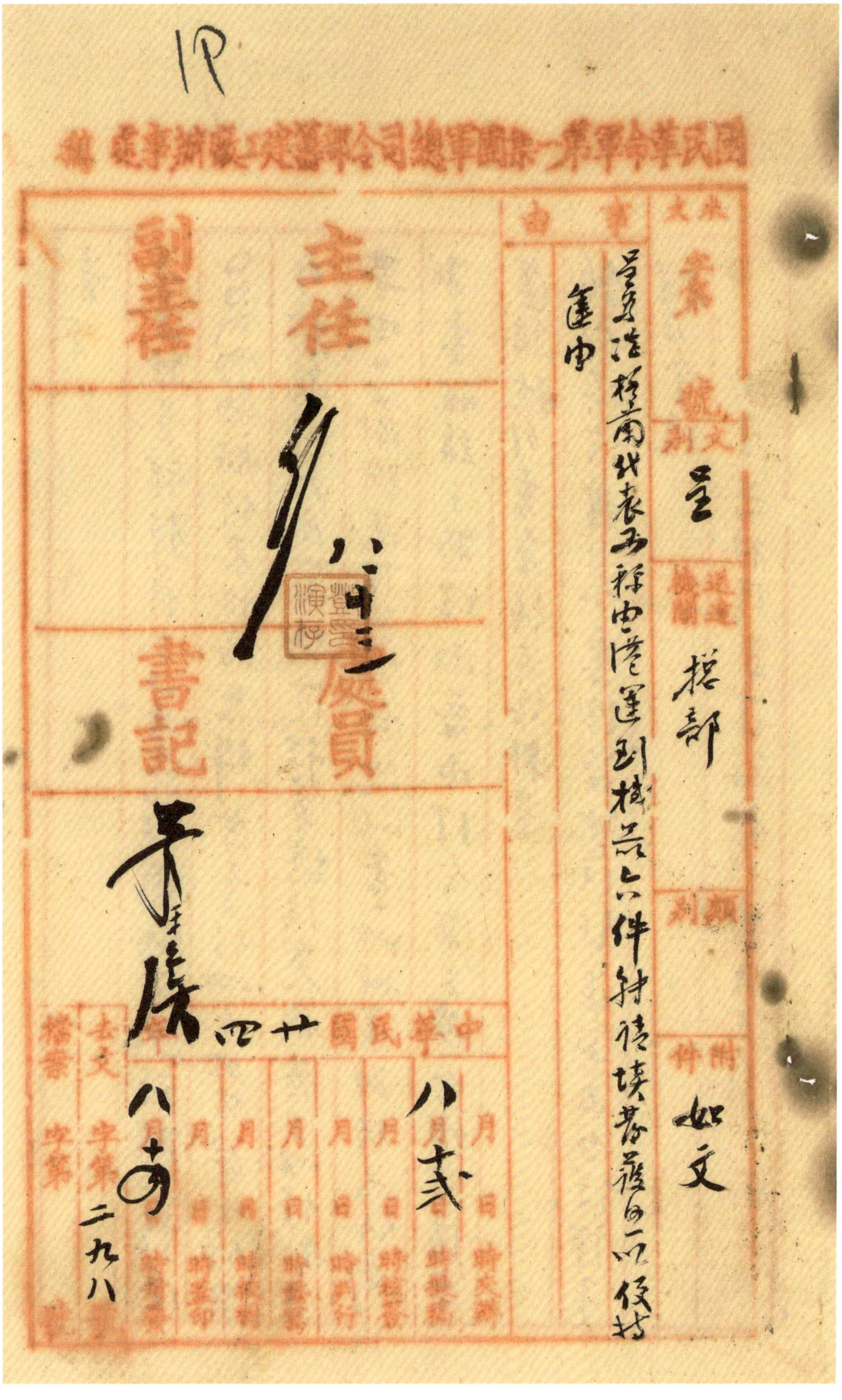
國民革命軍第一集團軍總司令部籌建工廠辦事處稿

文別　呈

送達機關　總部

附件　如文

事由

主任

副主任

書記

辦事員

中華民國　廿四　年　八　月　日

18-1

呈　市字　號

呈為轉呈請領護照事。案准杜蘭代表函稱，現由法國ODER號船付來機器六件，共重約四千九百柒十餘公斤，該機器於九月一日抵滬，請轉填給免稅護照，以便起運等由，並附機器清單乙份。據此，查此批運到機器係屬敝處所購之物，除函覆外，理合備文連同機器清單、運務證明書各一件，備文轉呈鈞部填給護照發下，俾便轉給起運，實為公便。謹呈

揚令陳

附呈：機器清單、運務證明書各三紙

28

仝

衛主任鄧[illegible]

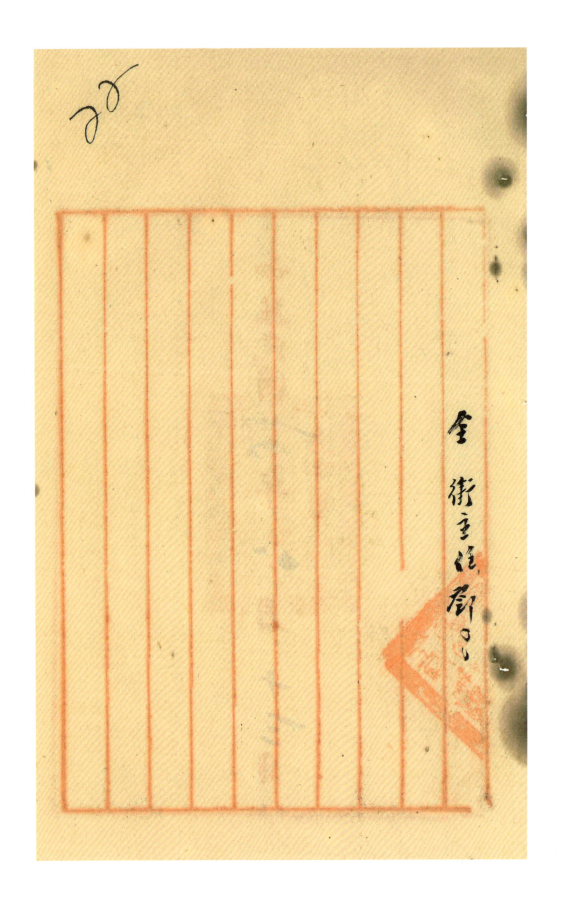

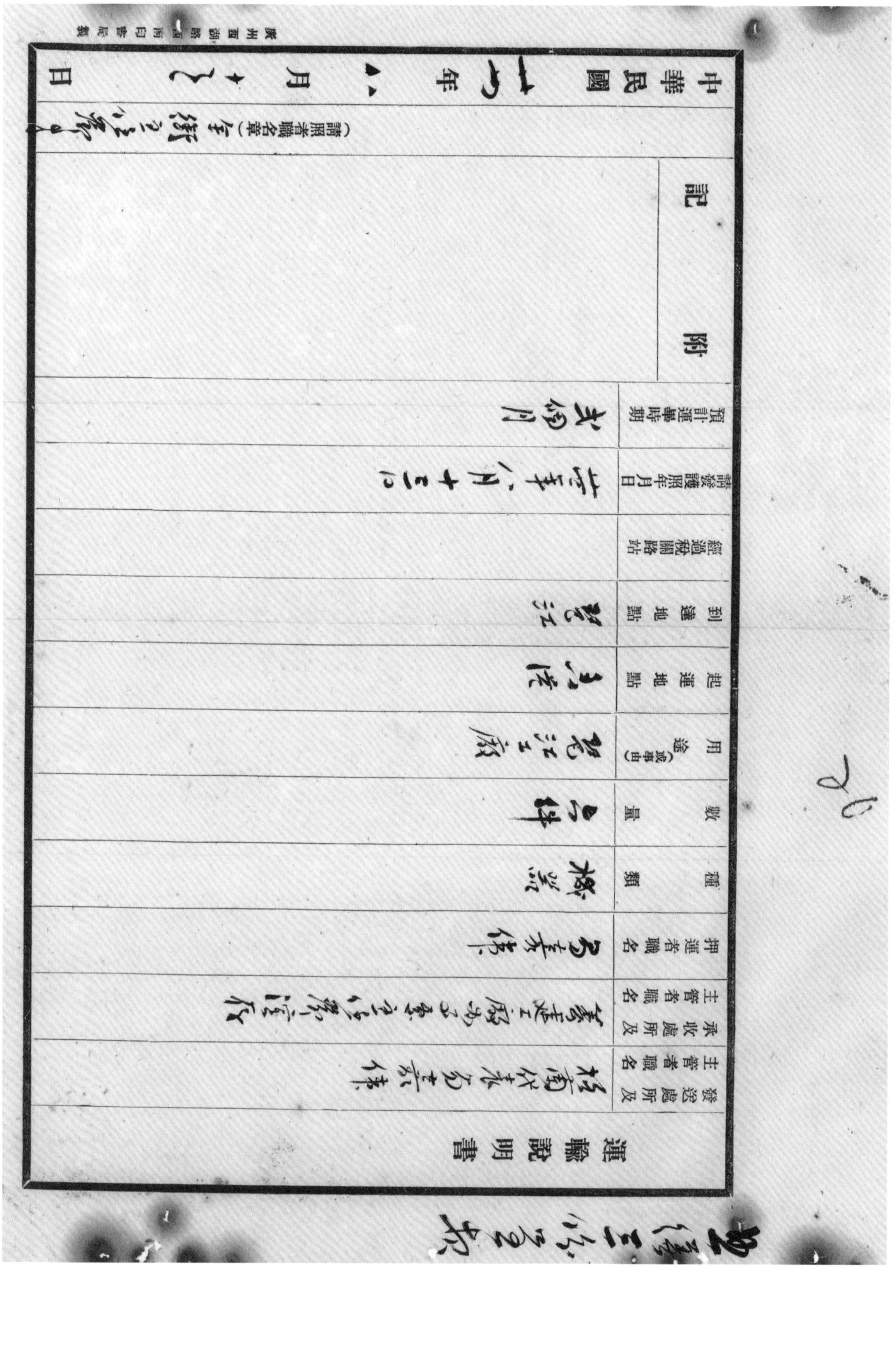

[illegible]

運輸說明書

項目	內容
發送處所及主管者職名	桂南代表易嘉偉
承收處所及主管者職名	營建工廠办事處主任廖濱存
押運者職名	易嘉偉
種類	機器
數量	六件
用途（或事由）	琶江工廠
起運地點	香港
到達地點	琶江
經過稅關路站	
請發護照年月日	廿年八月十三日
預計運畢時期	弍個月
附記	

（請照者職名章）全銜主任廖

中華民國廿年八月十三日

廣州西湖路西南印書局製

由"Oder"船運來机器計共陸件

件数	机器名稱	重量	備考
1	速度壓机	300 kg	
1	"	300 "	
1	六角車床	4130 "	
1	噴漆器 No. 196 並附件 22251	101 "	
1	噴漆器 No. 196 並附件 22251	101 "	
1	枱鑽	45 "	
共 6件		4977 kg	

22-1

中華民國廿四年八月十三日

国民革命军第一集团军总司令部筹建工厂办事处为请发给格兰公司运输机器护照致总司令部的呈（一九三五年八月二十四日）

附：机器清单及运输说明书

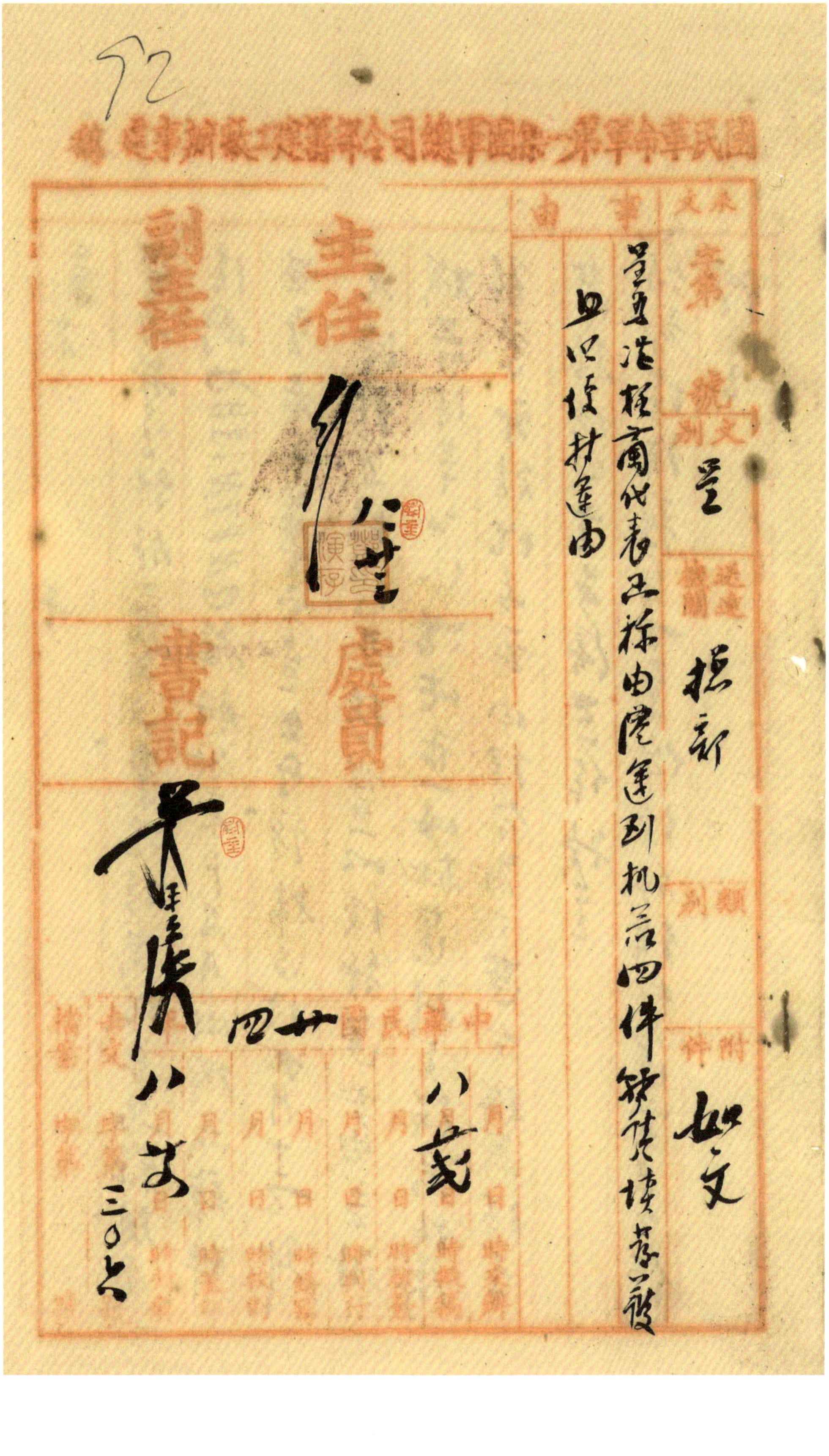

呈為　　事

呈為報呈請領護照予東璘格蘭代表馬祥現由

德國RHEINLAND輪船附來F及A廠機器肆件

共重叁千叁百零五公斤該輪約於九月十二日到

香港請予填發免稅護照以便持運並由該附

機器清單乙份請予查收批運到之機器仍需

駐京辦事處由理合備文連同機器清單

鑒核祈予責成各該工作證呈

鈞部填給護照下等俾便持續搬運實為公便

謹呈

56

拟可令准

附呈机器清单、运输证明书各三件

全衔 [illegible]

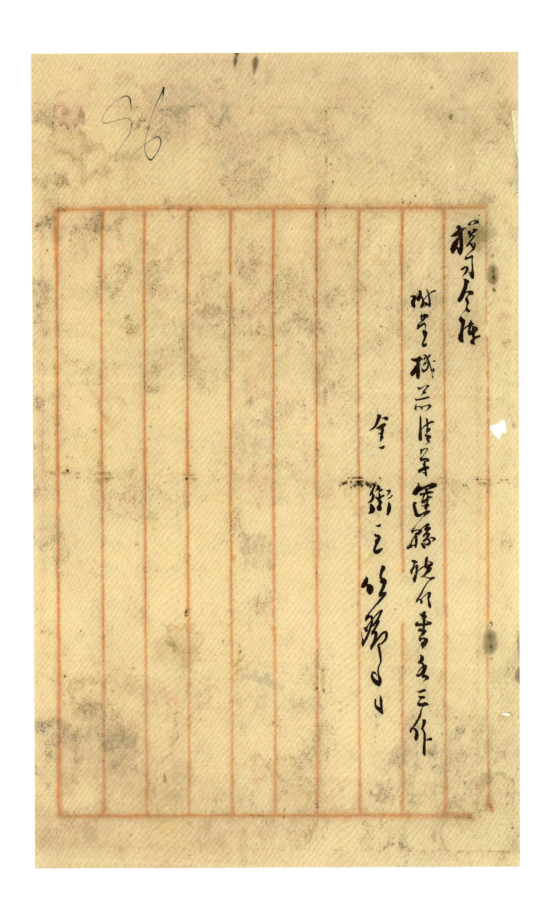

由"Reinland"船運來[illegible]四件

數量	名稱	重量	備考
1	平車卡及羅丝紙版	262 Kg	
1	齒輪二套	83 〃	
1	車床及附件	2890 〃	
1	鍛鐵具	470	
共 4件		3705	

94

運輸說明書

項目	內容
發送處所及主管者職名	招商局代表石吾祥
承收處所及主管者職名	第五十工廠[illegible]
押運者職名	石吾祥
種類	機器
數量	壹件
用途（或事由）	望江工廠
起運地點	長沙
到達地點	望江
經過稅關路站	
請發護照年月日	廿七年八月十二日
預計運畢時期	弍個月
附記	

（請照者職名章）[illegible]

中華民國廿七年八月十二日

廣州西湖路西南印書局製

76-1

中華民國　廿年　八月　貳　日

国民革命军第一集团军总司令部筹建工厂办事处为请发给格兰公司运输机器护照致总司令部的呈（一九三五年九月六日）

附：运输说明书

國民革命軍第一集團軍總司令部籌建工廠辦事處稿

來文 第 號

文別 呈

送達機關 總部

事由 呈送格蘭代表王穎由陸運川機器乙批鈔請護書一張以保其運由

附件 如文

主任

副主任

處員

書記

中華民國廿四年九月四日

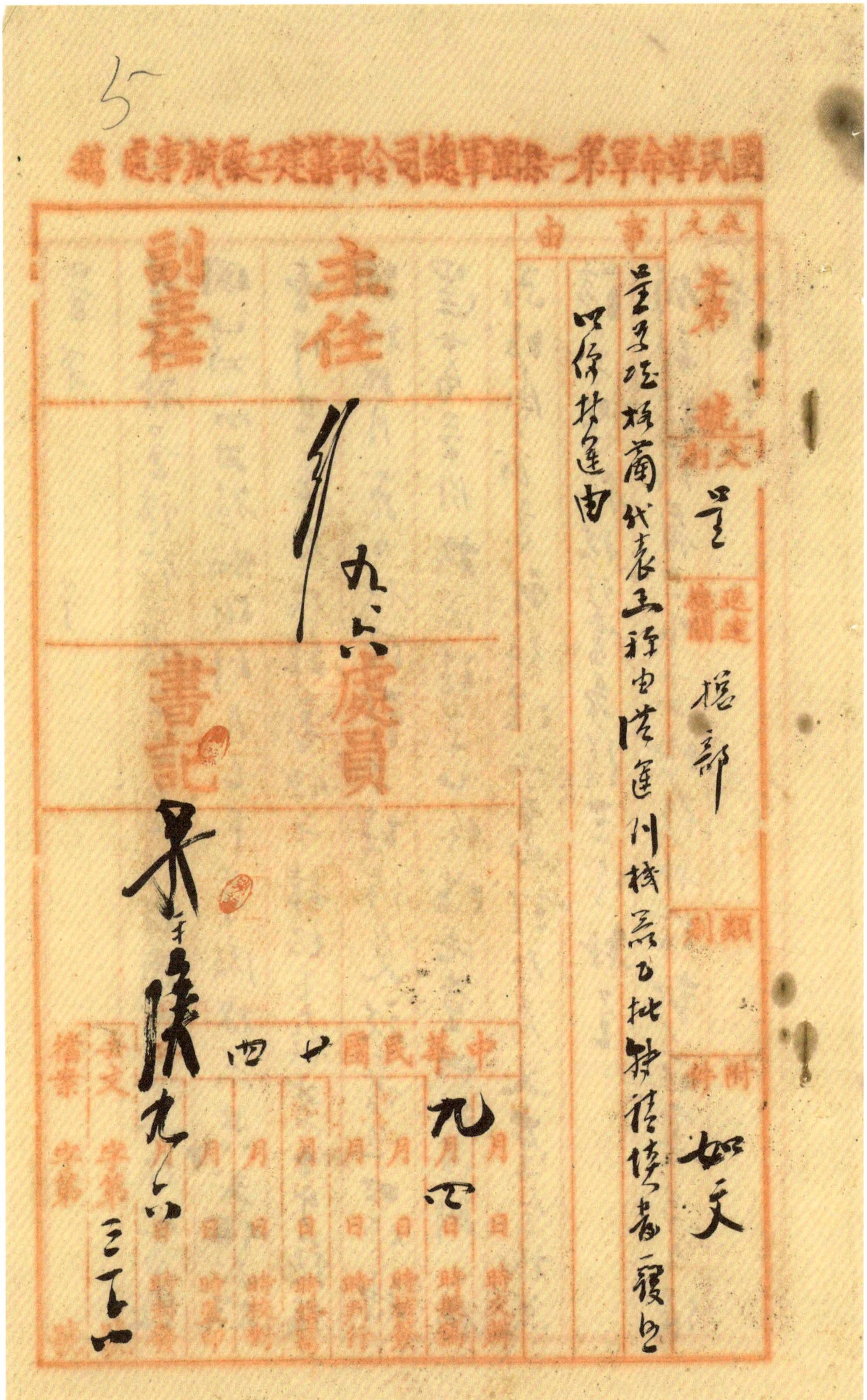

5-1

呈為　　事

業據呈請領發五子棠陸稽衛代表王孫玖向德國為一〇〇〇噸輪船附件AEF等廠機器共貳佰貳拾壹件共重叁拾肆萬伍千肆佰伍拾柒公斤擬於九月五日起運請領護照免稅護照以便轉運等由並附機器清單一份奉此查此批運到之機器均係戰前所訂購之物理合備文連同機器清單暨護照書各三份齎呈鈞部核發護照下發俾便轉給報運實為公便

謹呈

拟以令饬

附呈机器清单连移转给青年工作

全衔主任郑[illegible]

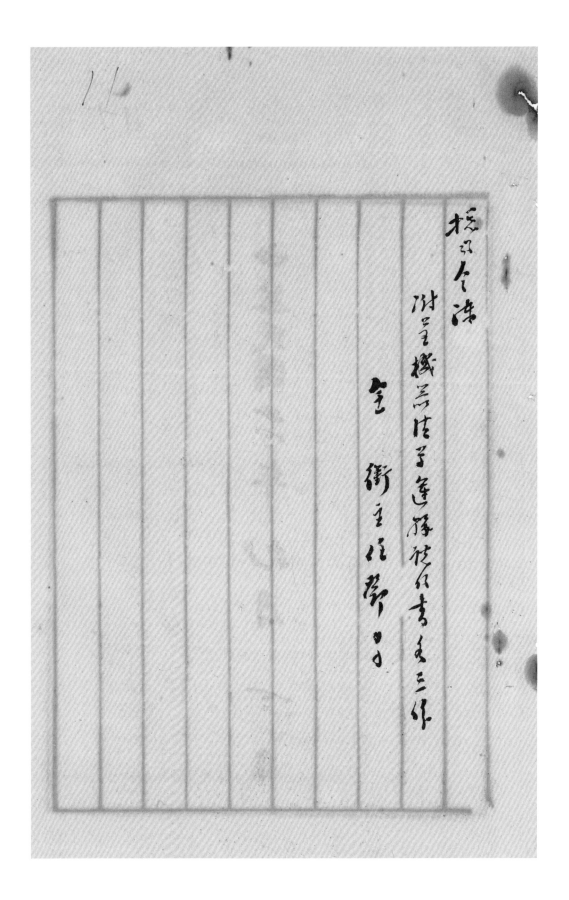

附乙漢三修呈報

運輸說明書

項目	內容
發送處所及主管者職名	桂南代表易士豪偉
承收處所及主管者職名	萬建工廠加工處主任鄭漢存
押運者職名	易士豪偉
種類	機器
數量	貳佰貳拾壹件
用途(或事由)	琶江工廠
起運地點	香港
到達地點	琶江
經過稅關路站	
請發護照年月日	卅一年九月六日
預計運畢時期	貳個月
附記	

中華民國卅一年九月六日

(請照者職名章)全衡之修齋

廣州西湖路西南印書局製

11-1

中華民國卅四年九月卅日

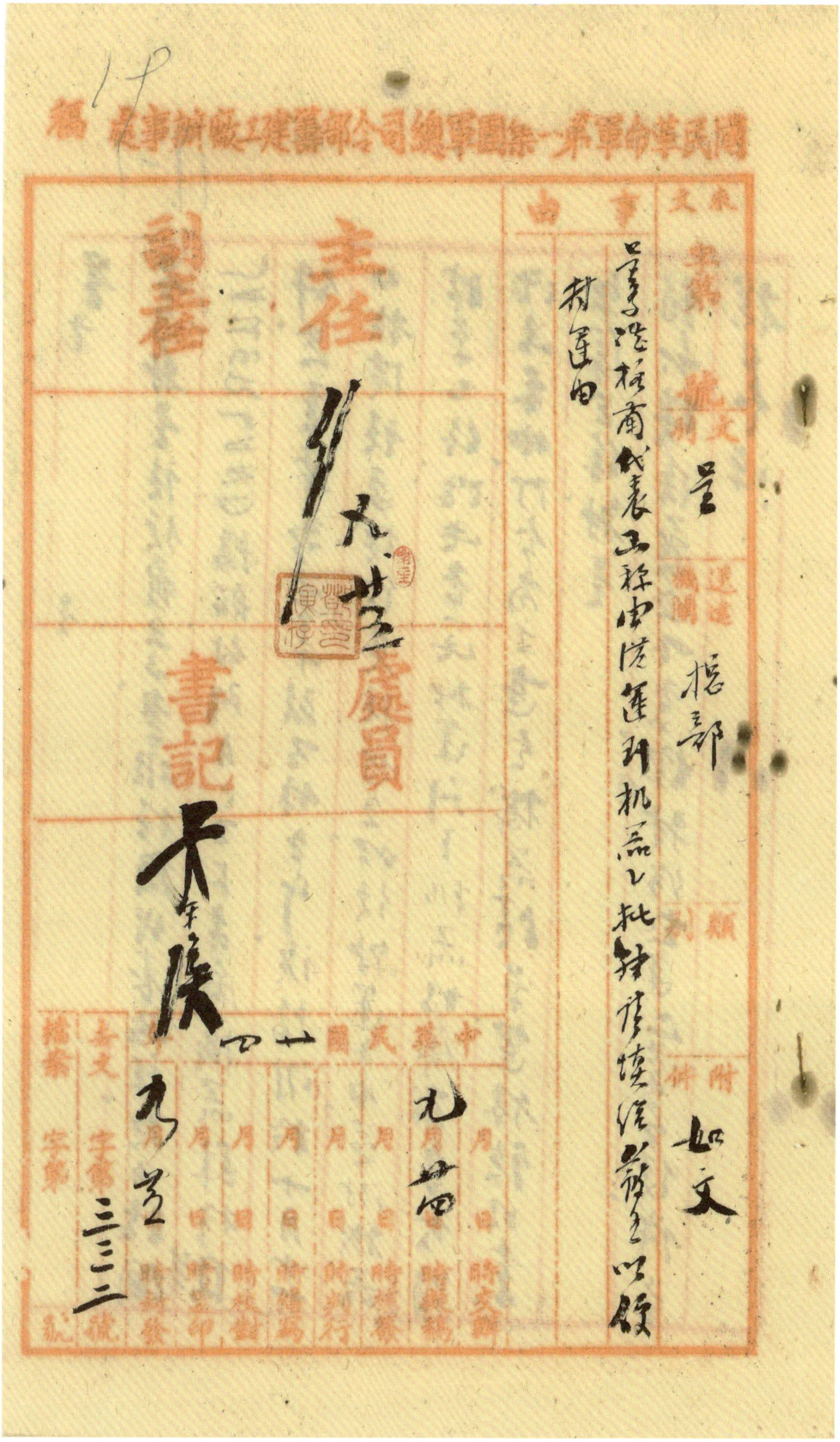

国民革命军第一集团军总司令部筹建工厂办事处为请发给格兰公司运输机器护照致总司令部的呈
（一九三五年九月二十五日）

附：机器清单及运输说明书

18-1

呈　字　　号

呈為轉呈請領護照事。案准確樓商代表安祿現由德國SAUERLAND輪船付到ACDF各廠機器肆拾陸件，共重叁萬柒千玖百公斤，該輪准於十月十日抵港，請為填給免稅護照，以便轉運。等由；並附機器清單乙份。除將七十七批運到之機器歸廠驗收外，理合檢同原附，備文呈送機器清單、運輸護照書各份，呈請轉呈鈞署填發護照下廠，俾轉給承運廠商，以便提運。

謹呈令准

附呈執照清單及登錄證明書各三件

全銜主任鄧日[illegible]

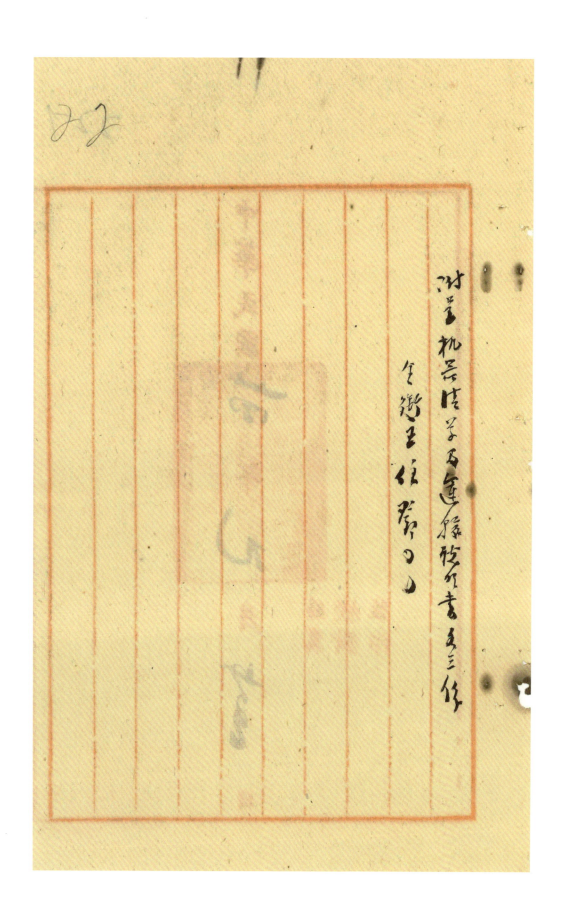

由"Saverland"船運來机器計共四十六件

件數	名稱	重量	備考
1	鑽床，泵交發動机		
	羅丝母塞等件	6215kg	
1	氣管	8570"	
1	"	1030"	
1	壓羅丝机		
1	同上附件	384"	
1	机器零部	5165"	
1	鈑剪	381"	
1	輪箱並發動机	155"	
1	机器零部	120"	
1	檢驗儀器	125"	
14	同上部所用材料	1742"	
1	"	577"	
1	電線纜	418"	
3	闸阀材料	410"	
8	建築鐵料	2317"	
1	木板		
1	螺丝等件	67"	
1	U形鐵	215"	
1	角鐵	50"	
1	網紋板		
1	"	220"	
1	辰、凹溝用環，滑丝等	264"	
1	電器	72"	
1	"	62"	
46	—	37959kg	

粵僑工作業務

80

運輸說明書

發送處所及主管者職名	承收處所及主管者職名	押運者職名	種類	數量	用途（或事由）	起運地點	到達地點	經過稅關路站	請發護照年月日	預計運畢時期
桂甫代表易嘉偉	籌建工廠第一零工作 孫濟行	易嘉偉	机器	肆拾陸件（易呂二廠各件）	琶江工廠	青塘	琶江		卅年九月廿五日	壹個月

附記

（請照者職名章）全衛工作隊部

中華民國卅四年九月廿五日

廣州西湖路西南印書局製

227

中華民國廿九年　月廿三日

繕寫

校對

監印

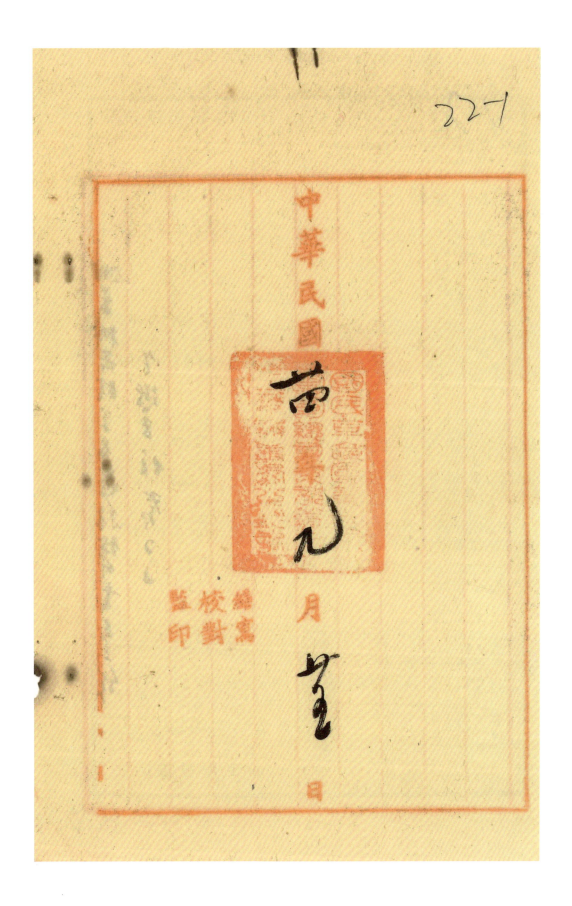

国民革命军第一集团军总司令部筹建工厂办事处为请发给格兰公司运输机器护照致总司令部的呈（一九三五年十月一日）

附：机器清单及运输说明书

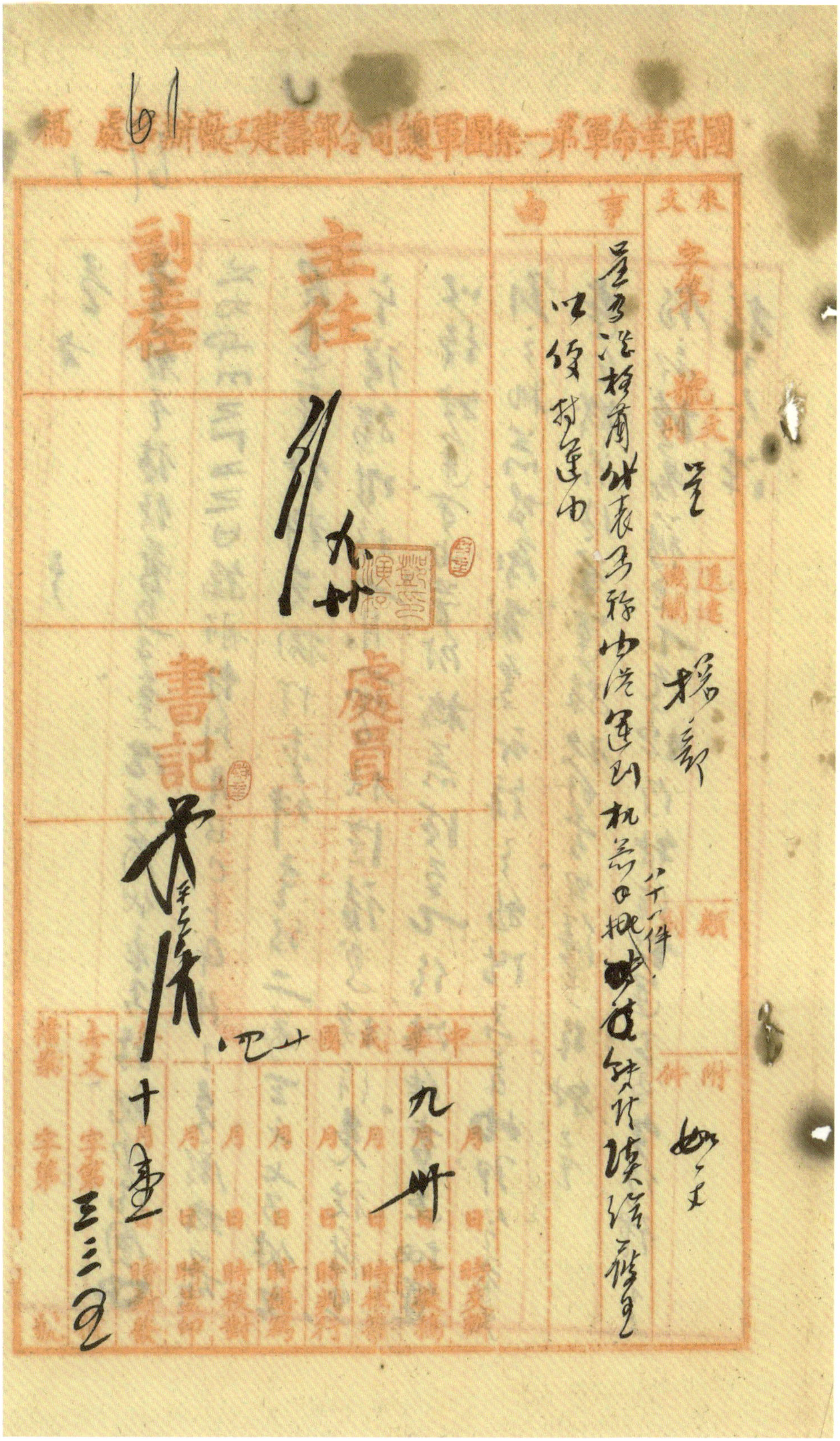

61-1

呈　字　　号

案奉钧署颁发英国军港指南代表王群现由港函

之ARGENLAND轮船装到ABCFGHI各厂机器

及建筑材料共捌拾重件，重约二万三千七百余公

斤，该轮约于十月一号抵港，请求填给免税护照，

以便转运。其由港附机器清单乙份、说明书七份，先予批准

到之机器核系新购之物，况系全由，理合备文

连同机器清单、运输执照书、保险单各一份，转呈

钧部填发护照，不胜待候转饬遵运，实为公便，谨呈

核示令遵

65

附呈運輸統制書及机關清單各二份

主任 蔣中正

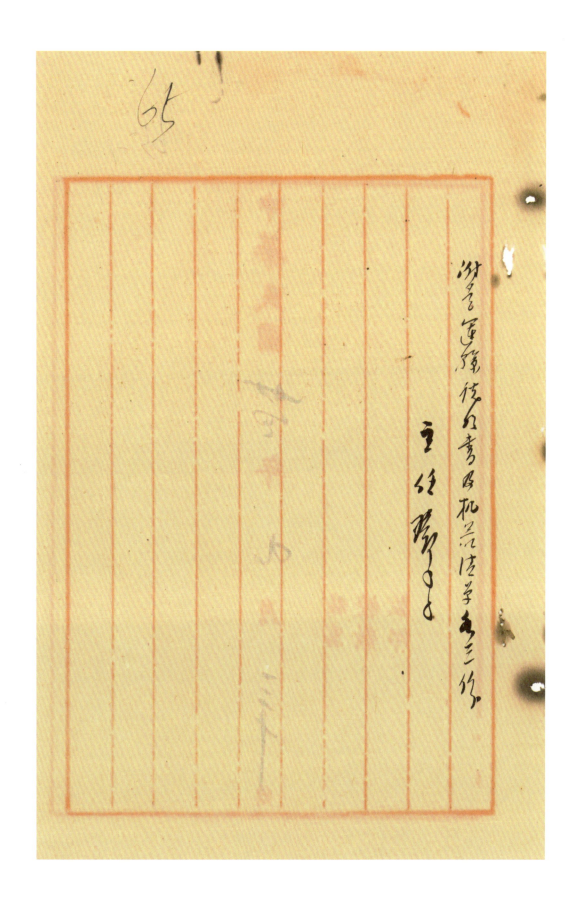

由"Burgenland"船運來机器共計柒拾捌件共重 [illegible]

件数	物品名稱	重量	備考
1	電灯分配箱	15k	
1	銅電線	71"	
1	開關等零件	44"	
1	玻璃器	51"	
1	電灯及玻璃	44"	
1	Nr310 绝缘膠"L"	20"	
1	電線纜	21"	
1	"	61"	
1	[illegible]件	42"	
1	電力分配器	135"	
1	木箱	115"	
13	機器零部	1713"	
8	鉄條	1805"	
3	机器零部	1213"	
1	圓形電石	2413"	
1	[illegible]作工具	163"	
1	[illegible]作工具等件	453"	
1	速[illegible]製品件	584"	
1	[illegible]件等	415"	
1	"	422"	
1	石膽油等	70"	
3	圓形鉄	3[illegible]"	
1	鍋底用板	65"	
1	螺旋式鑽机	66"	
1	[illegible]口	116"	
1	工具及架	160"	
23	建築材料	11071"	
1	[illegible]飾	233"	
1	窗架十件	516"	
3	机器羅丝	750"	
1	交流電机	65"	
78		23617,2Kg	

63

件数	接上数目	[illegible]
1	[illegible]	[illegible]
1	[illegible]	77
1	[illegible]	18
共计 [illegible]		[illegible]

64

運輸說明書

發送處所及主管者職名	桂南代表易壽偉
承收處所及主管者職名	第五十工廠分廠主任鄧演存
押運者職名	易壽偉
種類	機器
數量	捌拾壹件
用途（或事由）	望江工廠
起運地點	秦陵
到達地點	望江
經過稅關路站	
請發護照年月日	卅年十月一日
預計運畢時期	弍個月
附記	

（請照者職名章）全衛之代鄧

中華民國卅年拾月壹日

廣州西湖路西南印書局製

65-1

中華民國 廿 年 九 月 二十 日

繕寫
校對
監印

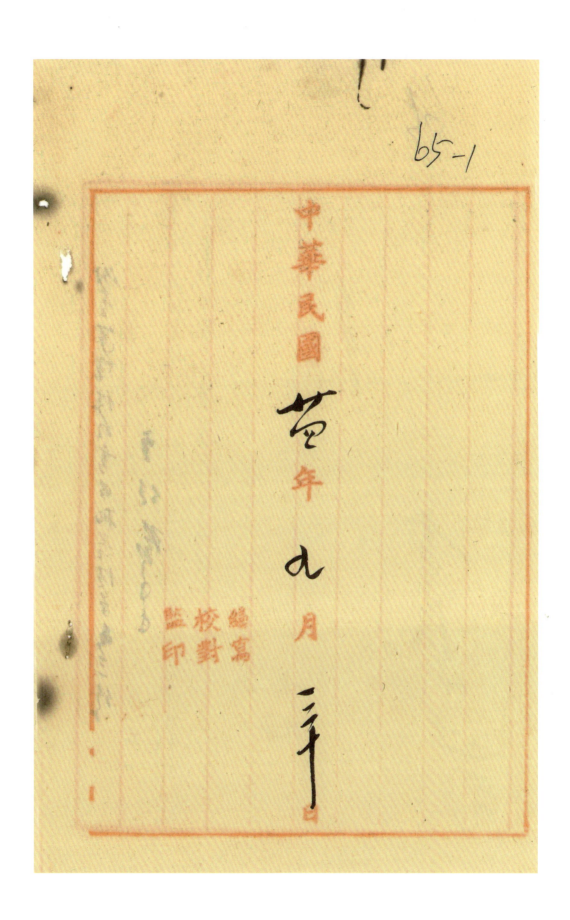

国民革命军第一集团军总司令部筹建工厂办事处为请发给格兰公司运输机器护照致总司令部的呈

（一九三五年十月十一日）

附：运输说明书

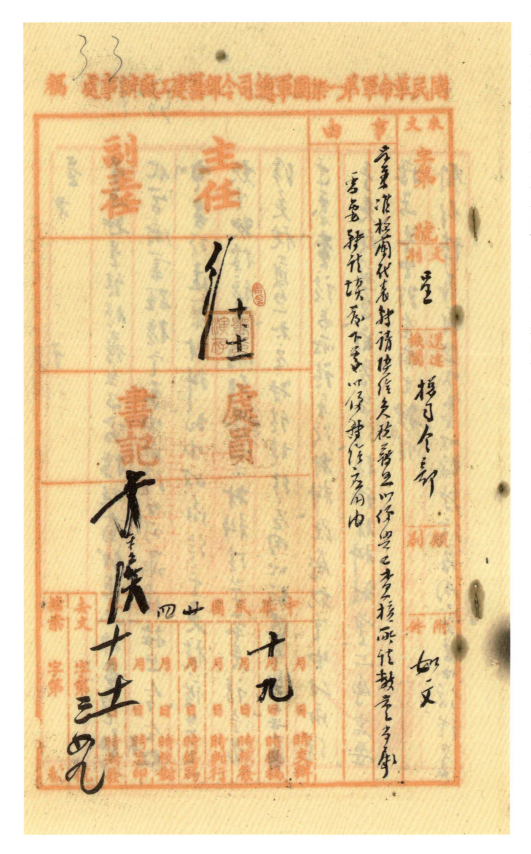

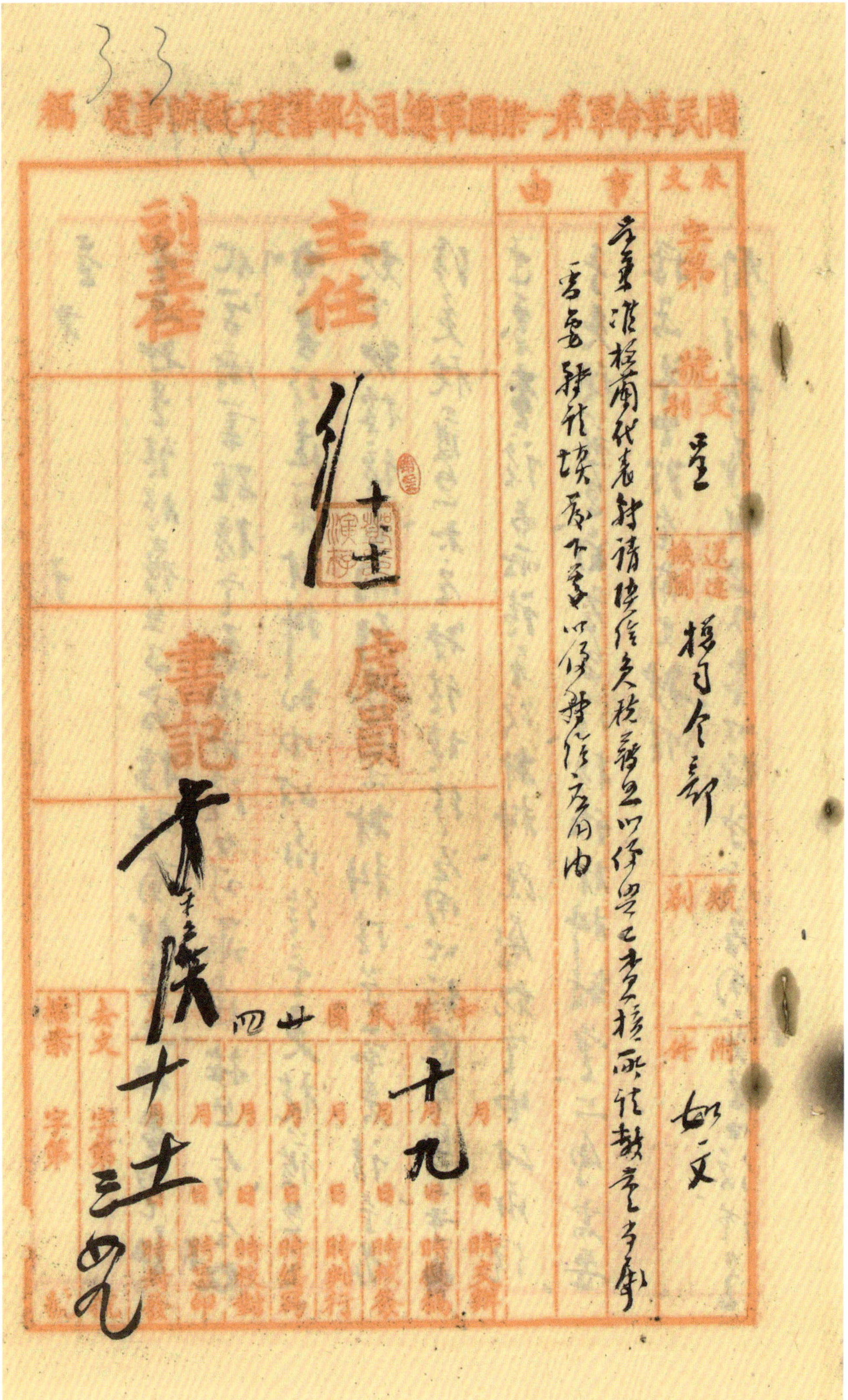

33-1

呈為　　　事

案奉鈞呈請頒發護照予寶據稱甯代表王稱查晉江

化學廠業經核定委由永隆公司承建按照合同全數（載）

寶全部建築材料均由政府給予免稅護照之

款茲據稱該廠開列建築材料清單前來請予發

給免稅護照之未經鈞轉請填給在用以後迅即照三年內

建築查該廠請求頒材料既屬就實由政府給

予免稅護照自應照核發材料數量亦需要

據呈業照令前文鈞轉

關部填發護照下為以後鈞轉應用實為公便謹呈

35

總司令陳

附呈材料清單子目件達錄抄本各二份

全銜主任[illegible]呈

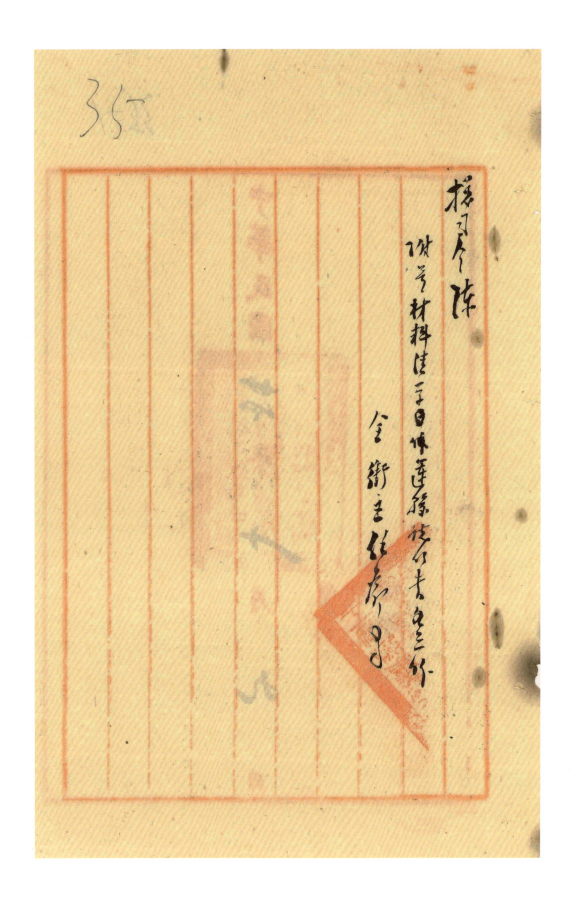

34

運輸說明書

發送處所及主管者職名	承收處所及主管者職名	押運者職名	種類	數量	用途（或事由）	起運地點	到達地點	經過稅關路站	請發護照年月日	預計運畢時期
韶關行營司令部	~~韶關北江司令部~~ [illegible]陽之[illegible]路司令部	司令部	建築材料	五仟擔正	北江之用	韶關	北江		廿年十月十日	三個月

附記

中華民國廿年十月十一日

（請照者職名章）行營司令部

[illegible]

廣州西湖路西南印書局製

35-1

中華民國卅十月九日

繕寫 校對 監印

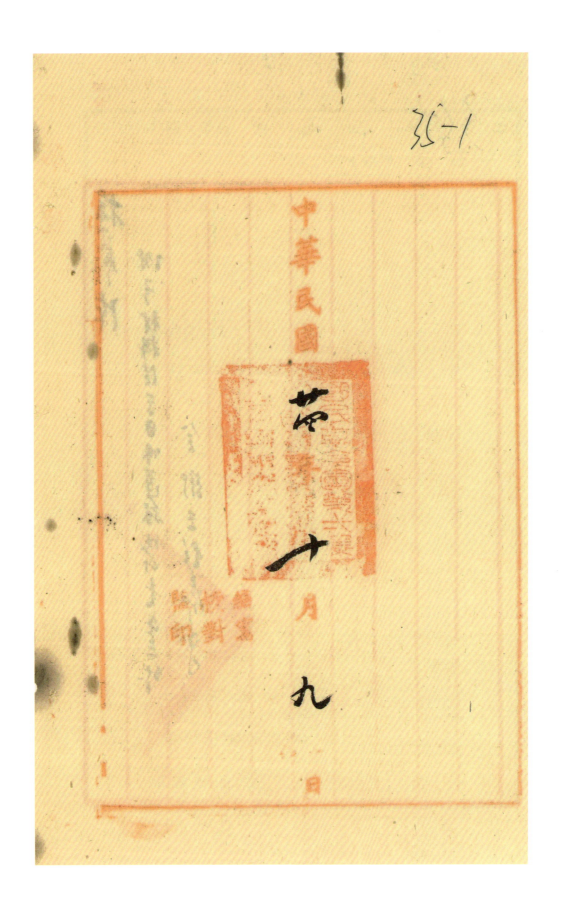

国民革命军第一集团军总司令部筹建工厂办事处为请发给格兰公司运输机器护照致总司令部的呈（一九三五年十月二十六日）

附：运输说明书

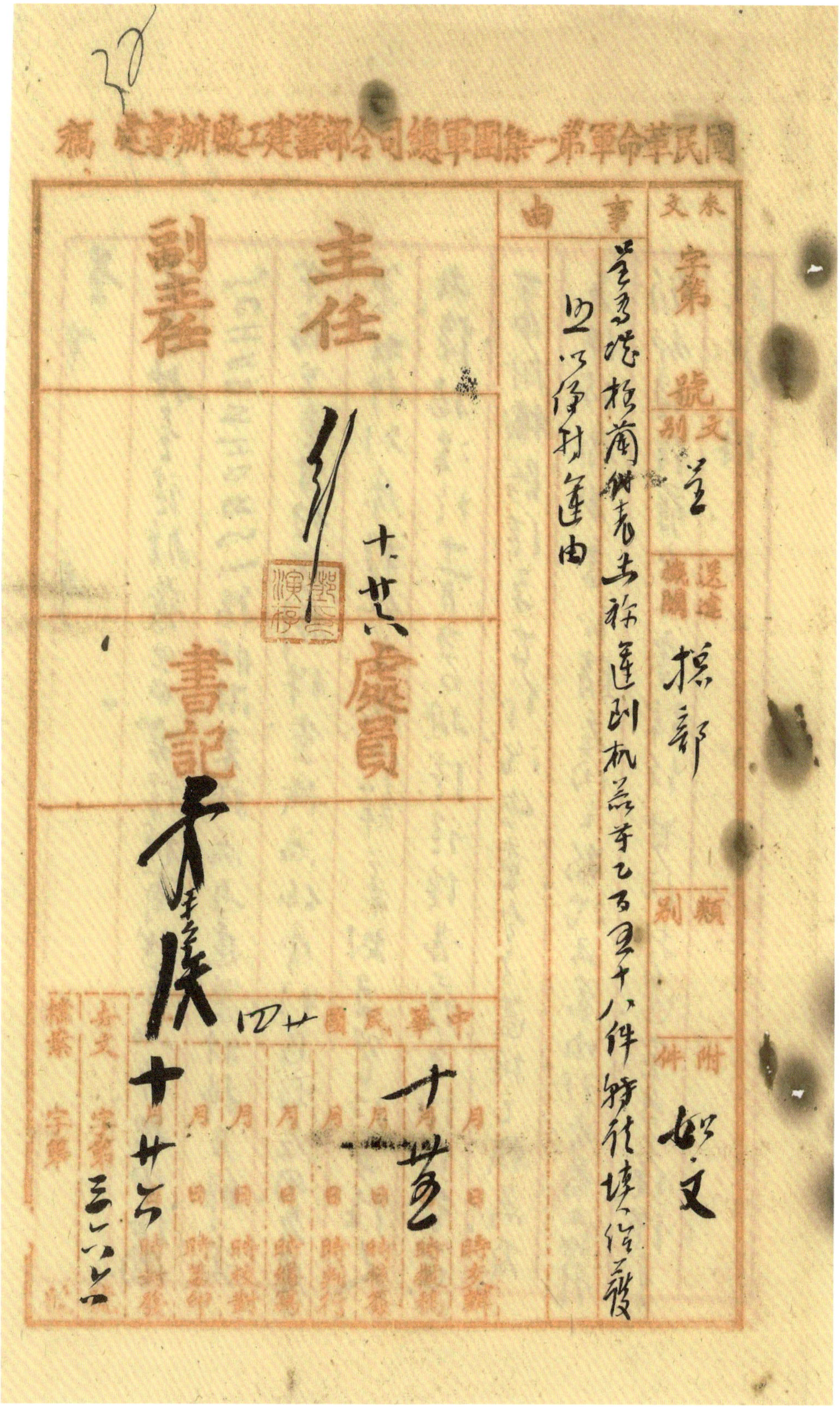

國民革命軍第一集團軍總司令部籌建工廠辦事處稿

來文 字第 號

文別 呈

送達機關 總部

類別

附件 如文

事由

主任

副主任

處員

書記

中華民國 年 月 日

月 日 時交辦

月 日 時擬稿

月 日 時核稿

月 日 時判行

月 日 時繕寫

月 日 時校對

月 日 時蓋印

月 日 時封發

發文 字第 號

歸檔 字第 號

32-1

呈为

号

呈为据呈请颁发护照事。窃据瑞商代表山称，现由德国

SCHARNHORST轮船附来机器与建筑材料及钢条

等物，其重要零件、核料件查机器系钧厂及B厂应用，至建

筑材料则系于化学厂，而钢条则为瑞记江苏德人

其该轮已于十一月五日抵沪，请发护照，俾便起运。

等由，附机器清单乙份。据此，查合资运抵之机器及

文件系厂所订购应用之物，据此，前由现合当又转请

领部护照，护照未便准给，特请核发，实为公便。谨呈

署长俞

附呈机器清单、章程稿、说明书各三件

一 呈衛生部部長

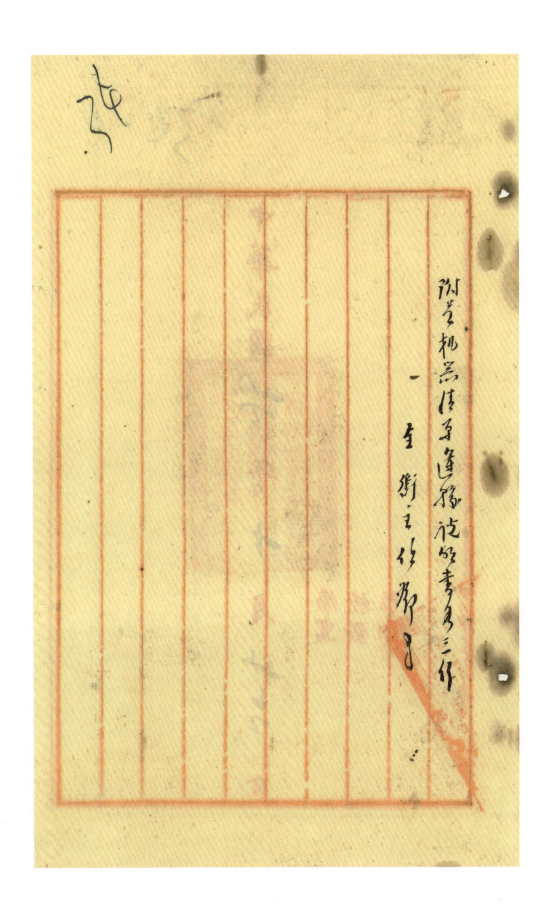

運輸說明書

發送處所及主管者職名	楊蔭代表易嘉錦
承收處所及主管者職名	籌建工廠處主任傅存
押運者職名	易嘉錦
種類	機器第四批等
數量	壹百個捆件
用途(或事由)	鵝江工廠
起運地點	魯港
到達地點	鵝江
經過稅關路站	
請發護照年月日	廿七年十月廿八日
預計運畢時期	壹個月
附記	

中華民國廿七年十月廿八日

(請照者職名章)

廣州西湖路西南印書局製

734-1

中華民國卅四年十月廿六日

繕寫
校對
監印

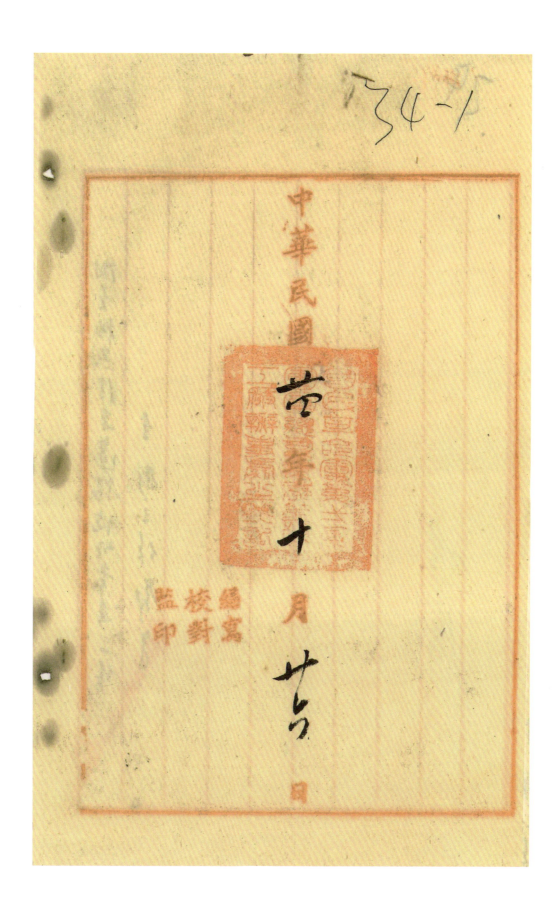

国民革命军第一集团军总司令部筹建工厂办事处为请发给格兰公司运输机器护照致总司令部的呈（一九三五年十二月四日）

附：机器清单及运输说明书

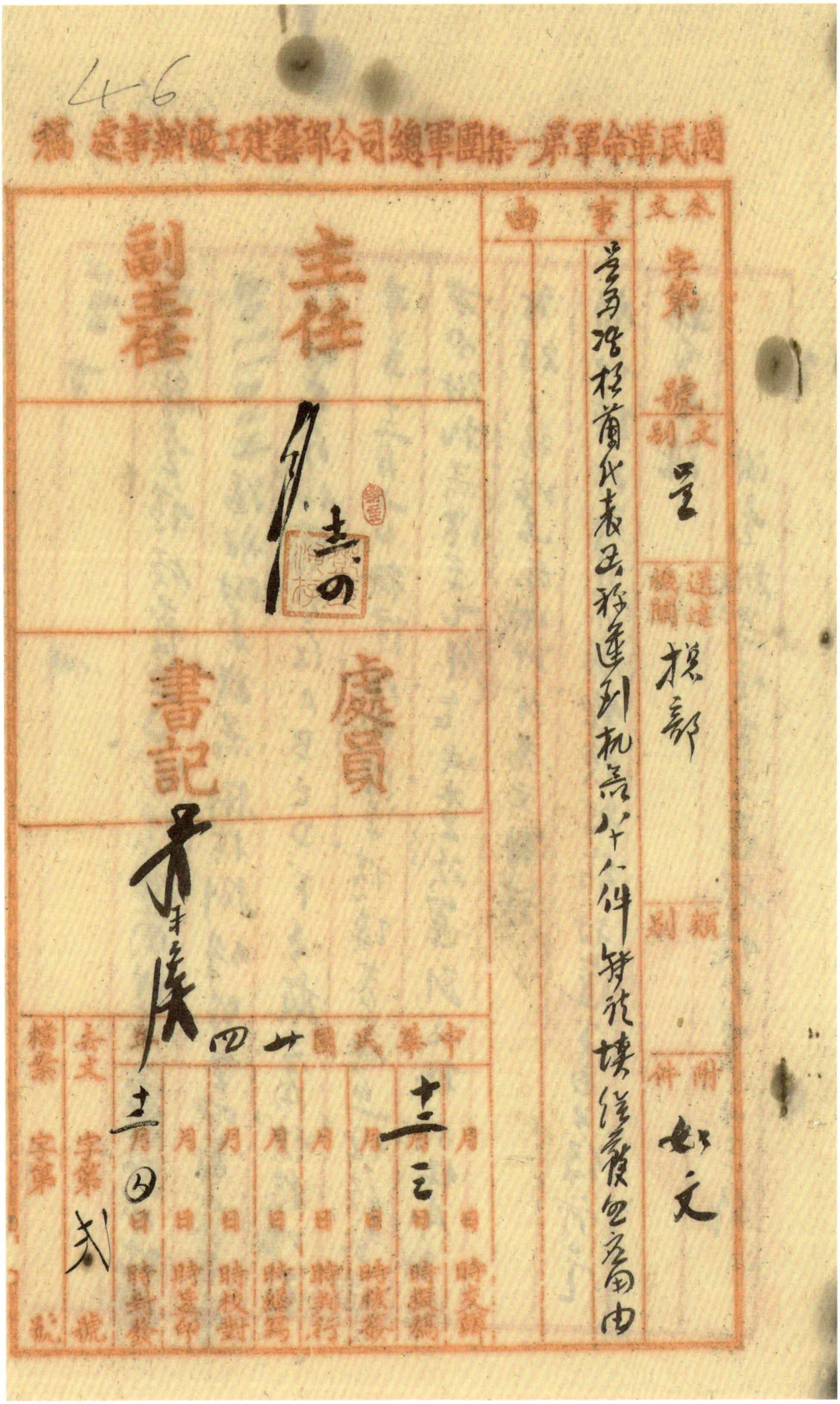

46-1

呈 第　　號

呈為轉呈請領護照事。案據荷蘭代表王釋現由德國甘〇八〇四三號船附來機器捌拾捌件，約重四萬〇五百壹拾伍公斤，係分配碼頭A、B、C、D下各廠應用。該機器於本年十二月十日抵滬，開列清單，請填發護照，俾便報運等由，附機器清單乙份。卷查該項運到之機器，係屬戰廠所需之物，請求由理會備文轉請鈞部填發護照下廠，俾便轉給封運，實為公便。謹呈

總司令陳

附呈機器清單三連、錄設計書各三份

50

全銜廠長姓名〇〇

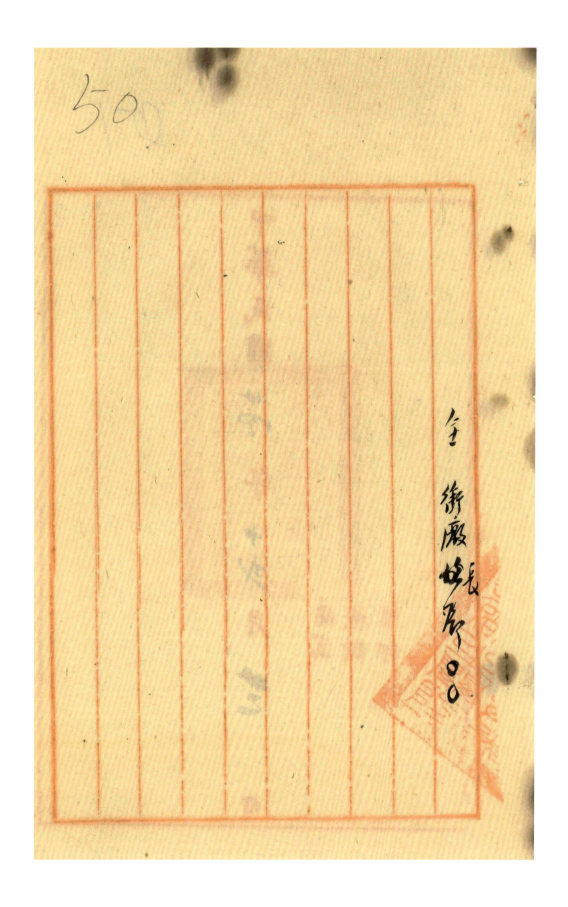

由"Potsdam"船運來機器共計拾捌件

4 8

件數	机器名稱	重量	備考
1	鑽桿、螺旋鑽机	155k	
1	拉鐵及釘	1069"	
1	[illegible]机	126"	
1	試驗机	310"	
1	" 承架	342"	
1	普通試驗机	100"	
1	冶鐵用鉗、穿孔[illegible]	535"	
1	鋼製家具	111"	
1	"	113"	
1	"	111"	
1	"	110"	
1	建築材料	350"	
1	U形鐵一束	56"	
1	電線纜	103"	
1	"	657"	
1	"	616"	
1	"	385"	
1	18個玻璃瓶		
	18個玻璃蓋	45"	
1	12件[illegible]		
1	11件船槽	31"	
1	乾式交流机	24"	
1	送線机	139"	
1	500m電話線	63"	
1	Neha自動送線机	211"	
1	[illegible]机一具	145"	
1	名片箱十六個	110"	
1	大時鐘	60"	
1	羅[illegible]	126"	
1	壓机 — B250		
1	硬度試驗机 F150		重量與下一件合計
1	試驗計量 F151		

1	鉛		
1	底板		
1	抗模		
4	剖壳模	1315K	此重量照上次之斤两计
	圆模		
1	打磨片二		
	压模机		
1	颜料及枝子	74"	
1	Linlium一套		
	管火一链	126"	
1	钢模	51"	
1	钢柱	111"	
1	钢品	411"	
1	玻璃品	81"	
4	槽堡	116"	
41	铅锤	2145"	
58H		4071.6K	

照緩三份呈核

47

運輸說明書

項目	內容
發送處所及主管者職名	梧蘭代表易泰偉
承收處所及主管者職名	廣東第二兵器製造廠廠長鄧演存
押運者職名	易泰偉
種類	樹苗
數量	捌拾捌件
用途（或事由）	琶江工廠
起運地點	烏陵
到達地點	琶江
經過稅關路站	
請發護照年月日	廿四年十二月四日
預計運畢時期	兩個月
附記	

中華民國廿四年十二月二日

（請照者職名章）全銜廠長鄧

廣州西湖路西南印書局製

50-1

中華民國廿四年十弍月廿二日

繕寫
校對
監印

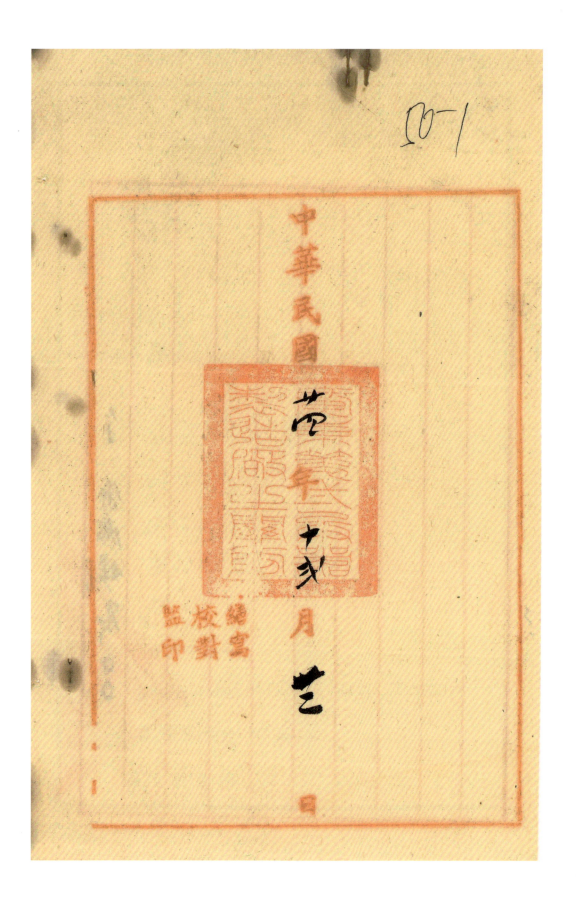

国民革命军第一集团军总司令部筹建工厂办事处为请发给格兰公司运输机器护照致总司令部的呈（一九三五年十二月十六日）

附：机器清单及运输说明书

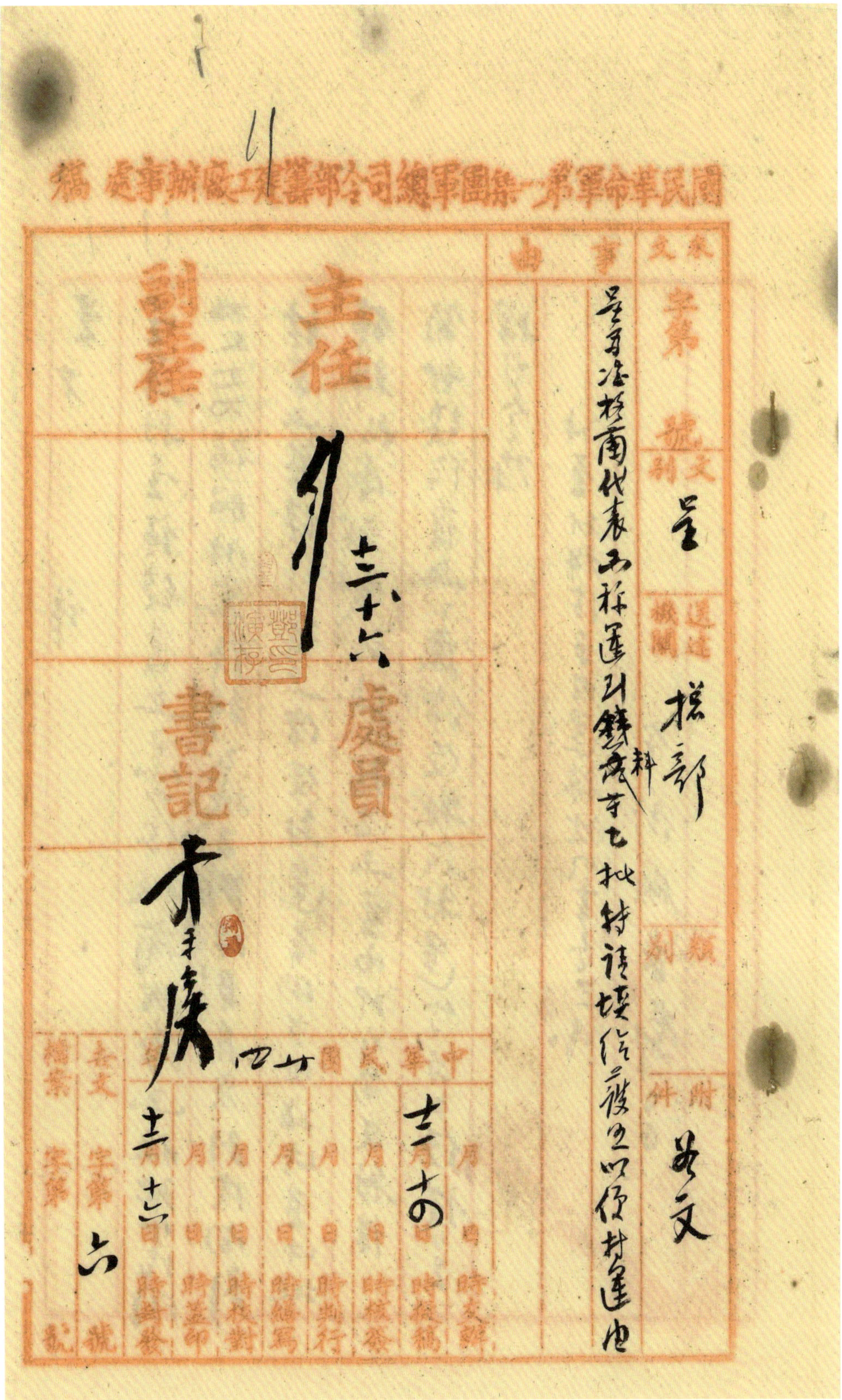

國民革命軍第一集團軍總司令部籌建工廠辦事處稿

來文 字第 號

文別 呈

送達機關 總部

事由 呈為准格蘭代表西林運到鋼鐵料等七批特請填給護照以便起運由

類別

附件 英文

主任

副主任

處員 十二、十六

書記

中華民國廿四年

十二月十六日 擬稿

十二月十六日 去文 字第 六 號

月 日 時 文辦

月 日 時 核稿

月 日 時 核簽

月 日 時 判行

月 日 時 繕寫

月 日 時 校對

月 日 時 蓋印

月 日 時 封發

檔案 字第 號

(11-1)

呈 方 鑒

呈為封呈請領護照事。竊據校商代表函稱，現由德國RUHR輪船附來鑄料乙批，該輪準於本月底到滬，開列清單函請填給護照，俾便轉運應用等由，准此。查該批鑄料係屬職廠訂購之物，准函前由，理合備文轉請鈞部填給護照並下廠，俾便轉飭提運，實為公便。謹呈

總司令陳

附呈材料清單及運輸說明書各三份

全銜廠長鄭○○

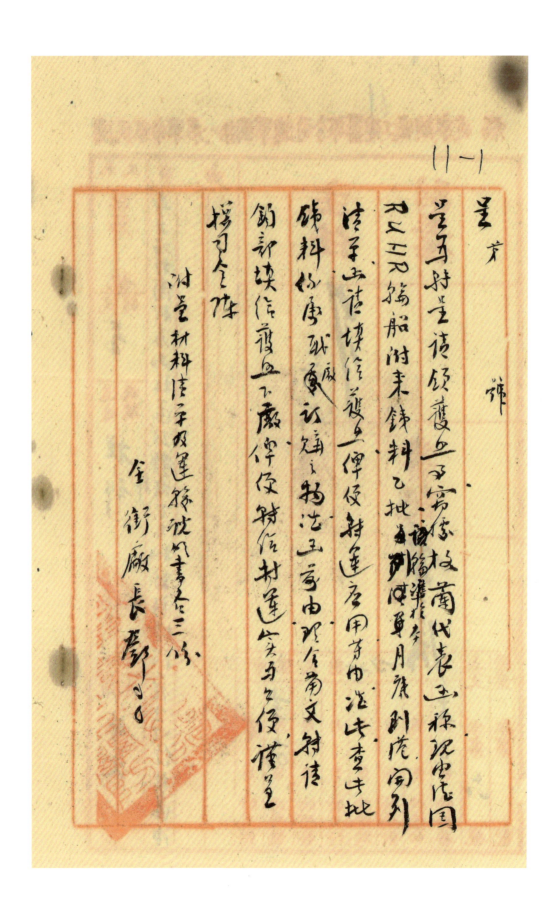

由"Ruhr"船運到鉄料乙批清单

1. 鉄片 二箱 共重 804 kg.
2. 儀器 一小箱 " 6 "
3. 扁鉄（六分三分）壹拾式担
4. " "（五分二分）壹拾式担
5. " "（半二分）伍担
6. " "（半三分）伍担

以上計共六項

（2-1）

13

運輸說明書

項目	內容
發送處所及主管者職名	橋頭代表易泰偉
承收處所及主管者職名	廣東第二兵器製造廠廠長[illegible]
押運者職名	易泰偉
種類	物料
數量	另詳清單
用途（或事由）	碧江工廠
起運地點	連灘
到達地點	碧江
經過稅關路站	
請發護照年月日	卅四年十二月十五日
預計運畢時期	兩個月

附記

（請照者職名章）全衛廠長鄧[illegible]

中華民國卅四年十弍月十五日

廣州西湖路西南印書局製

12

中華民國卅五年十二月十四日

繕寫 校對 監印

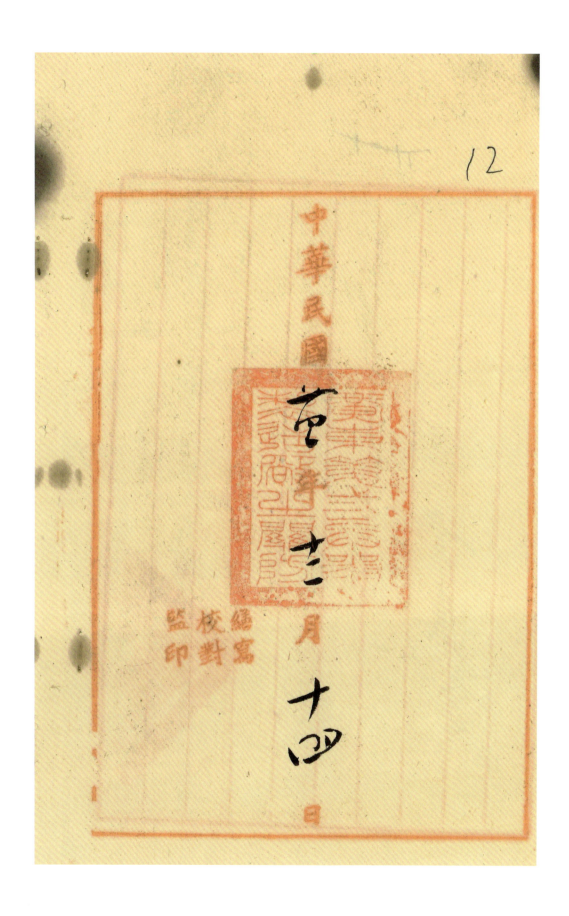

国民革命军第一集团军总司令部筹建工厂办事处为请发给格兰公司运输机器护照致总司令部的呈（一九三六年一月七日）

附：运输说明书及机器清单

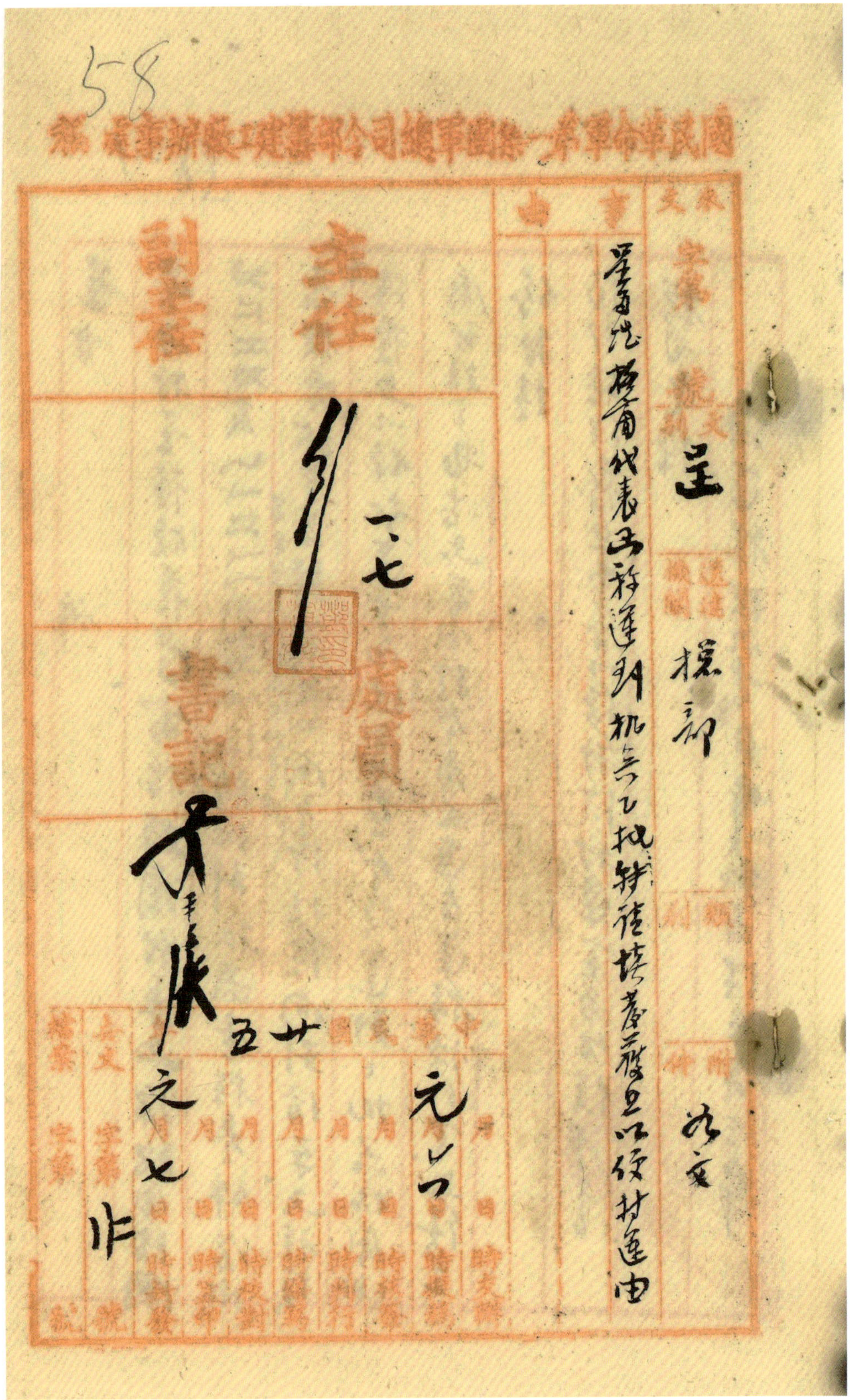

58-1

呈市府

呈為轉呈請領護照事。竊據捷克代表王稱：敝由德國RUHR及STUTTGART購船付到機器壹拾叁件，另機器及電球等共肆箱（及零星衣手提袋壹拾叁個），向天津提貨，開列清單，懇請填發護照，以便就近運華等由。查該次運到之機器，係敝廠所購之物，從前業由經理合甫文連合經辦護照書，懇請呈鈞轄，

鈞部填發護照，以便轉給村運，實為公便。謹呈

總司令陳

附送標護照書壹紙、機器清單壹年五三

61

全衔廠長

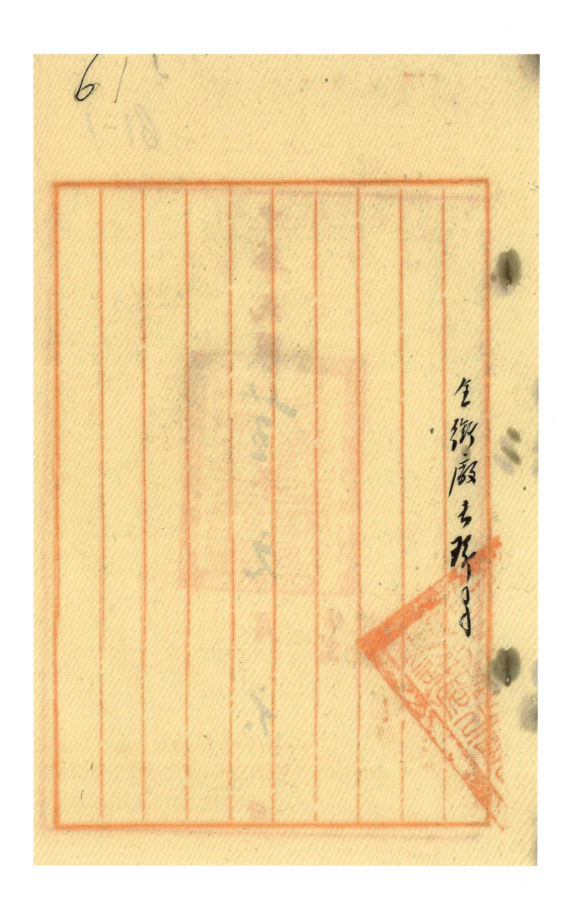

照繕三份呈核

59

運輸說明書

發送處所及主管者職名	桂南代表呂嘉偉
承收處所及主管者職名	廣東第二兵器製造廠廠長張濟作
押運者職名	呂嘉偉
種類	機器等
數量	另詳清單
用途（或事由）	望江工廠
起運地點	香港
到達地點	望江
經過稅關路站	
請發護照年月日	廿七年元月八日
預計運畢時期	兩個月
附記	

（請照者職名章）全衡廠長[illegible]

中華民國 廿七 年 元 月 八 日

廣州西湖路西南印書局製

由"Stuttgart"船运来机器拾叁件

件数	机器名称	重量	备考
1	计算器	314Kg	
1	机器零部	23"	
1	"	174"	
1	零丝	31"	
1	铁器	662"	
2	U铁及角铁	931"	
2	"	393"	
1	机器零部	95"	
1	颜料	240"	
2	颜料		
共 13件		3431Kg	
另4	泵及发动机		此四件由"Ruhr"船运来之重量[illegible]
1	电流及电压表		
1	手摇发电机		
共 6件			

61-1

中華民國廿五年元月六日

繕寫
校對
監印

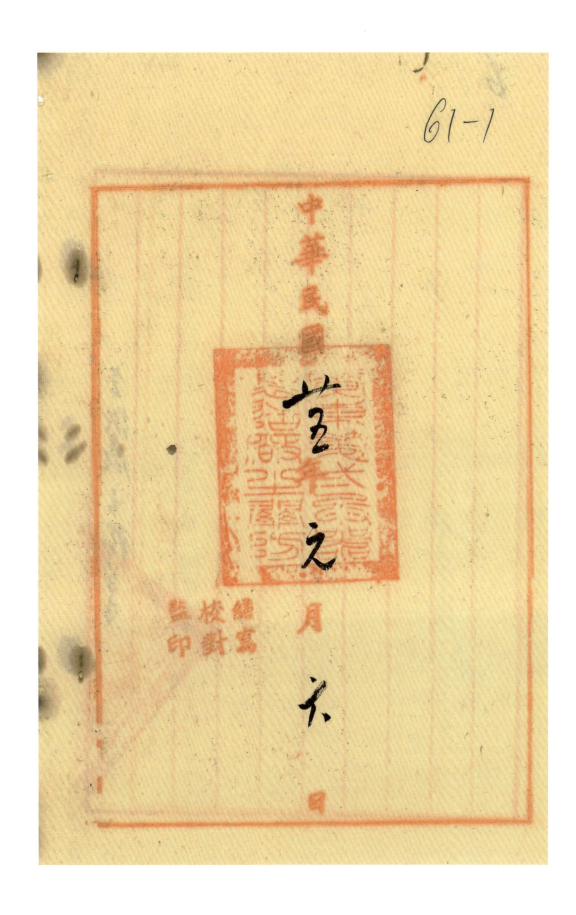

国民革命军第一集团军总司令部筹建工厂办事处为请发给格兰公司运输机器护照致总司令部的呈（一九三六年二月十二日）

附：运输说明书

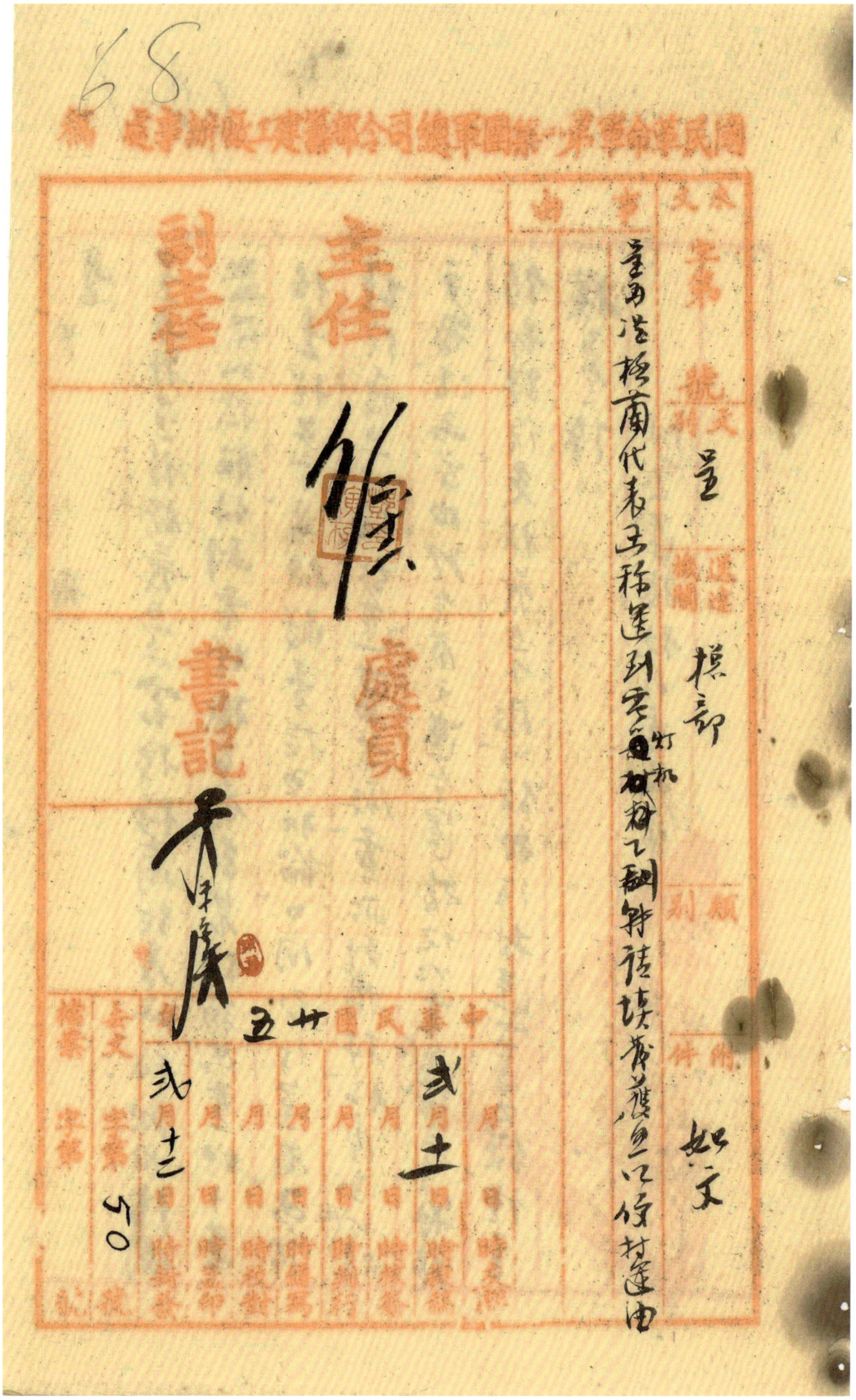

呈第　號

呈為特呈請簽發護照事：竊據柏爾代表孟祥現由法國

Ⅲ五VVⅩ號輪船付到電燈機乙副，分裝伍箱，共重伍千斤，

係本廠所需硫酸，產於五和綸口間，即行運省，惟請

填給護照一紙，以便起運等由。並由廠查所列物料係屬訂購

之需，據請前來，理合備文連同運輸證以書面傳三紙，轉請

鈞部填給免稅護照下廠，以便轉給該運，實為公便。謹呈

總經理　全條

附呈運輸證書三紙

運輸說明書

發送處所及主管者職名	梧南代表易嘉倬
承收處所及主管者職名	廣東第二兵器製造廠廠長鄧演存
押運者職名	易嘉倬
種類	電燈機乙副、燒鹼拾五加侖
數量	五箱
用途（或事由）	琶江工廠
起運地點	英德
到達地點	琶江
經過稅關路站	
請發護照年月日	廿五年二月十五日
預計運畢時期	半個月
附記	

（請照者職名章）廣衛廠長鄧○○

中華民國廿五年二月十五日

廣州西湖路西南印書局製

70

中華民國十五年貳月十日

繕寫
校對
監印

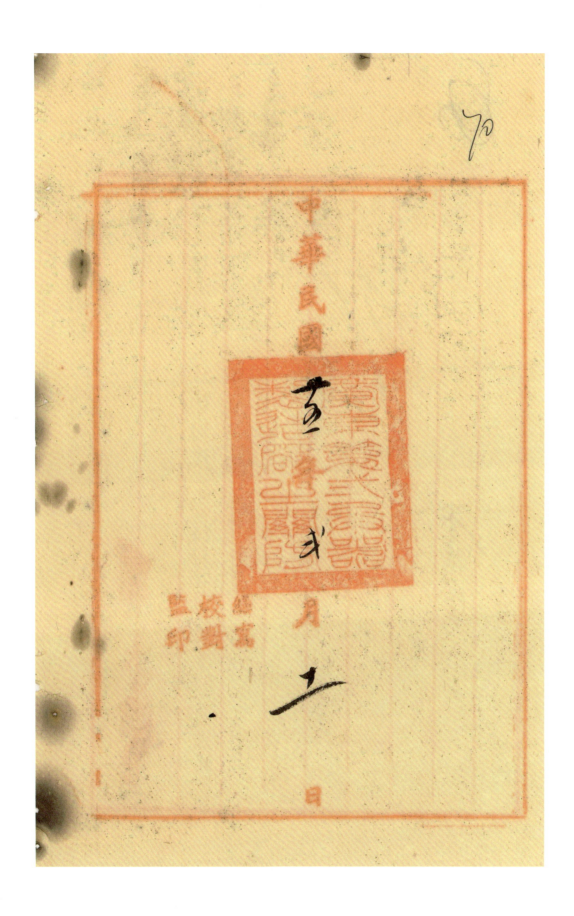

国民革命军第一集团军总司令部筹建工厂办事处为请发给格兰公司运输机器护照致总司令部的呈（一九三六年三月三日）

附：机器清单及运输说明书

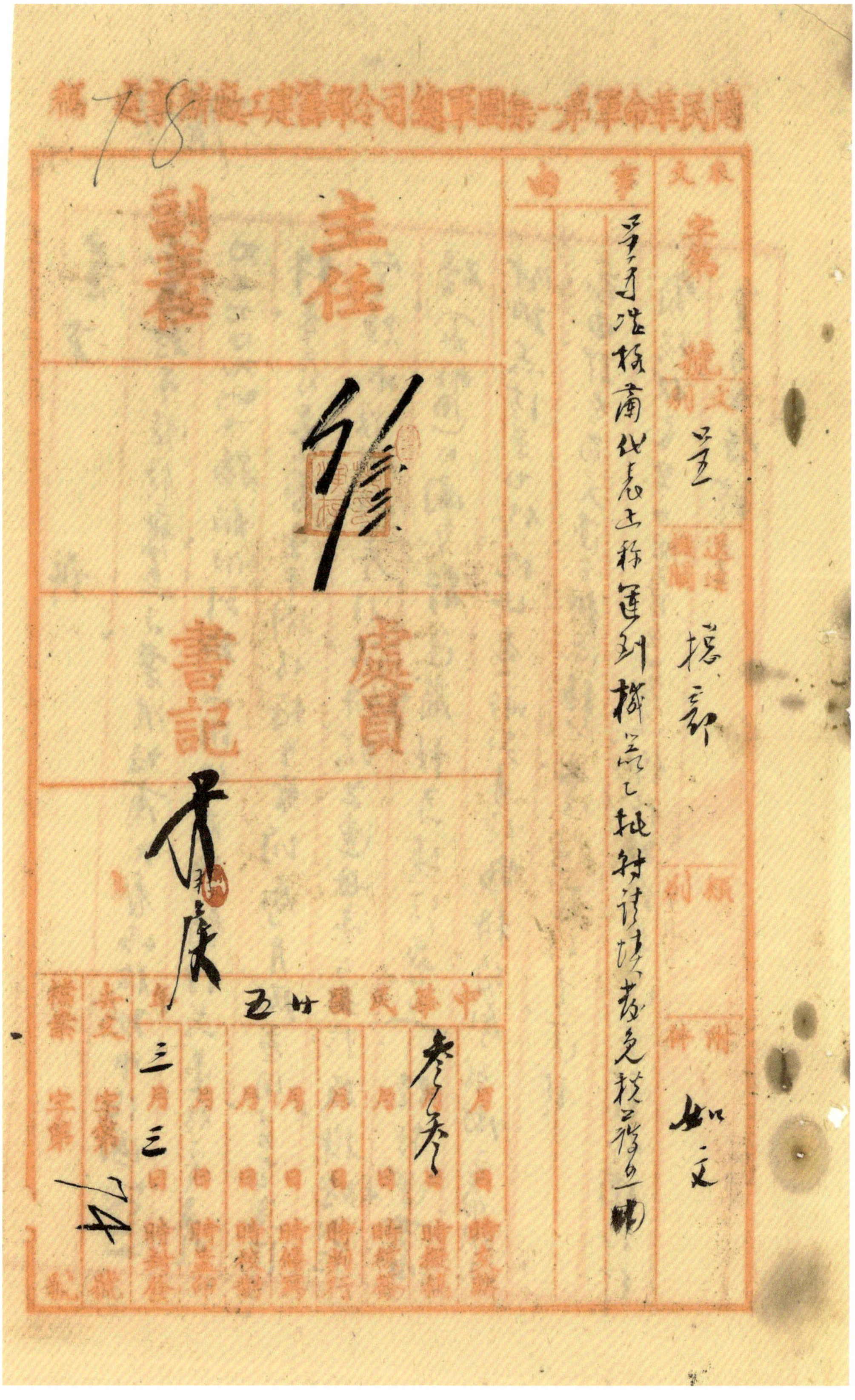

78-1

呈爲　　謹

呈爲特呈請領護照事。竊查准招商局代表函稱，現由法國ECIA RVHONST輪船附到機器附件及鋼鑄件共壹佰零叁件，重叁萬叁千捌佰伍拾伍公斤，均係本廠應用器具，內有空鐵水喉附件叁拾件，螺絲連母壹百弍拾枚，樹膠或托磅（水唯用）四百個，行運省請予填發護照一張，以便轉運來廠。附機器清單乙份，據此，查所列各項物料均係職廠應用，前由，理合備文連同機器清單，呈送鈞座，敬請

鈞核，伏乞早日將護照發下，俾便持往轉運，並請分飭關卡放行，

實爲公便。謹呈

817

據呈令陳

附呈機器清單工作進程報告書三份

全銜廠長張○○

由"Scharnhorst"船運來机器壹百零叁件

件數	机器名稱	重量	備考
1	鉄鑄器	237Kg	
1	鉄机板等	140"	
1	電氣器、交換輪等	263"	
1	各種零件	420"	
1	硬化藥料	112"	
1	鉄軌及圓棒	334"	
1	鉄軌	261"	
1	鉄膜、玻璃等	97"	
1	鋼索	7,35"	
1	填軟桶用麻索	32"	
1	滑車輪等件	239"	
1	小數量度器	136"	
1	〃 用碼子	11	
1	鉄角	220"	
1	〃	150"	
1	手搖、羅絲鑽、刹器等	45"	
1	边緣較準器及孔口較準器	232"	
1	開口螺机及凹線螺机 百萬分一錶及附件等	68"	
1	較準尺、較準板	118"	
1	〃	64"	
1	膛內及孔口較準儀器	22"	
1	輪件及四角規	1240"	
1	校	161,8"	
1	〃、箱等	140"	
1	轉動指及驗收器等	318"	
1	鑽具、压力表	262"	
1	量度器及檢驗器等	186"	
1	較驗器、刷皮料、磨砂	48"	
1	鉄鑄器	801"	
1	〃	334"	
1	聯接用扣	167"	
1	車軸圓板等	146"	

件数	机器名称	重量
1	盖，盖板，活片等	164 Kg
1	端板，盖板等	350 "
1	车形轴，曲轴箱等	178 "
1	铁铸器	348 "
1	"	348 "
1	"	348 "
1	弹簧	180 "
1	弹头，联接件，镜准器等	131 "
1	延長器	38 "
1	引導軌等	124 "
1	保護铁片	25 "
1	铁铸器	295 "
1	钻具	315 "
1	較驗箱，钻頭等	233 "
1	羅丝較準針，边缘較準器等	155 "
1	焰管鉸用具	208 "
1	光孔器及焊机用针等	163 "
1	焊接用線（8綑）	125 "
1	目標器具，角度表，羅丝等	88 "
1	管類	466 "
1	"	475 "
1	机器地脚部	288 "
1	"	288 "
1	"	283 "
1	羅丝風環	175,7 "
1	管類	148,7 "
1	轴	214 "
1	压力鉛錘	350 "
1	"	808 "
1	"	455 "
1	鉛錘一对	1102 "
1	"	948 "
1	压力鉛錘	1039 "

件数	机器名称	重量	備考
1	鉛錘二对	521kg	
1	〃	1316〃	
1	鉛錘一对及鋼一塊	388〃	
1	压力鉛錘	744〃	
1	〃	554〃	
1	〃及鋼二十塊	462〃	
1	鉛錘二对	998〃	
1	〃三对	976〃	
1	〃二对及鋼一塊	698〃	
1	〃一对及〃	576〃	
1	鋼一塊及棒三十四枝及鉛錘等	1340〃	
1	鉛錘一对	1169〃	
1	〃	1146〃	
1	〃	1370〃	
22	SM鋼	11014〃	
1	釘一桶	147〃	
1	鉄板二套	182〃	
103件		31815kg	

件数	在香港購置件
3	4″聯接頭（水喉用）
3	3″〃
30	5″鑄鉄水喉件
120	3/4″羅丝及羅母
20磅	膠料

[illegible]

運輸說明書

項目	內容
發送處所及主管者職名	桂衡辦事處易嘉偉
承收處所及主管者職名	廣東第二兵器製造廠廠長江杰
押運者職名	易嘉偉
種類	機器及附件
數量	另詳清單
用途（或事由）	望江工廠
起運地點	衡陽
到達地點	望江
經過稅關路站	
請發護照年月日	廿七年叁月廿
預計運畢時期	壹個月
附記	

（請照者職名章）全銜廠長江杰

中華民國廿七年叁月五日

廣州西湖路西南印書局製

87-1

中華民國[illegible]年[illegible]月[illegible]日

繕寫

校對

監印

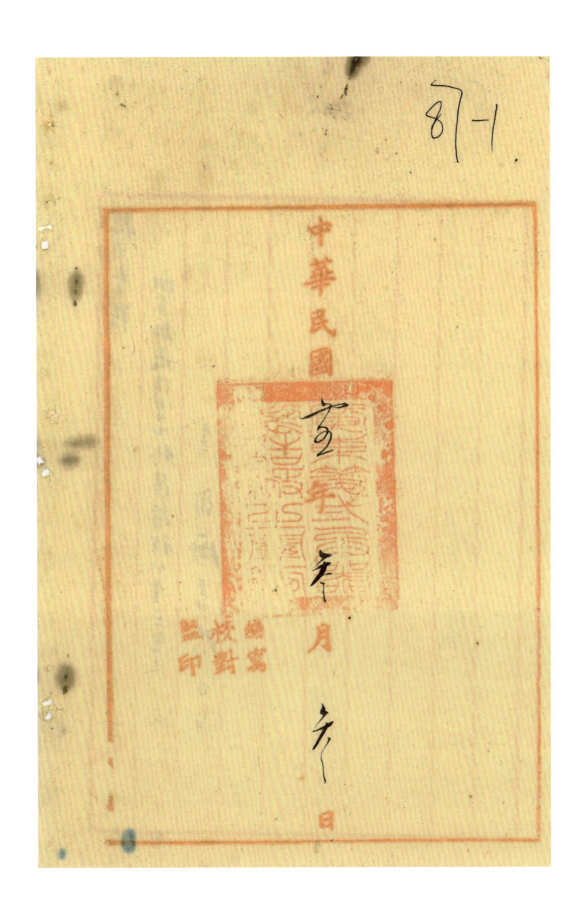

国民革命军第一集团军总司令部筹建工厂办事处为请发给格兰公司运输机器护照致总司令部的呈（一九三六年四月四日）

附：运输说明书

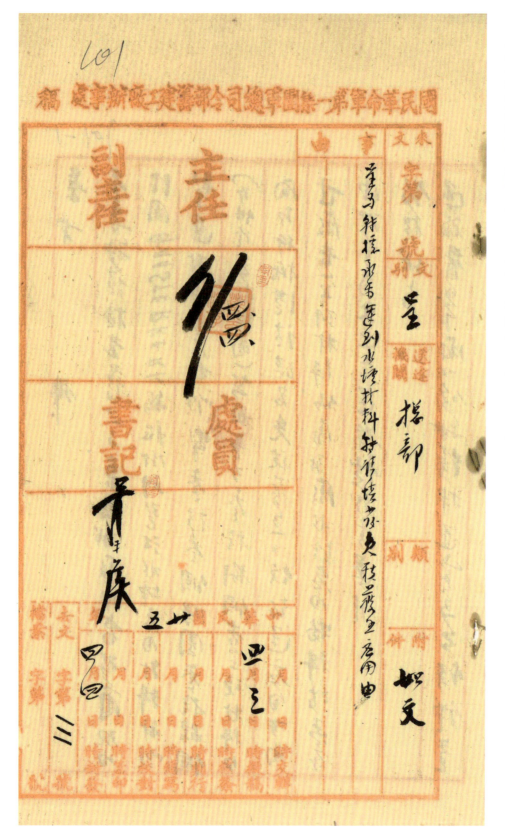

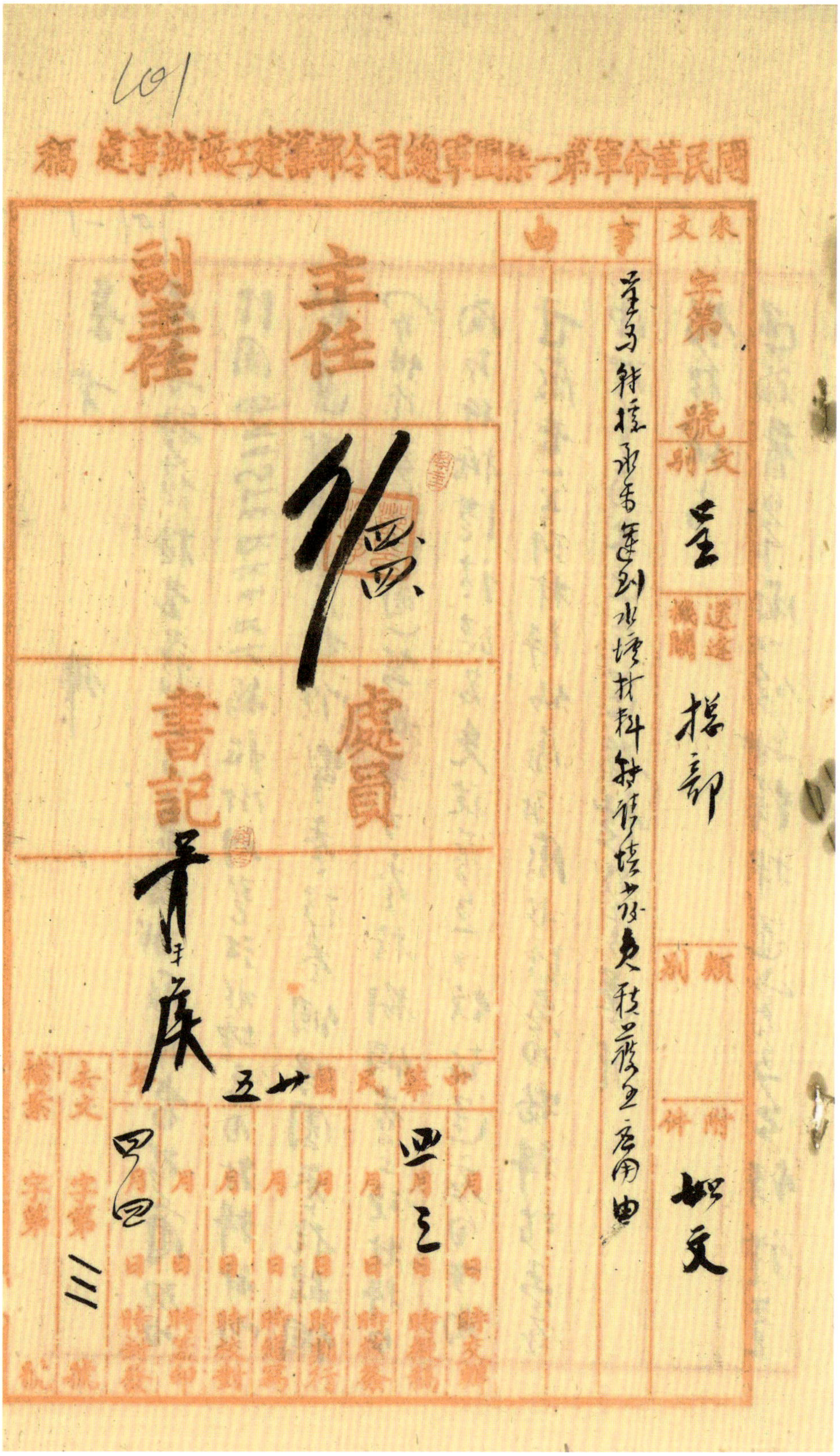

101-1

呈字　　號

案奉鈞座核發發五一字東港號廢船業經標賣現由
法國GAISTERKERK輪船附到琵江水塘應用材料計喉
擊達附件壹箱、喉擊叁拾叁個、浮圈叁拾肆個
（即佛冷密橋浮圈）號母壹百叁拾捌個，查上項材料自
向即行抵港，請填發免稅護照，以便趕運應用等由，
並廠查上列材料係屬我廠水塘應用物料，請予承
由理合備文連同運照清冊呈請
鈞核，伏乞
迅賜發照下廠，以便領取轉運，實為公便。謹呈

103

據令陳

計呈運輸證明書二份

全衛廠長鄧呈

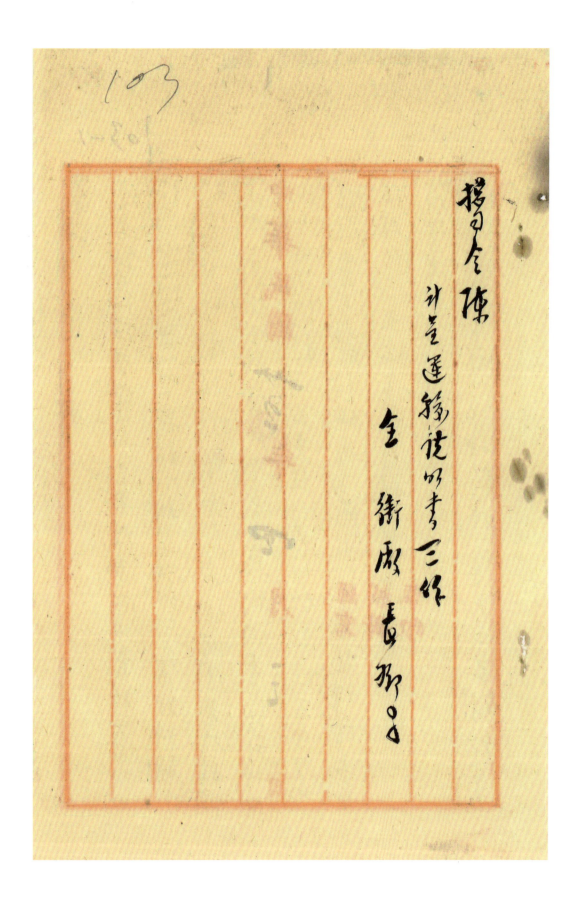

102

照繕已發存

運輸說明書

發送處所及主管者職名	梧廠代表甘嘉偉
承收處所及主管者職名	廣東第二兵器製造廠廠長鄧演存
押運者職名	甘嘉偉
種類	喉擎連附件壹箱 喉圈叁拾肆個 喉擎叁拾叁個 絲母壹百叁拾捌個
數量	全上
用途（或事由）	琶江工廠
起運地點	香港
到達地點	琶江
經過稅關路站	
請發護照年月日	廿五年四月三日
預計運畢時期	兩個月

附記

中華民國廿五年四月三日

（請照者職名章）全銜廠長鄧演存

廣州西湖路西南印書局製

103-1

中華民國廿三年四月三日

編寫
校對
監印

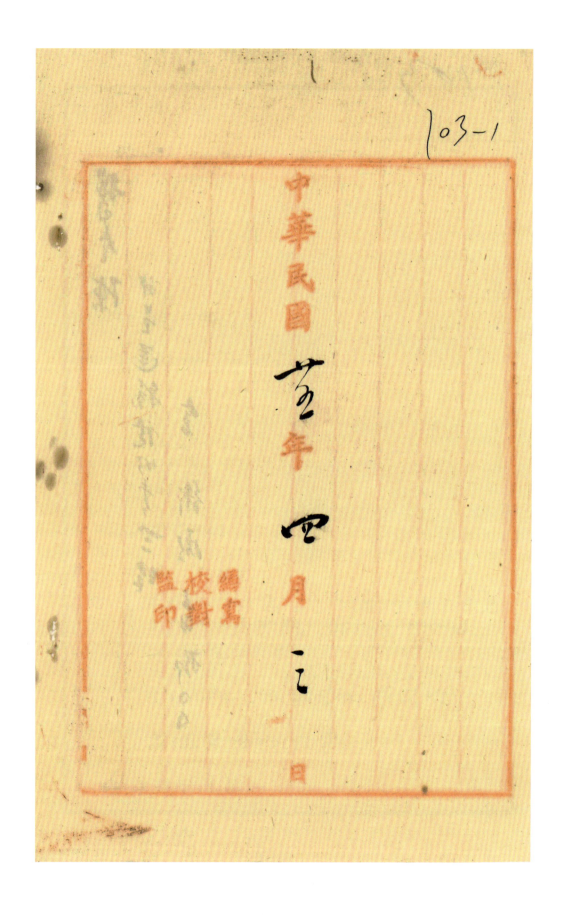

国民革命军第一集团军总司令部筹建工厂办事处为请发给格兰公司运输机器护照致总司令部的呈（一九三六年四月四日）

附：机器清单及运输说明书

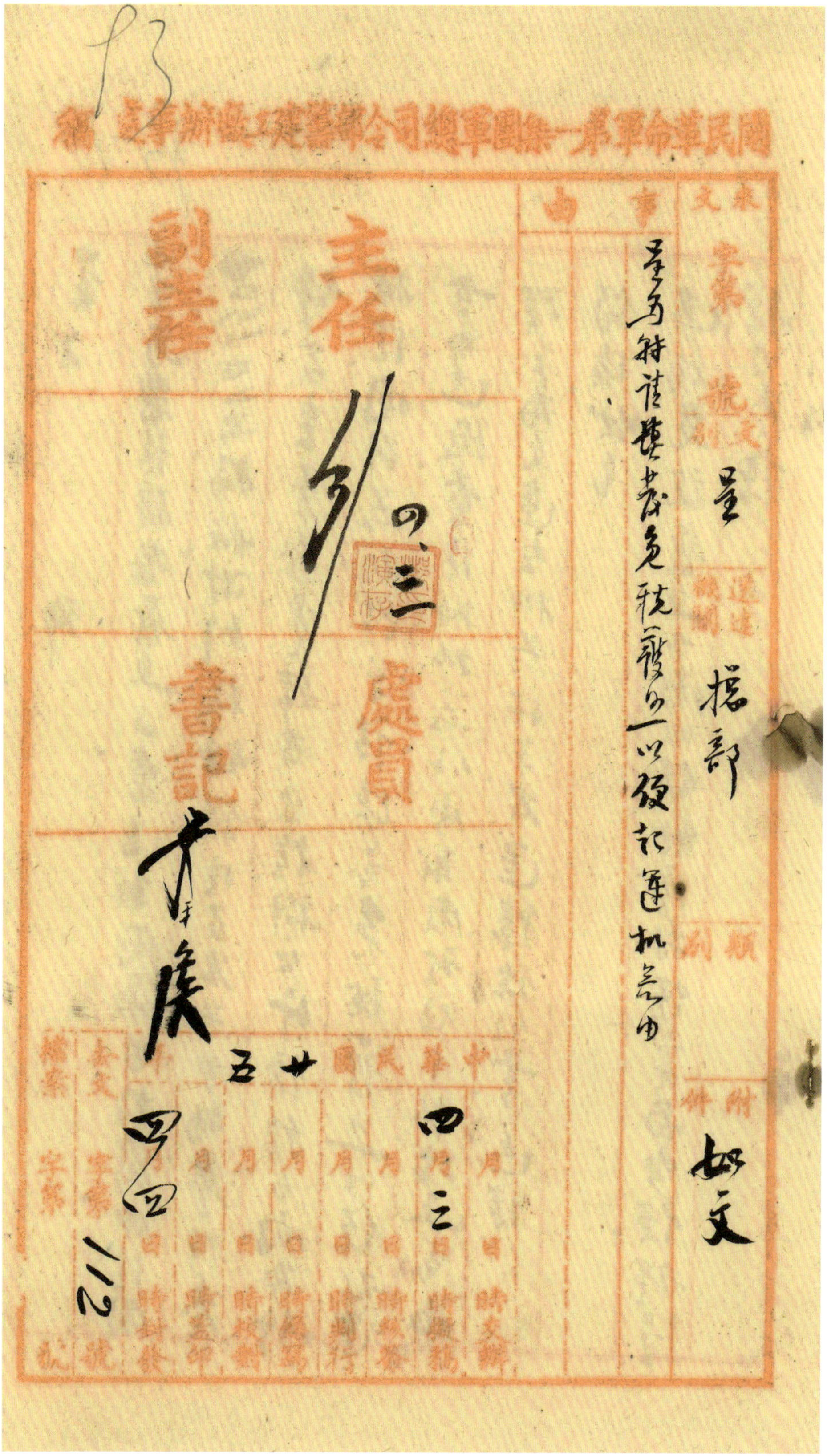
國民革命軍第一集團軍總司令部籌建工廠辦事處稿

來文字第號	
文別	呈
送達機關	總部
事由	
附件	如文

主任

副主任

處員

書記

中華民國廿五年四月三日

83-1

呈　第　號

呈為聲請核發護照事。案查職廠承商格蘭由法國HOSTDAM輪船附到一機件、鉄件及木器等物叁拾叁件，共重壹萬零肆百叁拾捌公斤，該輪日內即行抵滬，開列器機清單，請填發免稅護照，以便起運，并由達廠查照該批機器仍屬職廠所購之物，該運至蓉，由理合備文連同機器清單及運輸提貨書送請

鈞核，伏乞

迅賜免稅護照下廠，以便持往提運，實為公便。謹呈

總司令陳

16

附呈機關清單及軍運綫經行出單一份

金衛廠長孫〇〇

由"Potsdam"船運來机器共叁拾叁件.

件數	名稱	重量	備考
1	管頭及鐵焊等	473Kg	
1	普通羅絲鉸牙[illegible]	155〃	
1	送絲鉸牙[illegible]及針等	84〃	
1	驗收及備用件	47〃	
1	手動[illegible]	110〃	
1	車葉	177〃	
1	風翼及[illegible]等	67〃	
1	木件	143〃	
1	驗收,備用件管件等	344〃	
1	TVU 小式車	630〃	
1	發動機	510〃	
1	1TVU車架	737〃	
1	發動机	506〃	
1	機腳,羅絲,油鎚撑等	373〃	
1	油	178〃	
1	活塞,漆子,活塞環等	20〃	
1	鐵件	675〃	
1	清洗[illegible]	212〃	
1	磨机	47〃	
1	桶及盖	65〃	
1	羅絲錢,速度表,油量表等	320〃	
1	油壺	204〃	
1	油用件		
1	〃		
1	軸承,向心滾珠等	504〃	
1	滑車(Bühler)	422〃	
1	机器把柄部	635〃	
1	管用件	415〃	
1	管件	535〃	
1	〃	545〃	
1	〃	535〃	
1	零表等	530〃	
1	標尺及儀表等	105〃	
共 33件		共重 10485	

照準給照

運輸說明書

發送處所及主管者職名	承收處所及主管者職名	押運者職名	種類	數量	用途（或事由）	起運地點	到達地點	經過稅關路站	請發護照年月日	預計運畢時期
梧關代表易喜秋	廣東第二兵工製造廠廠長鄧演存	易喜秋佈	機器鐵件木料等 另詳清單	叁拾叁件	琶江工廠	香港	琶江		廿三年四月五日	兩個月

附記

（請照者職名章）兵工廠長鄧〇〇

中華民國廿三年四月五日

廣州西湖路西南印書局製

96-1

中華民國卅五年四月三日

繕寫
校對
監印

国民革命军第一集团军总司令部筹建工厂办事处为请发给格兰公司运输机器护照致总司令部的呈（一九三六年四月八日）

附：运输说明书

國民革命軍第一集團軍總司令部籌建工廠辦事處稿

來文 字第 號

文別 呈

送達機關 總部

類別

附件 如文

事由 呈為請[illegible]格蘭公司[illegible]由德運到[illegible]材料[illegible]護照一紙[illegible]以便起運由

主任

副主任

處員

書記

中華民國廿五年

四月七日 擬稿

四月八日 文發

字第二一一號

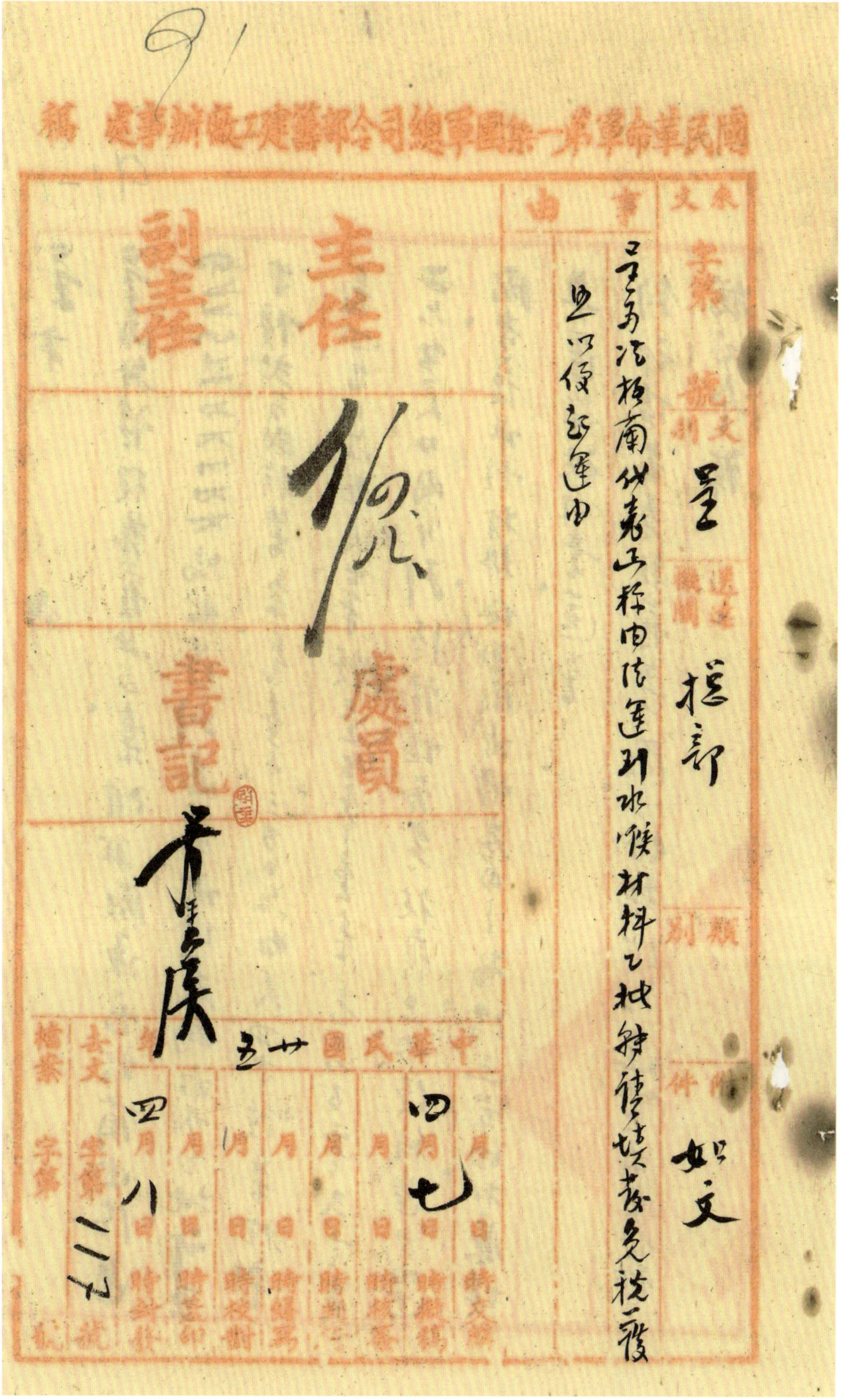

91-1

呈　　　件

呈為鈞署核發並為案准我廠承購於蘭甫德運
GAASTERKERK輪船運到速前水塔應用水喉之批計五
寸喉式百式拾柒條長十三呎六寸四分半四寸喉柒拾條
長四呎六寸二分三寸喉壹百柒拾壹條長六呎零式分案
二六分半寸四分錢到達請准發免稅護照以便轉運并由
廠查該水喉材料係我廠水塔應用之物請予發由本廠填
具運轉護照書送呈
鈞部准發免稅護照下廠以便轉運實為公便謹呈
總司令　陳

93

計呈送條說作書三份

全衡廠長 [illegible]

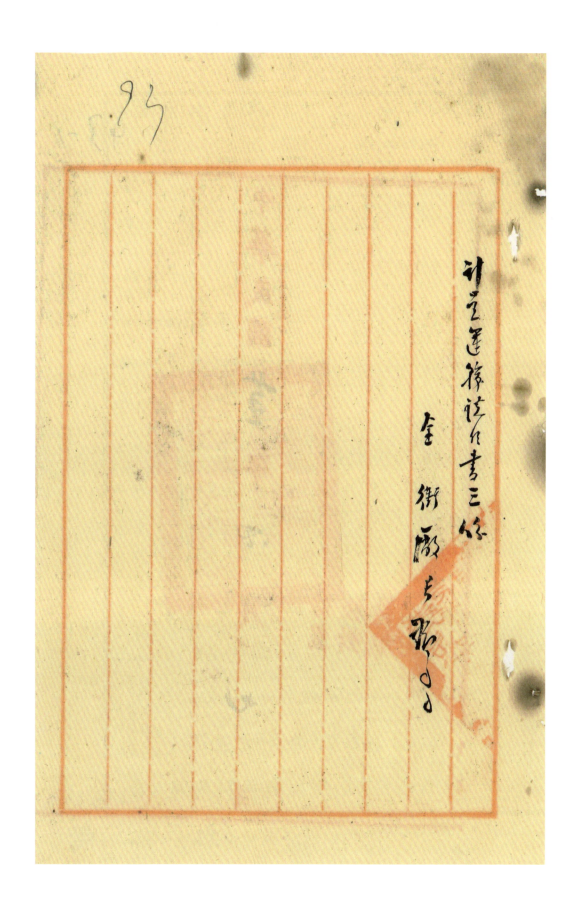

照三份呈核

紀

運輸說明書

項目	內容
發送處所及主管者職名	植蘭代表易嘉倫
承收處所及主管者職名	廣東第二兵器製造廠廠長 羅懷存
押運者職名	易嘉倫
種類	五寸帳式石棉乘条 長壹千叁百零六公尺 四寸帳式乘棉条 長四百四十公尺 三寸帳壹百零壹条 長[illegible]公尺
數量	仝上
用途（或事由）	琶江工廠
起運地點	香港
到達地點	琶江
經過稅關路站	
請發護照年月日	廿七年四月十七日
預計運畢時期	兩個月
附記	

中華民國廿七年四月七日

（請照者職名章）仝 衛廠長 羅

廣州西湖路西南印書局製

93-1

中華民國壹年四月七日

繕寫
校對
監印

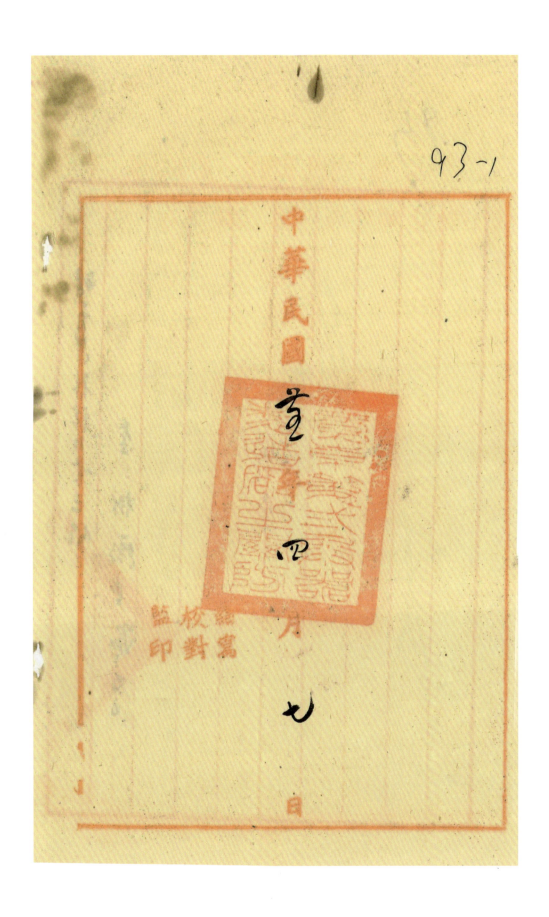

国民革命军第一集团军总司令部筹建工厂办事处为请发给格兰公司运输机器护照致总司令部的呈（一九三六年四月二十七日）

附：机器清单及运输说明书

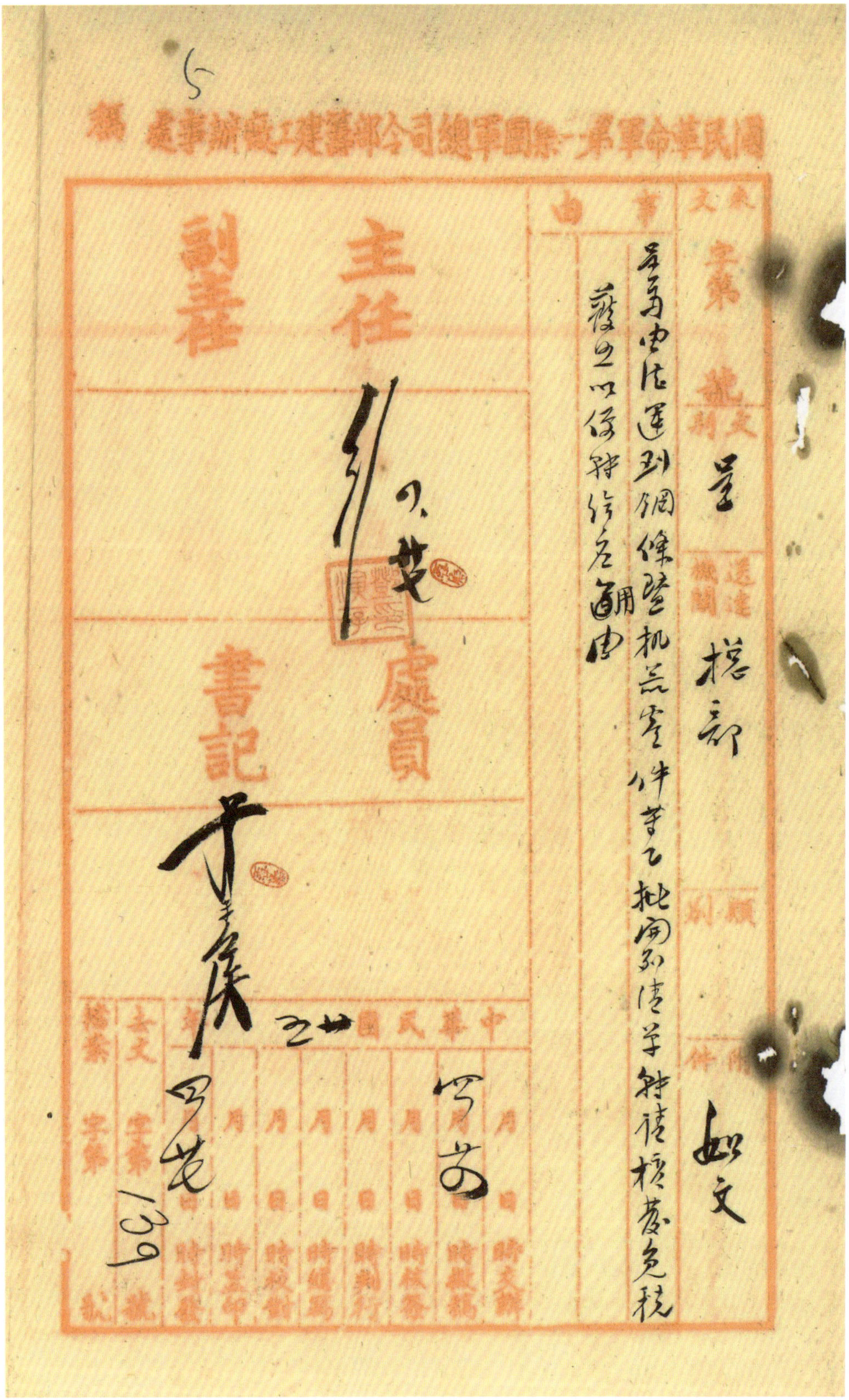

國民革命軍第一集團軍總司令部籌建工廠辦事處稿

呈市府

呈為轉請核發護照事。現准建成鐵廠承商梅蘭璐由法國由VESEMAU輪船運到鋼條及機器零件暨汽各廠用品一批，分裝三十九件，重約貳千叁百法擔，作公斤，開列機器清單，呈請填發免稅護照，以便起運，並由該廠查據稱運到之各項物件係該廠所購辦，請由前理合備文，連同機器清單暨運輸證件書共僅三份，送呈

鈞核，伏乞

迅予免稅護照，並分飭以便轉給應用，實為公便。謹呈

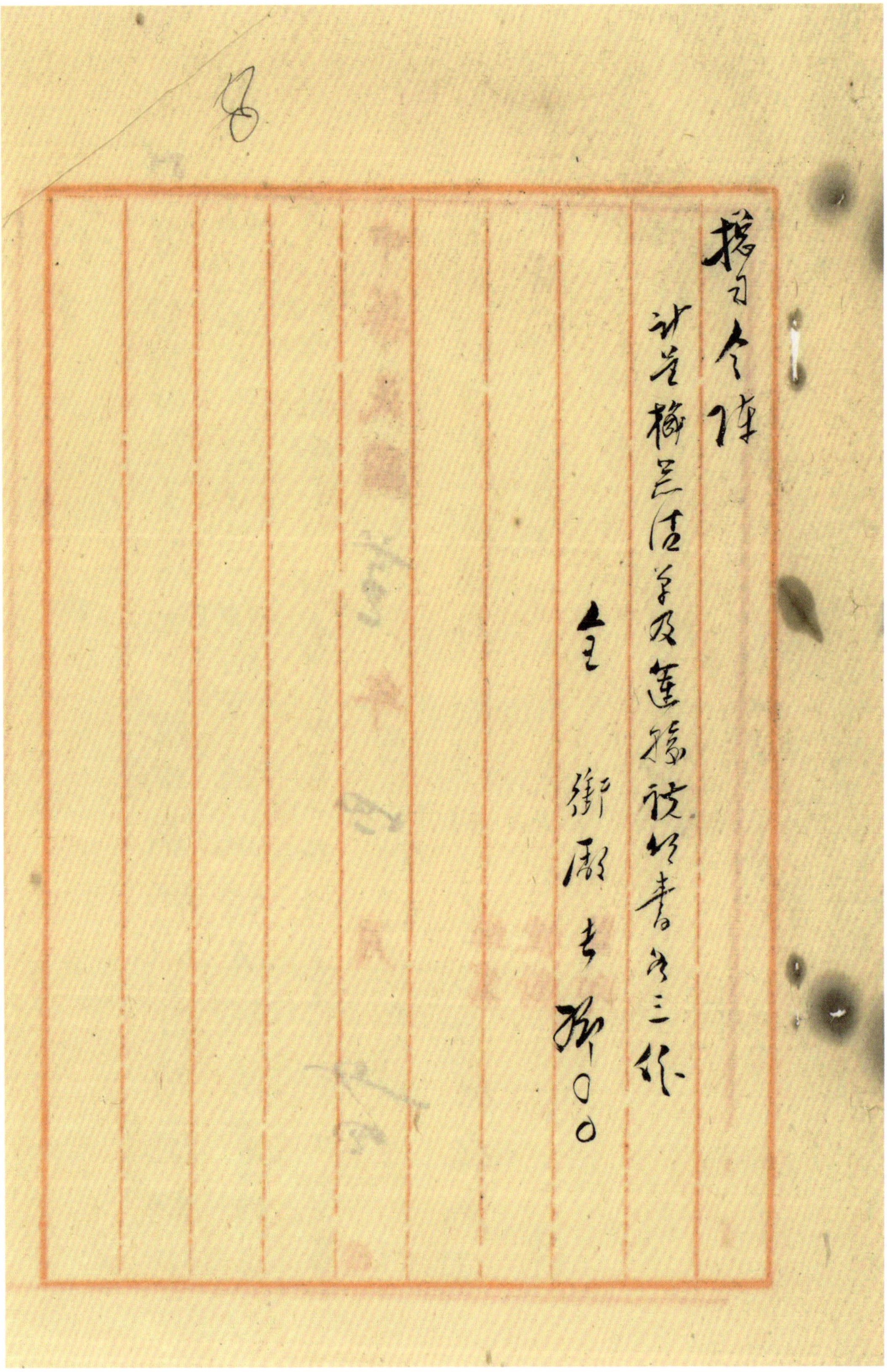

48

擬令陳

計呈橡皮活塞及蓮蓬設計書各三份

全

衛廠長鄧○○

由"Gneisenau"船运来机器三十九件。

件数	机器名稱	重量	備考
29	圆鋼條	1030 Kg	
1	搖盤，刀具等件	38 "	
1	鋼帶，	46 "	
1	特種鋼類	360 "	
1	"	297 "	
1	羅丝，釘等	87 "	
1	肝零附件，尺刀及長孔銑机等 FF	73 "	
1	較準板，速釘机等	306 "	
1	銲錫	16½ "	
1	轉金零片四件	33 "	
1	電考热点並闸阀等	80 "	
共 39件		共重 2366½ Kg	

照三份呈核

運輸說明書

發送處所及主管者職名	承收處所及主管者職名	押運者職名	種類	數量	用途（或事由）	起運地點	到達地點	經過稅關路站	請發護照年月日	預計運畢時期
[illegible]代表易嘉偉	廣東第二兵器製造廠廠長孫[illegible]存	易嘉偉	鋼件及機器零件等	另詳清單	望江工廠	香港	望江		廿三年四月廿一日	兩個月

附記

（請照者職名章）全衛廠長[illegible]

中華民國廿三年四月廿三日

81

中華民國卅五年四月廿四日

繕寫
校對
監印

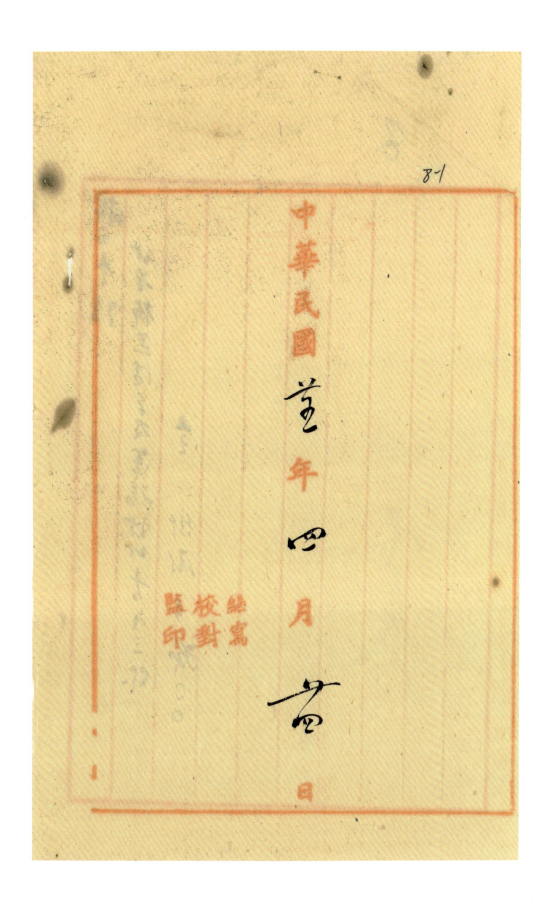

国民革命军第一集团军总司令部筹建工厂办事处为请发给格兰公司运输机器护照致总司令部的呈（一九三六年五月二十五日）

附：机器清单及运输说明书

国民革命军第一集团军总司令部筹建工厂办事处稿

文别：呈

送达机关：总部

事由：呈为由格兰公司运到机器一批开列清单转请核发免税护照以便转给应用由

附件：如文

主任

副主任

处员

书记

中华民国廿五年五月廿三

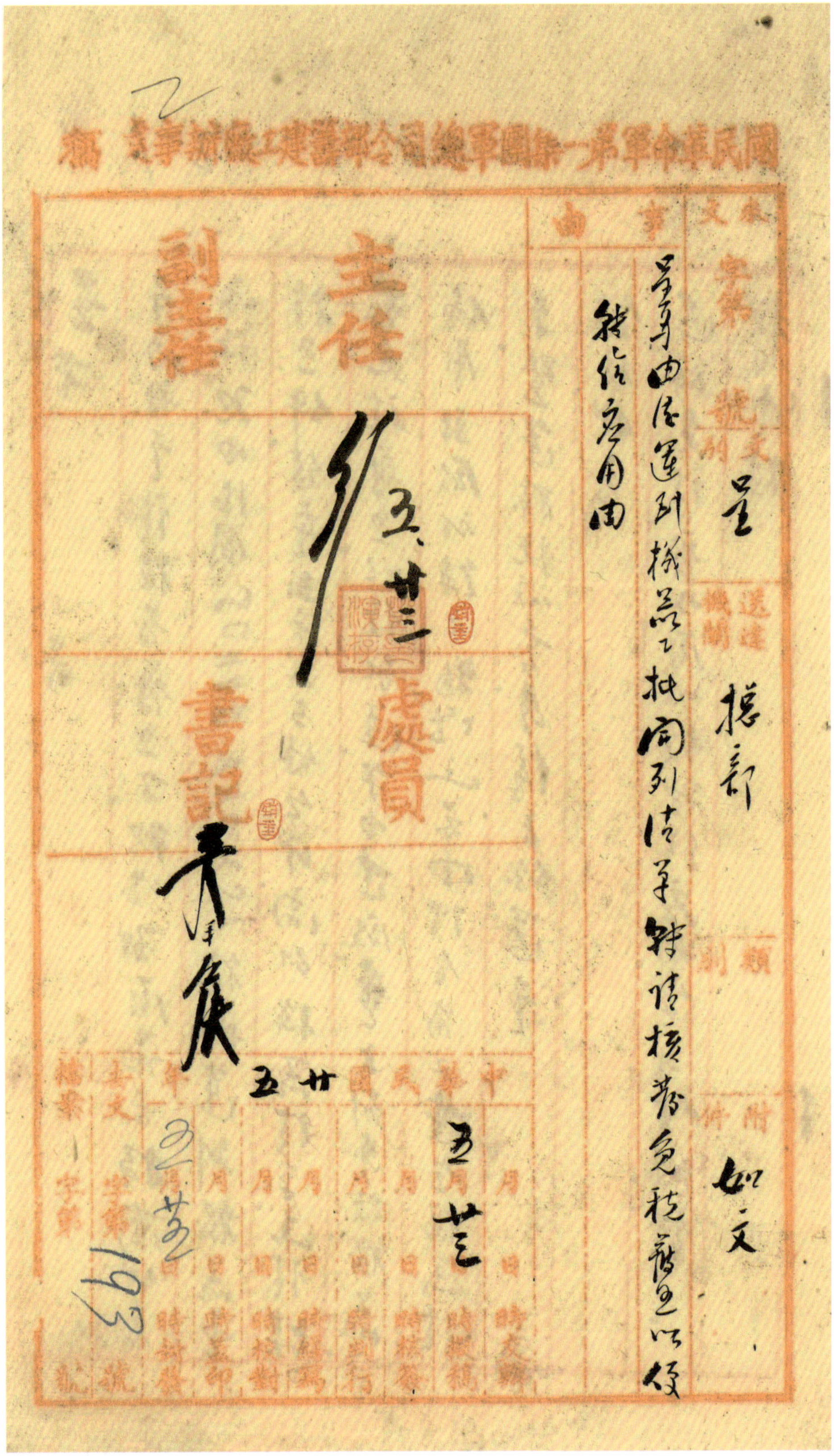

呈　第　　號

呈為據呈請核發護照事。現據敝廠承本埠荷蘭代表函稱，現由法國 LA CHAR VHORST 輪船運到機器壹批五件，約重貳千貳百餘公斤，開列機器清單，函請填發免稅護照，以便起運等由。查廠書上列各項機器係敝廠所購之物，除呈海關理合備文，連同機器清單暨運輸說明書各種三份送呈

鈞核，伏乞

迅賜免稅護照下廠，以便轉給應用，實為公便。謹呈

總司令陳

補呈機器清單暨運條說明書各三份

全銜 廠長鄭○○

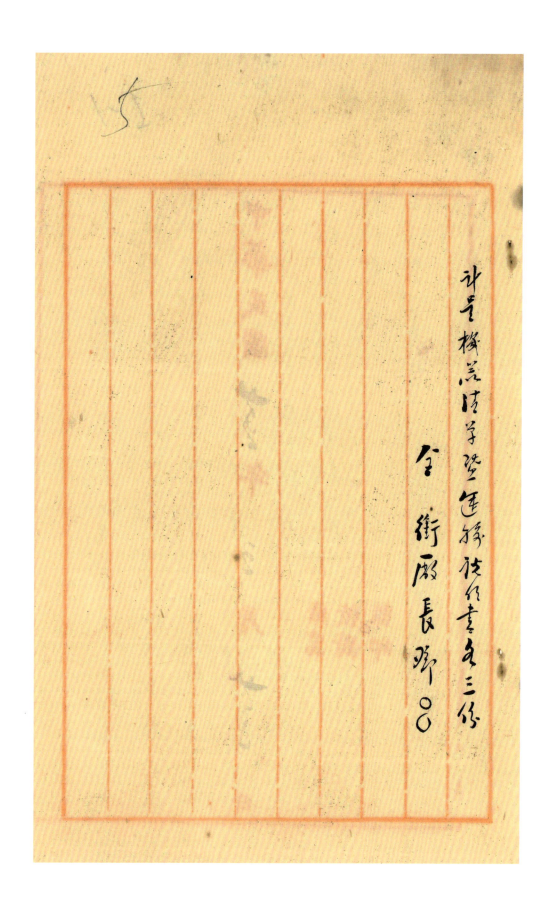

机器拾伍件共重2205Kg由"Scharnhorst"船運来

件数	名稱	重量	備考
1	圓軸形銑床	22Kg	4
1	半徑銑床連圓軸	31"	
1	吊板,模形,速釘机,麻帶,皮帶,等	162"	
1	精细量度器等	44"	
1	小量度器,内孔量度設備等	47"	
1	鋼料	357"	
1	"	397"	
1	"	231"	
1	"	302"	
1	"	305"	
2	防酸劑二鑵	110"	
2	" 二桶	131"	
1	" 一桶	66"	
共 15件		2205Kg	

[illegible]照

運輸說明書

項目	內容
發送處所及主管者職名	桂蘭代表易壽偉
承收處所及主管者職名	廣東第二兵器製造廠廠長鄧演存
押運者職名	易壽偉
種類	機器
數量	拾五件（附裝箱清單）
用途（或事由）	琶江工廠
起運地點	香港
到達地點	琶江
經過稅關路站	
請發護照年月日	廿五年五月廿五日
預計運畢時期	兩個月
附記	

中華民國廿五年五月廿五日

（請照者職名章）[illegible]廠長鄧[illegible]

5-1

中華民國廿五年五月廿三日

繕寫

校對

監印

军政部广东第二兵工厂为请发给由香港运输引信材料及工具军运护照致兵工署的呈（一九三七年十月十八日）

附：运输说明书

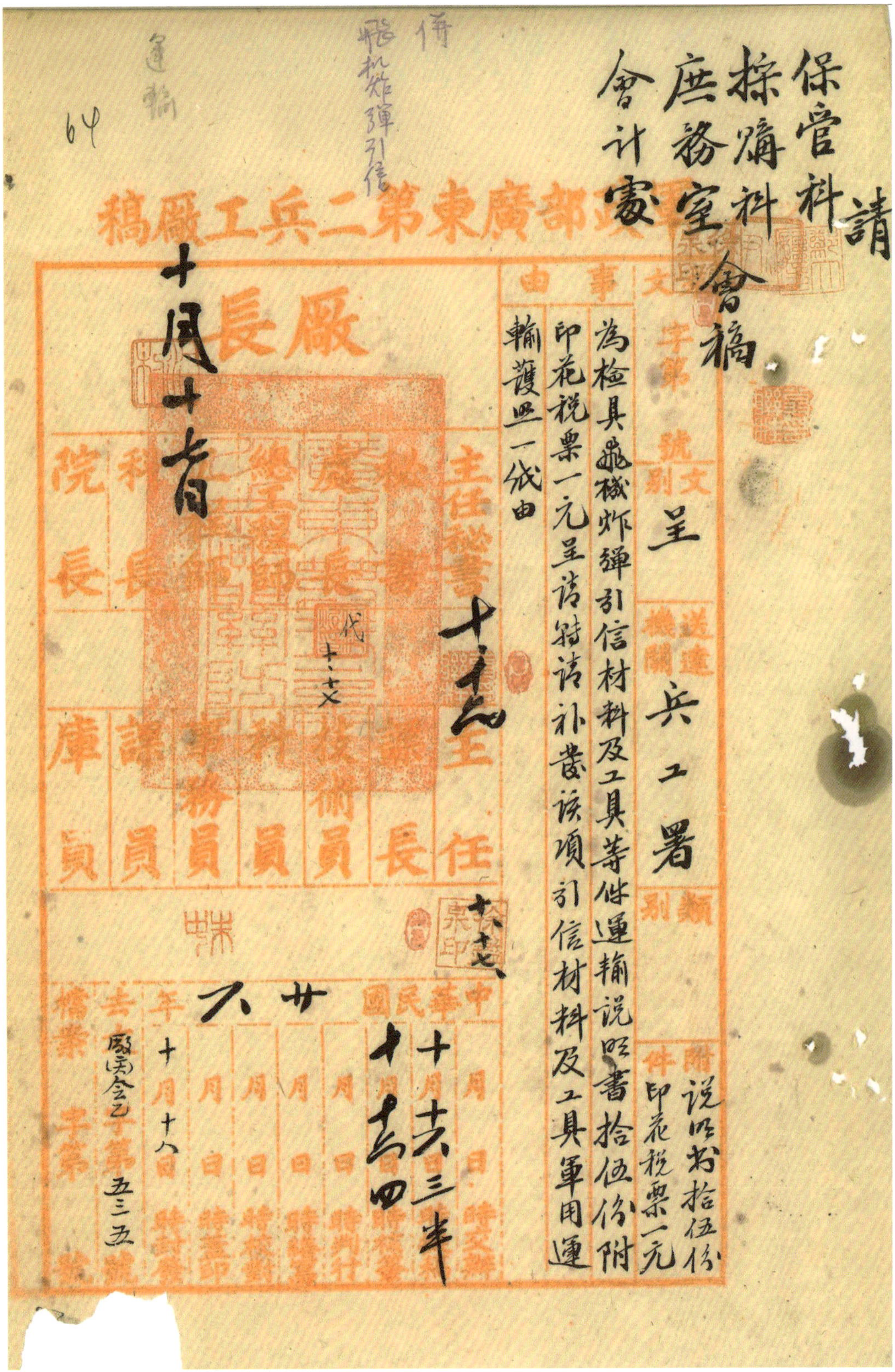
軍政部廣東第二兵工廠稿

請保管科、採購科會稿
庶務室、會計處

文別：呈
送達機關：兵工署
事由：為檢具飛機炸彈引信材料及工具等件運輸說明書拾伍份附印花稅票一元呈請特請補發該項引信材料及工具軍用運輸護照一份由
附件：說明書拾伍份 印花稅票一元

廠長　主任秘書　技術長　總務處長　科長　院長
主任　課長　技術員　科員　事務員　課員　庫員

中華民國廿六年十月十八日
廠(丙)會乙字第五三五號

呈

頃奉

鈞座九月卅造代電開：

「元電悉。除已電財政部查照辦理外，迅將是項飛機炸彈引信材料工具一批，填具運輸説明書呈署，以便轉請核發護照，仰即遵照。」

等因；奉此。查該項引信材料工具等件，業於九月十日由本廠事務員周金沛由香港運到滬江口本廠。謹造具飛機炸彈引信

65

材料工具等件，運輸說明書拾伍份，并附上印花稅票一元，檢同呈文一併呈請鑒核轉請補發飛機炸彈引信材料工具單用運輸護照一紙，以便補行報關查驗，實為公便。

謹呈

署長俞

附運輸說明書拾伍份，印花稅票一元。

全銜廠長江 ○

65-1

中華民國廿六年十月十六日

繕寫 曹隆鵠

校對 [illegible]

監印

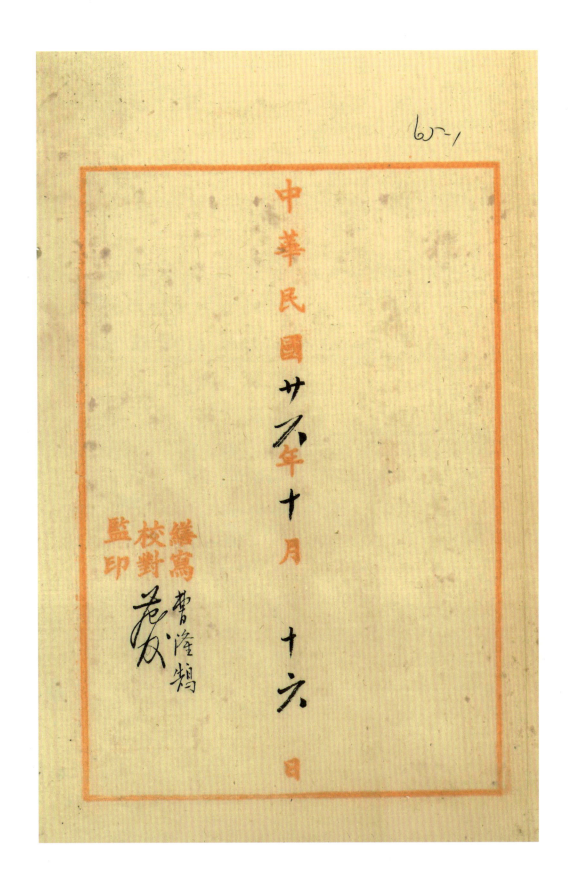

格式6001

70

運輸說明書

發送處所及主管者職名	兵工署駐港辦事處
承收處所及主管者職名	廣東第二兵工廠
押運者職名	廣東第二兵工廠事務員周金沛
種類 / 數量	砂輪 14塊 鋼鐵條 3335公斤 銅條 1000公斤 銅絲 68公斤 銅板 40公斤 焊錫 91公斤 鋅板 750公斤 鐵板 1490公斤 鉛水鐵絲 61扎 鋼絲 12公斤 鋼球 280羅 機工具 11打
用途（或事由）	製造飛機炸彈引信材料及工具
起運地點	香港
到達地點	廣東滘江口
經過稅關路站	粵海關粵漢路
請發護照年月日	二十六年十月十六日
預計運畢時期	業於九月十日運到滘江口本廠
附記	

請照者職名章　廣東第二兵工廠廠長江杓

中華民國二十六年十月十六日

军政部兵工署第五十工厂关于报送待购器材费用预算书致兵工署的呈（一九三八年五月三十日）

附：待购器材费用预算表

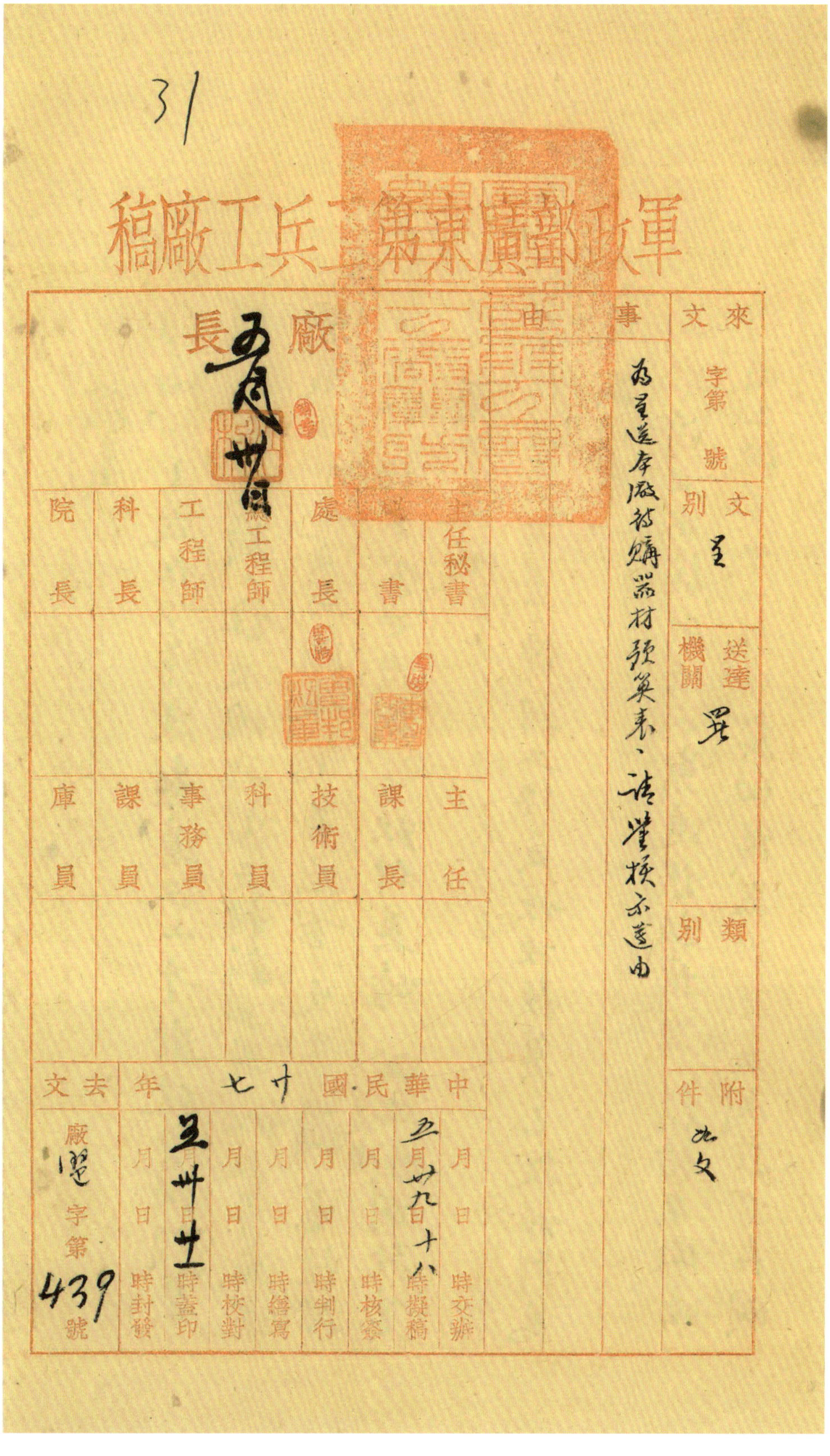

31
軍政部廣東第二兵工廠稿
事由
為呈送本廠待購器材預算表、請鑒核示遵由
來文字第號
文別 呈
送達機關 署
類別
附件 如文
廠長 [illegible] 卅日
主任秘書
秘書
處長
總工程師
工程師
科長
院長
主任
課長
技術員
科員
事務員
課員
庫員
中華民國廿七年
去文
廠遞字第439號
交辦
五月廿九日十八時擬稿
核簽
判行
繕寫
校對
五月卅日廿時蓋印
封發

31-1

須奉

鈞諭飭本廠在下年度製造三七平射砲壹佰門等因，自應遵辦。惟該項所需之材料工具，以及本廠遷渝後應補充之各項設備，亟應事先籌辦，茲經擇要估計，約共需費用捌萬玖仟英磅，理合造具預算表，備文送請

鑒核准予設置，俾利工作。又該項預算，已較初列為低，嗣因奉

渝准將百水橋研究所製造樣板機器，撥給本廠應用，故已將其中一部份精細機器剔除，又關於可在國

38

內購置之各項機器，容另列表呈核，合併陳明。除於本年五月廿日備具簽呈陳奉核准外，理合檢同預算表，呈請鑒賜轉呈軍政部核准，實為公便。謹呈

署長俞

附待購器材費用預算表二份（[illegible]）

全銜江〇

1　32　存底

待購器材費用預算表

	項目	金額
1	補充器材設備費	536,000 ~~779,000~~
2	三.七平射砲工具材料費	300,000
3	鑄工工場設備費	10,000
4	煤氣設備費	40,000
5	渝廠接電設備費	180,000
	以上合計	1,066,000 ~~1,309,000~~ ≅ £89,000.-
6	壓擠設備費	
7	砲彈材料費	
	共計	

備考

1. 奉 諭准將百水橋研究所製造樣板機器撥給本廠使用，故將一部份精細機器剔除
2. 因節省外幣，將若干項機器改在國內購置
3. 更改後約需八萬九千磅，比較原計劃可省二萬餘磅
4. 在國內購置各項機器另行列表呈核

補充機器設備

33

名称 中文	名称 德文	數量	主要尺寸 mm	單價 $	總價 $
	1. 工具所				
横車床	Plan-Drehbank	1	1500 ϕ	10,000	10,000
~~精细車床~~	~~Praezisions-Drehbank~~	3	~~200x1000~~	~~10,000~~	~~30,000~~
〃 〃	" "	3	250x1000	12,000	36,000
~~普通車床~~	~~Drehbank~~	15	150x800	~~7,000~~	~~105,000~~
〃 〃	"	~~8~~ 1	250x1500	10,000	~~64,000~~ 10000
立铣床	Senkrecht-Fraesmaschine	1	350x1200	10,000	10,000
卧铣床	Fraesmaschine	2	250x1000	8,000	16,000
铡床	Stossmaschine	1	300x500x150	5,000	5,000
刻字機	Graviermaschine	1		1,500	1,500
刨床	Hobelmaschine	1	500x1500	10,000	10,000
萬能圓磨床	Universal-Rundschleifmaschine	1	250x1500	15,000	15,000
~~普通圓磨床~~	~~Rundschleifmaschine~~	~~1~~	200x1000	~~10,000~~	~~10,000~~
~~平面磨床~~	~~Flaechenschleifmaschine~~	~~1~~	200x700	~~10,000~~	~~10,000~~
~~萬能工具磨床~~	~~Universal-Werkzeugfraesmaschine~~	1		~~10,000~~	~~10,000~~
~~螺絲磨床~~	~~Gewinde-Schleifmaschine~~	~~1~~		~~20,000~~	~~20,000~~
焠火設備	Haerteanlage	1		7,000	7,000
噴砂機	Sandstrahlputzmaschine	1		3,000	3,000
刻度機	Verteilungsmaschine	1		4,000	4,000
定心機	Zentriermaschine	1		1,500	1,500
鏜床	HOrizantal-BOhrwerk	1	直径50	10,000	10,000
~~放大鏡~~	Projektor (Leitz)	1		~~1,500~~	~~1,500~~

34

名稱 中文	名稱 德文	數量	主要尺寸 mm	單價 $	總價 $
	~~Imperator fuer Direkt-messing~~	1		~~3,000~~	~~3,000~~
光學測角儀	Opt. Winkelmesser	2		100	200
標準樣板	Endmass	10		700	7,000
外径千分尺	Mikrometer	30	0-25	30	900
〃 〃	"	30	25-50	40	1,200
〃 〃	"	10	50-75	50	500
〃 〃	"	10	75-100	70	700
〃 〃	"	3	100-125	90	270
〃 〃	"	3	125-150	120	360
内径千分尺	Innen-Mikrometer	2套	20-250	500	1,000
卡尺	Schublehre	100	150	7	700
〃 〃	"	50	250	10	500
螺絲刀樣板	Gew. Stahllehre	10		5	50
硬度計	Brinell-&Rockwell-Haerte pruefer	1		2000	2,000
螺絲千分尺	Gew.-Mikrometer	1	55°	--------	
〃 〃	" "	1	60°		
厚度尺	Fuehllehre				
水平尺	Libelle	10			
角尺	Winkel				5,000
深度尺	Tiefenlehre				
平面玻璃	Planglas	2			
三線量絲器	3-Drähte-Gew.Messung				

名稱 中文	名稱 德文	數量	主要尺寸 mm	單價 $	總價 $
量綫樣板	Drahtelehre				
螺紋樣板	Gewindelehre				
各種銑刀	Verschiedene Fraeser				
各種砂輪	Schleifscheiben				15,000
各種鑽頭	Spiralbohrer				
量錶	Messuhr	10			
	2. 引信所				
圓剪機	Rundschere	1		1,000	1,000
双偏心壓機	Doppel-Exzenterpresse	1	50 Hub	8,000	8,000
偏心壓機	Exzenterpresse	2	200 t	5,000	10,000
切口機	Abschneid-Apperat	2		500	1,000
手扳機	Handpresse	5	100 Hub	300	1,500
磨光機	Poliermaschine	1		800	800
灣鉄機	Drahtbiege-Maschine	1		1,500	1,500
捲簧機	Federwickelmaschine	1		1,000	1,000
简單銑床	Einfach-Fraesmaschine	2	150x300	2,000	4,000
鑽床	Bohrmaschine	1	直徑20	1,500	1,500
試彈簧器	Federpruefapperat	1	–1 Kg	500	500
〃 〃	"	1	–10 Kg	800	800
小輥機	Kl. Walzmaschine	1		1,000	1,000
輥字機		1		500	500
	3. 彈夾所				
偏心壓機	Exzenterpresse	1	200t	10,000	10,000

33

36

名称 中文	德文	數量	主要尺寸 mm	單價 $	總價 $
試水壓壓機	Abdrueckpresse	1		8,000	8,000
切口機	Abstechenbank	1	150x800	7,000	7,000
車床	Drehbank	2	150x800	7,000	14,000
電力熱氣烘炉	Elekt.Warmluft-Trocken-platte z.Trocken der Geschosse und Abdruecken	2		3,000	6,000
螺丝自動機	Schraubenautomat	1	直徑10	8,000	8,000
	Gew.-Schneidkopf	3		15	45
磨擦壓機	Friktionspresse	1	20t	5,000	5,000
點焊機	Punkt-Schweissmaschine	1		2,000	2,000
硬金屬刀片	Hartmetall-Drehstaehle				30,000
烘口機	Mantelgluehen-Apperat	1		1,500	1,500
4. 火工所					
水壓機	Hydr. Presse	1	50t	10,000	10,000
熔拂恩拂罐	Schmelzkrug			1,000	1,000
低壓鍋炉	Niederdruck-Kessel	1		5,000	5,000
車床	Drehbaenke	2	150x800	5,000	10,000
壓火帽及雷管設備	Handpresse fuer Zuendhuetchen &Sprengkapsel	6		300	1,800
製白药設備	Knallquecksilber-Herstellungsanlage	1			2,000
和药器	Mischapperat	1		500	500
烘药設備	Trockenraum	1		1,000	1,000

名称 中文	名称 德文	數量	主要尺寸 mm	單價 $	總價 $
縫紉機	Naehmaschine	2		100	200
手板機	Handpresse	2		300	600
圓剪機	Rundschere	1		1,000	1,000
唧筒及焊具	Luftpumpe u. Lötapparat	1		200	200
試鉛皮箱設備	Pruefeinrichtung			300	300
手扳機	Handpresse	3		200	600
電磅秤	Elekt. Wage	2		300	600
手扳裝彈机	Handpresse	2		500	1,000
	5 木工所				
烘木房	Trockenraum		（可自製）		
木車床	Holzdrehbank	1	（做砲彈木箱花眼板用）	500	500
简單鑽床	Einfache Bohrmaschine	1	〃	1,000	1,000
	6 製砲所				
大車床	Drehbänke	4	（係補充該所被炸坏之四部）	8,000	32,000
刻字機	Graviermaschine	1		1,500	1,500
角齒輪鉋床	Kegelradhobelmaschine	1		15,000	15,000
硅藍設備	Citrosid			2,000	
	7 鍛工所				
焠火設備	Haerte-&Verguetungsanlage	1		70,000	70,000
	8. 水電所				
電鍍設備	Galvanisier-Anstalt			4,000	4,000
電氣儀器及修理馬達工具	Elekt. Messinstrument & Reparatur-Werkzeuge			6,000	6,000
				總計	708,345
				另加約10%	70,655
				共計	779,000

军政部兵工署第五十工厂为请转发运输器材护照致兵工署的呈（一九三九年二月二十日）

附：运输说明书及机器清单

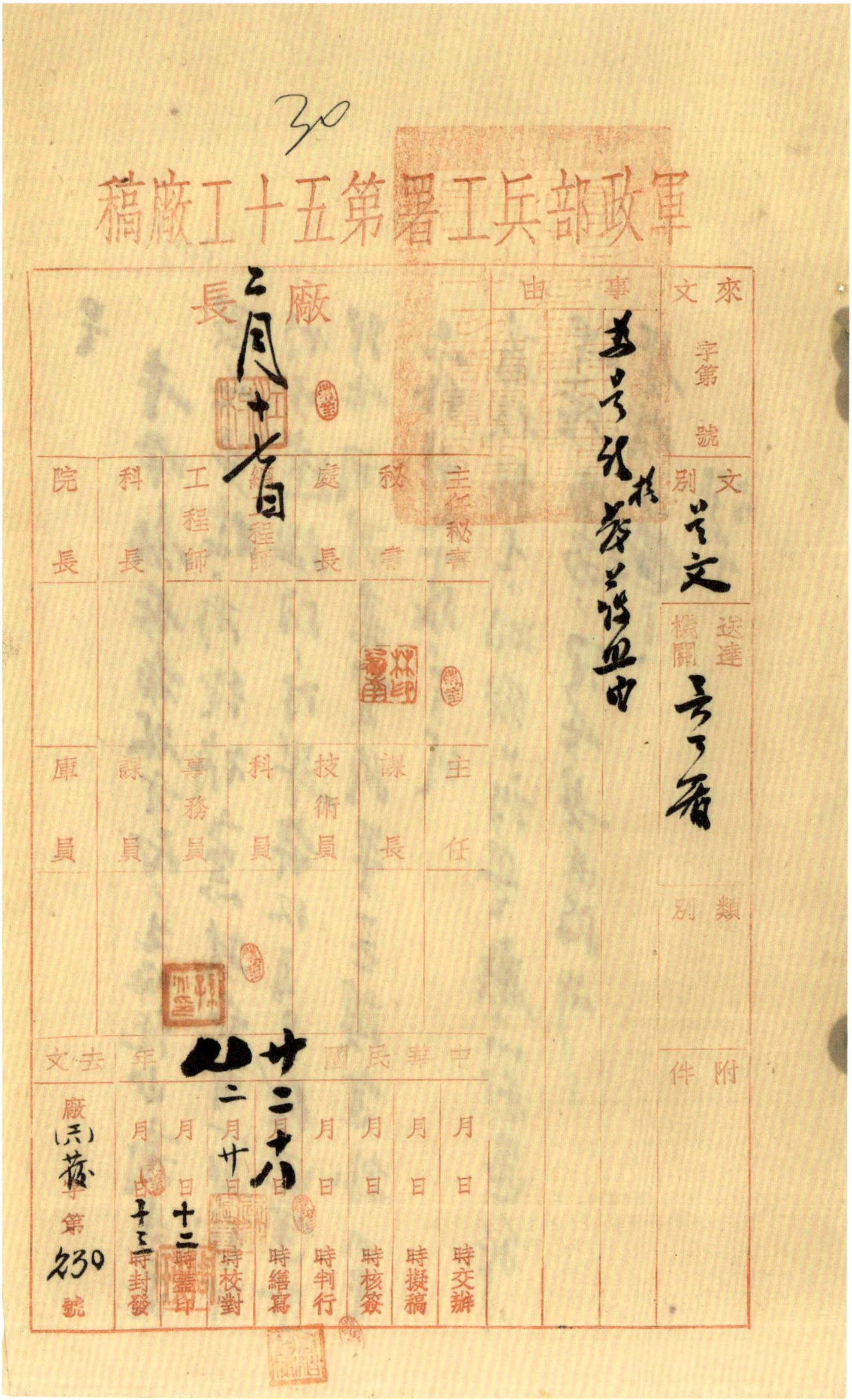

30
軍政部兵工署第五十工廠稿

來文	字第 號
事由	
廠長	二月十七日
文別	呈文
送達機關	兵工署
類別	
附件	

院長 科長 工程師 總工程師 處長 秘書 主任秘書

庫員 課員 事務員 科員 技術員 課長 主任

中華民國廿八年 二月廿 日

去文 廠（兵）發字第230號

月 日 時交辦 月 日 時擬稿 月 日 時核發 月 日 時判行 月 日 時繕寫 月 日 時校對 十二時蓋印 十三時封發

301

呈

查本館所藏秘笈方面，先後託由商務書局
及合眾樓，所藏稿本亦為該館所有，一部份計
約可達伍百張，惟準予以其家屬領還外，
理合開列素質傳單並摘錄函要
合計九千張，亦請
寄發村射去，俾錄以資參考，以利通行，
是否有當，理合具文陳祈
鑒核示遵！

謹呈

運輸說明書

發送處所及主管者職名	香港合步楼公司
承收處所及主管者職名	軍政部兵工署第五十工廠廠長江〇
押運者職名	
種類	
數量	
用途（或事由）	
起運地點	香港
到達地點	重慶江北郭家沱本廠
經過稅關路站	海防昆明貴陽重慶各海關及滇越鐵路川滇公路
請發護照年月日	二十八年二月十七日
預計運畢時期	收到護照後四個月
附記	

中華民國二十八年二月十七日

請照者職名章（全銜）廠長江〇

此行不寫

七五輕榴砲材料66箱約97噸并載重車備件

五萬發榴彈業內工具樣板材料機器

32

運輸説明書

發送處所及主管者職名	柏林商事處
承收處所及主管者職名	[redacted] 江○
押運者職名	
種類	
數量	
用途（或事由）	
起運地點	海防
到達地點	重慶江北郭家沱本廠
經過税關路站	滇越鐵路 昆明 貴陽 重慶 川滇公路 各海關及
請發護照年月日	二十八年二月　日
預計運畢時期	收到護照後四個月
附記	

中華民國二十八年二月　日

請照者職名章
（全銜）廠長江○

此行不寫

三七砲鋼料一批約40噸（本廠李處長經購第一批）

黃銅桿等材料14捆又19根黃銅片一箱（訂購書號1940號）

訂購書號1967鋼料兩批約31565公斤 Wushi 貨物一批約1945公斤（訂購書號2025 Wushi）Mod P420車床一部（訂購書號2025 Wushi）

33

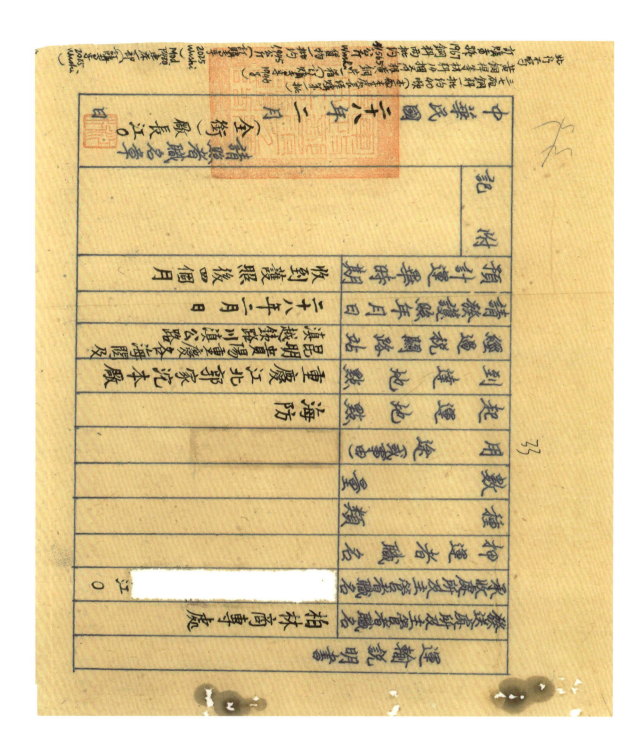

此行不寫

柏林商專處H707號通（智單通知）前自來橋訂購工具鋼（訂購專號Fei/me 1986）283件約16,880公斤、鋼料一批約1437公斤（訂購專號1973號）

運輸說明書

發送處所及主管者職名	柏林商專處
承收處所及主管者職名	軍政部兵工署第五十工廠廠長江○
押運者職名	
種類	
數量	
用途（或事由）	
起運地點	香港
到達地點	重慶江北郭家沱
經過稅關路站	海防昆明貴陽重慶各海關及滇越鐵路川滇公路
請發護照年月日	二十八年二月十七日
預計運畢時期	收到護照後四個月
附記	

請照者職名章

（全銜）廠長江○

中華民國二十八年二月十七日

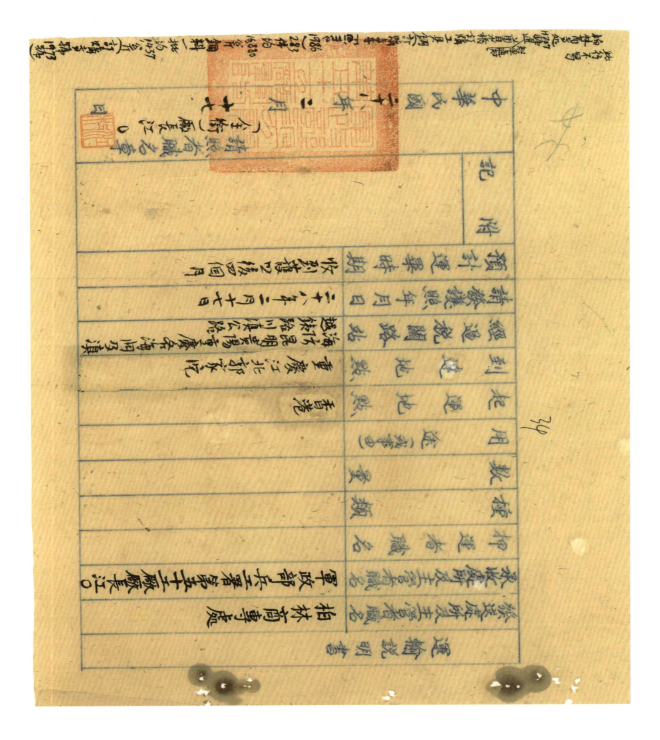

35

運輸說明書

發送處所及主管者職名	香港大陸行經理方兆鎬
承收處所及主管者職名	軍政部兵工署第五十一廠廠長江〇
押運者職名	
種類	
數量	
用途（或事由）	
起運地點	香港
到達地點	重慶江北郭家沱本廠
經過稅關路站	海防昆明貴陽重慶及滇越鐵路川滇公路
請發護照年月日	二十八年二月十七日
預計運畢時期	收到護照後四個月
附記	

請照者職名章（全銜）廠長江〇

中華民國二十八年二月十七日

先行不寫—電料及配電間材料

36

運輸說明書

發送處所及主管者職名	香港大陸華行經理方兆鎬
承收處所及主管者職名	軍政部兵工署第五十工廠廠長江〇
押運者職名	
種類	
數量	
用途（或事由）	
起運地點	香港
到達地點	重慶江北郭家沱本廠
經過稅關路站	海防昆明貴陽重慶各海關及滇越鐵路川滇公路
請發護照年月日	二十八年十二月十七日
預計運畢時期	收到護照後四個月
附記	

中華民國二十八年十二月十七日

請照者職名章（全銜）廠長江〇

此係先寫一 用駁車裝轉

此行不留

擴充業務請填明[illegible]給化學品等

運輸說明書

發貨廠所及主管者職名	香港合步樓公司
承收廠所及主管者職名	軍政部兵工署第五十工廠廠長江○
押運者職名	軍政部兵工署第五十工廠廠長
種類	
數量	
用途（說明之）	
起運地點	香港
到達地點	重慶江北郭家沱
經過稅關路站	海防及滇越鐵路昆明貴陽重慶川滇公路各站
請發護照年月日	二十八年十二月十六日
預計運畢時期	收到護照後四個月
附記	

中華民國二十八年十二月十大日

（主管長官職名章）請發護照者職名章

第五十工廠廠長江○

本廠在國外及香港訂購器材（已起運者）清單　38

名稱	數量	單位	重量	單位	船名	抵港或海防日期	經購處所	訂購專案或合同號數	備註
工具鋼	283	件	16,880	公斤	"R.C.Rickmers"	已到港	柏林商專處	合同Feime 1986號	商專處H207號通知單前百水橋研究所訂購 此批共裝75 Packages 27 Tafeln
鋼料	1	批	6,091	公斤	"Crefeld"	到海防	〃	〃 1967 〃	〃 〃 459 Kolli
〃	1	〃	35,474	〃	"Fulda"	〃	〃	〃 〃 〃	林委會"商渝1576號箋通知「另附清單」
銅料	1	〃	約1,437	〃		已到港	〃	〃 1973 〃	〃 通知
Wushi貨物	1	批	31,945	〃	"Oliva"	到海防	〃	〃 Wushi 2025 〃	〃 〃
Mod.P420車床	1	部	3382	〃	" 〃 "	〃	〃	〃 〃 〃	〃 〃
黃銅積材料	14	梱			"Formose Bangkok"	約三月到海防	〃	〃 1946 〃	〃 〃
〃 〃	19	根			" 〃 "	〃	〃	〃 〃 〃	〃 〃
黃銅片	1	箱			" 〃 "	〃	〃	〃 〃 〃	柏林電知（第194號元月儉電）
三七砲鋼料	1	批	約40	噸	"Fulda"	約二月初 〃	〃	李處長訂第一批材料	渝合步棧27年11月19日通知
機器工具	3	箱			"Kulmerland"	已到港	合步棧公司	擴充案	〃 〃 〃 〃 30 〃
機器及附件	4	〃			"Aller"	〃	〃	〃	〃 〃 〃 〃 23 〃
器材	15	〃			"Oder"	〃	〃	〃	漢 〃 〃 8 14 〃 數量未開列
〃 〃					"R.C.Rickmers"	〃	〃	〃	渝 〃 〃 11 24 〃
樣板	2	〃	約225	公斤	"Ursula Rickmers"	〃	〃	〃	〃 〃 〃 〃 〃 〃
機件	2	〃	〃 370	〃	"Scharnhorst"	〃	〃	〃	〃 〃 〃 12 7 〃
〃 〃	1	〃			〃	〃	〃	〃	〃 〃 28 1 11 〃
化學品	28	件	1,525	公斤	"Elbe"	〃	〃	五萬發榴彈案	〃 〃 27 11 19 〃
工具	1	箱			"Kulmerland"	〃	〃	〃	〃 〃 〃 9 25 〃
〃 〃	3	〃			"Oder"	〃	〃	〃	漢 〃 〃 8 14 〃 〃
〃 〃					"R.C.Rickmers"	〃	〃	〃	渝 〃 〃 11 20 〃
樣板	1	〃			"Aller"	〃	〃	〃	〃 〃 〃 12 7 〃
材料	1	〃			"Scharnhorst"	〃	〃	〃	〃 〃 28 1 11 〃
機器	38	〃	1,811	公斤	"Elbe"	〃	〃	75輕榴砲七十四門案	〃 〃 27 11 24 〃
七五榴砲材料	66	〃	約96	噸	"Ursula Rickmers"	〃	〃		〃 〃 〃 〃 〃 〃 「不索值」
載重車備件	2	〃			"Scharnhorst"	〃	〃		擬購器材
朋馳車	10	輛					香港辦事處		〃 清單另附，
電料及配電間材料	1	批					港處		

军政部兵工署第五十工厂为已派何家浚驻海防办理器材接运事项致兵工署的代电（一九三九年三月十一日）

45

軍政部廣東第二兵工廠稿

來文	字第　號
文別	代電
送達機關	兵工署
類別	
附件	
事由	為復海防接運工料廠已派何家浚前往辦理由
廠長	三月十日

主任秘書	秘書	處長	總工程師	工程師	科長	院長

主任	課長	技術員	科員	事務員	課員	庫員

中華民國廿八年去文

月日時文辦	月日時擬稿	月日時核簽	月日時判行	月日時繕寫	月日時校對	月日時封發	去文
				三月十日	十六	十一日七	廠（天）發字第349號

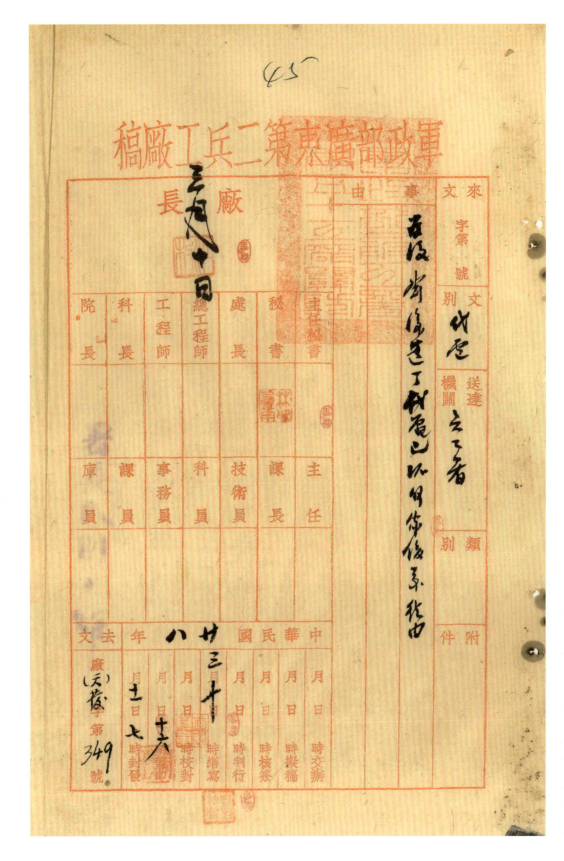

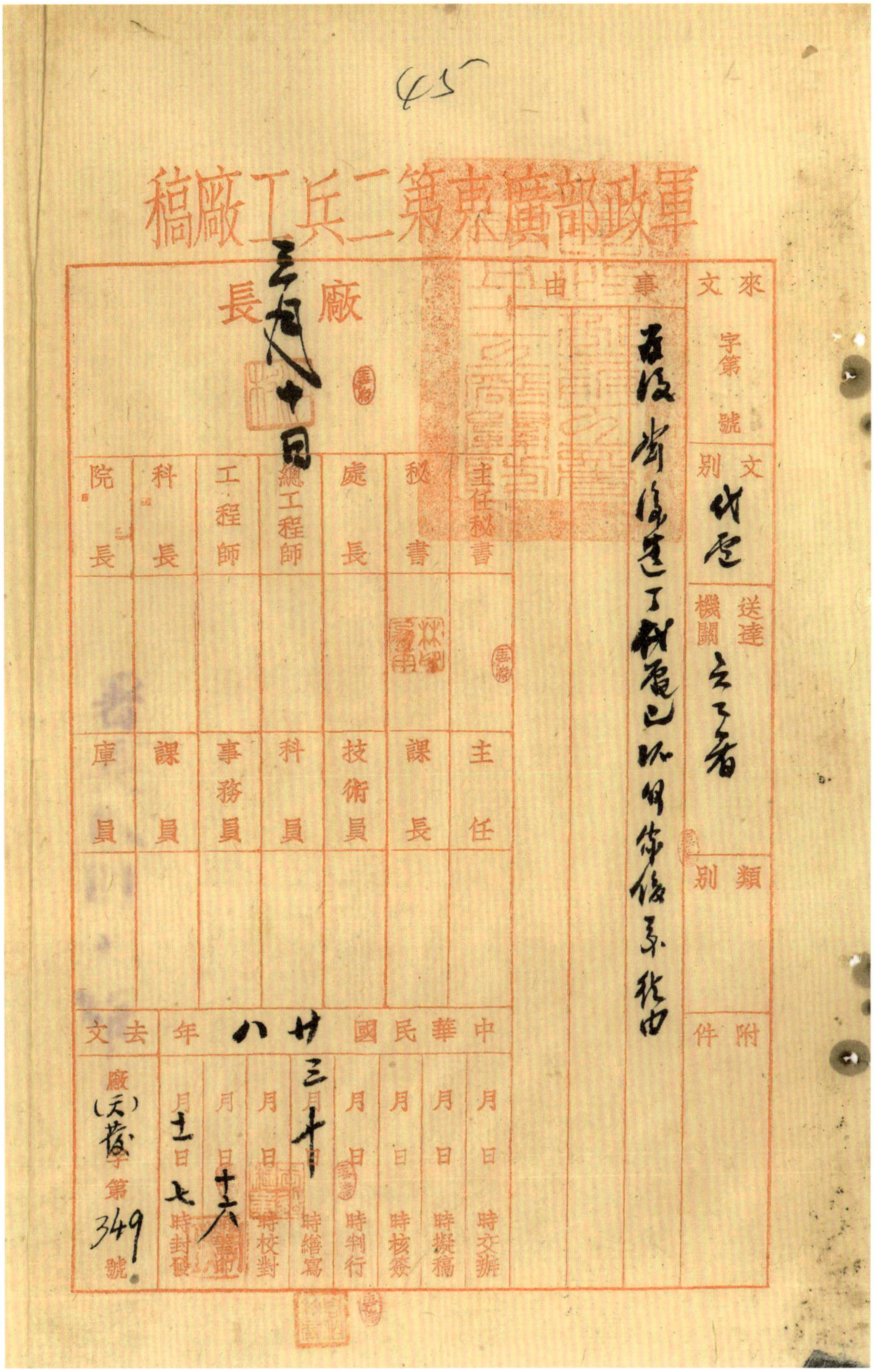

代電

兵工署署長俞鈞鑒：據渝造丁代電奉悉。查
本廠周於澥陳拔至本廠後派充任技術員
何家俊等擬七月份日畢業經由渡至經達
達渡完全案奉電前因，理合電復，祈核。〇真印

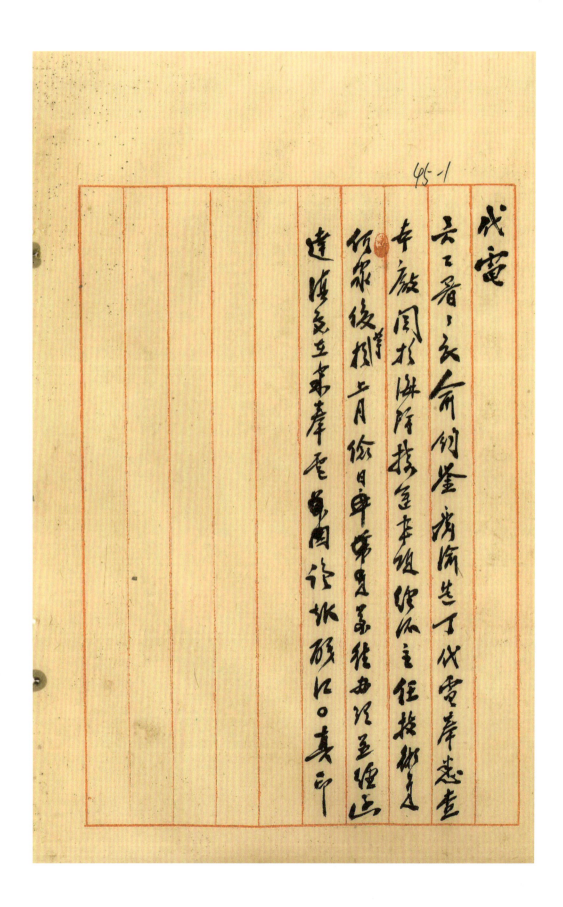

军政部兵工署第五十工厂、兵工署为调回李式白由王运丰留德办理购料事宜的往来公文

兵工署第五十工厂致兵工署的呈（一九三九年三月十九日）

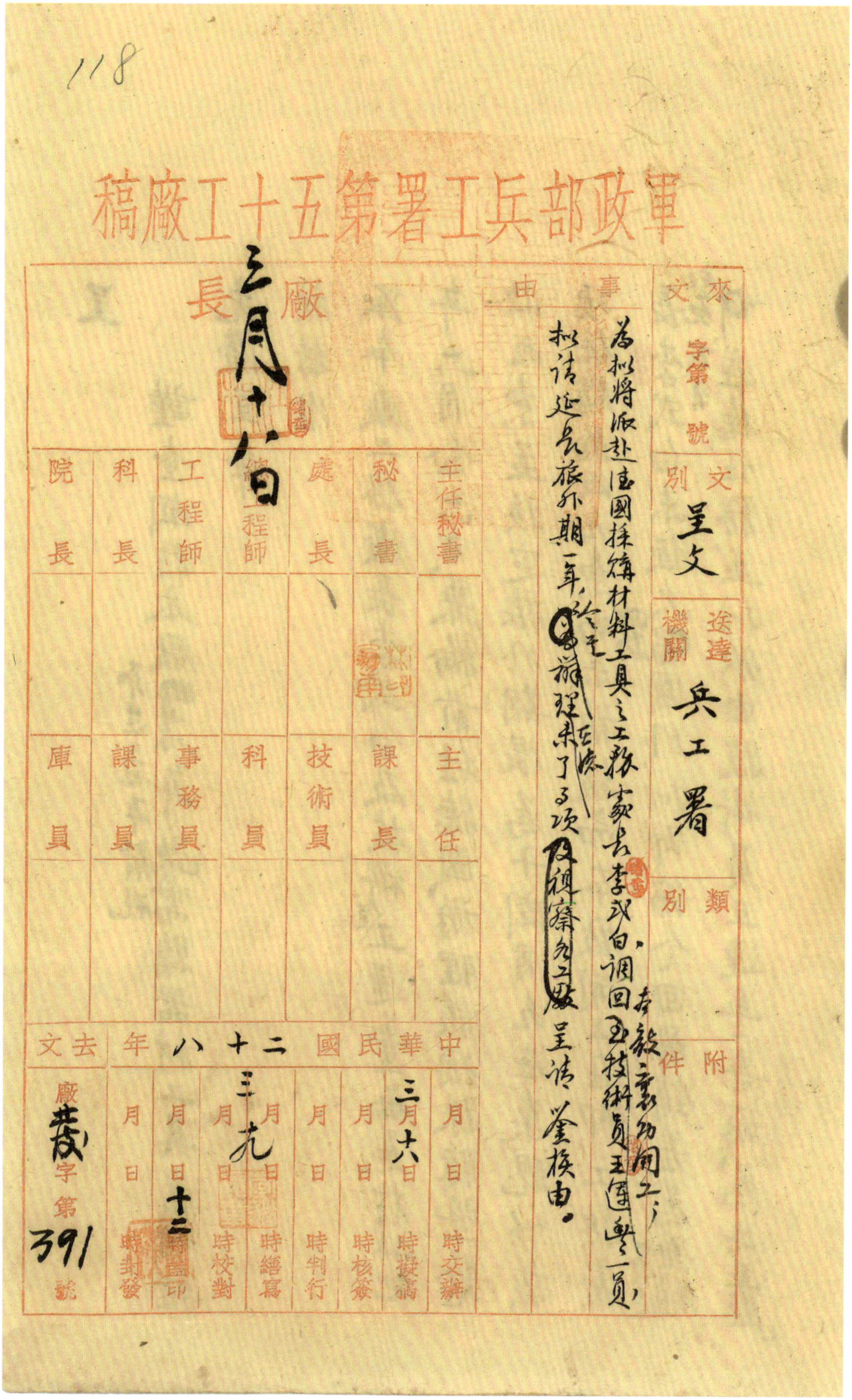

118

軍政部兵工署第五十工廠稿

來文	字第　號
文別	呈文
送達機關	兵工署
類別	
附件	

事由：為擬將派赴德國採購材料工具之工務處長李式白調回，[illegible]由技術員王運豐一員，擬請延長旅外期一年，以便辦理未了各項及視察各工廠，呈請鑒核由。

廠長：三月十八日

主任秘書	秘書	處長	總工程師	工程師	科長	院長

主任	課長	技術員	科員	事務員	課員	庫員

中華民國二十八年去文

交辦	擬稿	核發	判行	繕寫	校對	用印	封發	
月　日　時	三月十六日　時	月　日　時	月　日　時	三月十九日　時	月　日　時	月　日十二時	月　日　時	廠發字第391號

118-1

呈

謹查關於本廠民國二十七年財祀二十八年度需購器材工具案內，經

先後呈奉

核轉准

派本廠工務處長李式白及技術員王運豐兩員，於廿七

年六月念六日，乘輪前往德國，辦理該項採購監驗

收各事，並核定旅外期限為十閱月各在案；現以該

項採購驗收各事，尚未辦竣，而本廠開工在即，工務處

長李式白，未便久留國外，擬即飭令回國銷差，文為兼顧籌至

留在德任務，並擬派由技術員王運豐專辦，為此呈懇

120

鈞署准自本年四月廿六日起，延長旅外期限一年，至明年四月廿六日止，令其辦理（器材採購驗收各項）該項未了事務，並赴各工廠實習，以為擴展本廠業務參鑑。是否可行，理合呈請

鑒核，並祈轉呈

軍政部核示祇遵！

謹呈

署長俞

全銜名

王達生

兵工署给第五十工厂的指令（一九三九年四月七日）

114

事由	擬辦	批示
據呈擬將派赴德國之工務處長李式白調回，技術員王運豐延長旅外期一年，指令飭遵由。	電已發 四、十	秘書室知李處長 會計處知以力十

廿八年四月八日收文 字第728號

附件

管記洋 登記 四十

已登記

軍政部兵工署指令

渝造（六）甲字第2983號

中華民國廿八年四月七日

令本署第五十工廠廠長江杓

二十八年三月廿六日廠（六）發字第三九一號呈一件，為擬將派赴德國採購材料之工務處長李式白調回本廠襄助開工，至技術員王運豐一員，擬請延長旅外期一年，令其辦理

119-1

在德未了事項呈請鑒核由。

呈悉。經答奉

部長批開，照准。等因；所有王運丰延長旅外期間月費交際

費等應仍由該廠補充建設費項下開支仰即遵照。

此令。

署長 俞大維

校對 蔣錫齡

監印 楊錫熙

何家浚关于兵工署第五十工厂现存海防器材情况给江杓的报告（一九三九年三月二十二日）

附：本厂现存海防器材清单

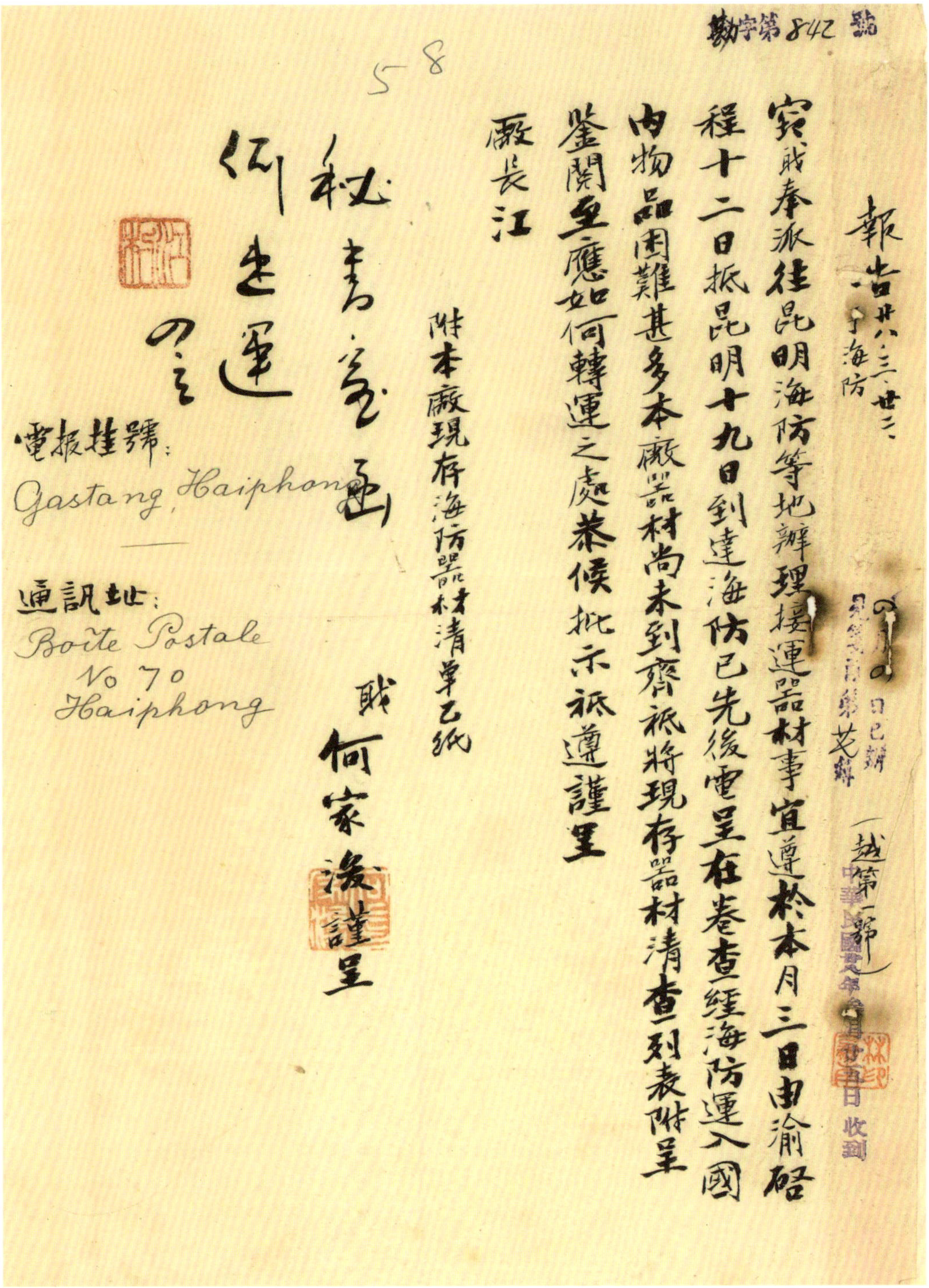
勤字第842號

報告 廿八、三、廿二 于海防

竊職奉派往昆明海防等地辦理接運器材事宜，遵於本月三日由渝啓程，十二日抵昆明，十九日到達海防，已先後電呈在卷。查經海防運入國內物品困難甚多，本廠器材尚未到齊，祇將現存器材清查列表附呈鑒閱。並應如何轉運之處，恭候批示祇遵。謹呈

廠長江

附本廠現存海防器材清單乙紙

職 何家浚 謹呈

電報掛號：Gastang, Haiphong

通訊址：Boite Postale No 70 Haiphong

秘書室函倪先生運

59

貨名	數量	重量	船名 口岸	提倉單	箱單	發票	簽証	接收地點	廠家	價值	備攷
黃銅条等 Messingstangen	9 C/S	532	Ursula R.	B/L #1 (全)	1	2		昆明		Frs. 1,453.02	由星加坡来，箱記：2.0 1973 #1-9
車床 Drehbank	1 "	1,945	Fulda Amwerpen	B/L 4	1	1	1	" "	Sonnenborg Rotterd	£323-12	由德直到Kushi貨，箱記： Z.M 2025/4
車床及馬達等 Drehbank	車床 2 馬達 1	17,735	Oliva Hamburg	B/L #36	3	3		" "	Alfred Wirth Schorck, Rheydt	R.M. 53,850	由德直到Kunfa貨，箱記： Z.M. 1543 1/6
工具 先運	1 C/S	77	aller	B/L N/N (全)	5	5	1	" "		瑞典Kron 2716.77	由德直到Kushi貨，箱記： Z.M 1017/1
車床 Drehbank	3 C/S	5,835	aller Amwerpen	B/L #5	3	1	1		Heinrich Sonnenborg	£1000-16-0	由香港来，Kushi貨(Rest)箱記： Z.M. 2025 1/3
鋼板 先運	259 pcs 廠收27 "	6091 廠收75 kg	Crefeld	B/L #41	1	1		昆明		R.M. 3600-40-	由香港来 箱記： Z.M.1967 1-102
機器	1 C/S	80	Kulmerland	B/L 4.5 (全)	3	3		" "			由香港来，箱記： T.Z.F. 1701-111-11 #1
机器工具 先運	3 C/S	2658	Kulmer- land.	B/L 4.5 (全)	4	4				R.M. 1204 1052 5280	由香港来，箱記：T.L.W. 1001-IV-9 " -8 T.G.W. 1001-V-55
工具 先運	3 C/S	108	Mari. Rickmers	B/L 4.5 (全)						R.M. 1603 5798	由香港来，箱記：T.G.W.1001-X-53 #2/3 -"- #3 39
机器	1 C/S	1608	aller	B/L 4.5 (全)		1				R.M. 5630	由香港来，箱記： T.L.A 1001-V-17
机器件 先運	3 C/S	358	aller	B/L #4.5 (全)		3				R.M. 3090 7261-40	由香港来，箱記：T.G.W. 1001-X-73#1 T.L.W. 1001-IV-6#4/5
机件	1 C/S	7983	aller	B/L #4.5 (全)		2				R.M. 2857	由香港来，箱記：T.G.W. 1701-1-8#1
工具 先運	3 C/S	174.50	Oder	B/L #4.5 (全)	4	4					由香港来，箱記：T.G.F. 1701-1-9/1 a T.Z.F. 1701-111- 6/1 b -"- — -111 -7/1 c
机器及工具	15 C/S	6,612.50	Oder	B/L #5.4 (全)	12	12					由香港来，箱記：T.L.B 1001-IV-6/1,-3 T.L.A. 1001-IV-8/1 T.G.W. 1001-X 22/1 -"- -"- 27/1 T.L.W. 1001-IV-82/1 -"- -"- 8/4 T.L.A. 1001-V-9/1 T.L.W. 1001-VI-86/1 T.L.W. 1001-X 20/5657 -"- -"- X 64/1 T.L.W. 1001-X 86/2 T.G.W. 1001-X 84/1

何家浚关于海防运输情况致江杓的函（一九三九年三月二十二日）

61

星公厂座钧鉴：

前由贵阳、昆明、海防呈上函电，谅邀垂察。职十九晚抵海防，翌日适逢星期，入境手续不克即日办妥，除进谒胡处长详询运输及存货情形外，兹已得其概略：

（1）此间组织系西南办事处海防分处，负责主之胡处长，祇有二副处长，中之一系由署派来人员，祇他一人，并无其他组织。

（2）倘欲将存货运出，最好由署备公函指定何者急需先运昆明，然后由厂或署派车派员接运，方可迅速，否则祇靠西南汽车，恐难达目的。据云现在平均运出之货每月祇四五百吨耳。

（3）关于代发电报及寄呈帐目，海防办事处不便代转，因电费寄费且如何报销，署方至今未见明令，胡处长支出各项，今仍未得报销云。

（4）此间电报寄费尤其是密码，经职目前发出之电讯，实以系私人，不敢轻于尝试，祇候与航空班期吻合始汇报告。此次携带旅费过少，生活汇水俱昂，想以较丰旅之旅费，归后外薪金一项，仍希接续汇寄，汇款手续请运电昆明办事处，在东方汇理银行迳汇海防办事处，胡处长转到，较于沪方便，免其统制之虞。

（5）兵械司之新车，据云仍在装车箱中，倘装好，以后汽油车夫均成问题。

（6）周修齐仍在港未到昆明，此次赴越最好何种方式报销，乞便示知。每日极力节省，亦需四元四角一天，除成数外须照付。

肃此敬禀，顺颂

钧安

职何家浚敬上

三月廿二日

通讯处：~~Monsieur Hou Ting-Jo~~
~~42 Rd Henri Riviere~~
~~Haiphong~~ 转
Boite Postale
No 70
Haiphong

43

軍政部兵工署指令

渝造(六)甲字第1768號

中華民國二十八年三月廿八日 自重慶發

令第五十工廠廠長江杓

本年三月廿日廠(六)發字第230號呈一件為請發器材一批護照由

呈件均悉。案經將工具鋼鋼料三項改編密碼為(28)斤重1軍用品，鋼料、Wash.、貨物車床、黃銅横材料、黃銅片六項改編為(28)斤重2軍用品，三七砲鋼料改編為(28)斤重3軍用品，横充案之機器工具等七項改編為(28)斤重4軍用品，化學品及五萬發榴彈業之工具等七項改編為(28)斤重5軍用品，七五榴砲材料及載重

44

車補件改編為（28）仟畫之軍用品分別填用 國府護照兩字之一號之二號及之四號至之七號共六紙除請財政部飭關分別免稅驗放外合行令發原照仰查收執運並于用畢後繳銷至明軛車及電料等既尚未編妥且數量未詳是項物品當不急需護照可于將來編妥後另案請發再嗣後請照時仍仰將物品名稱數量單價詳呈備核并應按提運便利情況儘將何項數種物品用同一護照執運以便核發并仰知照為要此令

附發護照六紙

署長 俞大維

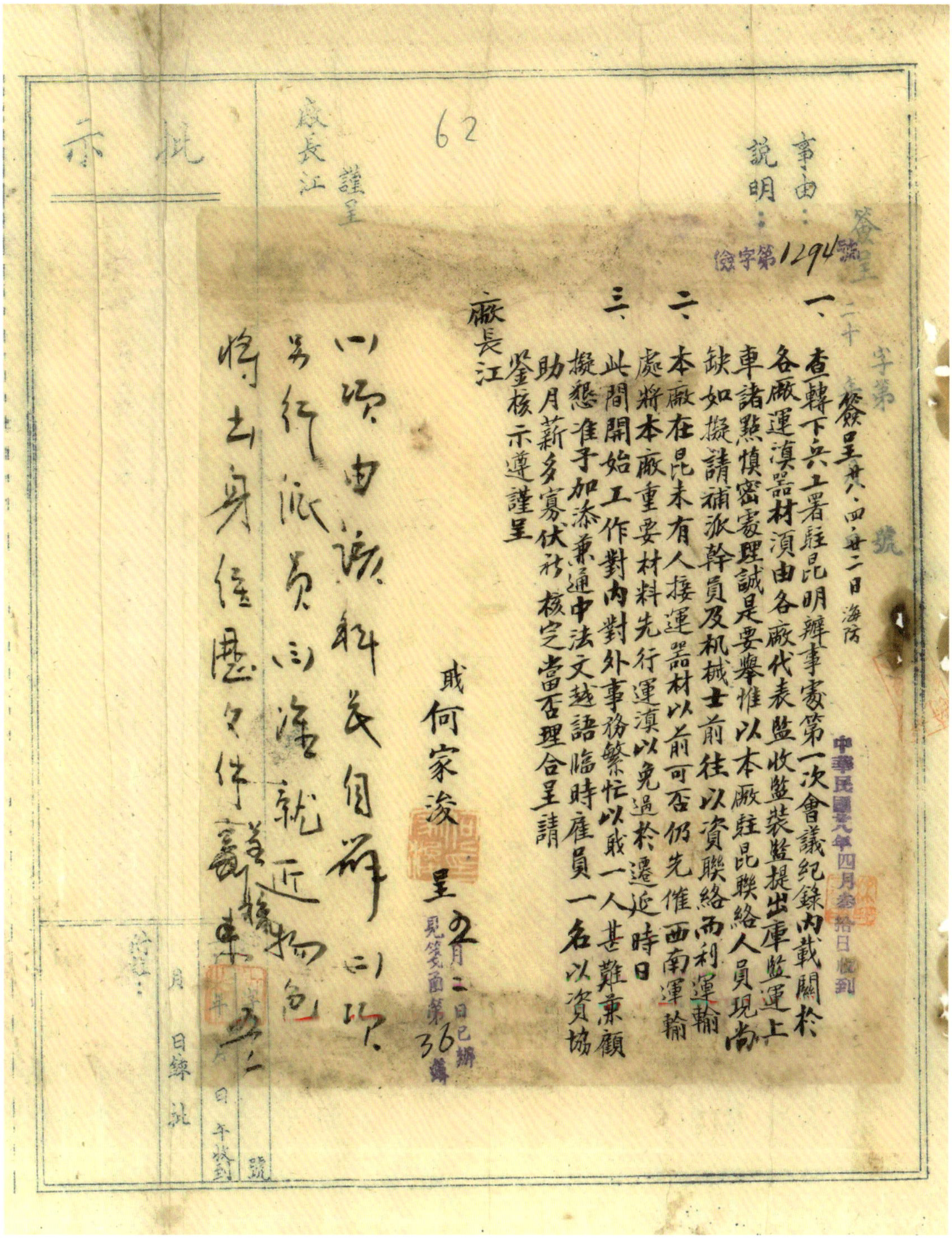

事由：
說明：
發字第1294號
簽呈廿八、四、廿二日 海防

一、查轉下兵工署駐昆明辦事處第一次會議紀錄內載關於各廠運滇器材須由各廠代表監收監裝監提出庫監運上車諸點慎密處理誠是要舉惟以本廠駐昆聯絡人員現尚缺如擬請補派幹員及机械士前往以資聯絡而利運輸

二、本廠在昆未有人接運器材以前可否仍先催西南運輸處將本廠重要材料先行運滇以免過於遷延時日

三、此間開始工作對內對外事務繁忙以職一人甚難兼顧擬懇准予加添兼通中法文越語臨時雇員一名以資協助月薪多寡伏祈核定當否理合呈請

鑒核示遵謹呈

廠長江

職何家浚 呈

中華民國廿八年四月叁拾日收到

批示

江杓为派陶亨豫驻昆明办理接运器材致汪君亮、周自新的笺函（一九三九年六月十七日）

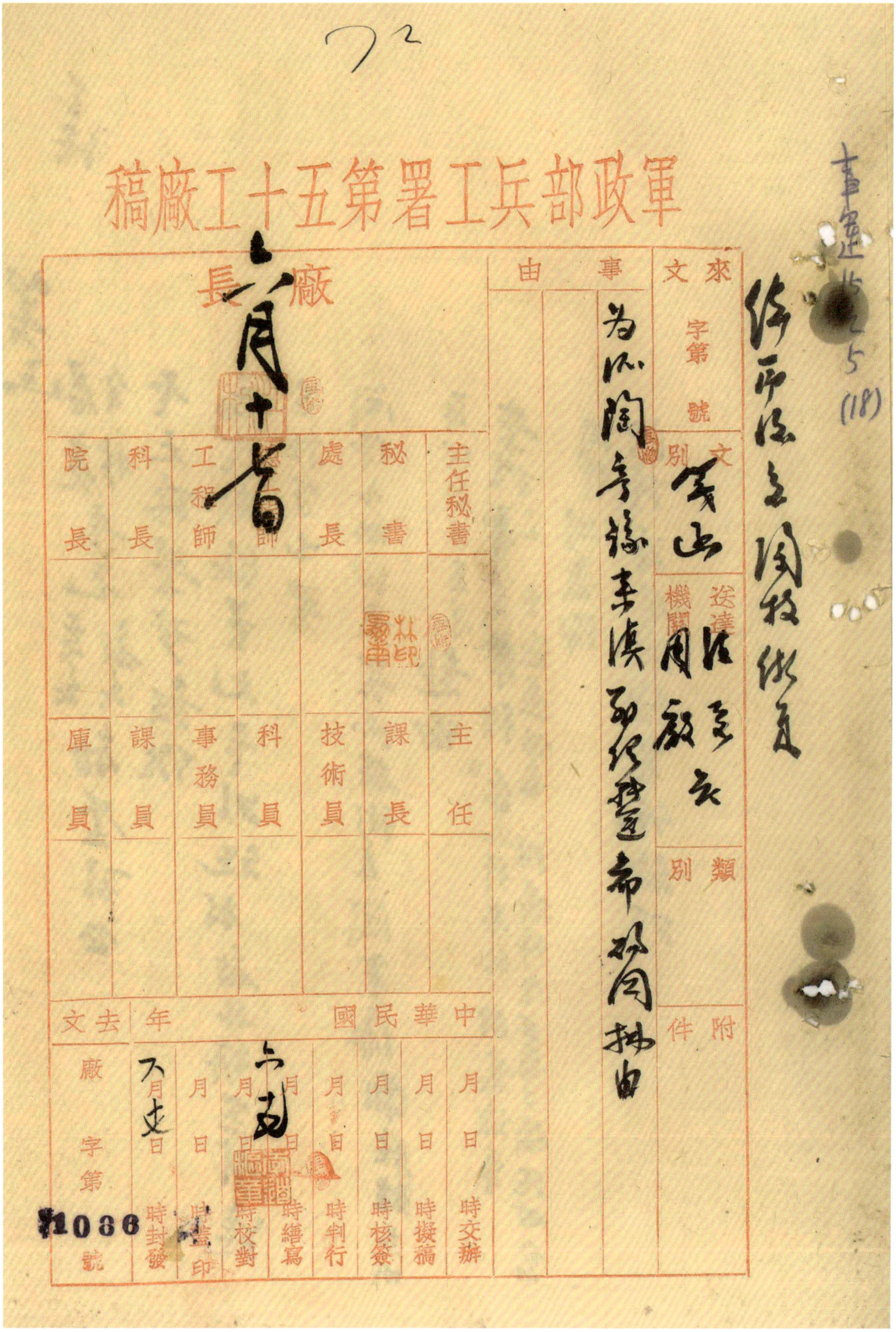

72

軍政部兵工署第五十工廠稿

來文	字第　號
文别	箋函
送達機關	汪君亮 周自新
類别	
附件	

事由：为派陶亨豫驻滇办理接运器材由

廠長　六月十七日

主任秘書　秘書　處長　工程師　工程師　科長　院長

主任　課長　技術員　科員　事務員　課員　庫員

中華民國　年　去文

月日時交辦　月日時擬稿　月日時核簽　月日時判行　月日時繕寫　月日時校對　月日時蓋印　六月廿日時封發

廠　字第1086號

手啓

72-1

箋正

君亮長兄
自新吾兄議長鈞鑒：別後
承之孫等移教統
勳會成係吾兄吾以從激勵而維學財遠
之辦達士勞
閩撫上派明哉若派林鄉員閩省孫雖程範明
辦理辦達巫序趙詔
學校之基序民本緒，命而行者於推廣維等
亦湘灃傳承推廣許至至要極陷時於此
閩撫劉喜錄
陳瑱陳貴沈極當託秘收

77

勤俭 平江口厂长台鉴

（周出不往）兹拟派 崔[illegible]许 接一、库（临时代管）工作及移交[illegible]

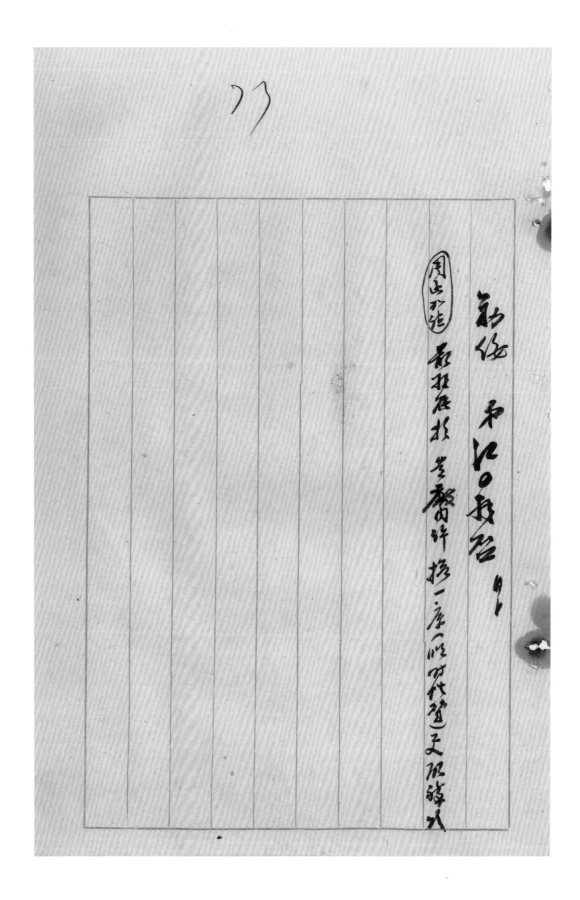

李式白关于赴德采购三七平射炮材料及机器工具报告书（一九三九年七月二十六日）

字第2211號

中華民國廿八年七月廿六日收到

閱存 七、廿六

附件二、三交總處保管

赴德採購三七平射砲材料及機器工具報告書 計拾叁張 又附件三一冊

科知件一份 八、六

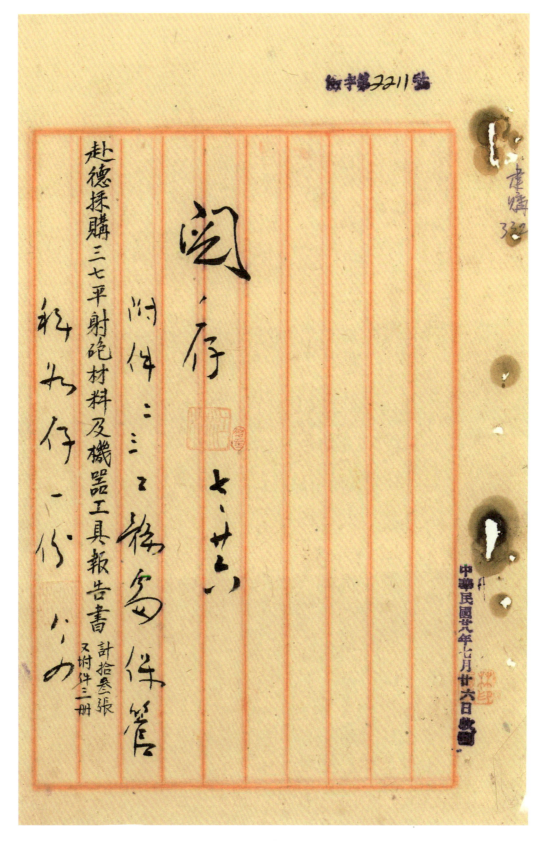

報告

七月廿六日
于鄭家沱

竊職奉

命赴德採購三七平射砲材料及補充機器工具，遵於廿七年六月廿六日乘德輪「香霍斯脫」號由香港出發，七月廿一日到柏林，所有一年來經過情形，節經函呈在案。自本年三四月間迭奉

電令促命返國後，本擬即行就道，惟因年來德國驅猶運動甚烈，猶太人來遠東者日衆，致訂購船票，頗為困難，故遲至六月十四日方搭義郵船「康特羅梭」號離威尼斯，七月七日抵香港，廿二日到廠。除遵將未了案件交由王技術員運豐辦理外，理合將應行報告事項，擇要陳述於后：

173-1

（甲）經費及預算

原案預算額為十一萬餘英磅，嗣以百水橋樣板所撥歸本廠及外滙困難關係，核減為八萬九千磅，業經

鈞長在漢口簽呈

署座核准在案。職到德後，即與商務專員辦公處商洽，將該款分作三批，由商專處逕電財政部請滙，卒因外滙困難，遲延數月，迄未滙出。職以在德採購機料，多非現貨，除少數訂金外，餘均可俟交貨時付清，且德國各廠出品，供不應求，交貨期限，由三、五月至十數月不等，故訂購時需款不多，查商專處經辦其他各案，有領到各款而未届交款時

2

期，暫在銀行存放者，似可先行挪用，以便訂購，俟本廠款項滙到，再爲撥還，否則，時間損失，實無法補償。曾以此意再三與商專處商洽，并迭經函陳

鈞長請署方函商專處暫行墊付，然迄無成效，緣當時外滙困難，財政部與兵工署方屢電該處儘力撙節，而商專處請准之款，又不能按時滙到，空電往返，無補實事，當時對本廠預算能否批准，尚多懷疑。聞曾有一時，因經費拮据，應付之各廠商款項，未能如期支付，迫使會計人員不敢到處辦公，以致影響信用，是以商專處抱定宗旨，非款項滙到，不允簽訂合同，故在柏林坐待數月，無法進行。去年十月間奉

174-1

電令縮減預算為二萬二千磅，經已列表呈核，祇因無款可撥，仍屬不能實行，財政部雖將合步樓餘款六百萬馬克撥歸商專處備支付總貨價款，關此種款項係以貨易貨而來，須俟政府將國貨交該公司後，柏林方面方先撥款，每次撥款之多少，則視交貨數量而定，去年冬雖曾收到若干，乃以欠款太多，仍屬不敷應用，故本廠分到數目，實屬無幾，所以有幾批貨物，均已接洽就緒，因無款支付，以致停頓，幾經交涉，至本年一月合步樓始將該款悉數交出，至此本廠机料之採購，方得開始。查合步樓撥來之款，雖屬由外幣換來之自由馬克，但其價值并不能與真正自由馬克相等，緣真正自由馬克，可用之換外幣，而合步樓撥來之款項，名屬自由馬克，但不能用之購外幣，是以用此款購貨，仍有相當困難，德國廠家，多向國外購買原料，所需貨價，既須付外幣，故輸出貨物之貨價，亦以能賣外幣為原則，是以報價時，多列外幣或真正自由馬克，商專處雖存有英磅美金等款，擬以合步樓款項，作限支購德貨價款，又不能用之購外幣，萬一發生戰事，亦無法滙出，是以商專處意在儘先利用此款，故往往在合同訂定前，除技術交貨期等條件外，付款條件，亦成主要爭執點。此外因年來歐州局勢不定，隨時有大戰爆發

175-1

之可能，對于訂金一項，亦多爭執。因商業習慣，無法避免，除合同外，另加附件聲明，如因發生意外，無法交貨時，須將所付訂金如數退回，惟亦有廠商不願遵此條款者，如Schuler，但為數極少耳。截至本年六月五日止，所購机料價值約計英金五萬餘磅，除電料在國內購買約合英金一萬五千磅未行動用外（原預算為六八萬馬克，以每磅等于十二馬克，折合如上數。）尚餘約二萬磅，如何支配。經已另文呈請示在案，懇即訓令王技術員運璽遵辦。

（乙）購置情形

原案約可分為電料、三七砲料、煤氣設備、翻砂設備、及補充各所机器工具等項。嗣因砲技處之歸併，合步樓橫充案之復活，以及預算之縮減，無不與原計劃有關，除電料係在國內訂購及三七砲料照原案購置外，机器工具等項，多有增減。惟計其總值，則較原案為少，故奉命移此款項，增購其他材料，如黃銅餅、紫銅帶、工具鋼等，截至本年六月五日止，計訂合同九十六宗（内已編妥號碼者，計七十九宗），已發訂單及合同尚在核對而未簽字者，計十七宗，（請參照附件一）謹將採購情形，分述如下：

（1）三七砲材料：　查三七平射砲零件表，係照該砲構造圖分組編列，欲採購材料，勢須先將各項不同材料，分別彙列，方易購置。此項準備工作，大部已在國內完成，到德後，即繼續準備，并將全部材料先分為原料、半成品及成品數項，然後再按材料品質分為鋼、銅，及輕金屬等類，分別列表，以便向廠商詢價。出國時，署座曾諭示樂克林有現貨，惟到德後，商專處以德國政府有禁令運軍火及製造有關軍火之機器材料輸華，故欲在德購買現料，似屬不易，然以樂克林在國外有分廠，故仍主張先向樂克林設法。當時因圖樣尚未寄到，除半成品外，先將原料內之鋼鐵部份交樂克林報價，原材料表係以一百門砲為標準，酌加百分之十或廿損壞率，因項目多而數量少，且係普通鋼料，樂克林拒絕報價。旋經聲明加倍購置，該廠仍不願承辦，同時鳳凰鋼廠聞息忽派員到商專處接洽，示以清單後，亦以不製造普通鋼料為詞，將單退回。因大鋼廠無意承辦零星材料，乃託人介紹五金行數家，亦多以過於繁瑣，拒絕報價，僅有 Fenner Stahllager 一家，有意試辦，旋該商陸續送來價單若干紙，經審查後，有寸度不符者，有品質不對者，而價值之昂貴，較戰前國內行市，約在一倍以上，職以懸殊太大，經請示鈞長允准後，方將第一批可以利用之材料訂購，但以訂金未付，又復遷延經月，方始起運。同時關於成品類(廿二)

177-1

及Igel等）亦向該商訂購一批，但所缺尚多，除令該商續為代詢價格外，又向比國廠商詢價，亦因數量少，迄無結果。另有Alfred Kolb一家，以商專處年來向其訂購零星貨品頗多，即請其代辦，惟所報價格，異常昂貴。曾有一批貨價，原為四千五百馬克，經屢與商討，並以同時商專處須向其訂購他種材料數萬馬克為交換條件，始允減至二千馬克，否則該商決不減價如是之多也。嗣後Tenner又陸續有若干報價，且價值比較公允，故有若干項材料，今在兩家訂購，但總數則以二百門為限，蓋以該項材料，價值無多，採購困難，且為將來必需之物品故也。至手搖品一項，（繳件鑄件等）情形更爲複雜，在圖樣未寄到前，幾無法進行，查該砲圖樣係萊茵廠所供給，如向該廠詢價，不但不需圖樣，且該廠有現成印模模型可資利用，不特價值可廉，而交貨亦可迅速，該廠又富有製砲經驗，如向其訂購是項半成品最爲合適，故即將擬購之半成品圖樣號碼列單向萊茵廠詢價，不意該廠遷延數週杳無消息，雖屢經電催，迄無具體答覆，迨至圖樣到後，即趕速複印圖樣數份交百祿樂克林普達卜福司等廠，孰意百祿轉詢萊茵廠，以致發生製造權問題，除一面請示詳細情形外，復適查商專處案卷，獲5080致商專處函件有俟第一批訂貨砲若干門，彈若干發，交完後，此項大砲製造權即歸中國政府所有，惟對于圖樣及參考資料等均無規定，但我政府有權仿造此項大砲則已証實，故仍積極進行催各廠報價。萊茵廠曾在電話中答復一百門三七砲半成品價約二十二萬馬克，但報價單迄不送來。職以其有意搗亂，即不再與該廠接洽，嗣因催合步樓交貨問題，方知該廠曾將報價單送 Imex 轉合步樓（詳情見後）。十福司廠與商專處因交易關係（訂有供給無烟藥及炸藥合同）表面上似尚幫忙，惟該廠製砲廠工作頗忙，似無意承辦此項生意。當職到該廠與其營業部主管人員接洽時曾問及是否有意向該廠訂購？，言外之意，如僅令該廠報價以備與他廠作比較者，似不願多此一舉。此時適楊司長有電到德，命在外滙及製造權未解決前，速催合步樓將不能購買各件提前交貨。同日王秘書孝華即用長途電話將楊司長電意告職，故俟初次接洽完畢即返柏林向合步楼催貨矣（詳見另條）。嗣後卜福司廠報價約值兩萬磅，較之萊茵廠尤為昂貴，且無單價重量等項無法審查，交貨期限為十二個月，對于鋼料品質亦不能負責保証，雖經一再向該廠商酌，亦無若何進展。他方面則催樂克林設法，該廠因限于政府命令，不能直接報價，乃託Ancy（現又改称Dahlberg & Hillert）經手辦理，查該商價值較之卜福司可廉一半，而交貨期亦不過四五個月，故決向該商訂購矣。至普達鋼廠僅願承辦少數合金鋼件，價值比樂克林為廉，但一則分購更感困難，二則該廠係提高需要英磅付款，當時商專處僅有馬克，故而作罷。此外鋼料及輕金屬等，較易購置，而皮件木料等則奉 命在國內採購，其他襍料如洋線猪鬃等等，因有國貨可代替，未行購置。至

179-1

瞄準鏡一項，經已遵令緩購，究應如何設法，似仍當早為籌劃也。

（2）三七工具：先向 Zeiss 廠訂購拔絲刀、走板及制退管拔絲刀各一套，嗣過計倫談及 Zeiss 廠工具，據云：Zeiss 廠工具並不適用，建議向呂佛廠採購，因該廠曾代萊茵廠製造三七砲管成績甚佳，該廠拔絲刀之設計，計倫君亦曾見過，且呂佛廠報價較 Zeiss 廠為廉，故又添購拔絲刀一套。其他絞刀樣板鑽頭銑刀則在 Lüttich 訂製，螺絲樣板測量工具則向 Johansson 訂購，至 Din-Pass. 樣板價值既昂，交貨亦慢，因樣板廠之歸併，故改購適當樣板鋼料若干，以便自製。至「破片」一項，則買鍛成毛胚千餘個，當可敷用，此外加購焼爐一具，備熱套砲管之用。

（3）機器及設備：去年十月間因外滙困難，曾奉命縮減預算，故將原有計劃另行擬訂呈核，較原預算縮減約一半以上，故除表列試鉄皮器奉命暫緩購置外，即照核准之新預算表進行訂購，各項機器雖多詢價，惟因款項無着迄未訂購，本年一月款項匯到後，高專處仍照原案八萬九千磅撥款，查自合步棲擴充案復活後，所供機器亦多與本廠原計劃相重複，除已訂購者外，自應停止採購，惟餘款尚多應作何用，節經呈請核示在案，嗣奉令工具所機器照原案辦理，查自砲技處撥敝廠合併後，內中銑床多而車床少，故酌量情形改購車床數部，以資應用，又以小螺絲等項購置不易，添置小轉刀架車床兩部，嗣又復奉命採購開山機銅殼銅帶材料等均已照辦，此外將 Kwang 案所用款項改在本案[illegible]內開支，其他如試砂儀器（翻砂用）及做泥心機器等均已訂購，職聞本廠現在製

180-1

~~18 0-1~~

造鑄鉄彈，將來亦有製造機器計劃，故翻砂所設備如熔炉噴砂以及砂之準備用機等，必不可少，離柏林前曾向廠商詢價，亦經交王技術員運豐繼續辦理矣。

(4) 工具鋼料：　職以本廠工具缺乏，籌備開工至感困難，前曾呈請鈞長另請專款以便購置，至三七砲料訂妥後（瞄準鏡未訂），尚餘數萬馬克，即利用餘款改置風鋼工具鋼採板鋼馬丁鋼等約二十餘噸，計值一萬八千餘馬克，旋以奉　命訂購鋼壳工具鋼料，復向樂克林訂購各種鋼料約值兩萬二千馬克（請參看附件三），此外又買硬金屬刀片（Widia 亞）二千餘個，約值一萬八千餘馬克，至　命購買之VCN15鋼料職離柏林前已交商報價，想不日即可訂妥矣。

(5)馬特森二公分砲材料：　兵工署對于馬特森二公分機關砲本有另設專廠製造之意，前曾由商專處向馬特森廠代為計劃，據該廠估計每月出砲一百門，約需設備費十萬英磅，職奉命採購此砲材料時，因無參考材料，即託尚在該廠驗收之周君祖彭代為索討，周君採得廠方意思，以此事雖有接洽，但仍無具体答復，故不允開列材料清單除一面請商專處正式向該廠要求材料表外，職復自往該廠調查製造情形，節經呈報在案，在該廠時曾參看二公分砲圖，發覺其主要寸度多不完備，周君祖彭亦言該廠另有正式圖樣，蓋此圖專為應付顧客而繪也，職返柏林時，該廠已將料單寄到商專處，惟各項材料，缺理化性能，無法採購，適署方此時又有電到德，請商專處對設廠計劃

181-1

積極進行，並指定在合步樓某項款內開支。此事既有實現可能，乃函邀
該廠經理到德商談，除允詳開機器尺度及價值外，並允另開材料表。職
離德時，該材料表已寄到商專處，除少數鎳鉻鋼外，大部均係普通
機器鋼且數量極微，倘照表採購一百門砲材料，恐較三七砲材料尤為困
難，故擬只購合金鋼等項，其他普通鋼料所需無多，似宜另行設法。
職為慎重計，已令王技術員運豐前往該廠詳加核對，以備採購。職
過港時，曾接王技術員由丹麥來函稱，正在馬特森廠工作，一俟核對
完畢，當可設法訂購也。
(6) 蘇魯通二公分砲工具：自金陵廠購買之Nema廠拔絲機撥歸本廠後，
曾奉命向Nema廠訂購二公分砲工具，惟該廠對於小口徑砲拔絲刀不能承造

乃轉向Stock及Neuhausen等廠訂購絞刀摋板及拔絲刀等件，並視消耗情形，酌購一套或數套不等。

丙、合步樓公司供給三七砲料接洽經過情形

去年十一月間奉揚司長電令，催合步樓公司提前交運三七砲料，後遵即隨同王秘書孝華前往商洽，據合步樓經理Dr. Kramer聲稱：關于一百五十六門三七砲料已向萊茵廠訂購，因係軍火器材，本公司不能直接辦理，故轉託Imex代辦起運事宜，為求迅速計，可逕與該兩公司商洽云云。當即請Imex轉約萊茵廠駐柏林代表商談，詢及三七砲料交貨一節，該代表聲稱：商專處前詢三七砲料爲數僅一百門，且限于鍛件鑄件兩項，合步樓現欲訂購者爲一百五十六門，又屬全部材料，與商專處所詢

182-1

者似屬兩事，前者報價單之有效期間已過，對交貨時期本廠不復能遵守，後者方接到訂函甫兩日，對于供給範圍材料狀況多待解釋，自前報價尚談不到，遑言交貨云云。至是方知萊茵廠對我方所問三七砲料（參看乙項第一條）曾有報價逕交 Jmex 而未通知商專處，Jmex 因不知何處所詢，故轉送合步樓公司，適此時合步樓代表在重慶與我政府接洽供給三七材料問題，即根據此項報價單所列之交貨時期，承認于本年四月間交貨，實際上該公司事前並未與萊茵廠接洽，直至職前往該公司催貨時，該公司方向萊茵廠函訂，而發信日期又在萊茵廠報價單有效期間失效一週之後，故萊茵廠代表聲明前項報價單已失效，不復遵守，該代表復稱，前後所問三七砲程式不同（我方所向者為馬拽式，合步樓所詢者為機械化式），零件自

異，故須詳加研究，方能答復。嗣後該代表對該砲程式備件等，先後提出
若干問題，請予書面答復，職以未睹圖樣，無法決定，乃轉詢之合步樓，
往返經月，迄無定議。十二月二十左右請合步樓派員到卫誠萊茵總廠說
明，嗣送來談話記錄一紙，內中所列須由我方決定各點，因不關重要，經
職商同商專處逕行函復，至此關于供給範圍，始告決定。旋萊茵廠電Jmex
轉詢我方倘在一九三九年一月一日以前決定訂購時，可于本年十月交貨，對
於價格付款等並未提及，職亦以此項材料既在重慶訂購，似無顧慮必要，
故除立即請示同意交貨時期外，未提其他。旋奉 鈞長電令准予訂購，
當即書面通知Jmex聲明關于一百五十六門三七砲料，決行訂購，對于十月交
貨一節，亦經同意。至此職以此事已告結束。孰意至一月中旬又接Jmex轉

183-1

來萊茵廠報價單，每門砲料計值四千四百八十餘馬克，而交貨期爲十二個月，職以其所列各節與原議不符，復邀該商等面洽，據萊茵廠代表聲稱，前接Jmex電話通知貴方欲訂購三七砲料，故即另行報價，在價值未商定前所稱何時交貨均不生效，職以該商等有意遷延或有政治背境，同時又以樂克林供給砲料合同正在簽訂，乃將此事暫行擱置，迄至二月間，萊茵廠一再催詢，職乃根據樂克林及Femmer等報價單並酌加瞄準鏡價值估計每門砲料爲三千二百馬克，萊茵廠初減至每門三千八百馬克，幾經交涉，繼復減至每門三千六百馬克，嗣奉鈞長核准，方始訂購，因經Jmex手續緩慢，當經聲明之交貨日期應由訂貨之日起算，不能藉口手續未完故意遷延，查此項材料屬本廠擴充業所需貨價、應由合步楼直接支付、故應付訂金計二十餘萬馬克、當即令該公司照付、惟自訂貨時（本年二月）迄至六月初、為時数月合同迄未送來、職六月十六日過Brindisi港接王秘書孝華航郵、知該項合同已由Imex送到商專處、想已早日簽妥矣。五月九日萊茵廠曾函Imex轉詢我方是否同意將砲筒改用Vollrohr並限十日前答復、否則對交貨時期不復遵守、五月十一日接到該項函件、極為憤恨、因更改砲筒設計、係該廠自動提議、我方能否同意本可加以考慮、奈限期答復已非商業常規而所限答復之時間、又在對方收到信件之前、實屬荒謬已極、除嚴詞撥斥外、對于交貨時期、責令照約履行、將來有無其他變化、尚不得知、惟總觀前後接洽經過情形、該商等似藉故遷延別有作用、非

184-1

復純粹商業性質矣、

J. Imex 公司

該公司爲德政府所設立而註册係芬蘭商人、現又改称 Dahlberg &
Hilbert、自德政府明令禁運軍火輸華後、即利用該公司名義辦理一
切、所採方式係先由各敵商將器材售給該公司、再由該公司轉售我國政
府、是以信件往返概經該公司收轉、如需面洽、亦須由該公司轉詢雙方
代表到該公司接洽、並絕對禁止買主與售主私相商酌、故各事進行
遲緩、無以言喻、該公司主持人係歐战時建有功績之某飛行員、並用國社
党党員某協助之、既無專門人員、又缺商業常識、一切問題、概由買主
與售主商定、彼不過坐享佣金而已、惟以組織簡單、往往有信件或合同

遺失情事發生，費時誤事，莫此為甚！照例購貨時買主先與該公司訂立合同，俟雙方簽字後，再由該公司與售主訂立合同，但為管理不善之故，往往與買主合同訂妥後，忘記與售主訂合同，或收到買主訂金而不轉交售主，故有時在買主方面以為一切手續均已辦妥，因該公司不與售主訂立合同之故，而售主方面反以為買主不欲訂購矣，種種怪象，不一而足，緣該公司為政府所設立，主事者又屬黨員，故商家敢怒而不敢言，對商事處亦復多方刁難，時以停運相要挾，故該公司經辦各事均難順利進行矣。

謹呈

廠長江

附件

(1) 訂購合同一覽表

(2) 訂購三七砲材料清冊（附件存鄧秘書處）

(3) 訂購銅壳工具鋼料表

藏 李式白呈

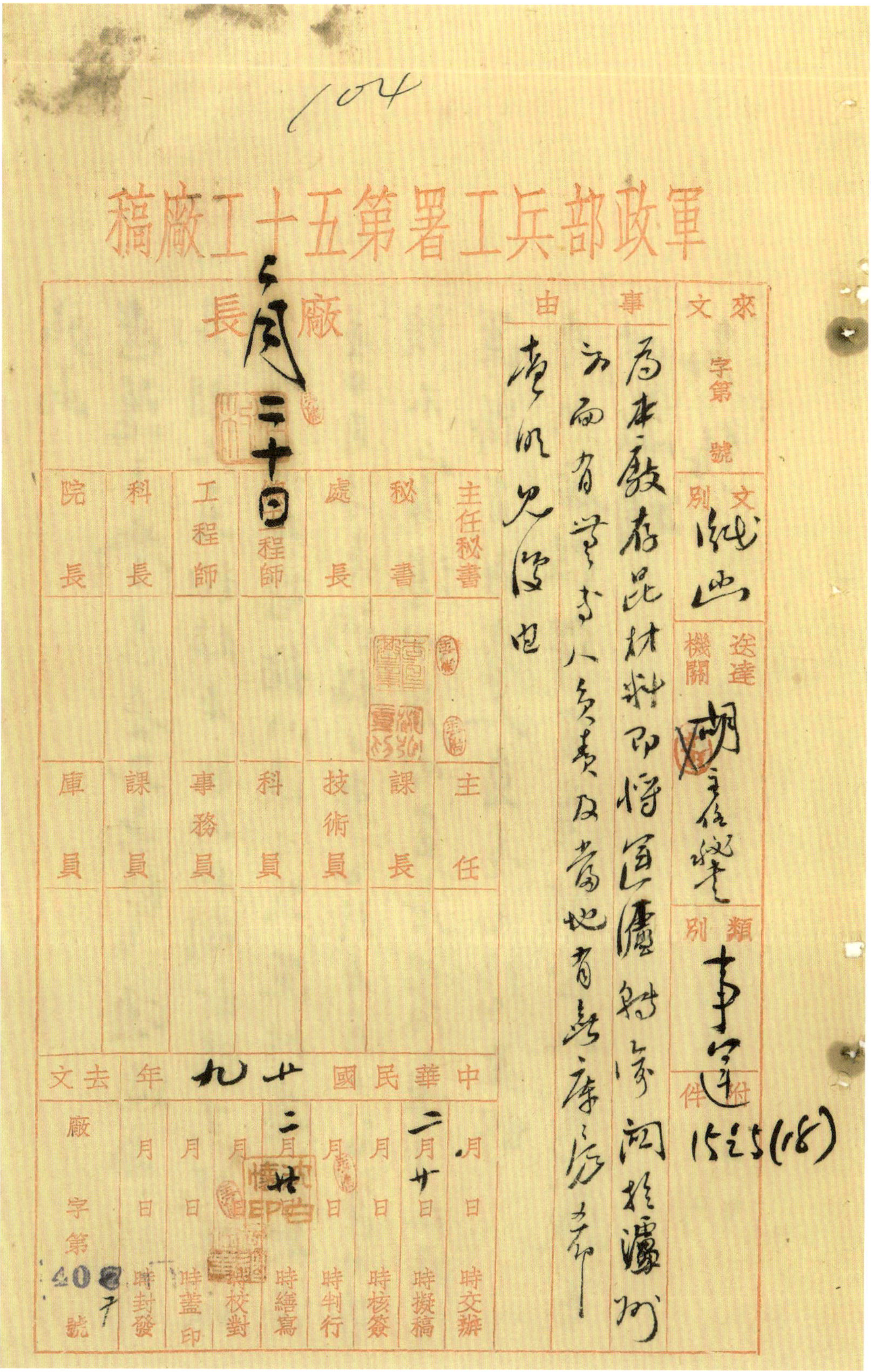

江杓为询问由昆明转运至泸州器材有无专人负责及库房致兵工署川南办事处胡霨的笺函（一九四〇年二月二十日）

104

軍政部兵工署第五十工廠稿

來文字第號	文別	送達機關	類別	附件
	牋函	胡主任霨	事運	1525(18)

事由：為本廠存昆材料即將運瀘特詢於瀘州方面有無專人負責及當地有無庫房希查照見復由

廠長：江 二十日

主任秘書	秘書	處長	工程師	工程師	科長	院長

主任	課長	技術員	科員	事務員	課員	庫員

中華民國廿九年去文

交辦	擬稿	核簽	判行	繕寫	校對	蓋印	封發	廠字第號

104-1

钱山

逖蓬学长吾兄惠鉴：适据敝厂派驻昆明人员报称，本厂向外国订购器材已运抵昆明者，即将循川滇公路运往泸州，特济并由有浮壳铜饼十车已于本月十八日运出等语。不审泸州方面有无署中车辆及泸济运输，有无专人负责主持照料，务祈示复，俾有遵循，至以为感。专此敬颂

勋绥

弟 江〇 拜启 六月廿日

胡霨为兵工署第五十工厂泸州器材保管转运事复江杓的函（一九四〇年二月二十二日）

117

瀘處(兆)發文　字第　號

星初學長吾兄大鑒：頃奉
大函，敬悉。關於
貴廠由昆運瀘之彈殼銅餅十
車，已電飭瀘縣外南新村川安
記駐瀘負責人敬秘書鹿笙轉
飭該地藍田壩第四材料庫接
收轉運來渝。以後如續有貨物
運瀘，運渝辦理可也。尚此肅復

軍政部兵工署駐川南辦事處用箋

地址：觀音岩勤居巷二十三號
電話：第二九五號

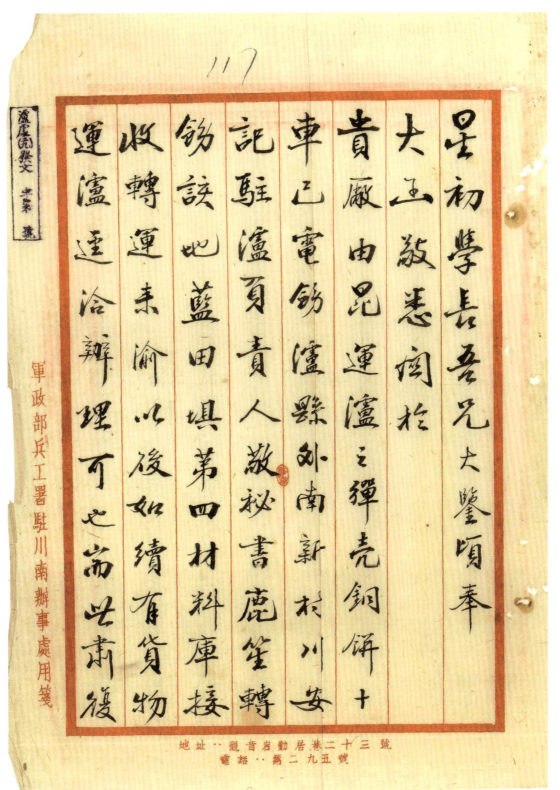

118

敬此
勛祺

弟胡霨樵復
二月二十一日

地址：觀音岩勤居巷二十三號
電話：第二九五號

軍政部兵工署駐川南辦事處用箋

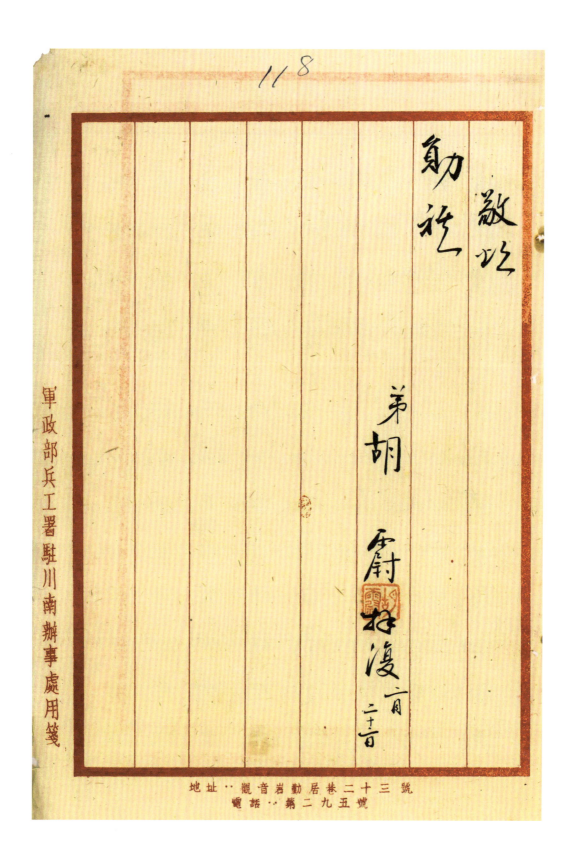

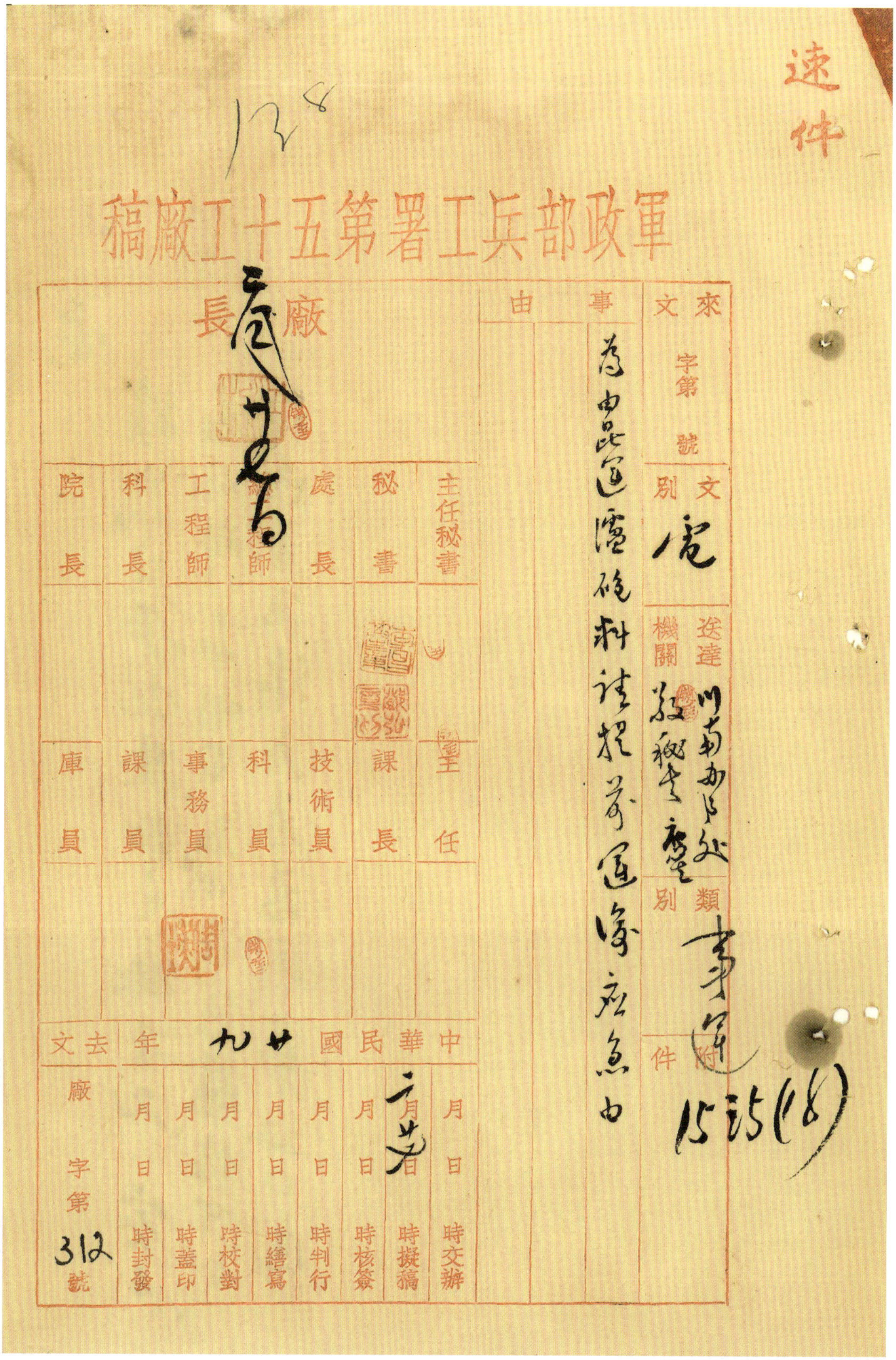
速件

128

軍政部兵工署第五十工廠稿

廠長	
主任秘書	
秘書	
處長	
技師	
工程師	
科長	
院長	
主任	
課長	
技術員	
科員	
事務員	
課員	
庫員	
來文	字第 號
文別	電
送達機關	川南办事处 敬鹿笙兄
類別	事
附件	
事由	為由昆運瀘燃料請提前運輸應急由

中華民國廿九年 去文

廠字第312號

時	時	時	時	時	時	時	時
交辦	擬稿	核簽	判行	繕寫	校對	蓋印	封發

1525(18)

江杓为请提前运输由昆运泸燃料致敬鹿笙的电

（一九四〇年二月二十七日）

1381

電

瀘縣川安記歐經理康笙兄：密。本

廠砲料十四噸半，效日由宜運瀘，估可到，

請提前運渝，應急為感。弟江〇感

江杓为兵工署第五十工厂三七平射炮材料多经泸转渝请提前运输致敬鹿笙的笺函（一九四〇年二月二十八日）

速件

114

軍政部兵工署第五十工廠稿

來文	字第　號
文別	牋函
送達機關	敬秘書鹿笙
類別	事運　作215（18）
事由	為本廠三七平射材料爾後多經瀘轉渝請協助提前運輸俾應事機

航空郵寄
瀘州南新村川安記

廠長　江杓

主任秘書　秘書　處長　工程師　工程師　科長　院長

主任　課長　技術員　科員　事務員　課員　庫員

中華民國廿九年

交辦	擬稿	核簽	判行	繕寫	校對	蓋印	封發
月　日　時	二月廿七日　時	月　日　時	月　日　時	月廿八日　時	月　日　時	月十三日　時	月　日　時

去文 廠字第466號

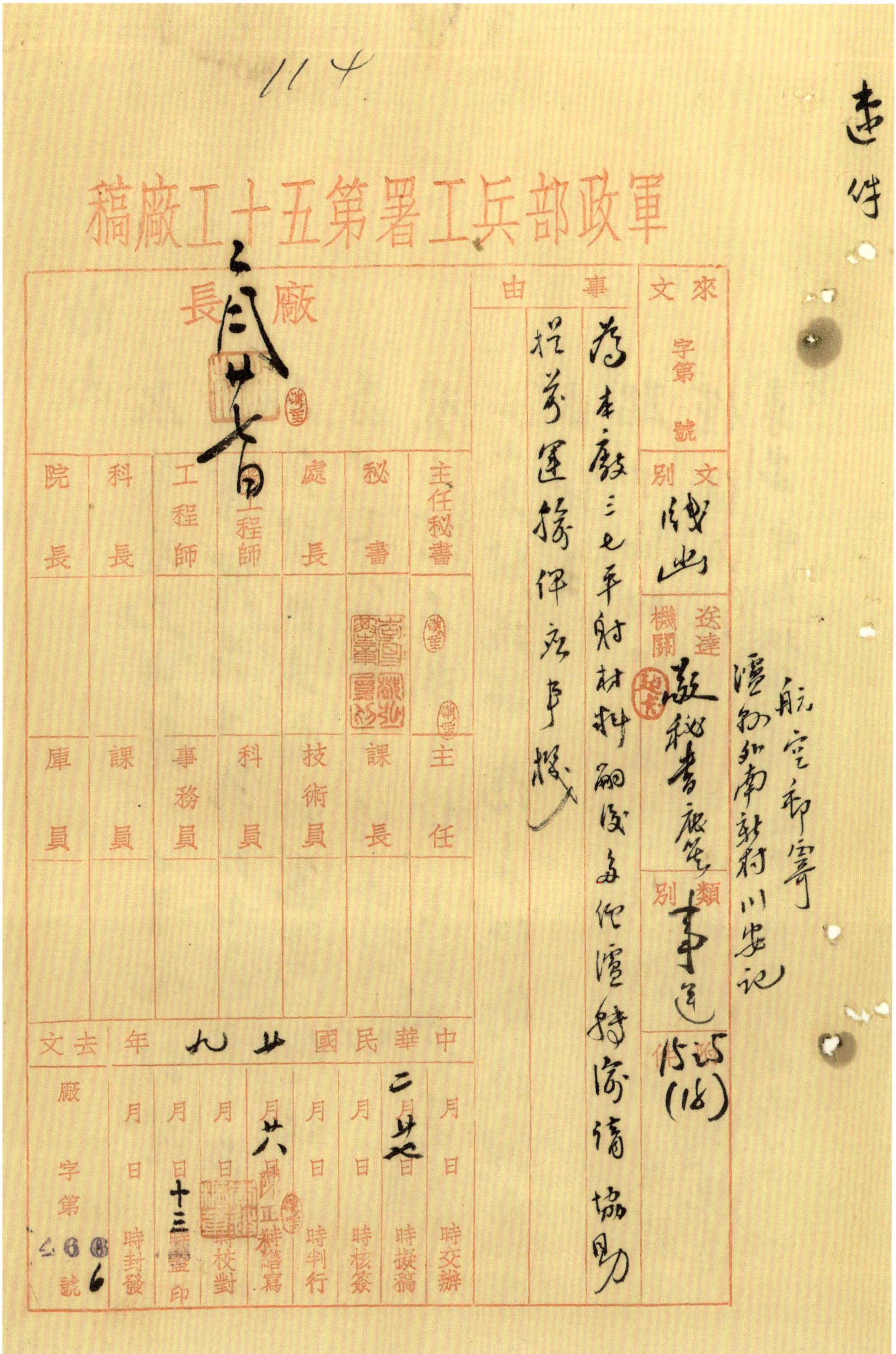

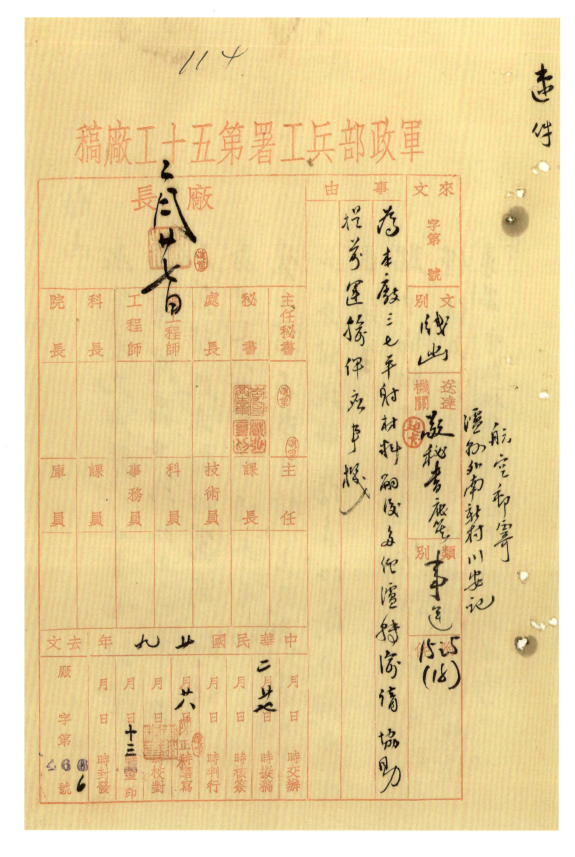

114-1

錢函

庚笙吾兄惠鑒：廿七日電計登

籤室。滬昆公路既已通車，敝存

昆器材正多循此運渝，仰仗

鼎力之處正多，恃平昔叨

愛之深，不敢言謝。大約此後載運經滬之件，以

三七平射砲料為多，盱衡時局，正切需

求，伏望

賜予協助，提前運輸，俾應事機，兼

償個人之慶幸也。專此奉懇，順頌

尊安。電報掛號請逕由示知，以利通訊

115

勛綏

弟江○拜啓

敬鹿笙为兵工署第五十工厂器材到达泸州情况致江杓的函（一九四〇年三月五日）

165

阅

三、十

呈初厂长尊兄赐鉴：前奉感电，当以鹽电复请查照，计邀台詧。顷读先日蓉手示，谨悉一切。昆泸运输迭已畅行，贵厂材料除钢饼运到一批约十六公吨外，砲料亦陆续运达泸约十二公吨，尚有一车在途中，自应遵嘱提前赶运赴渝。惟值水枯轮少，上游运费合同尚未经双方

軍政部兵工署駐重慶辦事處用箋

166

簽訂完竣，以致此間向民生公司交涉派輪，發生障碍。業已迭電盧次長在渝設法指派專輪來瀘接轉，一俟專輪駛來，謹當首先裝運硫料一批，以濟貴廠需要。泐此佈復，祇頌

勛安

小弟敬康謹上 三、五、

續到之料亦當源源提前裝運，用副尊囑。

軍政部兵工署駐重慶辦事處用箋

莫達閱 三月十二日

军政部兵工署第五十工厂为奉令派员前往仰光办理器材内运请发护照致外交部的公函（一九四〇年六月二十一日）

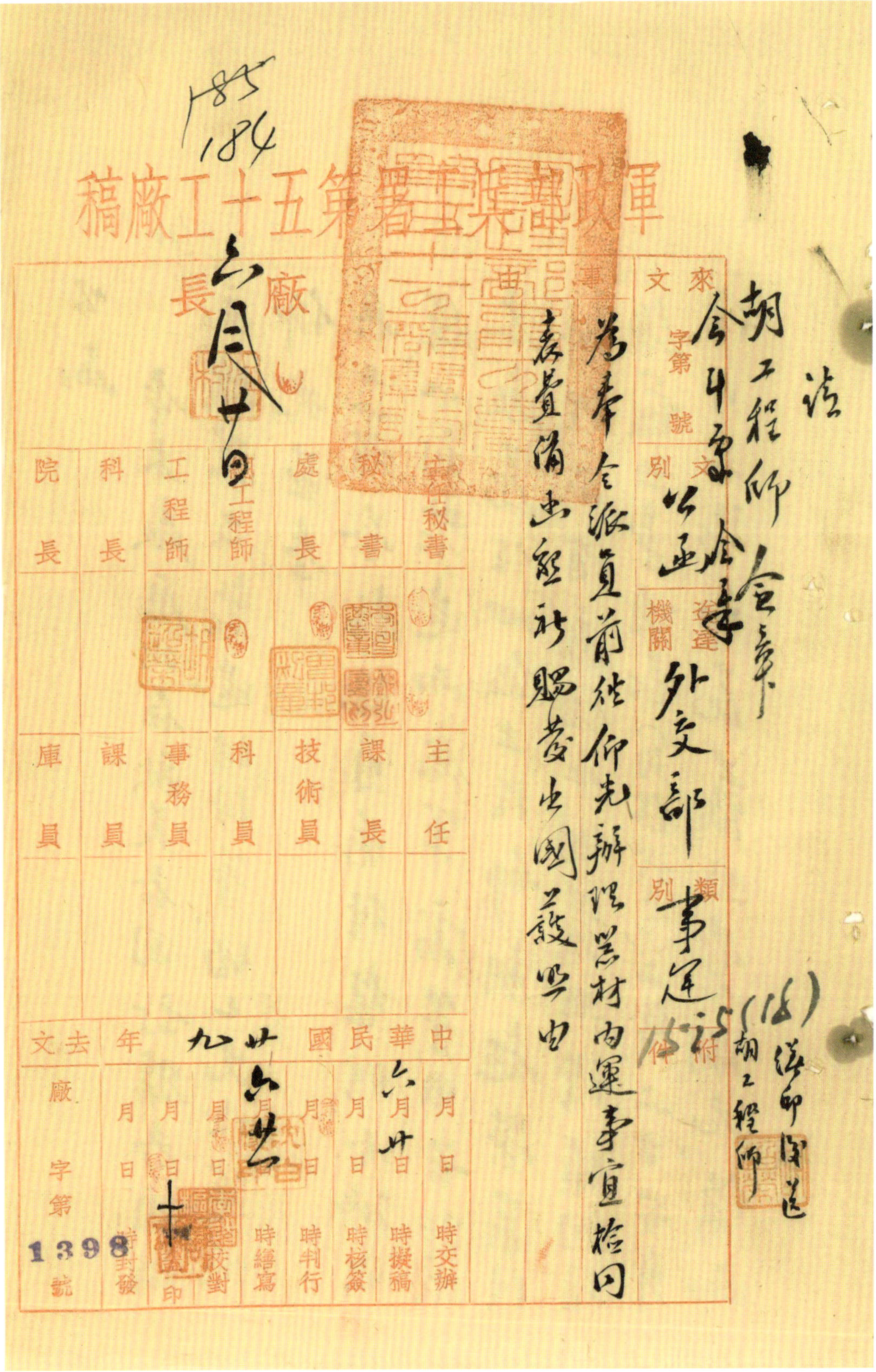

軍政部兵工署第五十工廠稿

送達機關：外交部

事由：為奉令派員前往仰光辦理器材內運事宜……由

中華民國廿九年六月廿日

184-1

公函

查本廠歷次在歐美各國訂購各項補充機器及製造材料等，均已先後運抵仰光，並奉兵工署令飭派員前往整理，分批內運，以利製造，而應軍需等因，茲特派本廠薦任四級工程師胡超榮前往辦理，所有應領出國護照、簽證、填同請領護照事項表（附保證書）二份、二寸半身像片三張、印花護照費捌元，備函

186
185

鑒核，發照賜予填發護照，以利遄行，實為

公便。

謹上

外交部

軍政部兵工署第五十工廠廠長 江○

蓋小官章

附件：請領護照事項表（附保證書）二份
胡超常二寸半身像片三張
印花護照費八元

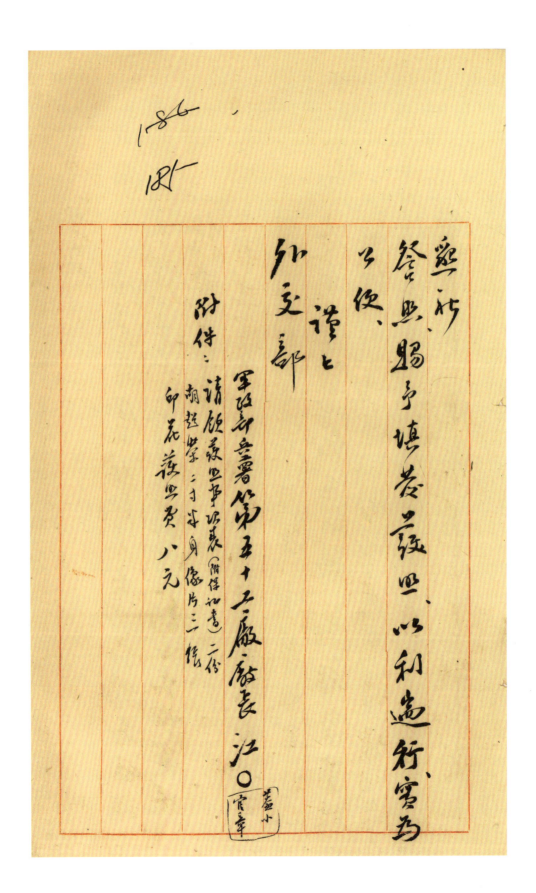

何家浚关于海防停运前兵工署第五十工厂器材接运情况致江杓的函（一九四〇年七月四日）

偉華行駐滇辦事處

第　一　號　　頁

廠長鈞鑒：職以海防運事於六月二十日經法方
宣告全停後，翌晨駐防各机關即步疏散，遂
攜眷於廿八日抵昆，隨即經交通部電台用明碼
（因呈密本恐沿途檢查，早已焚燬，呈報在卷）請示行止，
迄未得復示，甚引為念。
復查本廠急要器材，除已報關者外，多數經
搶運離防，其餘器材（急需者在內）截至停運之
日，西運處仍未辦妥報關手續（情形早已於前月寄鄧秘書整理），
致坐失時机，本廠器材歷盡艱難，仍未運出
海防，其損失實難估計，其詳細情形，容俟面陳。
又職以此間生活奇昂，沿途所需以非常時期
關係，每超出預算，攜眷尤甚，請飭會計處將職欠

年　月　日

雲南昆明同仁街壹二三號

偉華行駐滇辦事處

176

第 二 號 第 頁

并新请发一部，汇昆接济，将来倘蒙 署批准九折实
支越币并新时，再行请奖，自可照支之云云。
而职之意窘情况，可赖函补饰矣，可否之处，
仍恭候 示遵，至职今后之任务，须速返回
本厂抑留昆候命之处，特乘返昆候车
之便，再函请 示，敬希 鉴察 示复为祷。
迫切待命之至，谨候
钧安

职何家俊谨上

二十九年七月四日

雲南昆明同仁街壹二三號

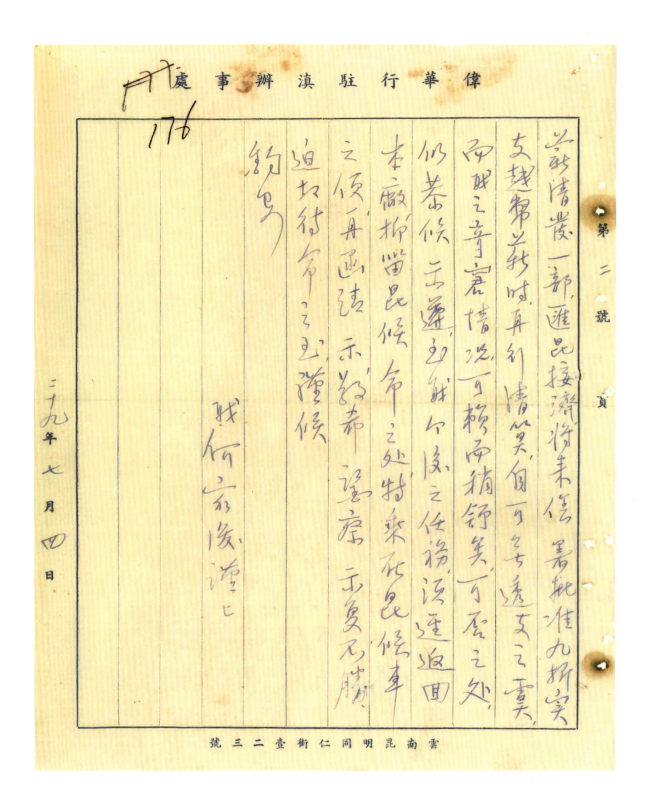

94

機器設備增補事項

三〇、四、十、

本廠原在廣東琶江，為廣東省政府所創辦，民國廿五年由兵工署接收，於廿七年遷此，機器設備因原計劃多係採購半成品零件，故缺乏頗多，民國廿六年，兵工署曾有擴充計劃交德國合步樓公司承辦，嗣以抗戰軍興，大部份未能交貨，而所交到者又以交通梗阻，滯留滇緬道上，不克內運，本廠為適應目前工作情形及平衡各部份現有機器能力起見，曾擬有三十年度添補機器設備預算，惟外匯無法領到，而國內又無從購置，恐一時尚難實現耳。

陈垚为请报送急需在美购买机器单致丁天雄的函（一九四一年九月十六日）

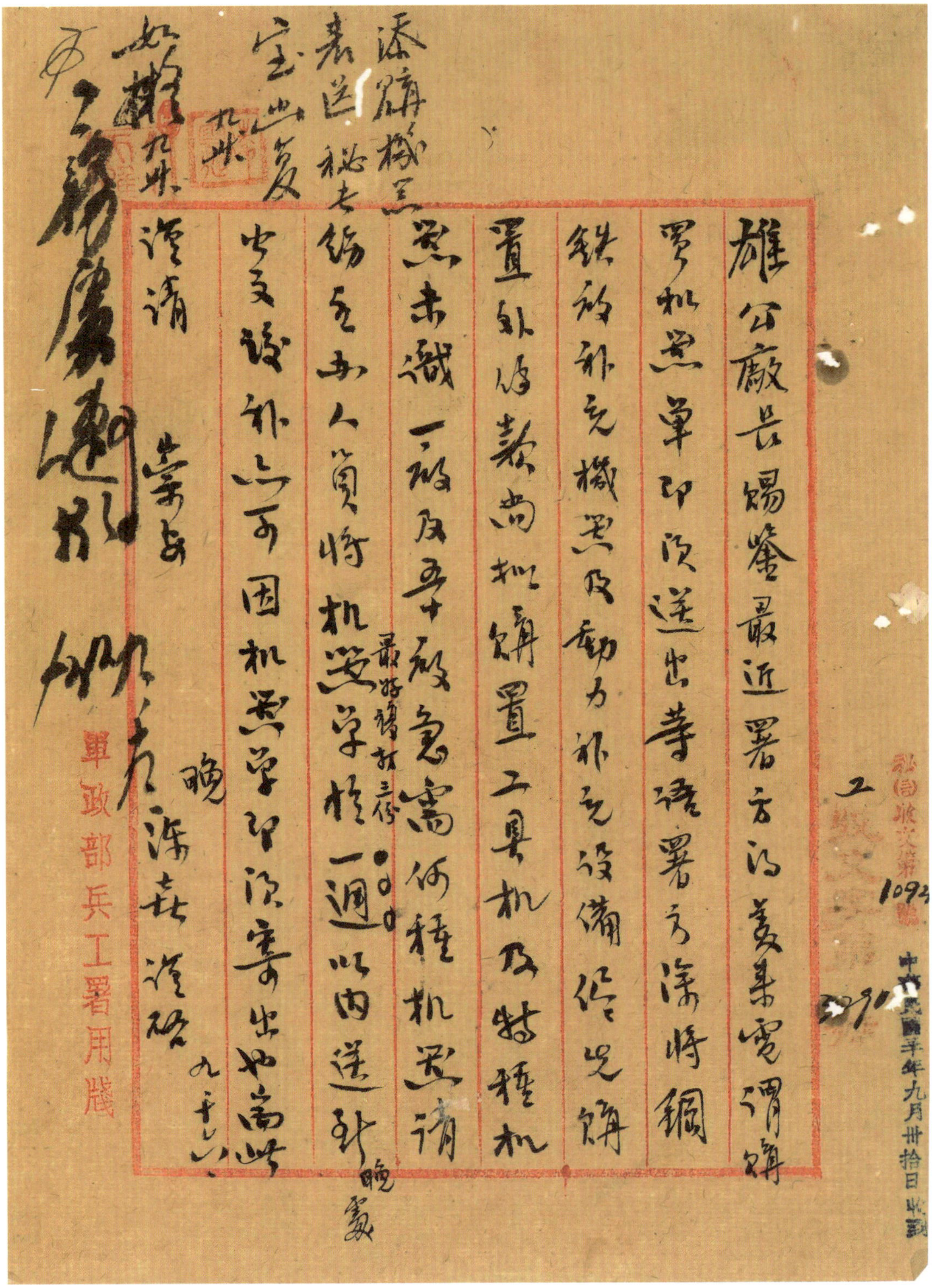

雄公厂长赐鉴：最近署方得美来电，谓购买机器单即须送出，并请署方将钢铁部分补充机器及动力部分设备从先购置外，余数尚拟购置工具机及特种机器。未识一厂及本厂急需何种机器，请迅饬各部分人员将机器单于一週以内（最好能于二〇日）送到晚处，以便设补，亦可因机器单即须寄出也。尚此谨请

崇安

晚陈垚谨启

九、十六

军政部兵工署用笺

添购机器表送秘书室

出复 九卅

如拟 九卅